U0090642

中國學術思想 研究輯刊

八 編

林 慶 彰 主編

第 **1** 冊

《八 編》總 目

編 輯 部 編

孟荀道德哲學平議

魏 元 珪 著

花木蘭文化出版社

國家圖書館出版品預行編目資料

孟荀道德哲學平議／魏元珪 著 — 初版 — 台北縣永和市：花
木蘭文化出版社，2010〔民99〕
序 4+ 目 4+310 面；19×26 公分
（中國學術思想研究輯刊 八編；第 1 冊）
ISBN：978-986-254-185-2（精裝）
1.（周）孟軻 2.（周）荀況 3.學術思想 4.道德
5.比較研究
121.26   99002324

ISBN - 978-986-2541-85-2

9 789862 541852

中國學術思想研究輯刊
八 編 第 一 冊   ISBN：978-986-254-185-2

孟荀道德哲學平議

作　　者　魏元珪
主　　編　林慶彰
總 編 輯　杜潔祥
出　　版　花木蘭文化出版社
發 行 所　花木蘭文化出版社
發 行 人　高小娟
聯絡地址　台北縣永和市中正路五九五號七樓之三
　　　　　電話：02-2923-1455／傳真：02-2923-1452
網　　址　http://www.huamulan.tw 信箱 sut81518@ms59.hinet.net
印　　刷　普羅文化出版廣告事業
封面設計　劉開工作室
初　　版　2010 年 3 月
定　　價　八編 35 冊（精裝）新台幣 58,000 元
版權所有·請勿翻印

《八 編》總 目

編輯部　編

《中國學術思想研究輯刊》八編　書目

《中國學術思想研究輯刊》八編
各書作者簡介・提要・目次

第一冊 孟荀道德哲學平議

作者簡介

魏元珪，民國四十五年畢業於台灣大學獲法學士學位，後繼入輔仁大學哲學研究所獲哲學碩士及國家哲學博士學位。前後任教於東吳大學、中原大學、國立陽明醫學院（現爲陽明大學）、輔仁大學及東海大學等校。並曾擔任東海大學哲學系主任、哲學研究所所長等職。又兼任東海大學《中國文化月刊》社總編輯十餘年。力主海峽兩岸文化交流，打破固蔽之陋習。

著者 1998 年在東海大學哲學系教授退休，目下仍兼任東海大學哲學研究所教授以及靜宜大學通識中心等教職。前後擔任「道家哲學」、「易經哲學」、「中國哲學史」、「西方古代哲學」以及「當代西方哲學」與「宇宙學」（當代物理哲學）等課程。

著者酷愛中西文學、詩詞，對中西歷代名詩人之作品深有涉獵，尤好英國詩人濟慈、白朗寧、艾略特等人之作品，力倡愛智、愛德之統合，乃本先師方東美博士之遺教，以哲者、先知、詩人相結合，以文學、哲學、歷史不可分離。

曾著有《當代文明之危機》、《人生步履》、《生命的透視》、《孟荀道德哲學平議》以及《荀子哲學思想》、《老子思想體系》、《周易卦例》、《周易卦義》、《中國美學精神》等書，晚近以文學、哲學觀點，出版了《生命默想錄》，對啓迪青年學子人生之路程，頗有裨益。

提　要

一、本文除緒論、結論外，正文凡分三篇十六章，共計六十七節。另加緒論三大項四小節，結論三小節，合計七十四節，都凡二十七萬餘字。

二、緒論部分共分三大項，說明道德哲學之意義，並在哲學體系中之地位，以及我國儒家道德哲學之特色，暨孟荀二子道德學說之淵源與傳承。

三、正論方面共分三大篇，第一篇述孟子道德哲學之系統，都凡五章二十八節，另加概說三項，介紹孟子身世遊歷與學統。五章中分述孟子之認識論形上學，人性論與道德修養論等。本乎天道、人道、群道之順序，逐一闡述之。

第二篇述荀子道德哲學系統，都凡六章，由第六章至十一章合計二十二節，另附概說三項，說明荀子身世遊歷與學統。六章中分述荀子之認識方法，天道性命思想，道德倫理實體觀，人格修養論，及社會道德思想等，亦循天道、人道、群道之方式逐一闡述之。

第三篇乃綜述孟荀二子道德哲學之比較，都凡五章由第十二章至十六章，合計十一節。按認識論，天道觀、人性論、修養論、政治社會道德觀之順序，分別比較。第十五章中尤重孟荀二子道德精神之形上探討，與二子道德精神之根本同異之比較。

四、結論方面分三大項，對孟荀道德學說予以公正之評價，並附歷代大儒之意見，另對二子道德思想之流傳影響與開展，略提其端倪，並闡述其思想體系對當今時代之價值。

目　次

第二冊 攝王於禮、攝禮於德——荀子之智德及倫理社會建構之意涵

作者簡介

張勻翔，輔仁大學哲學博士，國立中央大學哲學碩士，曾任中原大學宗教研究所博士後研究員，現為亞東技術學院通識教育中心助理教授、國立臺灣大學中國文學系兼任助理教授。學術專長為中國哲學與倫理學。著有〈「經典導向的核心課程」的合理性〉、〈本於立人道之荀子「不求知天」與「知天」觀之智德內涵〉、〈傳統評價《荀子》及發展荀學的背後心態〉、〈荀學對道德生命的「化」觀〉等單篇論文十餘篇。另合著有《道德推理》、《哲學與人生》等書。

提 要

本研究「攝王於禮、攝禮於德——荀子之智德及倫理社會建構之意涵」目的在跳脫傳統以孟子為正宗儒家來解讀荀子的詮釋架構；另開以德行倫理學的視角重新審視荀子的思想，以荀子的智德思想為研究主題，並且對於他由智德的陶成所開拓成的社會倫理所具有的真正意涵予以釐清，同時亦針對荀學的智德與西方德行倫理學傳統之核心概念——亞里斯多德的智德進行比對，就以對照出中西方兩種智德觀的不同與一致處。這項工作可為當代的孔學現代化提供新的可能性。

荀子思想雖然一直持續發展著，然漢代、宋明、明末以及清代對荀子的評價卻不算是真正的體認。此外，時人批判當代「中學西解」的荀子研究，論者以為並不公允；強調智德的荀子思想實可以德行倫理學來詮釋。本研究認為，荀子為緩和的主智精神，「智」德為一種可進行認識、分析、推理、與權衡倫理實踐的理智德行。「智」德的陶成與自然生命轉為理想生命有著密切關係，社會的正理平治亦要求君王必須具備「智」德。是此，「明天人之分」、「法先王」、「法後王」、「禮」、「類」等重要概念，當再重新進行認識，以明荀子智德思想及其社會倫理建構之究竟意涵，論者希就此研究為當代會通荀子與孟子的嘗試，提供可能的途徑。

目 次

第三、四冊　莊子「氣」概念思維

作者簡介

　　陳靜美，中國文化大學哲學系暨國際貿易系學士、哲學研究所碩士、哲學研究所博士。歷任台北縣立板橋國民中學教師、國立空中大學人文學系兼任副教授、永達技術學院專任副教授、正修科技大學兼任副教授。十多年來投身於高等教育之教學實踐、學術研究、學生輔導，身體力行終身學習與有教無類之生命理想。

　　學術研究之中哲部分：先後以儒家心性論、儒家教育哲學、道家思想、莊子氣論思想、皇帝內經之養生理念、儒道生命哲學等領域爲主要研究方向；西哲部分：則以後現代主義、女性主義思想、心靈哲學、宗教哲學、詮釋學、新時代思潮等研究主題爲用心所在。旁及於落實教學應用上之人生哲學、生死意義之探索、科技與文化、老莊與人生、中國哲學精神發展史、易經與人生、西洋哲學概論、形上學、知識論、倫理學、美學等等跨領域課程之數位化教材的研究與編纂。

　　生命中自與哲學邂逅之始，即已堅信：「對於哲學之認知，乃人類知識之開端；對於哲學之反思，乃成就自我更爲躍進之先機；對於哲學之實踐，則是人之所以爲人之價值意義的最高展現」。

提　要

　　《莊子「氣」概念思維》是第一本有系統地介紹莊子「氣」概念的研究書籍；其書寫策略，乃定位在小題而大作，試圖層層探索莊子生命哲學的核心課題，以求凸顯「氣」概念之哲學思維的價值與洞見。本書依《莊子》內外雜篇的篇目排列，循序漸進地探討文本中每一「氣」概念之意涵，釐清並歸結出莊學氣化宇宙觀之理論架構與歷史定位，思想傳承與價值歸趨。綜觀本書之論

理，分五章架構而成：

　　第一章前言；包含問題意識的提出，既有研究成果的綜述與檢討，以及研究方法與進路。

　　第二章莊子之前「氣」概念析論；說明「氣」概念的淵源特質，老子「氣」概念的意涵，以及由老子到莊子「氣」概念的承傳。

　　第三章莊子〈內篇〉「氣」概念的解析；闡述莊學之基本義理，莊子〈內篇〉「氣」概念的意涵，以及莊子修養工夫論的境界。

　　第四章莊學〈外雜篇〉「氣」概念的解析；探討莊學〈外雜篇〉「氣」概念的意涵，以及莊學宇宙生成論的義理架構。

　　第五章結論；解析由〈內篇〉到〈外雜篇〉「氣」概念之開展與比較，莊子「氣」概念在先秦諸子的分位，以及莊子「氣」概念之現代詮釋。

　　莊子「氣」概念，有其思想傳承，亦有其時代之開創性；依思想史上的發展來看，莊學「氣」概念的優越在其先導性，與體系之完整性。解析莊學「氣」概念之意涵，彰顯了「氣」概念架構而成之生成原理，並由修養工夫論開顯了生命人格的修養境界，在「道」「氣」不即不離之下，宇宙萬物是由「道」之化生，此道生氣成之宇宙生成論，是為修養工夫論之形上根基。莊學以氣化觀點詮釋萬物的起源與轉化，給出了萬物存在的合理解釋，其建構宇宙生化無窮的哲學理論，超脫人間是非之齊物觀與尋求生命自在之逍遙論，以及浪漫取向之文學表達形式，在在反映出莊學獨特的地位與不朽的價值。

目　次

第五冊　莊子氣論探微

作者簡介

  婁世麗，國立臺灣大學中國文學研究所碩士，國立臺灣體育大學通識中心副教授（退休）。

  曾任：臺北市立成功高級中學教師，國立臺中護理專科學校講師，國立空中大學講師，朝陽科技大學副教授。

  專長：中國思想史、莊子哲學、古典詩詞。

  著作：（專書）《莊子氣論探微》，《莊子「兩行」觀》，（期刊）〈逍遙遊「大小之辨」試析——兼論「鯤」字義蘊〉，〈「夫言非吹也！」其為「天籟」乎？〉，〈莊子「因」字義理試詮〉。

提 要

「通天下一氣」的觀念，不僅是莊子書中很重要的一句話；而且，已在中國人的思想、生活、道德、文學、藝術、醫學等層面體現出來。甚至在今日自然科學的領域中，也已逐漸影響到宇宙、萬物結構的理論，而有取代人們長久以來對宇宙的認識——由原子與原子，及原子間的"虛空"所組成——之趨勢。但是多數學者對於莊子的「氣論」思想，尚未予以重視，而使這個通貫人文、自然科學領域的重要命題，隱而不彰。本文之研究目的，即在探究將「氣論」提昇至成熟階段的莊子思想；希望由莊子的「氣」概念中，離析出「氣」的重要性質，及這些性質如何在天地萬物上展現；尤其著重於討論「氣」在莊子「化」的觀念中的地位。

本文先簡略地概述「氣」概念的產生、及「氣論」的萌芽；餘皆專就莊子的氣論思想爲主要內容。約將莊子的「氣」概念，歸納爲四大類型：一、與形軀、生理健康有關者。二、與自然、天地有關者。三、與工夫修爲有關者。四、具有哲學意義者。及四大性質：一、虛而能容。二、和而能生。三、精純而能化。四、聚散而能動。最後則將具有四大性質的「氣」，又與四大類型的「氣」概念，分別呈顯爲天地的建構（由「道與氣」；「德與氣」來看），萬物的創生、變化、並內在於萬物（由人的「形、神、心志」與「氣」言之）等等現象，本文都盡量扣緊原典來討論，希望對於莊子的宇宙論及身體觀，能提供一個新的檢視角度。

其實道家在中國學術思想上，固然常居於伏流地位，然與顯學的儒家則各顯人生境界，亦未必可以用「軒輊」譬之。尤其基於莊子的「通天下一氣」之思想義涵，而發展出道家「天地與我並生，萬物與我爲一」的視界；更足以與儒家的「民吾同胞，物吾與也」的襟抱，並稱人類雙葩。另外，在整個「氣論」發展史中，影響到的諸多層面，牽涉甚廣甚深，都十分值得繼續研究。因此本文選擇莊子的氣論思想作爲研究的主題。

目 次

莊子心性思想之研究

作者簡介

　　張森富，1963 年生，台北市人。1986 年畢業於中興大學中國文學系；1999 年畢業於政治大學中國文學系博士班，獲博士學位。現為北台灣科學技術學院副教授。

提　要

　　本文旨在探討莊子思想在心性方面的理論。老子以論道德為主，罕言心性；莊子則屢言心性，此當為莊子思想更進於老子者。莊子之言心性，雖與儒家所言者有異，然自有其精闢可觀之處。

　　莊子之成書，距今甚遠，欲明其章句訓詁，並非易事。因此，本文盡可能

參酌前人注解，以示所言有據。然而，前人之訓詁是否妥當，仍須視其與莊子之義理脈絡是否相符而定。因此，本文對於莊子之重要詞語、論據，盡可能加以解析、綜合，以期了解其確實意義和義理脈絡。在材料的引用上，則以王孝魚點校的郭慶藩《莊子集釋》爲底本，再參考其他版本。

本文分五章：第一章說明本文之研究目的、研究方法；第二章說明莊子論道德之旨，重在從超物倫、超言辯、超美惡等處，以言道德之爲至眞、至善；第三章說明人間世之憂患，皆源自心性之分化對立，有涯之性固爲無涯之心所崩裂，無涯之心亦爲有涯之性所桎梏，相刃相靡，終身疲役，不能遊於道德之鄉；第四章說明至人之精神，四達並流，上天下地，通一切是非然否、偏計妄析而爲一，亦和心性之分化對立爲一混芒、澹漠之自然，其所遊者，唯道德之鄉而已；第五章對莊子心性思想作一整體性的評論。

本文寫作過程中，幸蒙董師金裕諄諄勉勵，解疑釋難，疏通義理，潤飾字句，方能完成，在此要特別誌謝。而鄙人才學淺陋，違闕未審之處仍難免，尚請博雅君子，不吝指正。

目　次

第六、七冊　兩漢魏晉之道家思想

作者簡介

　　陶建國，1951 年出生於台灣台南市，曾就讀於輔仁大學國文系、文化大學中文系博士班。畢業後致力推廣中國文學教育工作，曾在各公、私立大學擔任教職，並在國立台北商業技術學院擔任通識教育中心主任。作者對儒、道二家學說素有研究，《兩漢魏晉之道家之思想》一書闡述道家思想之演進，及對兩漢魏晉學術思想之影響，可謂析理透徹，內容詳贍。書中旁徵博引之相關資料，巨細靡遺，是有志研究道家學術思想者之重要參考書。

提　要

　　我國學術史上，兩漢魏晉時期係相當重要一階段，一方面其能繼承先秦學

術而發揚光大之，再方面能融合外來文化，發展出獨具特色之學術風格，導致隋唐以後宋明理學之產生。故兩漢魏晉之學術，實具有「繼往開來」之精神。而此一時期則深受老莊思想影響甚大。

本文遂以「老莊思想對兩漢魏晉學術思想之影響」為題，對兩漢魏晉學術發展，作一分析與整理。全文約五十萬字，分為四篇：

第一篇：緒論，敘述老莊思想之特質，及對先秦學術之影響。

第二篇：老莊思想對兩漢學術思想之影響，全篇分為四個重點：一、分析黃老思想產生之原因，及其發展之情形。二、敘述道教之產生，和與老莊思想之關係。三、說明漢末自然主義衍盛之情形，並分析諸思想家之內容。四、佛教初傳，及其比附老莊之情形。

第三篇：老莊思想對魏晉學術思想之影響，全篇分為六個重點：一、魏晉老莊思想勃興之原因，及對社會風氣之影響。二、名士風格之產生，及其與老莊學術之關係。三、清談風氣之流行，及名理、玄論二派衍盛之情形。四、老莊思想對文學作品及理論之影響，和文學所表現之道家思想。五、道教在魏晉之發展，和道士與老莊學術之關係。六、格義佛教在魏晉之發展，及釋子與老莊思想之關係。

第四篇：結論，對此時整個學術過程做一鳥瞰，並分析老莊思想對兩漢魏晉社會及學術正、負二方面之影響貢獻，同時對魏晉以後老莊學術之發展，作一敘述。

全文參考古今典籍，以比較、分析、歸納方法，對每一階段學術發展之主題，既追溯其產生之原因，復能深入探討其具體內容。同時能從史學、哲學、文學、宗教、社會五方面著手，使兩漢魏晉學術變遷之軌跡，老莊思想衍盛之大概，皆有所陳明。

目　次

上　冊

序　言

第壹編　緒　論

第八冊　商鞅反人文觀研究

作者簡介

　　黃紹梅，廣東省大埔縣人。東吳大學中國文學碩士、博士，現爲國立臺灣師範大學國際與僑教學院華語文學科專任副教授。主要著作《商鞅反人文觀研究》（碩士論文）《韓非尊君學說與兩漢政經形勢》（博士論文）〈漢代邊防政策中的耕戰思想〉〈王充《論衡》評論漢代社會問題的得與失——以「無鬼論」

反映的社會意涵爲例〉……等。

提　要

本論文以《商鞅反人文觀研究》爲題，「人文」思想是對人性、人倫、人道、人格、人之文化及其歷史的存在價值加以肯定和尊重。商鞅的學說與事功有反人性、人倫、人道、人格、文化及歷史等現象，否定了人的主體性。本文即就商鞅的反人文觀作一有系統的探討，以彰顯人文思想的內涵。全文分爲五章論述：

第一章緒論：首先提出研究商鞅反人文觀的必要性，其次考證其人其書。呈現前人考證成果，並歸納《商君書》資料取捨運用的原則。

第二章論述商鞅反人文觀形成的背景。就外在環境的影響而言，是就戰國時代導向，以及商鞅所處的衛秦二國現況說明。就內在思想的形成而言，是分析管仲、子產、李悝、吳起等法家人物的思想與商鞅學說的關係，以及商鞅人格特質的內緣因素。

第三章論述商鞅反人文觀的理論基礎。從商鞅學說的歷史觀、人性觀、法治觀、國家觀以及名實觀等部分，探討其發展成反人文的理論建構。

第四章論述商鞅反人文觀的實踐。是就法治、經濟、軍事、教育等範疇分析。法治方面以重刑和重賞制度的探討爲主，經濟方面以獎農功和抑商賈等法令爲探討重點，軍事以尙首功制度的論述爲主，教育以對知識學問的偏廢實況分析。

第五章結論：就商鞅反人文的理論體系和政治實踐措施二部分的研究，歸納出商鞅反人文雖是以歷史觀、人性觀、法治觀、國家觀以及名實觀等理論構成，實則這五大理論有輕重之別，並以人性觀爲其癥結所在。

目　次

第九、十冊　韓非尊君學說與兩漢政經形勢

作者簡介

　　黃紹梅，廣東省大埔縣人。東吳大學中國文學碩士、博士，現為國立臺灣師範大學國際與僑教學院華語文學科專任副教授。主要著作《商鞅反人文觀研究》（碩士論文）《韓非尊君學說與兩漢政經形勢》（博士論文）〈漢代邊防政策中的耕戰思想〉〈王充《論衡》評論漢代社會問題的得與失──以「無鬼論」反映的社會意涵為例〉……等。

提　要

　　本論文以《韓非尊君學說與兩漢政經形勢》爲題，全文共分十章，四十六萬餘字。

　　緒論：首先將韓非尊君內涵加以界定，並論及韓非尊君對於兩漢的影響。所以在緒論中說明漢代「陽儒陰法」的提出已爲學術公論。並在前人論述上詳言儒法溝通關鍵在尊君卑臣。其次是探討「陰法」的「法」與韓非有密切關係，文中分別從左右漢代政經形勢的大臣言論、制定漢代政經制度的統治者行事、漢代律法、及漢代政經制度多承自秦制四部份，比較與韓非尊君學說的脈絡相通處。

　　第一章是說明韓非的生平、人格特色。提出尊君學說與其生平遭遇與人格特質的關係。又探討韓非學說所根據的是《韓非子》一書，由於先秦典籍多有眞僞問題，文中呈現前人考證成果，得出運用《韓非子》一書的原則。

　　第二章是從外緣與內因兩部份論述韓非尊君卑臣的原因。外緣上，是從社會史的角度說明韓非尊君卑臣的背景，運用的是發生法。從封建制度敗壞，政治經濟社會結構的改變，說明韓非尊君學說與時代的關係。在內因上，說明儒道墨家的救世學說，以比較法的觀點，提出韓非學說是爲補救儒墨道三家學說表現的不足。

　　第三章是說明建構韓非尊君學說體係的學說淵源。分別就慎到的勢、申不害的術、商鞅的法以及黃老學說加以說明。本章所用的是分析法，又探討商鞅尊君學說部份，則運用基源問題研究法，說明其理論成立的基礎在人性問題。

　　第四章探討韓非尊君學說的理論基礎及尊君學說內容。在理論基礎上，用基源問題研究法說明韓非尊君學說的理論基礎在因自利人性論強化君臣異利理念。在尊君內容上，用分析法，歸納出韓非尊君內容計有：用人公平、虛靜無爲、循名責實、立法執柄及趨本務外末作六項。

　　第五章到第九章說明韓非尊君學說對兩漢的影響。由於政治思想的完成應是「理論」與「應用」並重，所以了解韓非尊君學說外，也應注意理論對時代的影響。第五章至第九章採「以史論子」方法，以兩漢政經探討韓非學說的落實現象。此處涉及「影響說」，影響的界定很廣泛，有正面的、反面的，或對原學說的誤讀及修正，多應可列入影響的範圍。但是，根據赫梅倫氏的說法，影響需具備時間順序條件、因果條件及可見性條件。所以本文是以赫氏說法爲

準，於兩漢政治、學術、經濟、軍事、社會上，多先說明與韓非學說脈絡相通之處。至於說明兩漢政經與韓非學說關係的資料，是以《史記》、《漢書》及《後漢書》等史料爲主。其中除論述考課、監察、宰相制度，涉及典章制度外，其餘大多偏重在意識形態的探討，所運用的資料多詔書、奏議一類，及一般性的思想論著，所以仍屬於思想史的範疇。

至於第五章至第九章的論述次序，依序是政治、學術、經濟、軍事及社會。漢代政治制度襲秦制有法家傾向，並在此前提下，對學術、經濟、軍事及社會產生影響，故編排列政治於前。各章從韓非尊君學說的角度，對複雜的兩漢政經形勢作一理解。

第十章是歸納韓非尊君學說影響兩漢所形成的流弊。於總結並說明韓非尊君學說本有正面價值，可是到兩漢卻形成種種負面流弊，探討其原因爲何。

目　次

第十一冊　漢晉人物品鑒研究

作者簡介

　　張蓓蓓，江蘇松江人，一九五三年生，台灣大學中國文學博士，現任該校中國文學系所教授。研究領域涵蓋漢魏六朝學術思想文史等方面。著有《東漢士風及其轉變》、《漢晉人物品鑒研究》、《中古學術論略》、《魏晉學術人物新研》、《認識國學》等書，並參與撰寫《國學導讀》、《中國歷代思想家》等套書。

提　要

　　漢晉之際，人物品鑒之學甚盛，在中國歷史上大堪矚目。當時人對於人物品類區分，確有真實的感受，確有研析的興趣。所以如此，自與歷史事態的變動有關，與漢末清流、濁流的對立有關，與曹操用人的方策有關，亦與名教、自然之辨有關。簡而言之，漢世宏獎德行，勸以官祿，儒風大振；東漢後期，由於戚宦當道，貿易選舉，士人務於揚清激濁，因有「汝南月旦評」產生，對於人物品鑒之風形成深遠的影響。曹操深抑浮華，趨於刑名，用人棄德舉才，士風又為之一變。嗣後才性的發揚乃與「越名教而任自然」思想兩相結合，成為魏晉名士的典型人生觀與人品觀。在此進程之中，人物理想一變再變，人物品鑒日新月盛，儼然成為當時的顯學。政風、士風、歷史、思想諸般變化，似乎都可以在當時的人物品鑒中窺其彷彿。本書試圖完整呈現漢晉數百年間人物品鑒之學的形成與發展、背景與現象、形式與內涵，並以為「知人論世」之資。除緒論、結論外，正文共分四章，分別討論漢晉之際最具代表性的人物品鑒名著：《漢書·古今人表》、《人物志》、《世說新語》，又以第三章專論漢末以降人物品鑒新風氣的興起。

目　次

第十二冊　魏晉人物品評風尚探究——以《世說新語》為例

作者簡介

　　方碧玉，生於花蓮。研究斷限為魏晉南北朝時代，興趣偏於社會文化主題。以〈魏晉人物品評風尚探究——《世說新語》為例〉取得碩士學位，再以〈東晉南北朝世族家庭教育研究〉取得博士學位。目前任職於花蓮大漢技術學院通識教育中心。

提　要

　　清談為魏晉重要文化活動，最能突顯其時代特殊精神，其內容主題包含人物。以中國文化傳統而言，向來注重人文主義，對人相當看重，重視人物批評已然成為中國思想特色。而魏晉史學特色也重視人物，在此情形下，研究魏晉時代人物品評當具意義性。因此，本文從掌握時代精神出發，目的在了解文化活動在時代環境的重要性及意義。就論人而言，只要有人存在的地方，就有可能對其個人行為及特質，做隻言片語之評論。因此人物評論予人無所不在之感，要做具體研究實有困難，而《世說新語》為志人小說，含豐富的品評內容，故本文以《世說新語》為探討人物品評的主要史料，再以正史輔助說明，另參閱近人著作。

　　本文架構除問題的提出及結論外，共分四章。第二章：述說人物品評的淵源，主要以選官制度、社會風氣及士人自覺意識三方面，進行說明。第三、四章：對《世說新語》做具體觀察，主要從人物身分背景、品評關係類型、品評內容與時代環境、《人物志》與人物品評之關係及人物典型幾個方向，進行探討。第五章：論述人物品評的作用及對文學、史學、清談社會風氣的影響，以闡明文化活動在時代中的意義。

目　次

第十三冊　王弼的言意理論與玄學方法

作者簡介

　　蔡振豐，1962 年生，國立臺灣大學中國文學研究所碩士、博士。曾任國立臺灣大學中國文學系助教、講師、助理教授，現爲該系副教授。主要研究領域爲魏晉玄學、佛學及儒、道二家思想，並兼及於東亞儒學研究。主要著作有《王弼的言意理論與玄學方法》、《魏晉名士與玄學清談》、《魏晉佛學格義問題的考察：以道安爲中心的研究》、《朝鮮儒者丁若鏞的四書學》等。

提　要

　　本書旨在說明「言意理論」在魏晉學術轉變中的重要地位，並嘗試指出王弼的「言象意說」可成爲——「系統的方法」（即可作爲——論述的文法或思維的方式）。全書的問題起於湯用彤、牟宗三、勞思光、余英時等學者對魏晉學術的討論，尤其反省於「境界型態形上學」、「體用」等觀點在論述王弼玄學上的問題。

　　全書主要由三部份組成，第一部分論及魏初選舉制度之爭議、劉劭《人物志》之理論以及對聖人議題的看法等，與「玄學」之發生的可能關聯。第二部份則分析王弼言意理論的意涵，並說明其在方法上的意義。第三部份在於透過王弼的《老子注》與《周易注》，說明王弼的言意理論如何作爲「方法」展現

在其注文之中。

全書的章節安排如下：

緒論：問題與方法。第一章：魏初的形名之學及人倫識鑒的問題。第一節：魏初的名學理論。第二節：魏初有關於選舉制度的爭議及其所反映的問題。第三節：《人物志》所反映的名學限制及對玄學之影響。第四節：玄論與名理二派對聖人議題的討論。第二章：王弼的言意理論及其在方法上的意義。第一節：魏晉的言意理論及其理論重點。第二節：王弼言象意說的理論特質。第三節：王弼的言意理論在方法上的意義——從與莊子的比較談起。第三章：王弼言意理論的方法展現。第一節：《老子注》對「道」的言說方式。第二節：王弼《周易注》的相關問題。結論。

目　次

第十四冊　魏晉儒道會通思想之研究

作者簡介

　　顏國明，臺灣師範大學國文系學士、國文研究所碩士，中國文化大學哲學博士，現任國立臺北教育大學語文與創作學系教授兼系主任。著有《魏晉儒道會通思想之研究》、《從圓教範型論道家思想之開展》、《易傳與儒道關係論衡》等書。

提　要

　　本論文旨在探求魏晉儒道會通之思想發展，並考察各家在理論體系上之建構與證成。論述次序上，採取以人物為經線，再以各家體用義及其對聖人人格義蘊之認定為緯線，逐次論析，期能表明此一時期之學術特色及其思想成就。全文共分三章五部份進行：

　　首部份為緒論，綜論此時期之重要思想課題及其緣起。

第一章，闡述何晏之道論，首先說明何晏與正始之音，及其「援道入儒」之學術特色，進而自其「天地萬物以『無』爲本」與「道本無名」之主張中，探討其所謂「道」之內涵，末則從體用觀論析其「聖人無情」之義蘊。

第二章，討論王弼之體用論，前節綜理其學術特色與思想要點，再自無、有，母、子、本、末、一、多等諸概念之關係網絡，研尋其「體用如一，本末不二」之圓融體系，進而以「體無用有」之體用觀，剖析其「聖人體無而有情」之內在意涵，末節考察其在儒、道會通課題上之理論證成。

第三章，探討向、郭之冥論，首節論列二人之學術著作與注《莊》疑案，其次闡析其「自生自有」、「自爾獨化」之體用義，並尋繹其「即冥，冥即，亦亦冥，非非冥」當體圓融之體用圓境。末節考察冥圓在「道體儒用」體用觀上之義理內蘊，及其在孔、老會通之思想發展上所達臻之理論成就。

最後部份爲結論，綜述魏晉玄學家在理論體系建構上之發展脈絡，及此時期學術所開展之成就，再自儒、道義理思想之本質，考察此時期之會通是否深中二家之肯綮，亦即是魏晉玄學是否真能在義理內容上達成儒、道二家真正之會通。

目　次

第十五冊　宋代家禮、家訓的研究

作者簡介

　　林春梅，出生於台東知本，成長於台南。畢業於輔仁大學中國文學系、中國文學研究所碩士。畢業後，旋任教台南崑山科技大學迄今。

　　成長過程深受父母庭訓影響，恪守本分。求學階段屢受良師們提攜、及益友們扶持，回首過去，能夠完成完整學業，原是眾人的愛所灌注而成。在食指浩繁的勞力家庭裡，若非姐妹們相繼投入職場，解決家庭經濟窘境，實不能有

今日之造化。受人點滴，當湧泉以報。過去種種，實感激在心頭，終生難忘。

提　要

　　家族是我國社會主要的制度，也是社會的重心。家禮指家庭儀節，家訓則是約束家庭組成人員的行爲規範。宋代家禮、家訓的內容，專注於立身處世，治家教子。以家族成員爲主，目的在延續家族的生命。家族制度以親子爲中心，實行倫理爲本位，因家族關係複雜，維繫之道有賴於長幼尊卑之序，男女內外之別。而以孝悌精神貫通其中，講求恕、忍，方能維繫家族的長存，傳統的孝道，藉著善事父母，奉養承歡，培育人性，塑造人格。

　　宋代在政治武功上，較之前代積弱不振。遼、金、西夏、蒙古等外族的不斷侵擾下，不得不以歲貢取得一時的苟安，然而在文化傳承上，宋代書院林立，理學興盛，藝術蓬勃發展，各方面的成就，使得宋代士人的覺醒異於前朝，讀書人對積弱不振的國勢，有欲振乏力的苦悶，對於社會禮教的變革，個人心性的修養，以及家庭社會的規範，試圖找出其所能認知的因素及解決之道。雖然不能爲當世所用，然而記載流傳做爲家訓、家規，留待子孫恪守效法，因此宋代家禮、家訓特別發達，下開元明清三代家訓的發展。

目　次

王安石研究

作者簡介

　　林敬文，台灣師範大學國文研究所碩士。曾任省立泰山高中教師、中華工專講師、德霖技術學院通識教育中心主任。現任德霖技術學院專任副教授。著有：《王安石研究》、《陸宣公生平及其思想之研究》等書；單篇論文：〈近思錄中的教育思想〉、〈魏徵及其政治思想〉、〈王陽明道德教育思想之探微〉、〈陶淵明爲人及其詩文裡蘊藏的哲理之探索〉、〈陶淵明美學思想之探索〉、〈桓溫徙洛之議與清談風氣的關係〉、〈由詩歌看鮑照的人生觀和文藝觀——以擬行路難十八首爲例〉、〈淮南子齊俗訓與老莊關係之探索〉、〈論淮南子的教育思想〉等。

提　要

　　生當北宋中葉，天下似若晏然無事，而王荊公汲汲乃若不可終日，其用心果安在？蓋目睹當時政風因循苟且，以爲禍災可以無及於身，殊不知危機

已潛伏多時矣。先是，仁宗慶歷年間，范仲淹已針對時弊提出改革意見，惜未獲重視，致無疾而終。至是積弊愈深，若不思振衰起弊，則後果將不堪設想矣。

荊公於仁宗嘉祐三年，入為度支判官，乃獻萬言書，亟言當世之務，以為當時天下之財力日以困窮，風俗日以衰壞，其患在不知法度，不法先王之政故也。而解決之道，為因天下之力，以生天下之財，取天下之財，以供天下之費耳。斯則荊公執政後改易更革之張本。

神宗即位後，嘗召荊公問改革之策，荊公奏曰講學為先。由此可見學術之重要。今觀荊公主張道以致用，經以濟世，除能究天人之際，言性命之道外，復能通古今之變，理天下之財，此蓋平日學問之累積也。

荊公之辨王霸，以心異之故，斯發揚孟子「尊王賤霸」而有以得之也。其論人君之修養，偏重聞道、講學、行義，此亦荊公平生所奉行者也。而人才之培育，以經世致用為目的；人才既足，則可以談變法。其理財之基本觀念，則源於社會生產者之立場；而整軍之最終目的，在於保甲法之實現。至於提倡學校教育，所以替代科舉而取士者也。

目 次

第十六冊　朱熹「心與理一」思想之研究

作者簡介

　　王惠雯，現任華梵大學佛教學系、人文教育研究中心合聘專任副教授，圓光佛學院兼任教師。1989 年自政大哲學系畢業（輔修新聞系），1992 年、1998年自輔仁大學哲學研究所取得碩士、博士學位。研究領域包括：中國哲學方法論、佛教倫理學等與實踐方法相關的主題。學位論文及著作有：《朱熹「心與理一」思想之研究》、《宗喀巴菩薩戒思想之研究》、《大乘佛教教育實踐理論論文集》（中壢：圓光佛學研究所，2006）。

提　要

　　本文主旨在探究先秦到宋明的哲學史發展脈絡及意義呈顯之背景下，朱熹所形成的「心與理一」思想特色。透過對於「心」及「理」等概念分析，及運用程朱思想範疇的架構，可以了解朱熹主張「心與理一」的論題焦點，仍在強調證成道德實踐的理論與方法。其透過「性理內存於心」的設定，開展傳統「天人合一」的概念，進而形成兼具本體論、認識論及工夫實踐論的詮釋系統，因而形成其獨特的思想。

　　和宋明時期的理學家相較，朱熹並未輕易主張「心即理」，藉以保任成聖、成德的必然性；儘管其似乎視「理內存於心」為理所當然。這是因為朱熹相當重視「心與理不一」的現象問題，所以他極力指出實踐工夫的必要性，亦即透過居敬窮理，將心提升至理的規範性及超驗性層面－藉由「心」的實踐工夫，將「理」真正內化於「心」，進而達成超越（克服）自我私蔽的實踐目標（成德、成聖）。

　　因此，朱熹「心與理一」的思想即在強調將凡聖同一的成德之基礎（存有論式的觀點），開顯為真正成聖的實踐工夫（認知論、修養論式的觀點）。其所重視的「成德實踐」，不能僅僅只是透過對於道德理性存於「心」的肯定而已；欲成德、成聖者，應當充份體現「理有未窮，仍需實踐」的意義，此即是朱熹主張「心與理一」的特色所在。

　　朱熹的上述思想中，並未明白地指出：以心之自決力做為成德實踐的優先條件，易被評為有所不足；但其強調「心與理合一」的看法，卻是能在一般極易落入「理一於心」和「心一於理」的兩種對立觀點中，找到一條避免「主體性自我膨脹、道德價值失落」的出路。

目　次

論吳澄的學術歸向與教育理論

作者簡介

　　黃煌興，台灣嘉義縣人。就讀國立台灣大學哲學系期間，對中國哲學思想有濃厚的興趣，之後又因深覺歷史文化背景對思想學派的產生有極大影響，因此經常接觸歷史，更加確認思想與歷史關係密切，故於役畢後，轉讀國立中興大學歷史研究所，在王明蓀教授指導下進行思想史研究。現任台中明道中學歷史科教師，教書之外，喜歡思考、閱讀，興趣廣泛。

提　要

　　治中國教育史者，往往忽視元代學者及其成就，本論文撰寫的目的，即以元代大儒吳澄及其教育理論爲研究對象，希望能發揮拋磚引玉的功效，使元代教育的研究受到重視。本文共分六章。第一章緒論，第二章主要是詳述吳澄的一生，而第三章主要目的在探討吳澄的思想背景和學術歸向，故先述朱陸思想之比較，以求朱陸講學主旨，次談吳澄解經著述的思想背景，以說明全祖望對吳澄「著書近乎朱」的評論。又因朱陸後學分別走上訓釋支離和空虛狂禪的偏向，遠離朱陸講學宗旨，故乃有和會朱陸之風興起，此風至元初，成爲學術風潮，吳澄先是在師承上得到「和會朱陸」的思想灌溉，加上環境風潮的影響，於是形成其特殊的學術思想型態。但吳澄的終極關懷應該還是在矯時弊、滅門戶之見，而非純然的「多右陸」。第四章則是探討吳澄的教育理論。吳澄在基礎理論上，大量吸收了朱學的思想精華，形成主要架構。而有關教育的目的和功用方面，雖還是以朱子之說爲主，但其主張「心」在爲學過程中的重要性，表現出「和會朱陸」的思想，則是吳澄論學的特殊處。第五章所探討的是吳澄的教育方法論。吳澄「和會朱陸」的用心，從其方法論上看得最清楚。吳澄主張爲學應內外合一，求學與實踐更應是並重，知行要兼該。故吳澄一方面要人讀書博學，另一方面則要人反約自得，這明

顯是為救朱陸兩家末學之弊所發之論。第六章結論，藉著後人對吳澄的批評，來總結吳澄的一生，並將吳澄的教育理論架構作一整理，以明其主要論點。

目　次

第十七冊　湛甘泉心學思想研究

作者簡介

　　張伯宇，台北市人，生於民國六十六年（西元 1977 年）。淡江大學中國文學系碩士班畢業，現為臺灣師範大學國文所博士研究生。並於淡江大學、世新大學兼任講師。研究專長為儒、道思想。

提　要

　　本文研究從歷史與結構二面揭示明代理學家湛甘泉的心學思想。於歷史面有「甘泉之前的明代理學」，與「甘泉的生平交遊事蹟」，以明甘泉學說所面對的理學問題與學術生活環境。結構面則以「本體」與「工夫」分論的方式展開。本體論部分從宇宙面的理氣論，過渡至人生面的心性論，即是從「氣一本論」轉至「心一本論」，確立了甘泉心學是以氣爲本的理氣論，呼應以心爲本的心性論，亦即是以工夫爲本的本體論。工夫論部分則具體闡述其論工夫的大重點，有「盡心、知性、知天」、「知言養氣」、「讀書」、「隨處體認天理」等題目，以「隨處體認天理」總結。其次繼之以比較會通的方式，將甘泉與朱子、陽明較論。本體論方面，甘泉與陽明同承朱子「理一分殊」的方式，措置朱子「理先氣後」的堅持，直從工夫、流行、活動、發用處見本體，而提出萬物一體的「心工夫本體」。工夫論方面，甘泉「隨處體認天理」從朱子「格物窮理」轉手過來，並取「主敬涵養」的精神。其次，甘泉「隨處體認天理」相較於陽明之直任「眞誠側怛」，多了謀定後動的意味，也更正視歷史文化對於人格及事業實現的決定性。此處有二個要點，一是湛、王學說對朱子理學都有繼承與轉化；二是湛、王學說大義皆爲人生活動之「心工夫本體論」，正透顯「理在氣中」的消息。附錄有《甘泉先生學譜》與《甘泉師友交遊考》。

目　次

第十八冊　聖學的追尋與傳播──陽明學派游學活動研究

作者簡介

　　蔡淑閔，台灣省彰化縣人。政治大學中國文學系學士、碩士、博士。曾擔任新店高中國文教師，中國技術學院、政治大學教師研習中心兼任講師以及中央研究院近代史研究所研究助理。現任銘傳大學應用中國文學系助理教授。學術專長爲陽明學。

提　要

　　對於陽明學派的游學活動，筆者主要從四個層面：人的流動、社會關係的流動、思想的流動、書寫的流動來思考。游學基本上是一種人的流動，社會關係、思想以及書寫的流動，都是因爲人的流動而來的。游學是一種個人的選擇，人爲什麼游學，而陽明學派的游學又是屬於集體性的活動，如何進行流動，凝結出特定的組織、特定的社會價值。因此這一層面包括流動的目的與價值、流動的方式、流動的型態等問題。游學是走出家門的活動，人在游學的理想下，勢必會影響家庭生活的經營，而人與人之間的互動，使得社會關係產生變化。這一層面的問題包括家庭生活的犧牲、友天下士的理想、友倫的強調，以及在利益的糾葛中，講學的意義與人際關係產生變質。思想的流動主要是在流動的過程，發展出跨地域的思想議題，如良知之辯、四句教之辯、三教之辯等。書寫的流動則是陽明學者記錄流動的書寫，主要有會語及遊記，而這些書寫又會隨著人的流動而流動。期待這樣的研究，能對陽明學派游學活動有整體的認識，以作爲日後歷時性比較研究的基礎。

目　次

第十九冊　羅整菴哲學思想研究

作者簡介

蔡家和，臺灣省基隆市人，淡江大學數學學士，中央大學哲學碩士、博士。現任東海大學哲學系副教授。研究領域，以儒家、宋明理學為主。著有論文二十餘篇。

提　要

本論文主要對於整菴思想作一詮釋與界定。因本文重在研究羅整菴之思想，故資料來源以整菴的《困知記》為主，因整菴之哲學思想幾乎都詳載於此書。於研究方法上以文獻之解讀與詮釋為主。

研究成果如下：

於整菴的理氣論方面，整菴以理氣一致的思想修正朱子學，而企圖回到明道的理氣圓融一致之義理；於心性論處，整菴視道心為性，而朱子視道心為心之原於性命之正，重在心義而不在性義，故小有差別，此乃整菴避免淪為心學、禪學的呼籲。

於整菴與明道思想的異同之研究方面，整菴最欣賞明道的義理思想，乃於天道論之理氣圓融性上有取於明道，但於心即理義上不同於明道，以致於工夫論上還是停留於朱子學，而非明道之學。

　　於第四章之研究成果，吾人認爲朱子、整菴學與陽明學兩者不同。一者尊天道論；一者重心的自覺性，陽明言心即理，縱使言天道也是不離吾人的良知之知覺下的天道。心學與理學之思想可以互補，不可會通，而朱子學之儒學經典詮釋不合於孔孟的思想。

　　於第五章處吾人談整菴的儒佛之辨的判準，以虛實的判準爲得宜，但此是在不可視心學爲虛學之前提下而可如此言之，在此整菴稍有偏差。

　　第六章認爲整菴學確實有天人不一的可能性。且黃宗羲、劉蕺山接受了整菴的天道論及佛學的部分思想，進而轉化整菴的思想，其思想更爲客觀公正。

目　次

第二十冊　劉蕺山之成學經過

作者簡介

王俊彥，江蘇漣水人，一九五六年生，中國文化大學中國文學博士，現爲中國文化大學中文系專任教授，著有《劉蕺山之成學經過》、《胡五理學思想之研究》、《王廷相與明代氣學》等書。及〈王廷相的元氣無息論〉、〈呂緝熙「氣生於氣」之思想〉、〈王廷相的「性者，氣之生理論」〉、〈徐三重《信古餘論》之理氣論〉、〈王龍溪之心論〉、〈吳廷翰「以氣即理，以性即氣」的思想〉、〈吳廷翰的致知格物論〉、〈王船山氣學思想述要〉、〈論張載的氣質之性及其開展〉、〈陳確的理氣論〉、〈羅欽順的理氣心性論——以理氣是一爲詮釋路徑〉等論文十數篇。

提　要

　　劉蕺山是明末殉國之理學家，其學重實踐，從政作爲多受儒家政治理想影響，終至抱道殉國，可爲一學行合一之表率。此文即從其治學、師友、從政經過，探究其學行之演進，及其終能卓然自立者。

　　本文凡分三篇。首篇背景篇，自蕺山之家世、學術政治背景、學術淵流作一探討，以明其成學所受環境之影響。次篇師友篇，依其一生論交師友相識年代，逐一介紹學行與交往經過，藉明蕺山所受師友之影響。三篇成學經過篇，凡分四章。首章論早年主敬之因緣與工夫；次章論中年愼獨旨意及旁出；三章論晚年誠意學說之成熟過程；四章結論對蕺山學說特色，及實踐工夫作一總結。

　　撰述資料，主據劉子全書本文，及各家哲學著作之相關資料。本文重點在了解劉蕺山之如何完成其爲理學家之一生，故特重師友交往，及成學經過。冀自成學過程中，見出其思想進展及受時代、師友之影響。以及在何條件、機緣下，形成其學行並重之理學家特色也。

目　次

第二一冊　焦竑及其學術研究

作者簡介

　　林桐城，1952 年生，籍貫：台灣雲林，東吳大學中國文學研究所碩士班畢業。曾任職於基隆二信中學（兼任）、淡水工商管理專校（眞理大學 專任）、光武工商專校（北台灣科技學院 兼任）、台北科技大學進修學院（兼任）、現今任職於景文科技大學通識教育中心（專任）。專業領域爲宋明理學、老莊哲

學及周易。

提　要

　　焦竑以學識宏博見稱，學術領域涉及之範圍極爲廣博。本文著重於焦竑之生平著作、哲學思想、文學理論、小學與史學之研究。共分立五章十二節加以介紹，各章之內容大略分述如下：

　　第一章　焦竑之年譜及著作：以年譜繫其生平事蹟及交遊狀況，並考訂其著作，以明其著述之情形。

　　第二章　焦竑之思想：探討焦竑之心性論，闡述其心性旨義，焦竑以本性爲道德源頭，故其倡修身蓄德當反求諸心，不須外索。而復性之方，乃本陽明之說，以根之利鈍而有分別，根利者「一切之解，盡情休歇」，即可歸復本性，根鈍者則非思爲又思爲不可。至於其三教歸一道之觀念，以其論述甚多，且與心性論有關，故而亦於是章一并陳述。

　　第三章　焦竑之文學：闡釋焦竑之文論與詩論，其論文重宗經晰理、師古創新及闡道濟時，而論詩乃以道性情，直抒胸臆爲要，致若勸諭鍼砭則爲實用觀念，與文論之闡道濟時相同也。

　　第四章　焦竑之小學：此章分文字、聲韻、訓詁三類，文字學論其字形之訂正，聲韻學除古音說，餘則說明其字音之訂正。而訓詁學即論列其經義之釋證及字義之訓解。

　　第五章　焦竑之史學：闡述焦竑之史學觀念，蓋就蒐集史料，得其人專其任及褒貶人倫三事釋之。

　　若論焦竑學術之成就與貢獻，大抵有數事：力主「博學實踐」，糾正陽明後學任心廢學之弊，爲明末清初「實學」之先導，此其一也。倡導「師古創新」，去除七子後學剽竊之陋習，爲公安派詩文理論之啓發，此其二也。提出「古無協音說」，奠定古音學研究之基礎，此其三也。廣泛蒐集史料，以爲後世史家撰寫史書之依據，此其四也。故其學術當有承先啓後與革除時弊之功。

目　次

序

第二二冊　論王船山易學與氣論並重的形上學進路

作者簡介

　　杜保瑞，最高學歷：臺灣大學哲學研究所博士（1993.05）

　　現職：臺灣大學哲學系副教授

　　學術專長：宋明理學、中國哲學方法論

　　杜保瑞，1989.02，《劉蕺山的功夫理論與形上思想》，（臺灣大學哲學研究
　　　　所碩士論文）。

　　杜保瑞，1993.06，《論王船山易學與氣論並重的形上學進路》，（臺灣大學
　　　　哲學研究所博士論文）。

　　杜保瑞，1995.02，《莊周夢蝶》。臺北：書泉出版社。（北京：華文出版社
　　　　1997.04）

　　杜保瑞，1995.07，《反者道之動》。臺北：鴻泰出版社。（北京：華文出版
　　　　社 1997.04）

　　杜保瑞，1999.08，《功夫理論與境界哲學》。北京：華文出版社。

　　杜保瑞，2000.08，《基本哲學問題》。北京：華文出版社。

　　杜保瑞，2005.04，《北宋儒學》。臺北：臺灣商務印書館。

　　杜保瑞，2007.01，《莊周夢蝶莊子哲學》。臺北：五南圖書公司。（新版）

　　杜保瑞、陳榮華合著，2008.01，《哲學概論》。臺北：五南圖書公司。

提　要

　　首章說明中國哲學的研究進路及方法論問題；約定形上學概念術語的使用
意義；說明易學與氣論的形上學研究進路。

　　第二章說明船山易學思想，包括易學史觀、周易象數觀、易道本體論，及

由卦爻象所描繪的大化流行觀。

第三章說明船山氣論觀念，包括以氣說整體存在界的本體實有、由氣的實存說明世界的恆動性、以氣的性質說明善惡問題，及天地萬物存在的終始意義。

第四章說明船山對易學史上諸家、道家老莊學、道教煉丹命相學、佛教生滅世界觀等的批評觀點。

第五章談檢討與展望。

目　次

第二三冊　王船山生死觀與其義理體系研究

作者簡介

　　鄭富春，1961 年生，台灣高雄人，祖籍彰化秀水，畢業於屏東師專、國立高雄師範大學國文學系學士、碩士、博士。曾任國小教師四年，自 1988 年 8 月至輔英科技大學任教迄今。現任人文與管理學院語言教育中心專任副教授兼共同教育中心主任。主要研究領域是宋明理學、儒家生死觀與中語文教學相關論題。發表的論文刊載於《鵝湖月刊》、《宗教哲學季刊》、《輔英通識教育年刊》。

　　現任：副教授（2009.7～）兼共同教育中心主任（2008.10～）

　　經歷：1. 高雄市左營區新莊國小（1981.8～1985.7）。2. 南投縣草屯鎮碧峰國小（1985.8～1985.9）。3. 輔英科技大學講師（1988.8～2009.6）兼任教務處課務組組長（1996.2～1997.7）

　　學歷：1. 屏東師專（1976.9～1981.6）。2. 國立高雄師範學院大學（1981.9～1985.6）。3. 國立高雄師範大學碩士（1985.9～1988.6）。4. 國立高雄師範大學文學博士（1999.9～2008.7）

　　學術領域：1. 宋明理學。2. 儒家生死觀

（一）單篇論文

1.〈廣心餘情，裕於死生之際——王船山《詩廣傳》中的生死觀〉(《鵝湖月刊》四〇二期，2008 年 12 月）。2.〈王船山莊學生死觀〉（《宗教哲學季刊》四十五期，2008 年 9 月）。3.〈安死自靖，貞魂恆存——從《楚辭通釋》看王船山的生死觀〉（《鵝湖月刊》三九二期，2008 年 2 月）。4.〈物我一原，死生一致——船山《正蒙注》生死觀初探〉（《鵝湖月刊》三四三期，2004 年 1 月）。

（二）合著：〈輔英技術學院學生課外讀物問卷調查研究〉，第一作者唐淑貞，第二作者鄭富春（《輔英通識教育年刊》創刊號，2002 年 7 月）。

（三）其他著作　部分撰稿：《耕讀——進入文學花園的 250 本書》（五南出版，2007 年 5 月二版七刷）　書目導讀撰寫：《聆聽父親》、《青色的月牙》、《圍城》共三篇。

（四）未刊稿：通識教育計畫案（完成日期 2005 年 7 月）。輔英科技大學第一梯次「提昇大學基礎教育計畫」《共同課程經典書籍導讀撰寫》:《近思錄》與《傳習錄》導讀。

（五）學位論文：碩士論文：《王陽明良知學詮釋》，國立高雄師範大學國文系，1988 年 6 月。博士論文：王船山生死觀與其義理體系研究，國立高雄師範大學國文系，2008 年 6 月。

提　要

本論文企望透過王船山（西元 1619～1692 年）身世及其著作，探討船山在文本中所開顯的生死議題研究，透過一本本著作的分疏切面到綜攝為一體的論述方式，掘發並闡釋船山生死觀以建構船山生死智慧，深化儒家生死觀；藉由船山生死觀的探析，契入船山的義理體系，以見其思想特色。

本論文共分八章，茲略述大要如下：

第一章〈緒論〉：說明本論文之研究動機與目的、王船山生死觀相關之界義與文獻探討、及研究範圍與研究方法。

第二章〈廣心餘情，裕於死生之際——以《詩廣傳》為切面的生死觀〉：本章環繞《詩廣傳》重情達性的氛圍上，集中論述如何才能「裕」於死生之際？在面對生死失落的達裕之道，船山提供了哪些精神資糧呢？重點如下：（一）在「裕於死生之際」的實踐工夫上，從天人繼紹、心物相值相取的工夫根源中，瞭解情的性質與功用，遂能廣心餘情以裕德，能正本清源以治情，

故生命暢達無隱匿，故能坦然面對死生之際。（二）船山反對窒情、淫情、襲情與匿情，強調導情爲善，自達達人。讓感情成爲存在的力量，可以幫助人面對生死失落時得以安頓情志，並能助人伴人度過幽谷。（三）以文節情，盪滌滯之情，將負面的欲情能量轉向正面，並以廣心餘情的心量，不毗於憂樂，不失悲愉亦不陷悲愉，從容應物，不受死生命限所困，自能裕於死生之際。

第三章〈報本反始，生死盡禮──以《禮記章句》爲切面的生死觀〉：本章先就船山以氣化幽明聚散往來的重氣思想，見宇宙乃富有日新之變化，非生滅之有無，故肯定形色皆貴，五色、五聲、五味皆可以是載德之物，麗物之文。其次，就闡述船山「緣仁制禮」與「仁以行禮」的精蘊，在體用本末互函的思維中，形成「仁心自覺」與「文化禮體」的辨證關係加以闡發。由仁心之本通貫到文化體之末時，本大末亦不小。因此所形成的人文喪祭禮儀的文化體，對於生者與死者的一體關懷，從抒發哀思到繼志述事，從孝親到饗親，從斷裂的喪禮到存有接續的祭禮，船山在《禮記章句》的生死觀中，凸顯報本反始、生死盡禮的特色。

第四章〈物我一原，死生一致──以《正蒙注》爲切面的生死觀〉：本章就船山晚年作《正蒙注》，並自撰墓銘「希張橫渠之正學」，表明他學術思想上的自我定位及論學的歸宿，認爲「貞生死以盡人道」是「張子之絕學，發前聖之蘊，以辟佛老而正人心者也」，點出橫渠「太虛即氣」的重要義蘊，氣作爲實體，生死聚散，永遠同一，沒有消滅；宇宙是健動實有的存在，只有幽明之分，沒有佛老「空」「無」之說，船山肯定橫渠針對佛道二家而建立的一種儒家的本體論。在《正蒙注》一書中所彰顯的生死觀，特顯船山天人性命一貫、生死幽明合一的思想。以今日生死學的角度觀之，人欲擺脫死亡的痛苦與恐懼，提昇生命厚度與品質，船山《正蒙注》立足於宇宙情懷，安立人的價值根源，從而找到立命之道；不離日用倫常，修德以肖天的盡心存神工夫，足以達到生死一致、貞生安死之道。前者由體言用，知極於高明；後者由用顯體，行不遺於卑下，所以極高明而道中庸。

第五章〈凝神達生，能移以相天──以《莊子解》爲切面的生死觀〉：本章自生死觀角度契入船山解《莊》通《莊》的義理，由微見著，其精蘊亦宏遠。船山和莊子都由推故致新的大化流行看待「死亡」問題，故「不患死」的態度，與莊子同；但主張「哀死」乃人情之眞，彰顯「珍生」、「敬生」之

意，如何在現世活出生命的意義與價值，尤為注重。相對的，莊子妻死鼓盆而歌的形象，與秦失弔老聃所言「安時處順，哀樂不能入」等表現，莊子「不哀死」的態度，與船山有所不同。《莊》學義理透過主體修養工夫，理當涵其「用」，而道家式的虛涵其「用」，並未予以積極的肯定與闡發，王船山引莊生之說，以通君子之道，以儒家易學氣論表詮「能移以相天」契會莊子生死之道，在莊子自然氣論的場域中，多了贊天之化的宇宙情懷與責任意識；又因為能正視性命終始、幽明不二的生死觀，故能「無不可遊，無非遊也」的立命與逍遙。

第六章〈安死自靖，貞魂恆存——以《楚辭通釋》為切面的生死觀〉：本章船山處天崩地坼的時代，青壯期的出生入死為國事奔走到幽志棲隱的著述時期，歷憂患處生死的經驗，與屈原潔芳人格處困蹇時勢的選擇，藉由《楚辭通釋》抒發屈原孤貞忠憤的作品，共同譜出生命的二重奏。面對屈原生命的一串抉擇：承擔投入、貶謫出走的不捨君國；尊生自愛、愛身全道的養生俟命到最後的持志自沈的孤忠，船山以曠世同調之情，流露在他的釋文中，寄懷之深，特別動人。本文以平行對比的方式，從《楚辭通釋》切入船山的生死觀，並試著比較船山對於道教煉養的理論在生死態度中的分位，結語如下：（一）船山秉持珍生擇義集義的道德理想，安頓有限的形軀，認為忠貞純一的志氣，長存天地間，故以此褒讚屈原之「貞魂」，表現出安死自靖，貞魂長存的生死觀。（二）道教煉性保命的養生之術，節取有方，亦是保健珍生之道，貞士既達生死之理，益不昧忠孝之心；即透達生死之理，原在實踐忠孝之道，以成就德性之芳，性天之貴。換言之，遠遊修性養命之術在安死自靖中的意義，乃以珍生養命實現性天之貴，以性天之貴裕生死之限。

第七章〈王船山生死觀與其義理體系的呼應探析〉：本章主要綜攝第二至第六章的不同著作的研究成果，建構並歸納船山全面生死觀的特色與其義理體系的呼應關係，即此生死觀所蘊涵義理體系並見船山思想精義。

在船山生死觀方面可區分三大特色：

一、在傳承與深化儒家生死觀方面：船山重氣化的天道思想，呈現重存在之流行、肯定理寓器中的理氣觀；通天人之際，在於存神盡性，繼善成性，日生日成，習與性成的性命觀；達情裕德的性情論，是面對生死失落之道的良方；自生命根源的天地乾坤與祖宗親族根脈相連的關係，船山彰顯報本反始、生死盡禮的人文與宗教精神；歸

結到船山在生死關懷的議題上，貞生死以盡人道為生死觀之核心，以期達至能移以相天的終極觀。

二、在批判佛道的生死觀方面：船山物我一原、幽明一致的氣化觀，批判釋氏「分段生死」的輪迴觀；對於道家（教）養生家之「養形」觀，固命以自私，據妄為真的偏頗，提出針砭。

三、吸納消化眾家之長的生死觀方面：吸收孔孟性命仁禮思想與《易》學的氣化日新，幽明往來，建立生死觀的內核，以達到個體與群體的圓善；汲取人文教化的詩禮樂，導情為善，幽明感通，具是情志抒發與釋懷哀思的途徑；落實到形軀有限性上，船山佐以《莊》學凝神達生的工夫與道教丹道性命之功，達到保健延命與回形舒愁的逍遙自得。

從上述船山生死觀三大特色的探析中，亦充分的展現船山集大成的義理體系，已然涉及到船山學在天人、道器、理氣、乾坤、幽明、性命、群己、人我、物我、本末、體用、顯隱、兩端而一致等議題，故以圖示說明，由船山生死觀契入並呼應其義理體系。

第八章〈結論〉：現今生死學推動過程中，傾向於「詳於言死，略於言生」的「死亡學」的研究，船山生死觀特別彰顯生死智慧之「生」的深刻內容，頗值得今人借鏡。最後綜述研究成果及未來研究建議兩部分作結。

此外，本論文附錄有三種：

一、〈全國博碩士論文生死觀相關題目研究分析一覽表〉：可以見其主題分布特色。

二、〈王船山《莊子解》外雜篇各篇考釋〉：從考釋中可以見出船山對於《莊》學的義理分判。

三、〈船山簡譜及著作年表〉：提供查閱對照之用。

目 次

第二四、二五冊　天理與人欲之爭──清儒揚州學派「情理論」探微

作者簡介

　　張曉芬，1971 年生，祖籍：浙江省。先後於臺大中文系畢、中正大學中文所碩士畢，今於輔大中文所取得博士學位。研究領域是：清代學術、儒學思想等。曾是景文高中、東南科技大學、國防管理學院暑期作文班、陸軍高中等專（兼）任國文教師，今是陸軍專校國文專任助理教授。任職軍校期間，數次榮獲國防部、陸總部與校內優良教師等獎。於期刊論文研討會等發表不下二十篇。如有：〈憂患九卦的道德哲理研究〉、〈《郭店楚簡》「性自命出」的反善之道〉、〈《詩經》「禽鳥詩」的倫理觀探究〉、〈試論〈易傳〉與〈中庸〉「誠德」的實踐〉、〈試從《蘇氏易傳》「思無邪」探究其"性命之學"〉、〈試論錢穆的經學致用之道──從其對龔自珍之評論談起〉、〈清初聖人學實行──試論孫奇逢「戒心生」的修養工夫〉、〈公與私的詮衡──試論俞正燮"人權平等"思想〉、〈屈萬里先生的學識與爲人〉等文。並參與八二三砲戰五十週年史政論文徵集與古寧頭大戰六十週年史政論文徵集先後榮獲「優等獎」（全國第二名）與「佳作獎」。

提　要

　　清乾嘉以後，朝政漸趨衰敗，知識份子愈發自覺改革，除了西力東漸的刺激外，我們知道，最主要的轉折，則是清儒思想的轉變。這個變遷過程，據余英時先生論述，可謂「儒學內在理路」的「變化」。關鍵人物──戴震（1724～1777），則是中國在邁向現代化過程中，使儒學從長期以來偏重的

「形上價值」，轉向了「經驗價值」的思想變革者。然其最重要的影響，還在於後繼者的闡揚，這股綿延不絕的汨流——「揚州儒學」，將其思想傳衍散播，似乎已爲封建的中國，將走向「民主」的新生，埋下「因果」的種子。揚州學者對後世影響，不可謂不多矣。是以本博士論文：「天理與人欲之爭——清儒揚州學派『情理論』探微」旨在探究：「清代揚州儒學」的「義理思想」；這股「義理思想」抑或承襲「戴震」的「情理論述」，抑或加以改變以己見，抑或融會貫通而有所創新，或者，自創新義？然不可諱言，他們皆正視「情欲」，肯定人「情欲」的重要性，強調「養情節欲」、「以禮代理」，大異於「存天理，去人欲」之宋明「理學」，對於此，學者紛紛指出此是一由「天理」轉向「情理」之論述，也是「理學」變向「禮學」的義理思想；然究竟「清代揚州儒學」的「情理」論述如何？他們在學術上所佔有的「承先啓後」的地位又是如何？又對後世影響有哪些？其「情理論述」的評價爲何？諸如此類問題，皆是本論文所欲探究的，是以針對「清代揚州儒學」的「情理論」作一探微。

首先，第壹章「緒論」部分，提出「研究動機與目的」、「研究範圍與方法」、「文獻檢討」、「研究步驟」等四個主題探索。在「研究步驟」上，第貳章先界定「清代揚州儒學」的「代表人物」，並探究「情理論的形成」，進而第參章「橫向剖析」，分別就「人性論」——「性理探討」、「經驗界的落實」——「情欲探討」、「實踐工夫」——「化情爲理實證工夫」等主題探究。欲將揚州學者共有觀點作一整理歸納以呈現出。接下來，「縱向論述」——就揚州清代儒學「情理論」的發展作一探究，然這方面，依時間先後順序將代表學者排序列出，發現頗多，是以分別就第肆章與第伍章探究。縱橫論述後，則是第陸章探究「揚州清代儒學情理論」的「影響」。這方面非常多，但至今鮮爲人完整研究與論述。據個人研究，發現重要影響有：一、「相人偶」的「仁學」傳播。二、古文經學家傳衍與今古文之爭學術流變。三、禮教重整，婦女解放之聲浪高漲。四、書院風尙丕變，江浙嶺南漢學大盛。第柒章，則是對「揚州清儒情理論」作一評析。針對其價值、特色、優缺點作論析。第捌章，結論。

目 次

第二六冊　朱子與戴震思想之比較研究

作者簡介

　　劉玉國，四川宜賓人。臺灣大學中文研究所碩士，香港大學中文研究所博士。曾任教聯合工專、臺北科技大學；現執教實踐大學、東吳大學。著有《嬰兒樹》、《語文表達及應用》（合著）、《擎經室集釋詞例釋》、〈焦循毛詩補疏及其訓詁方法綜述〉、〈楊慎訓詁觀及其訓詁方法探究〉、〈中庸著成年代探析〉、〈詩經「三星在罶」新解〉、〈楊慎毛詩說及其訓詁方法概述〉等。

提　要

　　東原反朱是學術上的一件大事。東原義理之得係由訓詁考證入手。朱子

的義理則重在自得、重在日常生活中內觀自省的體驗。朱子集北宋理學大成，其說以成德爲宗，而成德之學關涉者有理氣、心性、實踐工夫等問題；對於這些問題，朱子皆以理爲解說的核心，而東原每針對朱說而批駁之。

學術上的爭議，往往影響深遠；思想上的問題尤其不可輕忽，因爲思想的取舍，對於整個社會風氣、社會價值、乃至民生福祉皆具有決定性的影響力，因此對於東原反朱這個公案，既不可人云亦云的盲目附和，亦不可拘門戶之見是其所是、非其所非，而應平情研讀二氏原書，確切嘗握兩家學說實義，方能得到較爲平允的論斷，以作取舍之參考。

本論文即以《朱子語類》、《朱文公文集》、《四書集註》、東原文集、《孟子字義疏證》、《孟子私淑錄》、《原善》、《緒言》等爲主要研讀對象，並參考有關之著作，以分析比較之方法探討由理欲善惡等觀念所引發之重要問題。文分五章，首章爲緒言，說明寫作緣起、方法與目的。次章比較朱戴理氣說及討論東原對朱子「理氣說」的批評，第三章比較朱戴心性論及討論東原對朱子「性即理」說的批評，第四章比較朱戴道德論及討論東原對朱子「理欲說」的抨擊，第五章之結論則指出朱子的性即理說與嚴理欲之辨重在「教民」，東原的血氣心知之性說與主張達情遂欲則重在「養民」；而東原對於朱子的非斥則由於曲解了朱子之說、以及受到「唯由訓詁求得的義理才是聖人眞義理」之不正確觀念的限制，而失去客觀性公允性。事實上在心的了解以及功夫論方面，東原之說仍不出朱子的範圍，而立說之深度方面則大不如朱子。

目 次

龔自珍學術思想研究

作者簡介

張壽安，河南省嵩縣人。國立台灣大學中文系學士、中文研究所碩士，香

港大學哲學博士（1986）。曾任香港浸會大學中文系講師，美國耶魯大學歷史系訪問研究員，美國紐澤西州西東大學東亞系助教授，美國哈佛大學燕京學社特約研究教授，現任中央研究院近代史研究所研究員。主要研究：明清學術思想史、清代乾嘉學術、清代禮學、傳統學術的近代轉型等。主要著作：《以禮代理：凌廷堪與清中葉儒學思想之轉變》（該書榮獲中研院第一屆研究人員著作獎，1996）、《禮教論爭與禮秩重省：十八世紀禮學考證的思想活力》，及〈凌廷堪的正統觀〉、〈戴震義理思想的基礎及其推展〉、〈王妞姐之死——道光年間的一椿「昏問」〉、〈六經皆史？且聽經學家怎麼說——龔自珍、章學誠「論學術流辨」〉學術論文數十篇。

提 要

　　清嘉道之際乃清廷由盛轉衰之關鍵，乾隆六十年太平盛世下所潛藏的危機至嘉道以降一一呈現。龔自珍即生處此一危機漸萌、衰亂將至的時代，又因家學、師承、友朋兼受多方面思想影響，形成他超拔高遠的學術思想觀點。他是段玉裁的外孫，有文字音韻的家學；又嘗治史，頗受章學誠六經皆史說的啟示；壯年從劉逢祿習公羊，受常州治經重微言大義以期經世的學術影響。文字音韻乃乾嘉專門漢學的主調，而常州公羊學在道咸以降儼然匯爲晚清思想主流。此一主訓詁、一主大義以經世的治學態度，判然二途。自珍處此思想更易、學術轉變之關鍵，是如何取捨運用以建立一己的學術思想體系，成爲晚清學術開風氣之第一人，是本書的研究重點。本書分爲五章：首論自珍生平及學術背景；二、三章則由龔自珍對乾嘉學術的批評觀察他治經態度的轉變，主要說明爲何早年有志寫定群經最終卻頹然慨嘆「卒不能寫定群經」；其次討論龔自珍經、史思想的一以貫之，及經世思想的成立；第四章論述公羊學在龔自珍經世思想中所居的地位，同時說明龔自珍對公羊學的自由援引、譏彈時政，即「從微言到狂言」的論學特色；第五章則分別論述龔自珍經世思想的具體主張，包括他的土地人口政策，經濟政策，變法革命思想等。

目 次

第二七冊　章太炎的思想

作者簡介

　　王汎森，台灣大學歷史系、歷史研究所畢業、普林斯頓大學博士，現任中央研究院院士、歷史語言研究所特聘研究員，獲傑出人才講座（1999-2004），並任教於台大歷史研究所及清大歷史研究所，著有中英文專書數本及學術論文多篇。

提　要

一、研究目的：章太炎是晚清革命陣營中，理論宣傳的健將，又是清末知識界的重鎮，故其人之政治思想及學術思想對近代中國皆曾有極大的影響，本文的目的便是想釐清其思想的面目。

二、資料來源：主要是以章氏的筆札文字為主，以同時代人之著作為輔。在章氏的著作中，又盡其可能的引用部分近年來才整理出版的未刊稿，由於本題的下限大致到民國八年為止，故章氏晚年所撰寫的大量文字，引用得不算多。

三、研究結果：茲依本文所分的七章，撮述研究成果之大要：

第一章：「生平」。對章氏的生平及思想變遷大勢作了一簡單的介紹，尤其著重在分析民國元年以前的生活。

第二章：「思想背景」，由於章氏秉承自傳統學術的成份非常濃厚，故此章著重在釐清他與乾嘉學說，晚清諸子學風，及章實齋之間的源承關係。又由於章氏不僅秉承傳統，並且一度竭力吸收西學，故本章亦敘其與嚴復之關係，佛學是章氏中年以後思想中的擎天一柱，故亦敘及。

第三章：「與清末今古文之爭」。敘述他對抗今文陣營的三階段，及他與康有為之間微妙的對抗關係。

第四章：「民族思想」，釐清章氏排滿思想之形成的過程，及他所以獨主光復，而不主革命，並及其種族思想，排滿的思想綱領及反帝國主義

第五章：敘述章氏的政治思想，包括其反代議、反立憲、誅政黨、平民主義及尊重傳統政治美德，新法家，過渡到五無的「偽政」及其齊物論。

第六章：「對儒學傳統之衝擊及影響」。從三個方面談章氏對傳統的衝擊，包括激烈詆孔，將六經歷史文獻化以致黃金古代之破滅及通經致用說之不得不止。另外，亦整理出章氏所極力揄揚的幾位歷史中的非正統（或異端）人物，並寄深意於其間。並敘章氏的學術及思想對民初新文化運動的幾位健將之影響。

目　次

新　序

第二八冊　胡適論戴震思想及其相關問題研究

作者簡介

　　郭寶文，1966 年出生，台北縣人。臺灣大學中國文學系博士候選人，臺大中文系兼任講師。研究興趣在戴震思想、清代學術思想、宋明理學、先秦儒學。

提　要

　　本文首先探討胡適思想的基礎，主要來自詹姆士及杜威所代表的「實用主義」；「反對鬼神、脫離事物去談形上本體」，與「看重方法」兩點，是胡適青年時期已形成的思想，也是促使胡適吸收實用主義的主因。此兩點也導致胡適討論戴震思想的淵源時，認為戴震一來繼承顏元、李塨的反理學思想，反對脫離事物去談形上本體；另外一方面則繼承程朱理學格物致知的方法論。

　　胡適如何詮釋戴震思想方面，筆者指出胡適能掌握戴震天道論的特徵，並把握住戴震與程朱人性論的相異之處，對於戴震「心知」能夠辨別事物的條理、原則，也能作出精采的析論，這是胡適論戴震思想的精闢之處。筆者也指出胡適較強調「心知之智」，對戴震人性論、「心知」概念，以及「以情絜情」、「必敬必正」等思想，較有未顧及之處。

　　最後探討其他四位學者如何評價戴震：劉師培從追求古義、古訓的角度來詮釋戴震，章太炎則認為戴震思想有本於朱子之處，皆有理據較未足的疑慮，是較不及胡適之處。梁啓超主張戴震思想的主幹是「情感哲學」，似較未抓住戴震思想的最核心。錢穆則較未能對戴震異於宋儒思想的關鍵進行把握，故對戴學宗旨也不如胡適把握得深。因此胡適之說雖較有過於偏重所謂智識、科學的一面，但的確有過於劉、章、梁、錢四氏之處。

目　次

錢穆「文化學」思想初探

作者簡介

　　曾議漢，2004 年畢業於中國文化大學哲學研究所博士班，目前任教於高雄燕巢樹德科技大學通識教育學院，曾任帕米爾書店經理兼編輯、華梵大學哲學系助教兼文學院秘書，專長文化學、人生哲學、禪宗美學、書法美學，編著《永遠的弘一法師》（一）（二）、《錢穆文化學思想初探》（碩士論文）、《禪宗美學研究》（博士論文）、《經典選讀》（多人合著），相關論文十餘篇，喜愛中國的書法及西洋古典音樂。

提　要

　　近代的中國遭逢亙古以來最大的變局，尤其是中國文化遭受到西方強勢文化的巨大衝擊，凡有心之士，莫不意識到中國文化變局危機的嚴重，亟思有以因應改革，而在眾多的人物之中，錢賓四先生應該算是一突出的典型。錢先生誕生於甲午之戰的次年，他的一生正與中國文化變局的熾焰同時開始，他的學

問正相應於這股文化遷變的浪朝，有起伏、有順應、更有批判的回應，而終究仍以中國傳統文化爲砥柱，本文即是針對這一位反應與代表時代人物思想的研究，而文化學便是錢先生在此文化危機的時代中所建立的一套救弊補偏的思想體系。本文企圖從錢賓四先生的文化學思想發展的脈絡中，經由時代的反省與文本的重構詮釋分析，釐出一條解讀的線索。

錢先生在「全盤西化」的反傳統聲浪中，勇於回歸中國傳統，以「道」作爲文化整體的象徵，提出「天人合一」的思想，作爲針砭此一時代文化危機之良方。

本文根據重新詮釋其文化學思想所建構之理路架構，探索其「天人合一」觀思想在其文化學內在發展的歷程。分析「天人合一」思想的形成源頭、開展、成型，這些歷程部在錢先生中西文化比較對照的方法中，獲得現代化的意義與新的生命。

本文即探討錢先生在解除文化、人生與民族危機的過程中，如何賦予「文化」以新的意義與價值，使本文理解，錢先生掌握「道」的凝合時空之整體觀，建立人心現世一元的宇宙人生觀，人生求其不朽、民族求其可大可久，形成人生、民族、文化三者一體的文化學思想。

根據研究所得與現代世界文化潮流比較，歸納出四點特性，說明錢先生以人生、民族、文化三者爲一體的文化學。不僅上接中國傳統，而且具有前瞻性、國際性、終極性的關懷，使錢先生成爲最其有中國傳統思想特色的國際思想家之一，以此作爲評價性的結論。

目　次

第二九冊　唐君毅文化哲學析論

作者簡介

　　王雪卿，臺灣嘉義人。淡江大學中文學士，中央大學中文碩士。現任教於吳鳳技術學院通識教育中心。求學時期，受唐君毅先生、牟宗三先生新儒家思想薰陶，感動於德性之學的莊嚴與人人自由、平等。後受教於曾昭旭老師，對於人性負面情緒及工夫論，有深刻之啓發。十數年，游心於儒、釋、道三家之學，以尋求安身立命之道。近年來，感於儒家精神剛健、佛家工夫細密，以宋明理學和佛學爲主要研究領域。以期自立立人、自渡渡人，使生命更美好，世界更美好。

提　要

　　唐君毅先生是當代新儒學重鎮，一生忠于文化理想，其論文化諸作，皆「弘大而闢，深閎而肆」，「彼其充實不可以已」，對文化的見解有其深度和廣度，然到今天爲止，專門研究唐先生思想的著作還很少，且時下一般知識分子談唐先生往往是批評苛責（甚至可說是在對其精神義蘊尚未有整全的和深入的了解之前即對之輕易加以否定，此以林毓生先生爲典範）多過同情的了解。本論文之寫作，係有感於此，故選擇了唐先生的文化觀作爲研究的主題，通過對《文化意識道德理性》、《中國文化之精神價值》、《人文精神之重建》、《中國人文精神之發展》、《中華人文與當今世界》、《中華人文與當今世界補編》等書之研究，來呈現唐先生文化觀的面目，以期人能正視其貢獻，並知其所言之分際。

在研究方法上，本論文雖質疑以思想史的角度或者只從時代背景來考察即可解釋唐先生何以產生如此之文化觀，然認為唐先生論文化之意義畢竟是要放入此一思想史的視點才能凸顯其重要性，故本論文亦往往與百餘年來的思想氛圍相對照，藉以凸顯唐先生文化觀所面對的問題及其面目。

本文之內容除導論、結論外，主要分成五部分。

第一部分：由唐先生早年的立本明體工夫說起，以作為理解其文化觀之性格之思想背景。

第二部分：以下即正式討論其文化觀，文化的一本多元論，主要環繞道德與文化的關係來談，見其一方面繼承儒家道德主義的文化觀，然復有所開展的，以說其不是一般的文化一元論或多元論者，而是在文化一元論與多元論之上所作的反省。

第三部分：返本開新說則探討唐先生對歷史文化的看法，由對中國歷史文化精神生命之肯定，批判新文化運動以來知識分子之認為只有在傳統文化的灰燼上，才能重建中國文化的迷思，認為唯有歷史文化的回顧才是突破危機之道。

第四部分：論中國文化之精神價值，說其善釐清中國文化之龐雜糾纏，以透顯其間優美的貢獻。

第五部分：中國文化之重構觀，則探討唐先生對西方文化的態度，以及中國文化在吸收西方文化當有的新面目為何。

整體而言，唐先生的文化觀乃是植基於其立本明體的主體哲學，而其格局則是綜攝古今中西的，立基於傳統以開新，立基於中國文化之精神本原以吸收西方文化。

透過對其文化觀的析論，本論文認為唐先生偏重在「從主體來攝系統，從意義來生發結構」，所思索的誠然只是文化大問題中的一部分，然確實是照著歷史道路的確定方向，顯示中國知識份子要擺脫外來壓力迷誘以承擔歷史文化重擔的精神氣概，是代表一個「真正的中國文化運動」。

目　次

第三十冊　自我真實存在的歷程——唐君毅《生命存在與心靈境界》之研究

作者簡介

　　廖俊裕，台灣大學機械系學士，中央大學中文所碩士，中正大學中文所博士。現任教於南華大學。大學早期遊於愛新覺羅毓鋆之天德黌舍，稍知儒學外王達用之學。大學後期得內聖證體之學於當代新儒學中唐君毅曾昭旭一脈，於儒學「愛與自由」中得安身立命之處（仁）。期以儒學己立立人、己達達人，老者安之、朋友信之、少者懷之。讓愛傳出去，讓世界更美好。

提　要

　　本文之研究目的在於探討唐君毅先生對生命之「真實存在」的看法，意即人要如何在當下成就其存在之真實，而不虛幻滅裂。

　　探討的方法是用「呈現」的方法。所謂「呈現」的方法，主要有二個意思，一是評論，即是看唐君毅如何評論往學；一是證立，就是看唐先生如何證成他對生命之真實存在的看法。

本文的取材以《生命存在與心靈境界》一書爲主要資料，之所以如此是因爲在唐先生的著作中，正是以此書來評論往學與證成他對眞實存在的看法。

本文認爲唐君毅的哲學是一「呈現的哲學」，所謂呈現的哲學，就是自覺地呈現出人生的活動事實所成之經驗（不只是經驗主義的感官經驗）而成就的哲學。其中的關鍵在於自覺與否，即人是否自覺到這些經驗，而予以充分的反省。因爲他要使人由不自覺而到自覺的境界，所以他由心靈境界著手探討各種心靈境界之眞實性及其限制與其中的脈絡，使得在不自覺狀態中的人們能夠經由他這橋樑而到達自覺的狀態，而達到其生命之眞實存在。

相應於這種呈現哲學的特色，所以本文採取「呈現」的方法來陳述唐君毅對「眞實存在」的看法，而不主張以批判的方法來從事對其看法的檢討。

唐君毅的這個工作，將我們帶入一個廣闊宏朗的整體世界，在這整體的生命世界中，展現了層層不同的心靈境界，由常識中人對世界的覺知開始，層層深入上貫，而達一生命之眞實存在處，奠立了人依其理性而尋求眞實存在的可能。這個眞實存在處，就是當下生活的理性化，只要人當下依其道德理性而自命，便是存在之眞實與絕對。而在這個目標的旁邊，他亦附帶地建立起自然科學、人文科學、道德生活、宗教生活的成立之所以可能的基礎，亦即轉而爲人文世界奠基。

目　次

第三一冊　般若學對魏晉玄學課題的深化與開展：以《肇論》爲中心

作者簡介

　　羅因，中學時期就已經對中國文學產生濃厚興趣。民國七十九年以第一志願考取台大中文系。大學期間，除了深受中國文學感動之外，又開啓了對中國思想，尤其是《老》、《莊》哲學的驚奇。在就讀台大中文研究所和博士班期間，追隨林麗眞教授從事魏晉時期玄學與佛學交涉問題之研究。著有《僧肇思想研究——兼論玄學與般若學之交會問題》、《「空」、「有」與「有」、「無」——玄學與般若學交會問題之研究》、〈僧肇〈物不遷論〉後設基礎的檢視〉、〈安世高禪學思想的研究——兼論漢末道教養生術對禪法容受的影響〉、〈中國佛教徒對《金剛經》「無我」、「無相」思想的詮釋〉、〈漢魏六朝中陰身思想研究〉等專書及單篇論文。

提　要

　　本文以《肇論》爲主軸，旁及相關的玄學論題，透過玄學、般若學的鋪陳與比較，呈現兩者的同異，從而使我們對玄學與般若學的交會問題多一分瞭解。本文在討論《肇論》的思想時，採取學術史的溯源方法，追溯說一切有部爲主的學說，以此貞定般若中觀學派的辨破焦點，確定中觀學派的基源問題，

並以此方法把握《肇論》的旨趣。

「般若」是諸佛同證的智慧，但在魏晉時代卻不容易為人理解，因此，僧肇便作〈般若無知論〉來解釋「般若」的認知作用，根據「般若的梵文 prajñā（巴：paññā）的理解，「般若」是指認知活動之前的智照作用，因此是一種不取相的覺照作用。

透過對說一切有部法體實有說的追述，可以讓我們瞭解到般若中觀學派「空」觀念的提出，是用來消解法體（即本體）實有說。僧肇〈不真空論〉即在解釋般若中觀學的「空」觀念。

說一切有部認為「法體」是恆存於過去、現在、未來三世的，這就構成了「三世實有，法體恆存」的學說思想。而〈物不遷論〉就是透過對實有的動法的破斥，來開顯「空」的義理，在此理境中，建立動靜不二的動靜學說。

說一切有部的法體實有說不僅適用於有為法，同時也適用於無為法，因此「涅槃」是有實在的法體的，這種見解當然也不被中觀學派接受，僧肇的〈涅槃無名論〉正是要透過「涅槃」的不可言說，來傳達「涅槃」無體相、無狀無名的思想。

在探討玄學與般若學交會的部分，本文從玄學中攝取「聖人觀」、「有無」、「動靜」與「言意」四個主題，作為玄學與般若學比較的焦點。發現在言意問題上，般若學的態度與王弼等所主張的忘言忘象得意論基本一致。但在其餘的三個問題上，卻與郭象的學說頗為相應，這也就是般若學能在東晉（郭象學流行數十年之後）盛行與被瞭解的原因之一。透過以上問題的探討，發現般若學確能提供我國思想界另一思考空間，故能在兩晉時代風靡一時。

目 次

第三二冊　華嚴「法界緣起觀」的思想探源——以杜順、法藏的法界觀爲中心

作者簡介

　　黃俊威，廣東惠陽人，1959 年 1 月 20 日生於香港廣華醫院。自初中開始，即開始修讀香港明珠佛學社所舉辦的佛學課程，並追隨黃家樹先生，修讀「印度佛教史」課程；以及高永霄先生的「中國佛教史」課程。中學畢業後，即於 1978 年（民國 67 年）9 月，考進台灣國立政治大學哲學系，在學期間，曾參

加政大東方文化社，並負責講授「印度佛教史」課程，直至台灣大學哲學研究
所博士班畢業爲止（1978-1992），前後 15 年。1983 年（民國 72 年），考進台
大哲研所碩士班，跟隨著葉阿月教授，學習梵文、巴利文、印度佛學、印度哲
學；並跟隨張永儁教授，研究宋明理學、先秦諸子哲學等。1988 年（民國 77
年），考進台大哲研所博士班，1992 年（民國 81 年）7 月，台大哲研所博士班
畢業。

曾任：中壢「圓光佛學院」師資（1988-1998）。台中霧峰「慈明佛學研究
所」師資（1989-2001）。華梵大學「人文教育研究中心」代理主任（1993-1994）。
華梵大學「東方人文思想研究所」所長（2005-2010）。

現任：華梵大學「東方人文思想研究所」副教授（1993-2010）。

提 要

在中國大乘佛教八大宗派的思想當中，華嚴宗的「法界緣起觀」，可以說
是最具有中國機體主義思惟特色的佛教哲學。《華嚴經》中也常言道，所謂：
「三界虛妄，唯是一心作。」這一種把「一心」看作是能夠顯現整個「法界
緣起觀」的眞心，更不禁讓人對佛教機體主義的形上學系統，產生了一股油
然而生的欽佩之情！然而，任何一個思想的產生，它絕對不可能是脫離歷
史、孤立而起的；或者根本就是非前非後，一蹴即成的。換言之：整個佛教
思想的發展，它也必須要有一段漫長的思想史背景，作爲蘊釀的基礎，最後，
它才能夠開花結果，枝葉茂盛。因此，從佛教思想史的角度而言：華嚴思想
雖然是體系龐雜，牽涉到的思想範圍，也是相當之廣，但是，總應該有一條
思想史的脈絡可循！

而本書的寫作目的，就是希望能夠透過「思想史的溯還法」，分別探討「法
界緣起」的思想根源，從原始佛教的「十四無記」、「十二支緣起」到部派佛
教的「業感緣起」，乃至整個大乘佛教的「賴耶緣起」、「如來藏緣起」、「眞
如緣起」爲止，作爲整個「法界緣起」思想的序曲。

接下來，就是要分別處理有關華嚴宗的始祖杜順、二祖智儼；以及三祖
法藏對於「法界緣起」思想的不同詮釋面相。例如，杜順的「五教止觀」、「法
界觀門」理論，就成爲了杜順本人的思想特色。而二祖智儼則代表了一位唯
一能上承杜順，下啓法藏綜合思想系統的關鍵性人物，尤其是在他的「因門
六義」和「一乘十玄門」的思想，對於後來法藏的「新十玄門」以及「六相
圓融」理論系統的建構，關係非常是密切的。

綜合以上所述，我們也可以進一步發現到：「法界緣起」的思想形成，主要還是以前期的「業感緣起」、「賴耶緣起」、「眞如緣起」；乃至「如來藏緣起」，作爲理論建構的伏線。因此，研究「法界緣起」的思想史，事實上，就等於在研究「緣起」思想在不同時期的詮釋史；由於佛陀的「緣起論」思想，在不同時期當中，就分別有不同時期的詮釋態度，所以，集合了這不同時期的詮釋內容，就正好構成了整個「緣起」思想的詮釋史。

目 次

第三三冊　法藏三性思想研究

作者簡介

　　陳紹聖，淡江大學中文所碩士、華梵大學東方人文思想研究所博士研究，現任教於耕莘健康管理專科學校宜蘭校區。主要研究領域為華嚴思想、中國佛教思想、儒家思想等，除發表多篇文學欣賞、中國語文能力表達等論文之外，近年則專著於華嚴宗心識思想操作的工夫理論等部分，亦於國內外會議發表相關研究成果。本書即以 2002 年 6 月定稿為依據。

提　要

　　華嚴法藏的三性思想，位居華嚴核心理論之中，但歷來缺少關注與研究成果，本書則揭示出此理論的數個面相與深度之義蘊。作者指出法藏之三性思想在歷史上遠承唯識、般若二系，近則接續地論、攝論、《起信》諸說，也同時以《華嚴經》圓融無礙的思想為基礎。

　　故第一個層次上通過「一心二門」的理論進行創造性的詮釋，由此將依他或圓成為中心的諸多說法，轉為三性彼此平鋪互攝互融的理論。於此部分，一方面回應並解決華嚴思想僅是緣起性空之輾轉引伸的批評；另一方面，以此展開相即相入的論述，並奠定華嚴別教一乘圓教的理論基礎。

　　第二個層次則突破文獻使用的侷限，進一步開展深度之義蘊，指出以「性相融通」、「真妄互徹」等論題，方是法藏三性思想的關注問題。此部分將三性與二諦之關係結合論述，以展開三性此說背後源自印度空有之爭的背景，並陳述法藏如何此以歸於中道作為和會空有的解決方式且回應該論爭。

第三個層次則進一步深究其觀點。一方面，說明「性相融通」在法藏並非如既有觀點地，將性、相隔絕爲二地分指圓成、依他，或是指向法性、法相，而是三性皆得以眞妄交徹地融攝眞俗二者。另一方面，則指出在意義的界定與判教的位階上，「性相融通」是站在終教此基礎爲義理支撐點，而將空、有二系融攝於其中，從而達至眞妄、空有等理論的和會與不二。

作者本文解決三性在理論上的地位與重要，亦揭顯其中涉及的界義、理論架構、理論層次，乃至背後的基源問題等，並且開展出三性思想的三個層次暨諸多面相，足以成爲研究華嚴宗思想的奠基之作。

目　次

第三四、三五冊　由《周易》與《黃帝內經》探討理象數術之養生研究及其應用

作者簡介

　　趙憶祺，祖籍江蘇鹽城，出生於臺灣臺北市，臺灣師大教學碩士。目前任教於北縣錦和高中國中部。大學畢業於淡江文理學院中文系，高中則分別就讀臺中女中及新竹女中。民國九十二年於高雄長庚捐肝三分之二予任教於政大之兄長。

　　學業是生命的精華，歲月是生命的風華。美麗的夢想指引理想前進，理想落實人間，深耕開花結果。

　　由數術入周易，理象數術兼修，期望數術非僅淪落民間，而能以學術態度量化、質化研究，天時地位與人事德業並重，參贊天地化育，順性命之理，遂欲達情，活在當下，趨吉避凶，以有益世人，而達生生不息的天命。仁人君子先進若有賜教，謹附：email　luky891@yahoo.com.tw　不勝感荷。

　　附：民國九十二年於高雄長庚醫院捐肝予政大任教之兄長趙玉教授

提　要

　　所謂「養生」指的是：「養護生命」。養，即供養之意，也就是提供維持生命的基本需求，此外，積極方面亦有調養之意，即藉著飲食、休閒、休息、運動、藥補等使身體得以恢復及調節機能；護，乃保護之意，也就是避免使身心受到傷害，順應人事與天時，甚至積極掌握人事與天時，俾能盡其天年。醫者，醫身與心也，包括身體、道德修養與人事、天時。本論文成因乃肇因在享西方文明之利時，亦深受許多文明病之害，如各種生活緊張引起之精神疾病、免疫失調引起之癌症、營養過剩引起之糖尿病、中風，唯利是圖、頭痛醫頭，腳痛醫腳，漠視病人權利引起之醫療糾紛及醫病關係之疏離等，因此期以居中國文

化之首之《周易》與中國最早之醫書《黃帝內經》之「醫易會通」處著手。全文除了養生理論、源由發展外，尚包括理象數術之內容及附圖及附錄之部份數術實務操作及圖表，因此也可視為理象數術養生之綜合初步整理及工具書，尤其數術養生方面，並期待進階研究，以有益世人。

目　次

孟荀道德哲學平議

魏元珪　著

作者簡介

　　魏元珪，民國四十五年畢業於台灣大學獲法學士學位，後繼入輔仁大學哲學研究所獲哲學碩士及國家哲學博士學位。前後任教於東吳大學、中原大學、國立陽明醫學院（現為陽明大學）、輔仁大學及東海大學等校。並曾擔任東海大學哲學系主任、哲學研究所所長等職。又兼任東海大學《中國文化月刊》社總編輯十餘年。力主海峽兩岸文化交流，打破固蔽之陋習。

　　著者 1998 年在東海大學哲學系教授退休，目下仍兼任東海大學哲學研究所教授以及靜宜大學通識中心等教職。前後擔任「道家哲學」、「易經哲學」、「中國哲學史」、「西方古代哲學」以及「當代西方哲學」與「宇宙學」（當代物理哲學）等課程。

　　著者酷愛中西文學、詩詞，對中西歷代名詩人之作品深有涉獵，尤好英國詩人濟慈、白朗寧、艾略特等人之作品，力倡愛智、愛德之統合，乃本先師方東美博士之遺教，以哲者、先知、詩人相結合，以文學、哲學、歷史不可分離。

　　曾著有《當代文明之危機》、《人生步履》、《生命的透視》、《孟荀道德哲學平議》以及《荀子哲學思想》、《老子思想體系》、《周易卦例》、《周易卦義》、《中國美學精神》等書，晚近以文學、哲學觀點，出版了《生命默想錄》，對啟迪青年學子人生之路程，頗有裨益。

提　　要

一、本文除緒論、結論外，正文凡分三篇十六章，共計六十七節。另加緒論三大項四小節，結論三小節，合計七十四節，都凡二十七萬餘字。

二、緒論部分共分三大項，說明道德哲學之意義，並在哲學體系中之地位，以及我國儒家道德哲學之特色，暨孟荀二子道德學說之淵源與傳承。

三、正論方面共分三大篇，第一篇述孟子道德哲學之系統，都凡五章二十八節，另加概說三項，介紹孟子身世遊歷與學統。五章中分述孟子之認識論形上學，人性論與道德修養論等。本乎天道、人道、群道之順序，逐一闡述之。

　　第二篇述荀子道德哲學系統，都凡六章，由第六章至十一章合計二十二節，另附概說三項，說明荀子身世遊歷與學統。六章中分述荀子之認識方法，天道性命思想，道德倫理實體觀，人格修養論，及社會道德思想等，亦循天道、人道、群道之方式逐一闡述之。

　　第三篇乃綜述孟荀二子道德哲學之比較，都凡五章由第十二章至十六章，合計十一節。按認識論，天道觀、人性論、修養論、政治社會道德觀之順序，分別比較。第十五章中尤重孟荀二子道德精神之形上探討，與二子道德精神之根本同異之比較。

四、結論方面分三大項，對孟荀道德學說予以公正之評價，並附歷代大儒之意見，另對二子道德思想之流傳影響與開展，略提其端倪，並闡述其思想體系對當今時代之價值。

目次

序 言

儒家思想乃我國之精神命脈，與立國之大本，歷代來莫不以儒經爲教育之主旨。夫《六藝》之學實儒經之大典，其中天道人道俱全，尤重道德生命之培養，與人生價值理念之提升。歷來大儒輩出，皆能本儒者之精神，爲中華文化創新機運並扭轉艱危之時局。

夫我國文化實有得於儒家之高明睿哲、絜淨精微，以及道家之貫通天人、同於大通。因而，歷來莫不以儒、道二家相互遞嬗，蔚爲我國文化之主流。近世以還，受西方思潮激盪，有人厚誣儒家思想乃封建社會之代言人，並爲中國進步之絆腳石，必去之而後快。窺之此輩對儒學眞精神，誠未得其底蘊，但惜人牙慧，而效狺狺之吠也。

夫儒者以「先王之道能濡其身」，儒者柔也，言能安人、能服人，儒有博學而不窮，篤行而不倦。儒者之道，自非一般俗儒、陋儒、小人儒所可代表。且就時間發展言，儒有先儒、後儒之分，吾人應探索原始儒家剛健蓬勃之眞精神，以發掘其眞諦，斯不厚誣古人。夫儒、道二家實皆學究天人，重在發揚聖者氣象，以通天、地、人爲職志，且更發揮生命之創造精神，以參贊天地之化育。又儒道二家莫不以大其心而體天下萬物爲職志，儒家在乎「時中人」之彰顯，道家則有「太空人」之胸襟，摶扶搖而上者九萬里，故能遊心太虛，橫絕蒼溟，縱橫馳騁，據高臨下，以觀照萬物，處處無不顯其通達融會之際。孟子在儒家中尤能發揮此境，以君子所過者化，所存者神，上下與天地同流。是此境者，皆在融貫天人，以達天樂、人樂之極致。

孔子乃儒家集大成者，亦學貫天人，爲極高明而道中庸之大聖，七十子之學，雖未能予以發揚光大，然迄百餘歲後，有孟荀二子繼出，別立宗風，

而為真儒奠立不朽之根基。歷代來多宗孔孟，以荀子為別派，苟以孟荀同列，則多宗孟而輕荀，但因孟荀二子所受不同，背景迥異，自有其各別不同發揮之所在。

夫莊子《南華經》，於〈盜跖〉、〈漁父〉、〈胠篋〉三篇雖多詆毀孔聖及其門人，但於〈秋水篇〉則推崇孔聖之人格，且稱之謂「臨大難而不懼者聖人之勇也」，此誠乃莊生獨具隻眼之處。自五四運動以還，人多貶儒經，不讀古典，其所得儒家思想，多支離破碎，未得其體系，且又好發譏誚之言，以刺孔孟，此殆小井窺天之輩不足以語於大海。按孔子首立我國仁智兼融之思想體系，不以知性主體為人生之出發點，必攝智歸仁，而發為德性主體，以知德合一，天人相通，內外相貫，主客互融，而立其博大精深之體系。孔子以天命乃上天對我之教命與命哲，孟子繼之，以天道本誠，重「天」之道德義理性，故天命者，乃在一己之自貽哲命，因而天道人道相融無間，復以我心具萬善，以仁誠為本體，天道乃我心之觀照，故云萬物皆備於我，反身而誠，樂莫大焉。更以上下與天地同流，是孟子者亦宇宙境中人，與莊生之同天境界有其異曲同工之妙趣。然莊生以泯滅人間差別相，以〈齊物論〉為方，以達與大化合一，而孟子則泯人我之隔閡，以立誠為破人我之別，以存心養氣而與大化相通。

按孔子以敬天、畏天為職志，孟子則轉化為樂天與事天，孔孟二子雖皆重人本，但亦不離其天宗，且孟子尤重心證仁體，以義為踐仁之本，故後人乃孔孟同崇焉。

荀子者乃承仲弓之學統，重乎博文傳經，以知性主體與經驗論為出發點，不承認有德性心，與德性主體之存在。是以此「心」未能直觀自性，與仁體相照，乃重後天客觀之法則性，故必以禮法為匡正人心之工具。是其主旨乃在隆禮義殺詩書，荀子以天乃任運自然，不含意志與義理，故使天人分隔，人天不相應，由是乃由「天人之統」，而純落入「物統」，其所言之仁義亦必乏形上之根基，乃難免墮入「功利道德」之中，而重天生人成，戡天役物，天人分職之途。論者多以中國文化苟能循荀子一脈發展而下，則必有自然科學之萌芽，殊不知荀子之「知性主體」亦重在道德，未必重自然科學之研究，尤且缺乏純形上學之興趣，是以若循荀子之途亦未必有科學之奇蹟出現。

吾人察孟荀二子同具道德理想之價值，且二者同生於戰國末季，其身世經歷如出一轍，乃能力排眾議，抗懷千載，不隨流俗，誠亦共得孔門大儒之

宗風。

　　孟荀二子去今已二千有餘年矣，目睹當今之世猶一大戰國，其所面臨之險惡尤勝於往昔，但見人慾橫流，形爲物役，人但知貴貨而賤德，重物而輕人，好利而忘義，馴至人人皆爲雞鳴狗盜，純以物欲爲人生價值之追求者，其去孟子天爵人爵之道遠矣。大至國際社會，小至人際相處，皆信義掃地，仁德不存，且各種異端邪說雜陳，人心每受蠱惑，安得有當今之孟卿「闢邪說，放淫辭」，以收澄清之效耶？

　　窺今之學子每以儒學爲迂闊，爲過時，輒不屑一顧，乃盡以歐美社會學說代替之。或以歷代論儒者已多，著述紛陳，所言皆不出其巢穴，故認不必再行研討，遂乃盡棄儒經，以致形成精神文化上之大空虛。豈知儒家精神乃我國文化命脈之所繫，夫事有先後，道無古今，是儒家之大義，於今猶大有可取者在。今人復有見於歐美之科技日新月異，武器競逐，愈演愈厲，遂乃以科技爲至上，置人文思想於不屑一顧；殊不知科技愈形發展，而人心愈形險詐，誠如莊子所云：「有機械者必有機事，有機事者必有機心，機心存於胸中，則純白不備。」（〈天地篇〉）是後世必有因機心而喪生者矣，夫窺今日之社會，莊生誠早有見於前也。

　　按孟荀二子之道德思想，乃針對亂世而發，對當時之世道人心頗有裨益，對於當今世代亦同具價值，故特不憚淺陋爲孟荀二子作道德哲學之比較與平議，茲因學淺才疏，未竟所言，伏冀先進有所賜教焉。

凡　例

一、本文凡直接採用古典經籍者，即在引用章句下直接加括弧注明出處，不
　　另列旁註。

二、本文凡引證歷代學者學說或經解者，則於原文後分列注序，於每頁下一
　　併說明、解釋之。

三、本文間採用外國人名、書名、地名與學說，除於第一次引用時加注原文
　　外，其後引用處，則專寫中文譯稱。

緒　論

壹、道德哲學之通觀

一、哲學之內涵與分類

　　哲學（Philosophy）一辭，本出諸西方，其涵義乃指愛智之學而言。蘇格拉底（Socrates, 469～399 B.C.）嘗謙稱其乃一愛好智慧者，固未敢自稱爲智者也。〔註 1〕察蘇氏之立論與行誼有類於我國至聖先師孔子者，皆以知之爲知之，不知爲不知也。

　　西方哲學自愛智始，故重主知精神，但希臘人事論時期蘇、柏二大哲亦皆重知德合一，間如中古時期士林哲學諸子，及近世康德、菲希特諸輩亦併重知德外，就一般言之，其哲學內涵乃特重自然哲學或形上本體論之探討，以及知識論之知性分析。西方形上學探討存有問題、研究「有」之爲「有」之基本原理與屬性，蓋宇宙本身實乃一大存有，科學之目的乃在分門別類，對任一存有作現象之分析與觀察，然而哲學卻貴在就整體上對宇宙之諸般存有，作一整體觀與綜合之判斷，俾得其更高之智慧。

〔註 1〕蘇氏乃希臘第一位言人生論之哲學家，氏不重形上學與自然哲學，以教育之目的，乃在增進人之德性心，故蘇氏亦可謂希臘第一位道德哲學家，人嘗稱其爲哲人，但蘇氏乃謙稱爲愛智者。氏畢生從事人生及一切有關人生問題之探究，而對宇宙自然方面之研究，則頗不重之。氏之學術重在方法之導引，不重正面之敘述，故有哲學接生婆之稱。（參中譯梯利《西洋哲學史》上冊，商務印書館出版，頁 56。）

　　總言之，哲學以窮理爲本，以求知爲職志，然其終極目的卻在獲得一貫之道與統會之智慧。蓋爲學宜在多方，此乃科學之事，而爲道則貴一貫，此乃哲學之事。雖老子曰：「爲學日益、爲道日損」（《老子·四十八章》），但爲學究爲爲道之初階，層層遞進，境界日升，此中尤不可遽廢。

　　按哲學之稱爲「愛智」，首先於希臘哲人希羅多德（Herodotus,紀元前第五世紀希臘之歷史學家，被稱爲史學家之父）之《史記》中見之。〔註2〕繼而希臘哲人及數學家畢達哥拉斯（Pythagoras, ？～497B.C.）亦以愛智自稱，然不敢自居智者，以後蘇格拉底亦倡和之，皆以愛智自稱。〔註3〕

　　我國古時並無「哲學」一詞，祇有道學、理學、心學諸名，近來所用「哲學」一詞，乃沿自一百餘年前，日本輸入西歐思想，其中有日學者名西周者，乃將英文"Philosophy"一字譯爲哲學。〔註4〕我國受日譯名之影響，遂沿用之迄今。

　　然按《爾雅·釋言》「哲」當訓爲「智」，故哲學實亦爲好智之學。我國古代雖無哲學一科，但非謂我國古代即無哲學思想，按我國古代經、史、子、集之文獻中，亦泛論宇宙人生問題，但其旨趣與方式顯與西方有所不同而已。西方哲學以愛智始，故走主知主義之思路，而我國哲人則重道德慧，故偏於樂道精神之發揚，是亦可稱之爲道學與理學。〔註5〕

　　至於哲學之定義，言人人殊，不勝枚舉，法國近代哲學家馬里旦（Jacques Maritain 1882～1973）嘗下哲學之定義云：「哲學乃憑藉理性之光，以研究一切事物之首要起因，或更高原則之學問，易言之，乃事物首要起因之科學。」又云：「哲學乃人類知識之分支中最高者，且爲眞正之智慧，人類其他科學皆

〔註2〕　希羅多德爲紀元前第五世紀希臘史家，被稱譽爲「歷史之父」，在其《史記》中嘗述克魯秀士（Croesus）告梭倫（Solon）（希臘七賢之一）云：「吾聞汝出於愛智之誠，周遊大地諸邦，以增廣其聞見焉。」("Hos philosopheon gen pollen theories heineken epelelythas." Her. I, 30) 是希氏乃首用「愛智」一詞之記載者。

〔註3〕　第一次創用哲學爲愛智之學者，爲畢達哥拉斯，氏以「智慧」就嚴格意義而言，應屬於天神。是以一己不欲爲人稱爲智者，而僅肯被稱爲智慧之友，或追隨智慧之愛好者。氏之博大謙懷，實即大智慧之標記，蓋最高眞理莊嚴艱深，而吾人實恒有窒礙，難獲「智慧之所有權」矣。（參馬里旦著《哲學概論》、〈引言〉，頁1。戴明我譯，台灣商務印書館、人人文庫、民64年3月臺四版。）

〔註4〕　日學者西周氏於明治六年，西曆一八七三年，譯英文哲學一詞爲日文，我國學界亦沿用之，迄今已百有餘年。

〔註5〕　參謝扶雅著，《倫理學新論》，第一章緒論，頁17。臺灣商務印書館、人人文庫。民62年11月初版。

隸屬於哲學，且受哲學之判斷與統馭……。」〔註6〕是若按此定義，則哲學者實乃科學之統滙，與其最高統攝之學問，固未涉及我國有關之道德慧與樂道精神，以及涵攝天人之際之系統矣。

然按名哲學史家威柏爾氏（Alfred Weber）在其名著《西洋哲學史》中所下之定義則云：哲學乃對自然界之全部研究，企欲對事物作一普遍解釋，其既係各科學之總括，又爲各科學之完成，其固乃一般科學，又與一般狹義之科學有所區別，其與宗教與詩歌相契，在人類心靈之活動中，乃成一獨立之分枝……。〔註7〕是威氏以哲學乃涵蓋天人心物，與我國學說頗有相契之處。

察古代希臘嘗將哲學分爲三大部門：即物理、倫理、與論理。此實兼賅心物與理知，迄近代德國大哲康德氏（Immannuel Kant, 1724～1804）乃將哲學重心置於道德學說，以意志自律爲道德上最高原理，氏嘗著《道德形上學根本原理》，與《理性批判》等書，暢論道德之形上哲理、卓有貢獻。氏之名言曰：「在我頭上有眾星閃耀之天空，在我心中有道德之法則」（Der bestirnte Himmel über mir, und das moralische Gesetz in mir），〔註8〕誠乃萬世之名言。

法哲馬里旦於其《哲學概論》一書，嘗將哲學大別分爲三大類，言簡意賅，頗能綜括大義，氏區分爲：（一）論理學：其乃嚴格意義之哲學導引，將心靈導向眞理概念之存在。（二）理論哲學：或單稱第一哲學，其乃研究事物存在之究竟，及存有之所以爲有之原理。（三）實踐哲學：或稱道德哲學、宗教哲學或倫理學，乃研究人類心靈活動與行爲法則者。〔註9〕

一般而言，論理學乃屬方法論，有形式與實質二種，前者屬邏輯之範圍，後者乃爲知識論。理論哲學之一般中心則爲形上學，其特殊分科則有宇宙論、本體論。至於實踐哲學則爲倫理學、道德哲學，或價值論等。

然近代以來哲學之分科愈形複雜，除傳統上之分類外，尤有應專門學科而興之哲學，如政治哲學、法律哲學、經濟哲學、社會哲學等是，關於自然

〔註6〕參馬里旦著，戴明我譯，《哲學概論》，中譯本，頁114及132。臺灣商務印書館、人人文庫，民國64年3月臺四版。

〔註7〕參威柏爾，柏雷二氏合著，《西洋哲學史緒言》，頁1。中譯本。水牛出版社，民國63年11月再版。

〔註8〕參謝扶雅譯，《康德道德哲學》，導論篇頁1。金陵神學院托事部，一九六〇年五月出版。

〔註9〕參馬里旦著，戴明我譯，《哲學概論》，頁161至167。按希臘哲學家多分哲學爲三大部份，即物理學、倫理學與論理學，自柏拉圖以降，以迄中世紀，皆普遍沿用此三分法。

方面尤有物理哲學、數理哲學,及探討一般科學原理原則之科學哲學。關於藝術方面尤有美學、藝術哲學等等不一而足。

然自古今以來由於學問日繁,故分科愈細,但哲學究不同於科學,應重其統會涵攝,與整體之覺解,故大別言之,吾人可得分類如下:

（一）關於宇宙問題者:則由宇宙論或自然哲學研究之。

（二）關於本體問題者:則由形上學或本體論研究之。

（三）關於人生問題者:則由道德哲學、倫理學、價值哲學、社會哲學或宗教哲學等等各方面研究之。

（四）關於知識問題者:此乃有關知識過程、知識等次、與認識方法之探討;其屬於形式方法者,則由邏輯學研究之。其屬於知識之質料原理者,則由認識論研究之,但均統攝於知識方法論。

（五）關於應用哲學之探討者:則為各種學科之專門哲學:如法律哲學、政治哲學、歷史哲學、物理哲學、科學哲學等等是。〔註10〕

至於詳細分類,各家所見均有出入,本文茲不多贅。

二、道德哲學之內涵與性質

道德哲學乃研究人類道德生活與行為規範之學問,並進而探討各種道德原理原則之形上根據暨與人生實踐之諸般關係,故亦稱為倫理學或道德學,其在哲學體系中,乃屬於實踐哲學、價值哲學或人生哲學之範疇。

按自然哲學、形上學、知識方法學等皆偏重於思,惟道德哲學乃偏重於修,故前者側重於為學之問題,而後者則偏重於為道之修證;然而,道德哲學亦有其理論系統與形上之旨趣,否則必缺乏崇高之道德境界,而流為一般之德目或儀規而已。是以古今來中西偉大哲人,皆以為學與為道并重,所謂太上立德,其次立功,其次立言,是以尊德性尤重於道問學。

方東美先生在其大著《哲學三慧》一書中,曾標明哲學之三慧,蓋哲學既為智慧之學,則此智慧應為「聞所成慧、思所成慧、修所成慧。」哲學功夫之梯階,必聞入於思,思入於修,而以聞、思、修相互無間,方可兼具此三慧而方覺功德圓滿。

方東美先生云:「聞所成慧淺,是第三流哲學家。思所成慧中,是第二流

〔註10〕 參吳康著,《哲學大綱》,上冊第二章〈哲學之分類〉,頁 10～34。臺灣商務印書館,民國 61 年六版。

哲學家。修所成慧深，是第一流哲學家。修而不思，思而無聞，爲哲學之倒行。思不與聞修俱，爲哲學之逆施。聞而不與思修俱，爲哲學之竭澤而漁。」〔註11〕

　　是以哲學家應兼俱聞、思、修三慧，此三慧中尤以修慧最爲重要。故道德哲學之理論與實踐，乃修慧之大本，一哲學家苟能暢論宇宙人生之玄理，而未能修其所成慧，證所修果，則不過徒逞口慧，而爲空談名理之小輩而已。

　　察我國歷代聖哲，皆以修所成慧，證所修果爲第一志業，如儒家之孔、顏、曾、思、孟、荀。道家之老、莊。墨家之墨翟與兼墨諸子，以迄宋明周、張、二程、陸王諸儒，皆莫不以道德懿範爲人生之大本。即以彼西土而言，亦歷代聖範輩出，且多道德名著問世；此中如蘇格拉底堪與孔子媲美，固勿論矣，間如柏拉圖、亞里士多德，以及降及中世紀之聖奧古斯丁、聖多瑪，以迄近代之康德、菲希特諸儒，亦皆莫不以聞、思、修見聞於世，此誠堪爲吾人之矜式。〔註12〕

　　按道德哲學並非純建立於人與人間之關係，尤貴上與天道相契，更旁及於宇宙萬物，使天、人、物、我皆得其和諧，如是方可達到圓滿之境界。

　　觀之哲學史，舉凡歷代中外哲人莫不有其倫理思想，此倫理思想，即爲人倫相處之規範與法則，使人人拳拳服膺而弗失之，俾使社會群居生活與人倫之序得以維繫，故道德哲學者實亦人道哲學，不論時代如何變遷，人類社會當不可一日無道德矣。

〔註11〕參方東美著，《哲學三慧》，頁3。

〔註12〕蘇格拉底爲希臘哲學中人事論之泰斗，蘇氏之前純爲自然哲學時期。蘇氏出，學風丕變，轉爲探討人生之問題。蘇氏一生光明磊落，以教育青年爲職志，但卒爲人所讒，誣氏爲無神主義者，並教導青年詭辯，因下獄繫於縲絏之中，然秉性公義，終不爲強權所屈，遂鎮靜就刑，飲鴆而盡。臨終前於遺囑中，猶不忘吩咐其弟子代還五天前所欠之公雞價款，其人格典範，足堪矜式。其弟子柏拉圖嘗著《對話集》，其中蘇氏自辯篇"Apology"一文，尤見蘇氏之風格。柏氏亦能繼乃師之典範，終身盡瘁於教育，以道德表率爲天下倡。其再傳弟子亞里士多德，曾撰《宜高邁倫理學》，爲基督教倫理前之巨著，影響西方道德生活頗鉅。此外，中古哲人奧古斯丁，曾撰《懺悔錄》，對心靈生活與宗教體驗良多貢獻。又一代聖哲聖多瑪，尤有天使博士之譽，氏才德兼備，望及士林，其立德、立言皆非後人所可望其項背，且秉性純厚，學窺天人，誠道德之眞君子也。迄於近代德國大儒有康德者，生活謹嚴而有規律，村人皆相敬仰之，且終身持守童身、不苟言笑，嘗著《道德形上學原理》與《理性批判》等書，影響士林尤深。菲希特氏亦爲德國之大儒，其《告德意志國民書》，尤能發聾振瞶，爲一代之警鐘，而煥發德國之人心。

按道德哲學一詞，西方稱為"Moral philosophy"，或簡稱道德學"morality"，間亦稱道德科學"moral science"或倫理學"Ethics"。察西文"moral"一字，不論英、法、德文皆源自拉丁文"moralis, mos, mores"之字源，皆含有風俗習慣之意，亦即行道有得之義。〔註13〕

在西方道德哲學與宗教彼此相契，道德之原動力與宗教信仰不可分。在我國則皆透過禮義之教化，使人文化成以達仁道之極，故道德哲學在我國亦可稱之為仁學，按我國古代雖無西方式之宗教，但却重道德生命與天命相貫通，故不論儒、道、墨三家，皆極富宗教心，在根本上均承認道德心應由內發，而非由外鑠，且與天道深相契合，方如是始可盡心知性而知天也。

三、論道與德在我國哲學上之特殊意義

儒道二家皆推崇道德，但道德一詞在儒道二家中，各有其不同等次之意義。儒家所推崇之「道」，實為人道，亦即仁道，乃人生行為所必循之途徑與道路。故孔子所云之「道」多指人道而言，亦即下學日用倫常之道。張南軒謂：「上達不言加功，聖人告人以下學之事，下學功夫浸密，則所為上達者愈深，非下學而外，又別有上達也。」劉師培氏認張說甚精，蓋下學者，人倫日用之學也，上達者，則窮理盡性之學也。子貢曰：「夫子之文章可得而聞也，夫子之言性與天道不可得而聞也。」蓋可得聞者為下學之事，不可得聞者，為上達之事。〔註14〕故非夫子不言性與天道，乃夫子特重踐仁之實際功夫，惟各人透過下學之踐履，方能澈悟道體之奧妙而神嚮往之，故性與天道究非口頭與耳邊之事。

《說文》以所行為道，《中庸》以：「率性之為道，道也者不可須臾離，可

〔註13〕按倫理學之義有九：（一）研究行為與品性之學。（二）研究終鵠或至善之學。（三）研究道德律及義務之學。（四）判斷正邪善惡之學。（五）研究人類幸福之學。（六）研究道德覺識之學。（七）研究道德事象之學。（八）研究道德價值之學。（九）研究人生關係之學。
按宇宙內人群相待相倚之生活關係曰倫；人群生活關係中規範行為之法則曰倫理；故察其事象，求其法則，衡其價值，窮究理想上至善之鵠，而示以達之之方，是曰倫理學。倫理學或稱道德哲學，其英文為"Ethics"，原希臘文"Ethos"其意為習慣或風俗，其後亦用作解釋品性與氣稟之義。又英文之"Moral philosophy"，本原於拉丁文之"philosophia moralis"，其複名"Mores"亦含習俗之義，而單名"Mos"則有品性之意。（參黃建中編著：《比較倫理學》，頁29至35，又頁21。另參袁廷棟著，《普通倫理學》第一章緒論，頁1～2。）
〔註14〕參劉師培《國學發微》頁12，廣文書局版。

離非道也。」鄭注、朱注皆以「道」猶路也爲訓。鄭康成謂：「循性行之是謂道，道猶道路也，出入動作由之」。朱子則注以：「道猶路也，人物各循其性之自然，則其日用事物之間，莫不各有當行之路……道者，日用事物當行之理，皆性之德而具於心，無物不有，無時不然，所以不可須臾離也。」〔註15〕故儒者之道，尅實言之，乃人行事之基本準則，但儒家言道亦有其形上之理，孔子所云之：「朝聞道，夕死可也。」（〈述而〉）「吾道一以貫之」（〈里仁〉），乃兼賅形上形下而言，是皆重生命天道一貫之理，此在朱注中亦以事物當然之理視之。

至所謂「德」者，乃得也，實含二義：其一以事得其宜故曰德，其二乃指行道而有得於心之謂。朱注按韓愈〈原道篇〉而謂：「足乎己而無待於外之謂德」，即以行道而有得於心之謂也。鄭康成釋德行亦謂：「德行內外之稱，在心爲德，施之爲行。」〔註16〕按孔門進德修業之方不外「志於道，據於德，依於仁，游於藝。」（〈述而〉）「志於道」乃心之所之，亦在於道之謂。「據於德」乃行道有得於心，執守之使弗失之謂。惟此在朱陸二子則有不同之看法，朱子以：「志者心之所之，道則人倫日用之間，所當行者是也，知此而必，心必之焉。」但陸子象山與朱見有異，乃以「志者，心所存主，以道內存於心，爲人心之主」，蓋內心有道存在，自表現於日用倫常之間。〔註17〕故衡二子之所見，亦皆重實踐之功。

是以儒家所重之道德，實指日用倫常之理，內存於心而見之於行事之著明者，且乃行之有得而終身持守之而不渝之謂。是此所謂之道與德，實二而一，皆不離人道仁道而言，亦終身不可違仁之謂。

至於道家所云之道與德，則與儒家不同，其境界意義亦異。一般論者咸以道家反對仁義道德，遂以道家爲非道德主義者，故輒引老子之言曰：「夫失道而後德，失德而後仁，失仁而後義，失義而後禮。」（《道德經・三十八章》）但事實上老子並不反對德，且對德極爲尊崇；不過道家以至德之人，乃與道相契合。故云：「上德不德，是以有德，下德不失德，是以無德，上德無爲而無以爲，下德爲之而有以爲。」（《道德經・三十八章》）然老子所反對之「德」，乃人爲矯揉造作之德，而並非與道相契之德。莊子以天德玄同一切，故曰：「天地雖大，其化均也，萬物雖多，其治一也。」又云：「以道汎觀，而萬物之應

〔註15〕見《十三經注疏》、〈禮記中庸疏〉、鄭康成注。
〔註16〕見《周禮・地官師氏》、鄭康成三德三行注。
〔註17〕參朱注《四書集注》、《陸象山全集》卷二十一〈論語說〉。

備，故通於天地者德也。」(《莊子‧天地篇》)莊子蓋發揚老子之奧義，故以道統括一切，吾人之技、事、義、德必以道為準，故曰：「技兼於事，事兼於義，義兼於德，德兼於道，道兼於天。」是德必本乎道，而道本乎天矣。陳壽昌氏訓為：「兼者統也，合二為一之義，自然者天，得其自然，則事義德道，一以貫之矣。」〔註18〕故莊子以人性乃得道之大本，故主張復性之初。

觀王弼《老子注》嘗以：「德者得也，常得而無喪……上德之人唯道是用，不德其德，無執無用，故能有德，而無不為，不求而得，不為而成，故雖有德，而無德名也。」(王弼《老子注》第三十八章)由是可知道家以德與道相契，故德者乃有得於道之謂，得道愈深其德愈高，亦愈與大道相玄同，無為而為，而照之於天。

按老子所云之「道」，實含二層面之意義，一汎指宇宙間萬有之最高本源，此本體界不可見、不可摸、不可狀、不可名，故字之曰「道」。此「道」乃無以名之「有」，非「本無」也。故此「道」誠乃本體界之根源，為萬有所資始，自非儒家一般所云之道。蓋道家乃以「道」為宇宙人生之宗本，一切來自「道」，故愈與「道」相契合，則其本性愈精純，所得亦愈深，則其德亦極崇高，故道家之道德境界並非建基於人倫關係之間。夫「道」之第二層意義，乃「道」泛在事物之中，為萬有之所本，此「道」亦即原初之「一」，故老子云：「昔之得一者，天得一以清，地得一以寧，神得一以靈，谷得一以盈，萬物得一以生，侯王得一以為天下貞。」(《道德經‧三十九章》)

故凡萬物愈與此太初之「一」或「道」相契合，則其性質愈精粹，道家以儒家後天所定之人為規範，有矯揉造作之弊，故並非反對其所云之道德。蓋老子每言及生命價值時，必追溯至生命之本原，以「道」與「德」作為仁義禮之根源，如反其道而行，離道之大原，而空談仁義道德，則必為無根之論矣。

事實上，自孔孟以來大多數儒家均以天命之旨，與天道生生之仁，去闡揚仁義禮智，其原因亦正復如此，如捨天命大道之本原，則任何道德終必缺乏其根源。

是以不論儒道二家，皆以德必有得於「道」，尤以道家為然。故老子曰：「萬物莫不尊道而貴德，道之尊，德之貴，夫莫之命，而常自然。」(《道德經‧五十一章》)王弼乃以：「道者，物之所由也。德者，物之所得也。由之

〔註18〕參陳壽昌輯，《南華真經正義》，〈莊子‧天地篇〉注。

乃得。故不得不尊。失之則害，故不得不貴也」。（《老子・五一章》王弼注）

　　故「德」貴由大道所化，非純由人間教化所可濟事，是以莊子乃以大道為大宗師，必達「真人」之境，始能與大道相契。所謂「真人」者，莊子曰：「不以心捐道，不以人助天」（〈大宗師〉），又云：「萬物皆幻相也，惟道為真，能與道合，斯真人矣」（〈田子方〉），清陳壽昌注云：「真道甚大，體之者，惟真人。世情迷於假合，所學皆土梗耳。」〔註19〕

　　觀孔子言道，亦上達於天命，並非純指人間之法則與道路，且孔子極重下學上達之功夫，透過日用倫常之實踐，以達與天道相契之境界。至於莊子則以人性乃得「道」之大本，故主張復性之初，必透過心齋、坐忘、朝徹見獨，始克與大道相契，故非超世大覺不克為之。反觀儒家不失為入世之學，而於日用倫常之間人人可得而為也。

　　總言之，儒家追原天命，率性以受中。道家則遵循道本，抱一以為式。墨子則向同於天志、兼愛以全性。故所道不同，實皆有其可會通之處。子思在精神上上承孔子之學，發揮「天命之謂性，率性之為道」之奧義，至於孟子則繼起而發揚盡心、知性而知天之精義，俾完成其儒家實踐道德哲學之大系。

四、中國道德哲學之特色

　　中國哲學與西方哲學在本質上，有一不同之特色，西方哲學傳統上乃循主知主義之路向，特重「知識心」之追求，故重知性之分析與說明，在知識形上學上有卓越之成就與貢獻。我國哲學極看重道德生命，與「道德心」之培養，故說明宇宙乃為了解人生，未嘗將宇宙與人生予以分割，尤不重形上形下之隔閡與心物之對立。

　　西方哲學自蘇格拉底以迄中古時期，近代自康德以降，以迄存在哲學諸大家，亦極重主體之自覺，但在本質上，其道德哲學均側重知性之說明，道德原理之分析，真假命題之確立，不若我國之特重內修體證與神會之功，此蓋中西心態有所不同，自未可同日而語矣。

　　觀中國哲學在名家思想中，亦不乏名理之分析，尤在《墨辯》及《荀子・

〔註19〕全上。《莊子・田子方篇》，陳壽昌注。又參郭慶藩《莊子集釋・莊子天地篇》，成玄英疏曰：「其人懷道抱德，虛心忘淡，凝神遐想，妙悟自然，離形去智，荅焉墜體，身心俱遣，物我兼忘」。故真人非有坐忘朝徹之功，當難期於有成。

正名篇》中亦有關名學之辨別，但與西方邏輯或知識論相較，則顯覺缺乏系統，蓋中國哲人之心態不太重知性分析之旨趣，而認「為學」之目的，乃在達到「為道」之功夫，更貴在提升人類道德生命與生活境界，以及生命情調與意義之探索，故在對客觀世界與存有界之知性分析方面，自不若西方之強調。〔註20〕

中國哲學之重心，落在主體性之自覺，與道德心之覺顯，故不重實有形態之分析，不若西方之走存有問題之路綫。我國哲學亦有順陰陽氣化之宇宙觀，發展至宋儒程朱一系，講太極、理氣，自表面觀之，似亦探討存有層面之問題，但在實質上究不相類。我國哲學不由知識論與邏輯問題著手，而是由生命與德性問題著手，俾達性命天道相貫通之境域，故言天道必在乎貫串人道，言人道必在乎配合天道。以宇宙人生不容割裂，故以事理涵容無礙，不離事以言理，亦不離理以言事，蓋宇宙人生乃一龐大之涵攝系統，彼此相互旁通而息息相關。〔註21〕

我國哲人向以天人相繫，為學之目的不端在知識之擴充與博聞彊記，而乃特重學效做人，與立身處世之方，故朱子訓《論語》之「學而時習之」之「學」字作「效」字解，乃學效做人故。〔註22〕

中國人以「正德」為「利用」、「厚生」之本，做一哲人，不僅是知識的推崇者，更是智慧、德行之契合者。以高明配天，博厚配地，故不論儒、道、墨三家均富有宗教心與宇宙情懷（Cosmic feeling），故捨天人不足以明中國之

〔註20〕　牟宗三先生嘗以：「中國學術思想既鮮與西方相合，自不能以西方哲學為標準，以定取捨，若以邏輯與知識論之觀點看中國哲學，那麼中國哲學根本沒有這些，至少可以說貧乏極了，若以此斷定中國沒有哲學，那是自己太狹陋。」（參牟宗三著，《中國哲學之特質》，頁3）。

〔註21〕　我國哲學之特質，乃重主體性之自悟，與內在道德生命之培養。近代西方存在哲學，亦重「我」之自覺與反省，暨主體性之覺悟，殆與我國道德生命哲學有異曲同工之效，但存在哲學究不離西方知性分析之系統，故在道德層次上究說明多而修證少也。

惟當代英國大哲懷德海（Alfred North Whitehead, 1861～1947）之歷程哲學，頗能與我國思想相契。懷氏反對自然二分法（Bifurcation），將「自然」與作為「自然之理」強予區分。懷氏亦隱含理事無礙法界之看法，以宇宙人生彼此涵攝，相互攝受（prehension），不容分割，故隱含一天人之思想。（參懷德海氏，《歷程與實在》）

〔註22〕　《論語》朱熹章句曰：「學之為言效也，人性皆善，而覺有先後。後覺者，必效先覺之所為，乃可以明善，而復其初也。」（參《論語・學而第一》，朱子章句）

智慧。

中國人探求哲理，其目的乃在尋求生活之遷善，故孔子曰：「知之者不如好之者，好之者，不如樂之者。」（《論語・雍也》）孟子曰：「君子深造之以道，欲其自得之也，自得之則居之安，居之安則資之深，資之深則取之左右逢其原，故君子欲其自得之也。」（《孟子・離婁》）荀子則曰：「君子之學也，入乎耳，箸乎心，布乎四體，形乎動靜，端而言，蠕而動，一可以爲法則……君子之學也，以美其身。」（〈勸學篇〉）故中國人之爲學，極重樂道精神。研究眞知，必表現之於德行事業，咸以窮究天人之際，必先在德行上盡涵養之功夫，故我國之性理名言，皆不離實行。〔註23〕

中國人以天人本不乖隔，人受性於天，故應盡性而回歸天命。邵康節嘗云：「學不際天人，不足以謂之學」（〈觀物外篇〉），陸象山尤以：「宇宙內事，乃己分內事，己分內事，乃宇宙內事。」（《象山全集・三十六・年譜》）莊子更爲曠達而點化出宇宙人生之妙悟，故曰：「天地與我並生，萬物與我爲一。」（〈齊物論〉）故宇宙與人，人與宇宙，彼此相即相攝，是以中國哲人未將宇宙客觀化，使之獨立於吾人心識之外，而作純理之探討，尤不分判天人、強分心物、對峙主客。程伊川曰：「道未始有天人之別，但在天則爲天道，在人則爲人道。」（《伊川語錄》）而此在宋明諸儒中，尤爲一極根本之觀念。

中國哲學尤以聞道始，以樂道終，故孔子曰：「朝聞道，夕死可也。」（《論語・里仁》）故一天人，同眞善，窮理即盡性，崇德即致知。此外尤重憂患意識與生生之德，顯諸仁，藏諸用，本敬德命哲之精神，上契於天道，以達明德止於至善之境域。故我國哲學實落於道德形上學之層次，而缺乏知識形上學之探討，故在思辯哲學上不太重視，而端在道德生命境界之建立上貢獻良多。〔註24〕

〔註23〕按西方哲學重存有問題，窮理致知與實行無關。我國哲學乃重道德生命，故知行必趨合一，自古以來即倡即知即行、知行不二。蓋道德必求體會與實行，否則必流徒托空言之弊矣。（參周子同著，《中國哲學概論》，頁8～12）

〔註24〕西方哲學重思辯問題，故特偏重"Speculative philosophy"或"Metaphysics of being-form"，此在我國極爲缺如。宋明雖亦探討宇宙本體問題，但却落實於道德生命之建立，並非純知性之分析。吳康教授以中國傳統思想之中心問題，即「天人問題」，此與西洋哲學之中心問題，爲心物問題者，遙相對待，而同等重要。西洋哲學，派別萬千，而無不以心物問題爲其討論之中心，立說之樞紐。中國哲學，亦有所謂諸子百家，然其窮知究慮、放言極論，無不輾轉廻旋於天人之際。所謂「窮理盡性，以至於命」（《易・說卦》）即表示乃求解

貳、儒家人道精神之特色與源流

一、原儒之真義與精神

孔子為我國至聖先師，歷代言儒莫不宗孔子為儒家之泰斗，然孔子並非儒之創始者，乃儒之集大成者，所謂聖之時者也。儒者原肇始於西周以前之王官，是以孔子以前早已有儒者之存在，參贊國策，襄理國政，為社會之中堅分子，亦為國家政教之樞紐人物。〔註25〕

故儒之歷史淵源，其來也有漸，並非起於一朝一夕，古之儒者著儒服，戴儒冠，為社會之知識分子，與安定之力量，亦為士人之師。《禮記·儒行篇》以孔子之服與人不同，魯哀公以為儒服，哀公又以魯皆儒服多儒士。〔註26〕即戰國時之莊子，亦著儒服，（參《莊子·田子方》與〈說劍〉）故儒之為人，其修學進德，形之於言貌冠服，必成一特殊之風格，但彼時亦有假儒冠、儒服以自詡者，此固未必皆為真儒之輩。〔註27〕

儒為西周以前之職官，亦為社會之處士，然當時亦有鄙儒之人，認儒者四體不勤，五穀不分，文質彬彬，弱不禁風，手無搏雞之力，為不從事勞動生產之分子，殆不過統治階級之策士或助手而已，此實對儒未盡了解，而厚誣者矣。

按《莊子·天下篇》亦推崇儒者，其謂：「古之道術配神明，醇天地，育萬物，和天下，澤及百姓……其在於《詩》、《書》、《禮》、《樂》者，鄒魯之

決天人問題之最高綜合判斷。然此種境界，必有「純我」即「主體」始能覺察；故無論儒、道、墨、名、法、陰陽諸家，雖各據其立場，但均或正或反講論天人之關係。至於宋儒之性理之學，尤以天人問題為其探討中心。明乎此，方可知中國哲學主流之所趨處。（參吳康著，《宋明理學》，頁25～26。）

〔註25〕章太炎《國故論衡·原儒》曰：「儒有三科關達類私之名，達名為儒，儒者，術士也，知禮樂射御書數。」（參《國故論衡·原儒篇》，頁151～155。）又《漢書·七略》曰：「儒家者流，蓋出司徒之官，助人君順陰陽，明教化者也，游文於六經之中，留意於仁義之際，祖述堯舜、憲章文武，宗師仲尼，以重其言。」

〔註26〕孔子為魯哀公陳儒者之行，魯哀公問於孔子曰：「夫子之服，其儒服與。」孔子對曰：「丘少居魯，衣逢掖之衣。長居宋，冠章甫之冠。丘聞之也，君子之學也博，其服也鄉，丘不知儒服。」（參《禮記》卷五七，〈儒行〉第四十一）

〔註27〕莊子受業於田子方，田子方乃子夏之門生，故莊子亦嘗習儒業。《莊子·田子方》篇曾記載：「莊子見魯哀公，哀公曰：『魯多儒士，少為先生方者。』莊子曰：『魯少儒。』哀公曰：『舉魯國而儒服，何謂少乎。』莊子曰：『周聞之……君子有其道者，未必為其服也，為其服者，未必知其道也。』」

士，搢紳先生，多能明之。」莊子之評語如此，足見其對儒家之推崇。夫堯之克明峻德，協和萬邦。舜之睿哲文明。禹之抑平洪水，救濟蒼生。湯武之順天應人，德昭萬邦；皆爲儒之以道得民之懿範矣。故儒之爲境至高，並非一般凡庸之眾所可稱當，蓋大儒之言行表率，足爲天下式，一言以定國，一言以安邦，其品性卓越，才具非凡，並非一般粗通六藝者，即可爲之；必博學、審問、慎思、明辨、篤行，推以求其至是也。儒者乃能任天下之重，道濟天下，智周萬物之士，故並非終日埋首於章句之間而皓首窮經之輩耳。

「儒」，《說文》曰：「柔也，術士之稱。」《禮記釋文》鄭康成注曰：「儒者，柔也，和也，言能安人，能服人也。」又孔氏《正義》曰：「案鄭目錄云：儒之言優也，柔也，能安人，能服人。又儒者濡也，以先王之道能濡人身……其與人交接，常能優柔，故以儒表名。」（見《禮記・儒行篇題疏》）

儒者《說文》訓爲柔，此「柔」非柔弱無能之輩，亦非優柔寡斷之柔。此「柔」，乃能剛能柔之柔，亦老氏所云：「天下莫柔弱於水，而攻堅彊者莫之能勝」（《老子・七十八章》），蓋自古強梁者死之徒，柔弱者生之徒。故《說文》解柔曰：「木曲直也」。〈洪範〉曰：「木曰曲直」，凡木曲者可直，直者可曲爲柔，引伸爲撫安之稱。由此可見儒者乃能剛能柔，明哲通達，可曲可直之士，其性如水，隨遇而適，且能和眾爲社會之和合力量。

揚子《法言・君子篇》云：「通天、地、人曰儒。」〔註28〕故儒者非經生之謂，實術士也。術士者，智周萬物，道濟天下。濟天下者，道術也。智周萬物不敢安於偷以自固。道濟天下而不敢溺於近以自私，吉凶與民同患，犯天下之大不韙，任天下之重，是道濟天下者也。近者卑近，凡爲一己之嗜慾，與名利權勢計較者，皆習於卑近，未能自強，自非儒者術士之稱。〔註29〕

是以所謂儒者，並非專以朗誦典籍、註疏簡策、舞文弄墨之士，亦非徒尚文章才華，尋章摘句之輩。儒者必有大識見、大氣魄、大擔當，而爲特立獨行之士，胸懷磊落，氣質超然，且具佐世之術，而能安人服人者。所謂「安

〔註28〕揚子《法言・君子篇》：以「通天地人曰儒，通天地不通人曰伎。」又《漢書・司馬相如傳》，顏師古注曰：「凡有道術者，皆爲儒。」

〔註29〕儒者所謂術士，術者，《說文》云：「邑國也」，引伸爲技術，因以爲道之稱。《周禮》以：「儒以道得民。」《廣雅・釋言》曰：「術，道也。」士者，《說文》云：「士，事也，數始於一，終於十，從一十。」故「推十合一爲士」，此亦指孔子所謂：由博返約，聞一知十之謂。故士者，乃推十合一之人，能一以貫之，此乃聖之極致之謂。

人」，乃能協和萬邦，平章百姓，而「服人」者，並非制服人，駕馭人；蓋「服」者，乃侍眾之謂。儒者之安人，首由服侍人始，即能謙恭下士，虛懷若谷，以服侍天下之眾人。

《禮記·儒行篇》所謂之「儒」，實係孔子之理想，亦為原儒之精神與抱負，但在實際上，小人儒所在皆是。孔子祖述堯舜，憲章文武，其理想對象為堯舜，故孔子對堯舜無條件崇拜，但對文武周公則曰憲章，憲章者乃指有條件之法效。孔子心目中乃效大同之至高境界，對禹湯、文武之治，殆視為小康而已，故並非取法之最高標準。〔註30〕

夫儒按其品性與人格修養，可分為君子儒與小人儒。此種類別並非一般專就社會經濟階級所為之區分。孔子嘗謂子夏曰：「女為君子儒，無為小人儒。」（《論語·雍也第六》）子雖未云何謂君子儒，何謂小人儒，但吾人可體驗及之，朱注引程子曰：「君子為己，小人為人。」（見《四書集注》）為己者，乃為己而修，為人者，乃自炫其令譽也。是以小人儒者，華而不實，蓋君子小人之分，按孔子視之端在義與利之間，但此所云之「利」，非端指殖貨財之謂，乃以私滅公，適己自便，凡所以害天理者皆為自利之謂。〔註31〕

〔註30〕 孔子素持政教貫通，君師合一之主張，而孔子心目中之君師，實乃一尚德之仁者。君師以德化人，哲君以智治國。孔子之政治理想，按公羊家所主，有「大同」、「三世」之二義。按大同、小康之言，見於《禮記·禮運》，以禹、湯、文、武、成王、周公為小康。（亦見《孔子家語》，惟所云與〈禮運〉文有小異）。按大同似仁道之別名，小康近從周之大意。至於「三世」說，乃興於漢代，以董仲舒、何休為其代表，更經公羊家之推演，益為複雜，何氏以孔子之三世為：「於所傳聞之世，見治起於衰亂之中。」「於所聞之世，見治升平。」「至所見之世，著治太平。」（參蕭公權著，《中國政治思想史》，頁67～68）

〔註31〕 按君子一名，見於《詩》、《書》，固非孔子所創，其見於《周書》者五六次，見於〈國風〉、〈二雅〉者百五十餘次，足證其為周代流行之名稱。惟《詩》、《書》所言君子，殆悉指社會之地位，而不指個人之品性，即或間指品性，亦兼地位言之。
孔子言君子，就《論語》所記觀之，則有純指地位者，有純指品性者，有兼指地位與品性者。如孔子謂：「君子而不仁者有矣夫，未有小人而仁者也。」又謂：「君子有勇而無義則為亂，小人有勇而無義則為盜。」（分見〈憲問第十四〉，及〈陽貨第十七〉）凡此所謂「君子」，顯為在位之士大夫，而「小人」則田野市井之細民，乃純就社會地位而言，與個人之品性無涉。但間亦指品性而言。孔子嘗謂：「君子疾沒世而名不稱焉。」又謂：「君子固窮，小人窮斯濫矣。」（均見《論語·衛靈公十五》）此皆純就個人之品性而言，非指社會之地位。其兼二者而言之者，如「子謂子產有君子之道四焉，其行己也恭，

　　君子儒樂道安仁，以匡濟天下自任，安樂如是，造次如是，顛沛如是，不爲利誘，不爲境遷，忠信篤誠，而效欽、明、文、思、安安之道。氣度恢宏、心胸廣濶，故能大其心而體天地萬物，以盡己之性，盡人之性，盡物之性，然後參贊天地之化育，而與天地同參。

二、原儒之道術

　　儒者術士之稱，此術士之術，乃技術與道術之謂。《尚書》開宗明義，首言儒者之術爲欽、明、文、思、安安。此術實即「帝王」之術，至高無上爲「帝」，至大無外曰「王」，故此所云之帝王，非純指政治上之意義，乃指德性上，至高無上，至大無外，足爲天下人所歸望之術之謂。謹分別闡述之如下：

　　1. 欽：《尚書・堯典》首曰：「若稽古帝堯，曰放勳、欽明文思安安，允恭克讓，光被四表，格于上下，克明峻德，以親九族，九族既睦，平章百姓，百姓昭明，協和萬邦，黎民於變時雍。」是「欽」者乃王者之第一德。

　　欽者謹愼之謂，《尚書》爲道德哲學，亦爲政治哲學，我國古代政治與道德彼此契合，政治即道德，非道德不足以統馭。故子曰：「爲政以德，譬如北辰，居其所而眾星拱之。」（《論語・爲政》第二）夫爲政之道首在有德，故爲政者亟宜戰戰兢兢，由敬事而信始。故「欽」字乃作謹愼與敬事解。〔註32〕

　　《禮記》云：「毋不敬」，故主敬精神乃《禮記》之中心，日常素持毋不敬之態度，則必蒙崇欽，《詩》云：「穆穆文王，於緝熙敬止」（《詩・大雅》文王篇）。此「敬」，乃指敬事而言，蓋爲政貴由愼始，必如臨深淵，如履薄

其事上也敬，其養民也惠，其便民也義。」又如「子路問君子，子曰：修己以敬，曰如斯而已乎，曰修己以安人。曰修己以安百姓。修己以安百姓，堯舜其猶病諸。」（分見《論語・公冶長第五》及〈憲問第十四〉）是孔子所言君子之第一義乃本諸《詩》、《書》，其第二義殆爲自創，純以品性而名。（參蕭公權著，《中國政治思想史》，頁 64～65）

〔註32〕《尚書今古文注疏》，孫星衍引馬融曰：「威儀表備謂之欽。」鄭康成曰：「敬事節用謂之欽」。《釋詁》云：「欽敬也」。清朱駿聲《尚書古注便讀》，則將欽訓爲「低頭致敬」，一般俗儒遂因之亦訓爲「恭敬」，誠失其本義。近人屈萬里先生將「欽」訓爲「敬」，乃「敬事而信之敬」，殊有可取處。清初大儒王夫之，在其《尚書引義》中，以帝堯之德至矣，而非「欽」則亡以「明」也。非「明」，則亡以「文思安安」。以此爲爲學之大原，君子儒者所以致其道矣。王夫之以不欽則不明，故此「欽」，即敬事而信，非敬事不能明也。按夫之識見誠勝於一般俗儒之見解。故馬融之說殊不足採。

冰，以居安思危爲本。《大學》云：「爲人臣止於敬」。故此「敬」非作恭敬解。
《論語》云：「敬事而信，節用而愛民」（〈學而第一〉）此乃爲政之基本原則。
能敬事必能愼始，方可成終，故敬事而信互爲表裏，敬事而不信，則必功虧
一簣。故儒者道術之一，首爲「欽德」，能「欽」，則必敬群樂業，敏於事，
愼於言。對事必見忠信，則爲爲政第一步。〔註33〕

2. 明：馬融、鄭康成皆以「昭臨四方謂之明」。〔註34〕王夫之作：「明於
其所以，則安之允安。不明其所以，將以爲非物之必待。將以爲非己之必勝，
將以爲惟己之所勝而蔑不安，將以爲絕物之待而奚不可。」〔註35〕王夫之更
以明與誠不可分，蓋明誠彼此相資。

我國古有法天之觀念，法天即則天，則天爲我國政治或思想之最高境界。
蓋天無私覆，地無私載，日月無私照，故昭臨四方謂之明。德蘊於中、明形
諸外，能昭臨四方則如日月之無私。蓋容光必照臨無所阻擋，故爲政切忌一
「私」字。儒者如容光必照，明察秋毫，慧眼洞識，故天下事昭然若揭，不
爲所蔽，無蔽自明，此爲儒者道術之第二德。

3. 文：經緯天地曰文。〔註36〕夫「文」有天文、地文、人文。經緯即治
理之謂，按爲政多方，必明此「文」。〈皋陶謨〉云：「天工人而治之」此「文」，
實亦以人工代天工之不足，凡能經緯皆謂之文。故此「文」者，非指舞文弄
墨，或騷人墨客之謂。必有器識有擔當，有經緯之能力者方足當之，此爲儒
者道術之第三德。

4. 思：「慮深通敏謂之思」。〔註37〕此慮深，非指深慮而言，蓋二者境界

〔註33〕 馬一浮先生〈禮教諸論序說〉云：「禮主義，以敬爲本，〈坤‧文言〉曰：『敬
　　　　以直內，義以方外』，故敬義立，而德不孤」。（參《復性書院講錄》卷四，〈禮
　　　　教諸論序說〉，頁 116）

〔註34〕 馬融、鄭康成皆以「昭臨四方曰明」。（參孫星衍《尚書今古文注疏》卷一）
　　　　但王夫之以「明與誠不可分，蓋明誠相資也。」（見王夫之，《尚書引義》，〈堯
　　　　典一〉）

〔註35〕 仝前。

〔註36〕 馬融及鄭康成皆以「經緯天地曰文」。今本有將「文」作「文章」解，殊失原
　　　　義。近人屈萬里先生以「文」作「文雅」講，皆屬非是。按《十三經注疏》，
　　　　孔穎達疏，亦作「經緯天地曰文」解。

〔註37〕 馬融曰：「道德純備謂之思」。鄭康成曰：「慮深通敏謂之思，思，一作塞。」
　　　　（見孫星衍《尚書今古文注疏》卷一）
　　　　〈洪範〉曰：「思作睿」。叡深也、通也。思作塞者：見《後漢書‧邳彤傳》
　　　　云：「塞宴之化」。《十三經注疏》，孔穎達則作：「道德純備謂之思」。（〈堯典〉）

不同，不可不察。此「通敏」乃指靈敏之謂，此「敏」，固由學養而來，凡慮深者，必有遠見卓識，不躁動，不妄舉，凡所作為必皆中的。深慮者，可能躊躇不定，優柔寡斷，而至模稜兩可，而缺乏當機立斷之識見。故惟慮深始能通敏，顯微而知著。《大學》云：「慮而後能得」，有所得，方能敏悟。故士必能思，方能通敏，否則必麻木不仁，凡麻木不仁者，不可為政，更不可當國。儒者必慮深通敏，方能思、見獨、知著，此乃為儒者道術之第四德。

　　5. 安安：安安為儒者之柔，又作宴宴。〔註38〕天地清宴和柔，覆載萬物。仁者之德，如天地之和煦。故有大德者，必如天之清宴和柔，深邃幽遠，博大精深，無不覆載。

　　今人以儒訓為「懦」，故視儒乃軟弱無用之人，甚且誣儒為封建時代之代言人，社會之寄生階級，不事勞動生產之消費分子，此乃唯物史觀論者一曲之見，殊不值駁斥。

　　儒之為柔即宴宴之柔，夫天以宴宴溫溫為柔，故能涵育萬類，仁澤萬物。儒者必效天地生生之德以安安為內聖之涵養，然後彰顯於外王之欽、明、文、思之德。

　　《尚書・堯典》以堯能達此崇高之德，故以「放勳」稱之，孔子及其門人，莫不以此為尚。故此欽、明、文、思、安安，乃儒者基本之德性，與生命超然之本質，亦儒者之道術。此術與法家之言法術、權術者不同。夫韓非崇法，申子重勢，商君重術，其術皆多詭道，凡以詭道佐人主者，必危及己身，不若儒術之悠遠也。

三、儒之源流

　　宋儒論學，認孔孟遠承堯舜禹湯文武心傳，成所謂一脈相貫之道統。《韓非子・顯學篇》謂：孔墨「俱道堯舜，而取舍各不同，堯舜不復生，將誰使定儒墨之誠乎。」《淮南子・脩務篇》說：「世俗之人，多貴古而賤今，故學者言治，必託之於黃帝神農，而後能入說。」此即所謂「托古改制」。事實上，諸子之學未必皆一一由黃帝、神農、堯、舜、禹等一脈所傳承而來。

　　《漢書・藝文志》敘諸子學之根源，皆以出諸王官，而認儒家者流，蓋出於司徒之官。而胡適之《中國古代哲學史》，則反對此說，認諸子之學，皆

〔註38〕《尚書今古文注疏》引鄭康成注曰：「安安一作晏晏，即宴然自在也。」（〈堯典〉）

應拯救時弊而興，非必皆出於王官。〔註39〕

胡適之謂：「劉歆以前之論周末諸子學派者，如《莊子‧天下篇》、《荀子‧非十二子》、司馬談〈論六家要旨〉、《淮南子‧要略》，皆無出於王官之說。」〔註40〕故胡氏極力否認諸子出於王官之源流。但胡氏所引資料未必確當，蓋《荀子‧非十二子》，旨在抨擊十二子之疏失，司馬談〈六家要旨〉，旨在論六家優劣，均不在探討十二子與六家之淵源，故未云諸子出於王官，但自反面觀之，亦未肯定諸子不出於王官。《莊子‧天下篇》首云：「古之所謂道術者，果惡乎在，曰無乎不在。」又云：「百官以此相齒」。此無異明言古之道術雖無所不在，但亦在百官。又云：「鄒魯之士，搢紳先生，多能明之」（全見〈天下篇〉）按鄒魯之士實指魯學一脈而言，而搢紳先生即指百官，莊子在此無異說明諸子學之道術，其來也有漸，且百官以此相齒，〔註41〕所謂相齒即彼此同列同本之謂。

《淮南子‧要略》論儒者之學則曰：「修成康之道，論周公之訓。」胡氏以諸子之說皆在匡正時弊，則孔老以前必絕無學術，是諸子之學前無所承，則無異空谷足音，何能令人置信，是故胡氏之疑未必皆可採信。

所謂諸子出於王官，並非云九流之鼻祖，皆列侯於成周以前之王庭，乃云諸子之學濫觴於王官世守之典籍，如山泉積水，涓涓細流，而卒匯為汪洋大海，故十家九流之蔚為大觀，並非一朝一夕之故，自有其根源在焉。

《漢志》以儒者出於司徒之官，蓋司徒所掌者，乃歷代教化並文物與典章制度。王官之中，尤以史官為歷代文獻之首府，觀《莊子‧天下篇》云：「其明而在數度者，舊法世傳之史，尚多有之。」此顯言古之道術，其明在數度

〔註39〕 胡適之先生於《太平洋雜誌》第一卷，第七號，首倡諸子不出於王官論。又於《中國古代哲學史‧導論篇》第十頁謂：「諸子既都出於王官與六經，還有甚麼別的淵源傳授可說？」可見胡氏不贊同諸子出於王官之論。

〔註40〕 見《太平洋雜誌》第一卷七號。

〔註41〕 章太炎先生〈諸子略說〉：「講論諸子，當先分疏諸子流別，《莊子天下篇》、《淮南子‧要略訓》，太史公〈論六家要指〉，及《漢書‧藝文志》是已。此四篇中，〈藝文志〉所述最備，而莊子所論多與後三家不同。〈天下篇〉論儒家，但云：其在《詩》、《書》、《禮》、《樂》者，鄒魯之士，搢紳先生多能明之，而不加批判。」（參章太炎《國學略說》，〈諸子略說〉頁134）

按〈藝文志〉云：「儒家出於司徒之官，道家出於史官，墨家出於清廟之守，名家出於禮官，法家出於理官，陰陽家出於羲和之官，農家出於農稷之官，雜家出於議官，小說家出於稗官。」章太炎先生《國學略說》釋之頗詳，可資參考。（參同書頁135～136）

者，史官世代相傳，其文獻足徵且保存迄今之謂。章學誠與章炳麟二氏更張其說，以《六經》皆爲史官所掌，視爲官學，故諸子之學皆濫觴於王官，是爲可信，且史官世守典籍，爲一切文獻之源自當毋庸置疑。

　　王充《論衡・解篇》曰：「著作者爲文儒，說經者爲世儒」，但儒之名於古時通爲術士之稱，非獨指經師言。〔註 42〕惟孔子集其大成，兼經師、人師而爲一代之宗保而蔚爲儒之最高典範。

　　是孔子以前已有儒之存在，但品類繁雜，其中有君子亦有小人。《周官・太宰》曰：「儒以道得民」，其注曰：「儒，有六藝以教人者」。孔子敏而好學，不恥下問，嘗問禮於老聃，訪樂於萇弘，學琴於師襄，問官於郯子。嘗自曰：「十室之邑，必有忠信如丘者焉，不如丘之好學也。」（〈公冶長第五〉）孔子嘗適周，因守藏史老聃，得覽古代文獻，因而學問大進。

　　孔子率弟子周遊列國，嘗畏於匡，阨於桓魋，絕糧於陳蔡，另受晨門、荷蓧、荷蕢、接輿、長沮、桀溺等人之譏諷，終日栖栖皇皇，不能行其道，卒返魯而以教育終其身。孔子以《詩》、《書》、《禮》、《樂》教弟子，門人號爲三千，而身通六藝者七十有二人。但七十子之學，皆未能繼孔子之大業，此中亦盡非爲雅儒之輩，必待子思、孟荀等出，方有大儒焉。按子貢嘗云：「夫子之文章可得而聞也，夫子之言性與天道，不可得而聞也。」（〈公冶長第五〉）一般人遂據子貢之言，而認孔子罕言性與天道，此實大謬之見。孔子自言五十知天命，是孔子之道德生命，必待五十而後益臻完滿，故言性與天道亦多在知命之年以後。子貢曰不可得聞，非必爲夫子未曾言道，殆子貢未得其踐仁，且孔子五十而後好《易》，其晚年始傳《易》於商瞿子木，而未曾授予早期之弟子，故終孔子之身並非未云性與天道之形上哲理，此蓋惟待踐仁而後方能有悟。

　　程明道先生曾曰：「性與天道，非自得之，則不知。故曰，不可得聞。」（《宋元學案・明道學案》，頁 24）蓋性與天道本非見聞之知，乃屬體證之知，非耳聞所能盡悉，是乃自家心地性命之所悟，隨年事、經歷、境界而有所不同，是吾人曷能單憑子貢之言而遽下定論哉。

　　張子曾曰：「三十器於禮，非強立之謂也。四十精義致用，時措而不疑。

〔註 42〕章太炎《國故論衡下・原儒篇》云：「儒猶道矣，儒之名于古通爲術士，于今專爲師氏之守，道之名于古，通爲德行道藝，于今專爲老聃之徒。」（見《國故論衡》頁 154）

五十窮理盡性，至天之命，然不可自謂之至。故曰知六十盡人物之性，聲入心通。七十與天同德，不思不勉，從容中道。」（見〈横渠學案〉三十篇第十一，《宋元學案》上冊，頁56）〔註43〕

陸象山先生亦謂：「子貢言性與天道不可得聞，此是子貢後來有所見處，然謂之不可得而聞，非實見也。如曰：「予欲無言，即是言了。」〔註44〕象山先生又曰：「子不語怪力亂神，夫子只是不語，非謂無也，若力與亂分明是有，神怪豈獨無之，人之雙瞳之微所矚甚遠，亦怪矣。苟不明道，則一身之間，無非怪，但玩而不察耳。」〔註45〕

是以吾人今日遽以子貢之言，而斷定孔子未言性與天道之理，殆自家性命窒礙、見道未悟，而妄斷古人之言，誠不足取也。

又孔子既以六藝授徒，足見六藝之學早於孔子而有，《史記》以六藝折衷於夫子，劉師培《國學發微》，以九流術數諸學，孔子亦兼通之。按班固《漢志》所引觀之，可知孔子不廢九流之學，且孔子謙冲為懷，問學於老聃，足顯孔子亦悉道家之術。且孔學末流亦多與九流相合，如田子方受業於子夏，子方之後旁流為莊周，是孔學亦雜於道家之中。又禽滑釐為子夏弟子，治墨家言，是孔學亦雜於墨家。告子嘗學於孟子，亦兼治名家之言，是孔學亦雜於名家，荀卿之徒則流為韓非、李斯，是孔學亦有雜於法家者。〔註46〕

但按此所言之儒兼九流，彼此相互揉雜，未必係原初情況，殆各學派齊立，彼此交流，相互攻錯，其中難免有揉雜之處，但各家彼此精義，自有其宗本而不容彼此混淆。

觀孔學源流，探本溯原，自有真迹可循，司馬遷〈仲尼弟子列傳〉引孔子曰：「受業身通者七十有七人」，皆異能之士也。德行：顏淵、閔子騫、冉伯牛、仲弓。政事：冉有、季路。言語：宰我、子貢。文學：子游、子夏。此外孔子曾評述其他弟子，司馬遷〈仲尼弟子列傳〉曰：「師也辟，參也魯，柴也愚，由也喭，回也屢空，賜不受命而貨殖焉，億則屢中。」〔註47〕

〔註43〕何晏《論語集解》釋之曰：「性者，人之所受以生也，天道者，元亨日新之道深微，故不可得而聞也。」是以不可得而聞，並非未曾聞說，乃不可以言語道斷，亦非徒憑耳官所能覺解，故非有睿哲穎悟，當難明其所聞也。

〔註44〕參《中國子學名著集成》，〈儒家子部〉，〈陸象山選集〉，頁384。原見《象山先生全集》卷三十四〈語錄〉頁253。

〔註45〕仝上，《陸象山選集》，頁397。

〔註46〕見劉師培《國學發微》，頁1～3。

〔註47〕參《史記》卷六七，〈仲尼弟子列傳〉第七。按《孔子家語》載孔子門人亦作

太史公曰：「學者多稱七十子之徒，譽者或過其實，毀者或損其真，鈞之未覩厥容貌。」〔註48〕吾人平實而言，七十子對顯揚儒學，並無卓越之貢獻，且多默守師說，未能發揚光大，且更未能繼統孔子之道業。故司馬遷雖於其列傳中，陳述七十子之姓氏，除少數詳陳其品性外，其他大多均付闕如，必待孟荀二子出，始為儒學另開一代之宗風。

按《論語》所載，雖有四科十哲，此十哲顯係孔子所親身認可之異能之士。然顏淵、季路先孔子而卒，別無任何學術。子貢、冉有為政事家，亦乏學術可陳。獨能守孔子之宗風者，十哲之中當以子游、子夏二人屬之。但子游之學風未明，子夏則居西河為魏文侯師，其學派曾出過荀子。眾咸以子夏為七十子中第一人。但十哲之外，有名者當推曾參、有若、子張等，亦皆一時之選。其中尤以曾、有二人育徒於魯，且曾參與其父曾晳同受業於孔子，夫子以參為魯，不過言其木訥，事實上，參非魯鈍，且聞一貫之道，當下能體忠恕之義。故在仁學方面，曾參當為一代師表，正因秉性木訥，故能強忍精進而不輟，方有曾思、孟軻一脈相承之師說而致淵遠而流長。

《韓非子·顯學篇》言孔子卒後，儒分為八，有子張、子思、顏氏、孟氏、漆雕氏、仲良氏、孫氏、樂正氏等，但這些學派皆為孔子卒後甚久，方告成立。且《韓非子·顯學篇》所載過簡，不過列舉各家名目，究未詳其大緒，惟可資參考而已，但此中並非盡為雅儒，其氣魄識見究不如孔子，必待孟荀二子出，始為儒家奠定千古不朽之道業，但孟荀二子者，以為學言則當效荀子，以為道言則惟效孟子，其所以故，觀二子傳經與傳道之經歷自可知之。

參、孟荀道德意識之淵源與同異

儒者之學乃入世治天下之學，亦為學效做人之學。蓋儒既以道得民，故儒者乃本尊德性道問學之順序，而為下學上達之功夫。儒家言形上之道，正為配合人生，決不離開人生而言道，蓋儒者之根本信念，乃天人不可分。《詩·大雅·蒸民》曰：「天生蒸民，有物有則，民之秉彝，好是懿德。」是天德人德本來不二，天理與人理本來相通，天道與人道亦本相契，殆有後天之私慾始予以分割。

七十七人，唯文翁《孔廟圖》作七十二人。

〔註48〕參《史記》卷六七，〈仲尼弟子列傳〉第七，太史公結語。

　　儒家言道，學貫天人，兼賅心物，言性命之理，正爲點化人生，蓋離人生，本無至理可言。故儒家思想不離人而言天，亦不離天而言人，天無人不足以彰顯，人無天不足以生存。聖人之生，聖王之起，正所以立道德生命，而道德生命與宇宙生命本不可分，宇宙生命即生生之德，吾人之道德生命，正所以彰顯此大生之德，道德生命之大生之德，與政治道德尤爲密切，蓋無德不足以爲政，故政治即道德，政教關係極爲密切，儒家正爲此種思想之傳承者，而孟荀諸子亦爲此道統而生。

　　但就一般言之，孟子極重聖者氣象與氣概，必先立於此種氣象與氣概，方足見孟子道德慧之究竟。誠如孟子所云：「誦其詩，讀其書，不知其人可乎，是以論其世也。」（《孟子‧萬章下》）。按先秦儒道二家，本不重爲知識而知識，道問學在乎尊德性，故皆以修養樂道爲平生之職志。儒效太上立德，道效歸眞返樸，與大道相往來。是以事實上，儒道本有其相通處，並非完全扞格不入，二者皆有同得於《易》之玄理處。故言儒未必闢道，言道亦不必棄儒。

　　茲謹就孟荀二子所得於六藝之學，而爲其道德生命精神之淵源處，詳析如下：

一、孟子道德學說與《詩》、《書》之傳統

（一）《尚書》之天命思想

　　《尚書》首言天命，且爲儒家所獨尊，亦爲儒者道德生命之大本，故不明《尚書》之天命思想，則對原儒道德生命之根源杆格不入。《尚書》之道德思想乃在明德，陸象山先生曰：「《尚書》一部只是說德，而知德者實難。」〔註49〕

　　〈虞書〉中所表率之人物厥爲堯舜，以德化天下爲治政之先，其基本精神乃在發揚內聖外王之道。鄭康成曰：「堯德光耀，及四海之外，至于天地，所謂大人與天地合其德，與日月齊其明」。〔註50〕故政治道德貴由一己之克明峻德始，方克光被四表，平章百姓，協和萬邦，故爲政在德不在鼎。〔註51〕

〔註49〕　陸象山先生云：「〈皋陶謨〉、〈洪範〉、〈呂刑〉乃傳道之書」。（《象山選集》頁582，原見《全集》卷三十五）又參《象山選集》頁47，見《中國子學名著集成‧儒家子部》）

〔註50〕　參孫星衍注，《尚書今古文注疏》引鄭康成注，〈堯典〉第一上，〈虞夏書〉一）

〔註51〕　《左傳‧宣公三年》，楚莊王問鼎之輕重，王孫滿答莊王語：「以有德者得天下，無德者失天下，不在鼎之輕重也」。

〈虞書〉思想後爲孔子所承襲發揚，而爲儒家政治哲學、道德哲學之張本。〈皋陶謨〉云：「天聰明，自我民聰明，天明畏，自我民明畏」，此亦即將天命與人心相契合，天心與人心相一致。〔註52〕〈虞書〉更立九德之說謂：「寬而栗、柔而立、愿而恭、亂而敬、擾而毅、直而溫、簡而廉、剛而塞、彊而義。」此九德乃儒家之基本德訓，皋陶更云：「日宣三德，夙夜浚明有家，日嚴祇敬六德，亮采有邦」。若有九德而戰戰兢兢，無曠庶官者，則可以托天下矣。〔註53〕

〈虞書〉之基本精神爲不私天下，尚賢崇信，孔子之政治道德思想可說乃〈虞書〉精神之擴充與發揚。

《尚書》中尤以〈洪範〉思想對道德影響頗深，〈洪範〉以天道、人道、地道相與，而聖人則之。蓋古代人心純樸，宗教心純眞，無不存「天畏匪忱」之信念，更以政道、治道與天德密切相契合，未敢稍有隕越。馬一浮先生在其《洪範約義‧序說》中云：「六經總爲德教，而《尚書》道政事，皆原本於德，堯舜禹湯文武，所以同人心而出治道者，脩德盡性而已矣，離德教，則政事無所施」，故曰：「爲政以德，此其義具於〈洪範〉」。〔註54〕

今謂〈洪範〉乃政書，亦爲盡性之書，闡皇極大中之性德，爲日用倫常之不可離者，且知宇宙萬物各有倫序，與人生密切相關，自非強力所可汩亂。

察〈洪範〉之基本德義，乃人事不能違反天道，是謂法天之學。一切後天施爲必出諸理之自然，夫彝倫攸叙，非人之小智所可變易。〈洪範〉九疇

〔註52〕按皋陶爲歷仕堯舜禹三代之名臣，專任司法之職，碩學鴻儒，足堪矜式，陸象山氏讚之曰：「唐虞之際，道在皋陶」。（見《陸象山全集》卷三十四）

〔註53〕按皋陶時原有五常、五倫之德訓，即父子、君臣、夫婦、長幼、朋友之五倫。詳言之，「即父子有親，君臣有義，夫婦有別，長幼有序，朋友有信」。除此五倫外尚有四德，即「直而溫、寬而恭、剛而無虐、簡而無傲」，合稱五教四德，皋陶乃進而增爲九德。皋陶曰：「都亦行有九德，亦言其人有德」，禹曰：「何？」皋陶曰：「寬而栗、柔而立、愿而恭、亂而敬、擾而毅、直而溫、簡而廉、剛而塞、彊而義」。（見〈虞夏書〉、〈皋陶謨〉第二上），孫星衍引鄭康成注曰：「寬謂度量寬宏，柔謂性行和柔，擾謂事理擾順，三者相類即〈洪範〉所云之柔克。愿爲容貌恭正，亂謂剛柔治理，直謂身行正直，三者相類，即〈洪範〉所云之正直。簡者器量凝簡，剛謂事理剛斷，彊謂性行堅強，三者相類，即〈洪範〉所云之剛克。而九德之次，從寬而至剛也，惟擾而毅在愿亂之下。故〈洪範〉三德，先人事而後天地。凡人之性有異，有其上者不必有下，有其下者不必有上，上下相協，乃成其德。」

〔註54〕馬一浮先生於民國20餘年，創辦復性書院，效宋明儒之旨，傳承儒家學統，著有《復性書院講錄》等書，本段參《講錄‧洪範約義》，頁132）

乃經天地人之理，以五行、八事、八政、五紀爲體，以三德、稽疑、庶徵、五福、六極爲用。而諸體之中以五事爲用，用之中以三德爲本，王者居中守正，爲而無爲，以建立其皇極大中之精神標準，以達治道之極，俾與天命相應。〔註55〕

〈周書〉曰：「皇天無親，惟德是輔，民人無常，惟惠之懷，爲善不同，同歸於治，爲惡不同，同歸於亂，爾其戒哉」（〈蔡仲之命〉）。總之，〈洪範〉乃道德相契天人之境界，爲儒家思想極重要淵源之一，不可不察。

《尚書》中尤以天命思想，「升中於天，對越上帝」及大中之理最爲重要。其各篇所云之「天」、「上帝」，皆係有意志有主宰之天。

〈舜典〉云：「肆類于上帝，禋于六宗。」

〈皋陶謨〉云：「天叙有典，敕我五典、五惇哉。天秩有禮，自我五禮有庸哉。天命有德，五服五章哉。天討有罪，五刑五用哉。」又云：「僕志以昭受上帝，天其申命用休。」

〈甘誓〉云：「有扈氏威侮五行，怠棄三正，天用勦絕其命，今予惟恭行天之罰。」

〈商書・湯誓〉云：「非台小子，敢行稱亂，有夏多罪，天命殛之。今爾有眾，汝曰：我后不恤我眾，舍我穡事，而割正夏。予惟聞汝眾言，夏氏有罪，予畏上帝，不敢不正。」

〈商書・高宗肜日〉云：「乃訓於王曰，惟天監下民，典厥義。降年有永，有不永。」

〈商書・西伯戡黎〉云：「王曰，嗚呼，我生不有命在天。」

〈周書・泰誓上〉曰：「天佑下民，作之君、作之師，惟其克相上帝，寵綏四方，有罪無罪，予曷敢越厥志？……商罪貫盈，天命誅之。」

〈周書・大誥〉云：「弗造哲，迪民康，矧曰其有能格知天命。」

又云：「予惟小子，不敢替上帝命。……王曰，嗚呼，爾庶邦君，越爾御

〔註55〕水火木金土爲五行，唐文治《尚書大義》，論五行乃天人相與之理，蓋天以氣養人，地以五味養人，人受天地之中而生，除受天地之養而外，尚需予德養人。使五行之性與人之性相配合，而得其用矣。除五行外，五事乃貌言視聽思，與自然界彼此相應。八政則爲食貨祀、司空、司徒、司寇、賓、師。五紀則爲歲日月星辰。皇極則爲大中之德。三德爲正直、剛克、柔克。稽疑爲天子行政之博採眾議。庶徵則爲雨暘燠寒風時。五福則爲壽、富、康寧、攸好聽，考命終。六極則爲凶、短折、疾、憂、貧、惡弱。按〈洪範〉之基本德訓，乃人事不能違反天道，實乃法天之學。

事，爽邦由哲，亦惟十人廸知上帝命。」

〈周書・召誥〉云：「我不可不監于有夏，亦不可不監于有殷。我不敢知曰，有夏服天命，惟有歷年。我不敢知曰，不其延。惟不敬厥德，乃早墜厥命。我不敢知曰，有殷受天命，惟有歷年。我不敢知曰，不其延。惟不敬厥德，乃早墜厥命。」

由上引諸經言觀之，皆強調有位格有意志之主宰天，如前言：「肆類于上帝，禋于六宗」，司馬遷以「肆」作「遂」解，《今文尚書》夏侯歐陽說：「祭天謂之類，即以事類告天。」「禋」，《說文》云：「絜祀也」，其精義乃以享爲禋。鄭康成云：「禋，煙也，取其氣上達，升報於陽也。」「六宗」者，《古文尚書》謂：乃指天地神之尊者，謂天宗三，指日月星辰，地宗三，指岱山河海。〔註56〕

按殷商以前，舉凡國家大事，莫不祭告上天，天即上帝，居中而爲最高神，其下則有日月星辰，山川河海諸神，皆同享祭祀。

馬融曰：「上帝太乙神在紫微宮，天之最尊者。」鄭康成曰：「禮祭上帝於圜丘。」〔註57〕按殷民祭祀有大祭、中祭、小祭之分。大祭祭皇天上帝，中祭祭日月星辰、山川河海諸神，小祭祭人鬼，亦即一己之祖宗。每年冬至祭昊天上帝，夏正則祭諸星辰山川。馬融以爲上帝即太乙神，在紫微宮。按馬融所言「太乙神」，乃指其至高無上之謂，考之希臘哲人，亦間有以宇宙之最高主宰爲「太乙」（The One），蓋上帝本無名，亦不可道，遂以「太乙」稱之，乃重其尊貴之義。古人以紫微垣乃天宮中之最尊貴者，遂以太乙神居之。事實上，馬融之見解乃本諸星象曆數與古天文之說，而非訴諸於宗教術語，惟可供吾人參考而已。〔註58〕

〔註56〕參孫星衍《尚書今古文注疏》，〈堯典〉第一下，〈虞夏書〉一，頁 4～5，《四部備要》本。

〔註57〕馬融以上帝爲太乙神者，即〈天官書〉所云：中宮天極星其一明者，太一常居也。《史記集解》鄭康成注云：禮祭上帝於圜丘。鄭注禮經所言周祀天之禮，夏正祀五帝于南郊，冬至祀天於圜丘。此所言圜丘者，即祭「天皇大帝」所在。〈舜典〉所謂，類於上帝，禋於六宗，望於山川。六宗者乃上下四方之神，即五天帝及地也，故其祀在上帝之次，山川之前。《周禮》四望與五帝，同兆於郊，又與祀地同玉，又與山川同祭服，則四望者，祀地之四方也。（參《尚書今古文注疏》，引馬融注。又見《宋元學案》，〈草廬學案〉，卷二十三，頁34）

〔註58〕紫微乃星座名，三垣之一，《晉書》謂：紫微垣十五星，一曰紫微，天帝之座也。又《史記・天官書》云：「中宮天極星，其一明者，太一常居也。旁三星

今人據馬融之見，以我國古時所稱之上帝，實乃指紫微垣中之五帝者，此本非《尙書》之說，因星座本身非上帝，不過以之爲眾神所居之所，而以太乙爲眾神之中所獨尊者。

朱子嘗曰：「問經卷中天字，曰要人自看得分曉，也有說蒼蒼者，也有說主宰者，也有單訓理時。」（《朱子語類》，卷一）尅言之，《尙書》中所云之天，乃指主宰之天，言其蒼蒼者，乃指形質之天。而曰理者，必待《中庸》思想出，始予以義理化而存諸吾心，此殆非《尙書》原始之本義。

夏殷周以前，國人崇信上帝，有關上帝之觀念，固未必盡同於希伯來人之上帝觀，但卻係宇宙之主宰無異。《尙書》中屢言天及上帝，自天子以至庶民，莫不欽仰，但惟天子始能祭天，其他王公、庶民，僅能中祭、小祭而已。

陸象山先生嘗曰：「小心翼翼，昭事上帝，上帝臨女，無貳爾心，此理誠塞宇宙，如何由人杜撰得，文王敬忌，若不如此，敬忌個甚麼。」〔註59〕又云：「無事時不可忘小心翼翼昭事上帝。」〔註60〕

元朝吳澄草蘆先生認爲祀五帝與敬祀昊天上帝非同一祭，氏曰：「《周禮》有祀天旅上帝，祀地旅四望之文，天地主於一故稱祀，上帝與四望非一神，祀昊天上帝服大裘而冕，祀五帝如之，既曰亦如之，則五帝之祀與昊天上帝非一祭矣，肅欲混之可乎。」〔註61〕

三公，或曰子屬。後句四星，末大星、正妃。餘三星，後宮之屬也。環之匡衞十二星，藩臣，皆曰紫微宮。」又《春秋緯・合誠圖》謂：「天皇大帝，北辰星也，含元秉陽，舒精吐光，居紫宮中，制御四方。」
太乙者，《易・乾鑿度》曰：「太乙取其數，以行九宮，鄭玄注曰：太乙、北辰神名也」。《淮南子》云：「太微者，太一之庭，紫宮者，太一之居，說者曰：太一，天之尊神，曜魄寶也，即天皇大帝。」

〔註59〕 參《宋元學案》卷十五，〈象山學案〉頁11。按國人古代敬祀昊天上帝爲不二之事實，自勿庸置疑。今人有據道教之說，以爲我國古代上帝觀念乃「元始天尊」之思想者，此實未確。朱子在當日即已闢之，朱子謂：「道家有老莊書，卻不知看，盡爲釋氏竊而用之，卻去做效釋氏經教之屬。譬如巨室子弟，所有珍寶悉爲人所盜去，卻去收拾人家破甕破釜。道家之學，出於老子，其所謂三清，蓋做釋氏三身而爲之爾。道家之徒，欲做其所爲，遂尊老子爲三清，元始天尊，太上道君，太上老君，而昊天上帝反坐其下，悖戾僭逆，莫此爲甚。況莊子明言老聃之死，則聃亦人鬼耳，豈可僭居昊天上帝之上哉。」（參《朱子語類》卷之七，商務版，頁228～229）
〔註60〕 參《陸象山選集》頁536，《中國子學名著集成》本。原見《陸象山全集》卷三十五。
〔註61〕 參《宋元學案》卷二十三，〈草蘆學案〉，頁34。

　　《尚書》敬天明德之精神，對儒家及孔孟之影響極深。見孔孟學說中屢引《尚書》之大義，即可知之。故欲明孔孟思想之淵源，對天命思想自不可不知。如〈康誥篇〉即寫「明德新民」之旨，〈召誥篇〉即含「性命之理」，〈無逸篇〉乃聖人自強不息之學。

　　夫明德之學亦即為心學，《詩·大明篇》贊文王曰：「小心翼翼，厥德不回，以受方國。」堯之克明峻德，可謂開舜心學之先，而文王之克明德，則開〈康誥〉心學之始，故〈康誥〉示人「宅心知訓」，心乃人之安宅，心安於仁，必往盡乃心，始能有敬有定。至於〈召誥〉所言皆盡性，永命之旨，乃為孔孟心性命學之濫觴。宋儒之談性命之說，亦本此而擴展。〈召誥〉開宗明義曰：「王其疾敬德，王敬作所，不可以不敬德，惟不敬厥德，乃早墜厥命。」此乃先聖「敬止」之學，又曰：「惟日其邁」，是亦敬之，日就月將之意，人惟能自詒其哲命，乃能與人以哲命，亦即《中庸》所云，成己成物之謂。夫天畏棐忱，民情大可見，畏民者，即所以畏天而定命，是以王之祈天永命，即敬慎於天命之性，以盡己盡人之謂。今吾人綜觀《尚書》之天命思想，綜其大意可得其大義有六，茲闡之如下：

　　（1）天命思想第一義：乃含對天之戒慎恐懼，亦即對上帝之敬畏，對上天意志之服從。對上帝之敬畏，除表示於天子之大祭外，厥為大畏民志，蓋天心人心相通，人君事天即所以事民，唯有永遵天命，始克享永年，否則必早墜厥命，如文王行道上聞於天，天乃大命之。（參〈康誥疏〉）

　　（2）天命思想第二義：乃含命哲，與上天對人之道德命令而言。孔穎達《疏》曰：「命者，教命之意，若有所稟受之辭。」蓋人可透過內在心君之反省，而達知天命，非必事事專憑卜筮而取決。蓋天人本一體，知性則知天，人君必須克明峻德，以配上帝，使內在道德生命與天道相契，故天命亦即德命內住於心，而成為人之哲命與道德生命之謂。易言之，天命亦含上天對人之呼召而言，即上天之意志欲人遵守，使人之良心與明德相契，以復見其本命之初。

　　迄孔孟以後，以及《中庸》思想，遂將天命義理化，認天命不在外，而在人心之中，此心君上通天命，設無此相應之心君，天命亦無所著落，此心君實亦人主體性之自我覺悟與反省，缺乏此心君之主體性，則天命對我亦無甚意義。是以此心可居誠明德，以天道端正吾心，終日勉思天命而弗敢有違。

　　《周書·康誥》云：「王曰嗚呼小子封，恫瘝乃身，敬哉，天畏棐忱……往盡乃心，無康好逸豫，乃其乂民。」吾人由「天畏棐忱」，「往盡乃心」等語觀

之,可知《尙書》主旨深信人心之中,本已存有天命在內,故人祇要克盡厥責,內省不疚,即可完成天命之道。〈康誥〉所云「宅心知訓」,乃以此心爲人之安宅,亦唯此心可上通天命,故捨此心,則天命無所歸宿,亦無法在人心中流行。由此可知,周公早已發覺,人心之內省較諸筮龜更爲重要。筮龜乃外在之知天命,內省不疚卻係內在道德生命之自覺。故人人可本其先天德性,自我內省,以審知天命之所在。《尙書》即以此種內在天命之靈覺,使人修證返乎天命,並將此種原理應用之於政治、社會、家族倫理以及道德生活等各方面。

（3）天命思想第三義:乃指天命對萬有之所禀,朱子曰:「在天爲命,禀人爲性,既發爲情,此其脈理甚貫。」(《朱子語類》卷之一)又云:「問,天命謂性之命,與死生有命之命不同,何也。曰,死生有命之命,是帶氣言之,氣便有禀得多少厚薄之不同。天命,謂性之命,是純乎理言之。」(《朱子語類》卷之一)是以就另方面言之,亦即天理之流衍,故朱子注曰:「天命即天道之流行,而賦與物者,乃事物所以當然之故也。」又云:「天命者,天所賦之正理也。」(《語類五》,〈性理二〉)韓注亦作:「命者生之極,窮理則盡其極也。」又孔穎達《疏》亦云:「此所賦命,乃自然之至理,故窮理則盡其極也。」〔註62〕

（4）天命思想第四義:乃含有道之當然亦人事所必然之義,〈商書·西伯戡黎·微子篇〉即闡明此理,以爲亡國者之殷鑒。紂曰:「我生不有命在天」。〔註63〕紂意以爲王命乃天授,亦天命所前定,人何能易之。殊不知不虞天性者,必傲恨明德,瀆亂天常,不仁不智,無禮無義,內則性理泯,外則秩序亂,是天之棄人,抑人之自棄耶。故曰:天作孽猶可活,自作孽不可活也。夫不虞天性,是無天也,蓋本天即本乎心,欺天亦即自欺,亦自滅其心也。而紂意謂:「我生不有命在天」,夫天亦何厚於無法無天之獨夫哉。故不循其所當循者,即違逆天地之理。夫天命不可拂逆,此即天人相與之道,故道之當然,亦人事之必然,蓋天理人理相通,悖乎天理亦即違拗人理,違乎人理

〔註62〕 參孫星衍《尙書今古文注疏》、〈康誥篇〉、引韓康伯、孔穎達注疏。《程明道語錄》云:「《詩》、《書》中凡有一個主宰的意思皆言帝,有一個包涵徧覆的意思,則言天。有一個公共無私的意思,則言王。上下百千歲中若合符節,言天之自然者,謂之天道,言天之賦予萬物者,謂之天命」。(見《宋元學案·明道學案》,頁13)

〔註63〕 〈商書·西伯戡黎〉第八,王曰:「嗚呼,我生不有命在天」。此王乃指紂王而言,蓋紂自負天授王命,以爲不可易。其言有命在天,則民無能爲力對之。

之常，亦即悖於天道之流行。故休咎禍福，皆人之自取，應多自責，豈能責命於天哉。

　　按「我生不有命在天」，不可作命運之天解，《墨子・非命篇》中，引〈太誓〉之言云：「紂曰我民有命，毋僇其務」，言紂恃天命不去，不勠力其事也。〔註64〕夫「我生不有命在天」，當訓爲上天對人人德命之必然，而弗可或違者。故此定命，實即天理之常，故不虞天性（不度天性）不迪率典（不隨律例）必致自棄，人棄而天棄也。

　　（5）天命思想第五義：乃強調「升中於天，對越上帝」，明道曰：「毋不敬，可以對越上帝」。（〈明道學案〉，頁 20）升中於天，乃人道德生命之完成，以上配神明，亦即高明配天，博厚配地，悠久無疆之謂。高明配天者，法天之高明，博厚配地者，效地之博厚。高明者，其德淵清，無所不覆。博厚者，仁澤萬物無所不載。故必克明峻德，始能升天，雖居處人世之中，却能居敬而提其神於太虛，與天命相契，方如是始可對越上帝，而畏天明命，故對越上帝乃由主敬、敬德明德始。

　　（6）天命思想第六義：乃含天人相應之義，石徂徠謂：「天人不二，人以善感天，天以福應善，人不能行大中之道，則是爲惡，人以惡感天，天以禍應惡也，人亦天，天亦人，天人相去其間不容髮。揚雄曰：天辟乎上，地辟下，人辟乎中，天人相與，故言人必言天，彼此相感應。文中子曰：春秋其以天道終乎，元經其以人事終乎，天人相與之際，甚可畏也，故君子備之，言人而遺乎天，言天而遺乎人，未盡天之道也」。（〈泰山學案〉，〈與范奉禮書〉）

　　以上乃對天命思想作大致之分析，此種天命觀念對後儒之影響頗深，故欲明孔孟思想之淵源者，自不可不深察之。

（二）皇極大中之理

　　《尚書》除闡明天命之理外，更著重「大中皇極」之思想，按「皇極」本出乎〈洪範〉九疇之說，曰皇建其有極，而皇極之道即爲「無偏無陂，遵王之義，無有作好，遵王之道，無有作惡，遵王之路，無偏無黨，王道蕩蕩，無黨無偏，王道平平，無反無側，王道正直，會其有極，歸其有極。」

　　按皇極思想乃〈洪範篇〉之根本所在，從《爾雅》到漢儒皆釋爲「皇者

〔註64〕《尚書》中多指天命而罕言命運之天。命運之天在孔孟及莊子思想中，則有所闡明，實指人生際遇中所無可奈何之謂。至於王充所云之骨骼命運說，實乃宿命觀之見解，則未之見於《尚書》思想中。

大也，極者中也」之大中，亦即《周易》「大中以正」之大中，《漢書・谷永傳》對皇極之解釋爲：「建大中，以承天心」，此與《左傳》劉康公所謂：「民受天地之中以生」相似，以後更形成我國思想史上之一基本原則，即「允執厥中」之謂。是以「中」之思想，遂乃爲我國哲學思想之本原。

按「皇」爲至大無外之義，「極」爲中央之意，如屋脊上之中樑，負托一屋之安危，故皇極即大中，皇極之理，即大中之理，以之施於道德生命方面而言，則「皇」爲盡性之人，「極」爲所盡之性，必能盡性之人，始可爲人君。此盡性之基本內涵，即表現於大公至正，無偏無陂，允執厥中之大中精神中，蓋大中以正乃至德之全，亦天地根本之精神所在，以後大中思想在《周易》中乃訓爲「保合太和」與「中和」之大本。〔註65〕

惟探溯皇極思想，本含有古代神權觀念之意義，所謂「承天之命」，「以正天心」，前者乃指天命所寄託，後者則爲天志之不可或違者。此與《墨子・天志篇》所云之「尙同一義於天」之宗教精神，有其契合處。夫爲政與道德生命本不可分，爲政更應彰顯此「大中」之道，以與天心相應，孟子民爲邦本之精神，與《尙書・泰誓篇》所云之意旨，本有相遙契之處。〔註66〕

迄漢儒以皇極爲大中原理，認係道德精神上之正義原則，但未云其根源，故欲明其根源，自必回溯至人類道德後面之神秘宗教經驗，而與天命思想相契，不明天命原理，則皇極大中亦必失其所憑藉。

按皇極大中原理，實乃由天命神權到德治觀念之橋樑，以上帝之公正與崇高境界，作爲人格修養之典範，欲人上達此「極」。故《竹書紀年》云：「正及神人曰極」，又云：「出世能極曰帝」。是以周人之思想，乃以人德配天德，必人格修養極與天人，始可爲人君。故皇極本含宇宙最高標準價值義，爲人君者，並非專憑武力征服以力服人，實乃以大德配上天，以便正及神人之謂。

方東美先生在其《原始儒家思想》尙書部分，對皇極思想闡釋頗詳，方氏以「皇極」原乃一符號，可譯爲周人所了解之大中精神，但「大中」本身亦係一符號，其所根本代表者，厥爲《詩經》中之「昊天上帝」、「皇矣上帝」。

〔註65〕馬一浮先生《復性書院講錄》，〈洪範約義〉第六，曾陳皇極之義頗詳。以皇極配太極，太極乃自然宇宙之極，爲一最高實理之假名，明萬有皆本於此極，而皇極却係人極之極，必德配上天，始克當之。(參《講錄》頁155～157)

〔註66〕〈周書・泰誓〉第十，武王乃作〈太誓〉，告于眾庶，以天將有立父母，民之有政有居。鄭康成注云：「言將有立聖德者，爲天下父母，民之得有善政，有安居之謂。」

「皇極」實乃宗教神秘世界中之理想標準，亦為政以德之最高典範，捨去宗教意識，則大中皇極之解釋當不完全，因皇極之主要精神，乃在以人德配天德，為神權社會之政治觀，其主要目的莫非提升人類之精神價值，俾向上超越，以天之標準為中心，一切人間生活，均應歸趨於此大中之價值標準，而為政之道，亦應循此大中精神而皈依於天命。〔註67〕

（三）詩教之道

孟荀二子受孔門詩教之影響極深，在二子著作中，皆多引《詩》為證，尤以荀子獨得子夏門人之詩教，故在其著述中全部引《詩》達八十二條，論《詩》者十一條。〔註68〕蓋六藝之中以《詩》教為獨大，且一支獨秀而流傳無窮。故夫子獨重於《詩》，而詔門人曰：「小子何莫學乎《詩》，《詩》可以興，可以觀，可以群，可以怨，邇之事父，遠之事君，多識於鳥獸草木之名。」（〈陽貨第十七〉）但孔門孟荀二子中，荀子究竟是隆禮義而殺《詩》、《書》，未若孟子之獨重《詩》教。

所謂溫柔敦厚，詩教也，孟子說《詩》曰：「不以文害辭，不以辭害志，以意逆志，是為得之」。（〈萬章上〉）雖寥寥數語可謂已包括其全。〔註69〕

〔註67〕 參方東美先生著《原始儒家思想》尚書部分。方氏引法國巴黎大學教授埃利亞（Mircea Eliade），從比較民俗學與宗教學之觀點，就世界上，尤其從東方各民族中由遠東、中東到近東以迄埃及地區之建築物構造中，以及由婚姻制度、繪畫、雕刻等各方面，均在在表現出此大中精神（Great Center）之現象。透過此些建築、雕刻、禮儀以彰顯此「大中」符號，向上超越，俾在精神上上升，以達以天為中心之境界。故方氏認為皇極之「極」乃作「中」解，但此最高之「極」與「中」乃在天上，不在人間。

〔註68〕 《荀子》一書，引《詩》者凡八十二條，論《詩》者凡十一條。皮錫瑞《經學通論》云：「〈解蔽篇〉說〈卷耳〉，〈儒效篇〉說風、雅、頌，〈大略篇〉說〈國風〉。且《毛》、《魯》、《韓》詩俱為荀卿所傳。」皮氏以：「《詩》說愈古愈可信。」（見《經學通論》）其言甚是。《漢書‧儒林傳》曰：「言《詩》於魯，則申培公。於齊則轅固生。燕則韓太傅，是為三家詩之祖。」據陸璣《毛詩‧草木疏》，引三國時吳人徐整云：「子夏傳曾申，申傳魏人李克，克傳魯人孟仲子，孟仲子傳根牟子，根牟子傳趙人荀卿。荀卿傳魯人大毛公。」是荀卿為子夏五傳，大毛公為六傳，浮丘伯亦為六傳。申公受《詩》浮丘伯為七傳，小毛公亦為七傳皆出子夏，故荀卿乃《毛詩》、《魯詩》之同宗也。《困學紀聞》亦云：「申毛之學，皆出荀卿，《韓詩外傳》多述荀書。」故知《毛詩》與三家異同，俱是後起之別，故荀卿傳經，尤重《詩》傳，但孟子則重其義，發為養性之學也。

〔註69〕 朱子《章句》云：「言說詩之法，不可以一字而害一句之義，不可以一句而害說辭之志，當以己意迎取作者之志，乃可得之。若但以其辭而已，則如雲漢

　　故詩之為用，並天地而無窮，況《三百篇》乃《詩》之祖，苟能別具心眼，潛心體玩，庶有以得作者之微情，感發善心，懲創逸志，裨有益於人生。故夫子曰：「詩三百，一言以蔽之，曰思無邪」。（《論語・為政第二》）又曰：「興於詩，立於禮，成於樂」。（《論語・泰伯第八》）復云：「不學詩，無以言」。（〈季氏第十六〉）

　　《尚書・舜典》云：「詩言志」，《左傳・襄公廿七年》，趙文子告淑向亦云：「詩以言志」。〈虞書〉亦曰：「詩言志，歌永言，聲依永，律和聲，然詩之道放於此乎」。〔註70〕《莊子・天下篇》曰：「詩以道志」。《荀子・儒效篇》亦云：「詩言是其志也」。是可知詩言志之說，乃古之定義。志者，即心情意志，凡喜怒哀樂之情，對事物之讚賞與貶制，皆可藉詩以抒懷。此種發抒皆在乎言志，情志能對宇宙萬物，人情事理，發生幽深靈妙之感，著而為詩，可以淑人心，而善世風，是以古人詩教之義深矣。又《毛詩正義・序》曰：「夫詩者論功顯德之歌，止僻防邪之訓，雖無為而自發，乃有益於生靈。六情靜於中，百物盪於外，情緣物動，物感情遷。若政遇醇和，則歡娛被於朝野，時當慘黷，亦怨刺形於詠歌。作之者所以暢懷舒憤，聞之者足以塞違從正，發諸情性，諧於律呂，故曰感天地，動鬼神，莫近於詩，此乃詩之為用，其利大矣。若夫哀樂之起，冥於自然喜怒之端，非由人事，故燕雀表啁噍之感，鸞鳳有歌舞之容。然則詩理之先，同夫開闢，詩迹所用，隨運而移，上皇道質，故諷諭之情寡，中古政繁，亦謳歌之理切。」〔註71〕

　　由此可見詩之為用，正足以抒心懷，興感言，以反映民心風俗之厚薄，政治之盛衰，社會習氣之良窳。觀乎周代以前有采詩之官，以收集民間歌謠，以觀其風，作為政教之參考，良有以也。

　　故詩不僅發揮眾人之感情，且含有移風易俗之作用，並可參悟人生之妙趣。如子貢從「如切如磋，如琢如磨」之詩中，體悟到學問道德之無窮極。〔註72〕又子夏從「巧笑倩兮，美目盼兮，素以為絢兮」一詩，悟到心地為先，而禮儀為後。〔註73〕按孔門師弟皆注重讀《詩》，不但為文章才華，實為涵詠德性，陶

　　　　所言，是周之民，直無遺種矣，惟以意逆之則知作詩之志，在於憂旱，而非真無遺民也。」

〔註70〕見《十三經注疏》、《毛詩正義》、〈詩譜序〉引〈虞書〉言。

〔註71〕見《十三經注疏》、《毛詩正義》頁 1～4。

〔註72〕見《論語・學而篇》。

〔註73〕見《論語・八佾篇》，子夏問曰：「巧笑倩兮，美目盼兮，素以為絢兮，何謂

冶情性，以收其博文約禮之效。

　　夫詩乃民之心聲，反映一時代政教之得失，故言必有所發，並非盡如後世騷人墨客認係吟花弄月之抒懷。今人言《詩》，多否認文以載道，認《詩》純係古人敘情之雅意，或男女歡樂之戀歌，以表思慕之忱。察《詩》三百固不乏情感之發抒，但多寓個人之抒發以表群體之情緒，或對國家社會民心風俗之頌讚或鄙夷，故《詩》乃透過個體界、群體界以上達於冥契宇宙天地之精神。

　　近人傅孟眞先生《詩經講義稿》以《詩》乃古代留遺之文詞，既不涉倫理，亦不談政治，此說誠難以置信。蓋《詩》者，人之心聲，人處世代之變遷，政治之隆污，社會之振靡，在在影響人心，故詩乃人心之反映，豈有不反映政治生活之理。〔註74〕

　　夫《詩》對儒家教化之影響甚大，《韓詩外傳》曾記載子夏讀《詩》已畢，夫子問曰：「爾亦何大于《詩》矣。」子夏對曰：「《詩》之于事也，昭昭乎若日月之光明，燎燎乎如星辰之錯行，上有堯舜之道，下有三王之義，弟子不敢忘，雖居蓬戶之中，彈琴以詠先王之風，有人亦樂之，無人亦樂之，亦可以發憤忘食矣。《詩》曰：『衡門之下，可以棲遲，泌之洋洋，可以療飢。』」夫子造然變容曰：「嘻吾子始可以言《詩》已矣。然子以見其表，未見其裏。」顏淵曰：「其表已見，其裏又何有哉？」孔子曰：「窺其門不入其中，安知其奧藏之所在乎！然藏又非難也。丘嘗悉心盡志，已入其中，前有高岸，後有深谷，冷冷然如此既立而已矣，不能見其裏，未謂精微者也。」〔註75〕此誠所謂上天之載，無聲無臭，《詩》即在此無聲無臭中以收其潛移默化之功。

　　孔子於《禮記・閒居篇》曾曰詩與志之關係，認《詩》乃「以致五至，而行三無。」子夏曰：「敢問何謂五至」，孔子曰：「志之所至，詩亦志焉。詩之所

也」。子曰：「繪事後素」，曰：「禮後乎」，子曰：「起予者商也，始可與言詩已矣」。朱注云：「素，粉地，畫之質也。絢，采色，畫之飾也」。又云：「繪事，繪畫之事也。後素，後於素也」。《考工記》曰：「繪畫之事後素功，謂先粉地爲質，而後施五彩，猶人有美質，然後可知文飾，禮必以忠信爲質，猶繪事必以素粉爲先」。《詩經集解》引鄭云：「凡繪畫，先布眾色，然後以素分布其間，以成其文；喻美女雖有倩盼美質，亦須禮以成之。」則適與朱說相反。按《論語》孔子論禮，重在禮之本質，而不重在繁文縟節，當以朱注爲長。子夏以《詩》上二句說美人之貌，下一句說繪事，故以爲問，孔子以繪事後素答之者，言美在質而文飾次之。

〔註74〕參傅孟眞先生《詩經講義稿》。
〔註75〕參《韓詩外傳》。

至，禮亦至焉。禮之所至，樂亦至焉。樂之所至，哀亦至焉。哀樂相生，是故正明目而視之，不可得而見也。傾耳而聽之，不可得而聞也。志氣塞乎天地，此之謂五至。」所謂三無者，乃「無聲之樂，無體之禮，無服之喪」。此無聲、無體、無服，而能樂、能禮、能哀，誠所謂至誠所至金石爲開。〔註76〕

故詩之至，亦志之所至，其感人有如是之深者。管子曾曰：「止怒莫若詩，去憂莫若樂，節樂莫若禮，守禮莫若敬。」〔註77〕蓋詩溫柔敦厚，可消忿懷暴戾之氣，以常養吾人湛寂清明之心於無形中以收德化之功。

孟子尤崇詩教，故其發明心要，語最親切，令人易於省發，必深於詩者，方見孟子言詩教之深切著明處。〈公孫丑篇〉所云之不動心，亦即兼有詩教所涵詠陶冶之功。

按儒者本詩教而推廣「三無之心」，此「三無之義」，不獨詩教重之，徵之群經所示義理，彼此相應，實不勝枚舉；如子曰：「三月不違仁，不改其樂，此無聲之樂也。出門如見大賓，使民如承大祭，無體之禮也。顏淵死，子哭之慟，此無服之喪也。」〔註78〕

總之，詩教重乎明誠，不誠無物，是以胸中有詩教在，爲人必能善養其志，培植一己內在之涵養以收敦化之效。陸象山先生曰：「《詩‧大雅》多是言道，〈小雅〉多是言事，〈大雅〉雖是言小事，亦主於道。〈小雅〉雖是言大事，亦主於事。」〔註79〕

夫六藝之教，莫先於《詩》，涵詠陶冶處，乃可識仁，故曰興於詩。是以，詩者誠志之所之，在心爲志，發言爲詩，故一切言教，皆攝於詩。故云：「正得失、動天地、感鬼神，莫近於詩」。〈孔子閒居〉一篇，尤爲詩之大義所在，蓋天地至誠感人於無言，詩之感人，亦貴在潛移默化之中。

觀乎孟子者實獨得於詩教，而爲儒門之宗師，不愧爲仲尼之徒而爲歷代雅儒、大儒之典範。

〔註76〕孔子曰：「無聲之樂，氣志不違。無體之禮，威儀遲遲。無服之喪，內恕孔悲。無聲之樂，氣志既得。無體之禮，威儀翼翼。無服之喪，施及四國。無聲之樂，氣志既從。無體之禮，上下和同。無服之喪，以畜萬邦。無聲之樂，日聞四方。無體之禮，日就月將。無服之喪，純德孔明。無聲之樂，氣志既起，無體之禮，施及四海，無服之喪，施于孫子」。（見《禮記‧孔子閒居篇》）
〔註77〕參《管子》卷十六，〈內業〉第四十九。安井衡注曰：「詩怨而不怒，疏通其情，能止怒，樂主和樂，故能去憂，禮主嚴而貴敬，故能節樂」。
〔註78〕參《禮記‧孔子閒居篇》。
〔註79〕參《陸象山選集》402頁，原見《全集》卷三十四。

二、孟子道德學說與《學》、《庸》之傳統

（一）《大學》之明德主敬

　　《大學》可謂明德主敬之學，「明德」者，本係人內心之至誠，亦行道有得於心之謂。韓愈謂：「足乎己無待於外之謂德」（〈原道篇〉）。故德者乃人之所得其合理之品性。至於主敬者，即主一無適之謂敬。按明德一辭，古本有是語，《書‧康誥》曰：「克明德」。《詩》曰：「帝謂文王，予懷明德」（《詩‧大雅‧皇矣》）故明德乃充我內在之德性，而能發於外，而見諸行事之深切著明之謂。

　　觀乎《大學》首教人明明德，然明德之學首應由主敬之功夫著手。吾人心中本虛明照澈，如鏡涵萬象，月印千江，其含容深廣，然此虛明不昧之本體，乃為物欲所拘以及氣秉之所限，故難免有昏昧之處，以致失其原本覺照之作用，此蓋氣奪其志，理晦而不彰，故必先收攝，涵養主敬，方能主一無適，而恢復其先天所秉之明德。

　　按《大學》首重德性之知，不重見聞之知，《大學》教人小即明此德性之知；殆人因有後天之習染，故乃逐漸蒙昧難明。是以人人貴由明德始，惟明明德始能窮理。《大學》之格物即是窮理，此理本具我心，達諸萬物，理在事中，事在理中，事外無理，事雖萬殊，理卻無窮，但皆不離一心，此理必待吾心之體驗，方克知之，捨我能體之心，理當不彰，故一心貫萬事，一心具眾理，此即格物窮理之謂。朱子曰：「蓋格物者，窮理也，欲致吾知，當就事事物物窮其理，今日窮一事，明日又窮一件，盡力研磨，則一旦豁然有所貫通，眾物之表裏精粗，無所不至，我心之全體大用，無所不明。」（《朱子語類》卷十五）

　　《大學》蓋透過主敬而一之功夫，使內心清明，然後始能窮理致知，博文而篤行。朱子曰：「心者人之神明所以具眾理，而應萬事者也。」（《大學朱子集註》）又云：「心者，身之所主也。誠，實也。意者，心之所發也，實其心之所發，欲其必自慊而無自欺也。天之明命，即天之所以與我，而我之所以為德者也，常目在之，則無時不明矣。」（朱子《章句》）故明明德實係心靈清明之學，使吾心恢復本來之真面目。故朱子云：「明德者，人之所得乎天，而虛靈不昧，以具眾理，而應萬事者也，但為氣稟所拘，人欲所蔽，則有時而昏，然其本體之明，則有未嘗息者，故學者當因其所發而遂明之，以復其初也。」（《大學朱子章句》）但王陽明先生則云：「明德者，天命之性，靈昭

不昧，而萬理之所從出也，明之者，去其物慾之蔽，而全其本體之明。」（《王陽明全集‧親民堂記》）

按吾心本體之仁本與天地萬物為一，明明德即恢復此與天地萬物為一體之仁，而明明德首由正心誠意著手。王陽明先生以《尚書》之「克明峻德」，即是「明明德」。而「以親九族，平章百姓，協和萬邦」，即是「親民」，最後則以「止於至善」為共同之目標。〔註80〕

按明明德，親民，止於至善三大綱領，必透過八大條目而實行之，此修齊治平，格致誠正之功夫，乃將孔子之仁道，由個人之內在修養，擴充及於天下。

總言之，《大學》始教在於誠意而孟子所云之盡心，知性而知天，誠有得乎《大學》之深意，自屬深切著明。

按王陽明先生可曰深體《大學》與《孟子》盡心之教者，王氏曰「若鄙人所謂格物致知者，致吾心之良知，於事事物物也，吾心之良知，即所謂天理也。致吾心良知之天理於事事物物，則事事物物皆得其理矣，致吾心於良知者，致知也，事事物物皆得其理者，格物也，是合心與理為一者也。」〔註81〕是王氏之說亦重於致良知與內在之體驗者。

按孔門所重之格物致知，實乃窮探人理事理，俾有助於人人品格之訓練，故皆不外修己安人之學，修己為內聖之功而安人則為外王之功。

孟子所重之致知，蓋致吾人內在之良知，以收靈明自覺之效，故欲明孟子盡心之說，《大學》明誠之教自不能不明。

（二）《中庸》，誠之性命觀與中和原理

《中庸》一書乃我國第一部闡明性命之理之偉大作品，其說可與大《易》學說相表裏，而其中心思想亦在闡明「大中以正」與「執兩用中」，可說是體用合一之中道思想。

我國儒家在知識上之基本觀點，乃是「以仁統知」，以尊德性統馭道問學，故格物致知之最終目的，乃在提高道德生命慧。蓋人類之知識或生活，倘不受德性之知之約束，則必純任「以思引思」，「以思證思」，而作偏向純思維之極端發展，則其結果必釀成人人任智鬥巧，而達無所不用其極之地步。我國哲學發展未走上西方純思辯哲學（Speculative philosophy）之途徑，蓋受諸尊

〔註80〕見《王陽明傳習錄》卷上，〈語錄一〉。
〔註81〕見《王陽明全集》卷二，〈與顧東橋書〉。

德性原則之影響。按儒道二家皆重「以人化物」，而非「以物化人」，莊子以「道術裂而後有方術」，故人類研究萬有，實爲增進人類本身之智識，故曰：「通天地而不通人曰伎」。(《揚子法言‧君子篇》)

　　我國思想向以人性駕馭物性，荀子之「制天命而用之」(〈天論篇〉)，〈易繫辭〉之「開物成務」，皆在在爲人生設想，是以儒家終不任人類知識脫離人生實踐之仁，而作偏向之發展。論者咸認此乃我國科學不發達之主因，但就儒家中心思想而言，究係重人而輕物，貴德而賤貨，必在「仁」之統率下以開展人類之文化，此與道家之說雖有不同，但觀老莊之說，終究要人們與大道相契，否則知識愈精科技愈屬必導致人間愈益紛亂，是則儒道二家有其相通之屬。

　　觀《中庸》之書特重立誠之學，乃以立誠去駕馭博學、審問、愼思、明辨，而最後總歸於明誠與仁。《中庸》更揭示中和之理與中道觀之重要性，猶能發揮大《易》中和與中道之思想。

　　按我國中和與中道思想，並非肇始自《中庸》，不過《中庸》一書予以有條理之發揮，使之益臻完善而已。窺之大《易》思想中，均在在闡明此中和與中道之原理，即如《尙書‧洪範》中有關五行，水火木金土之相互相生相勝，即在表明中和作用之重要性。

　　蓋五行可相生，亦可相剋，相生則彼此互益，相剋則彼此互損，故五行之作用貴得其中和。《易》之陰陽亦然，獨陰不生，獨陽不長，必待陰陽相互調配而得其中和，始能發揮乾元坤元生生創造之衝動。此種陰陽原理本係自然界之現象，用之於人事界亦莫不然，如陰陽不相配，不當位，則必互損，如〈乾〉之「亢龍有悔」，〈坤〉之「龍戰於野，其血玄黃」，均係過極而失其中和之道所致。宇宙萬有失却中和必相互排斥，人間萬事失却中和必相互爭競，人與人間失却中和，必相互紛爭，故《中庸》強調：「中也者，天下之大本也，和也者，天下之達道也。致中和，天地位焉，萬物育焉。」

　　觀夫五色之相調，五音之相配，五味之相雜，莫不求其達到中和，苟違反中和原理，則不足道矣。是以音、色、味亦不得不求其適中，此乃爲極顯明之理。

　　我國儒家極重中道思想，個體方面力求「各正性命」，而整體方面則應力求「保合大和」，庶幾可得宇宙人生之大全，否則必偏執一端，而造成閉塞之宇宙系統，未能彼此旁通圓融，而導致整體之虧損。如《易》之〈否卦〉，即

上下內外不能交流，陰陽不相通，彼此頓成相互敵對之勢，而成上下交否之局面。又如〈泰卦〉則上下內外相互交流，陰陽彼此相通，故成交泰之局面。故苟能將中和之道推而極之，則可以與天地同功。是以中和原理與中道觀，乃透過宇宙整體觀而得其適中之謂，決不偏執任何一端，故中國哲學向主天人物三才之彼此相濟，若有閉塞時必須求變，故曰窮則變、變則通、通則久。然《易經》所謂之變，乃生生之變，亦彼此相需、相和、相應、相濟之變。蓋道者反之動，亦即相互消長、損益，因革，俾偏全兼融以達相反相成之地步。在過程中有矛盾，但在終局中必需達到全般之和諧。

儒家所云之中道觀，乃兼含體用，綜賅心物，使形上之道與形下之器相互貫串，彼此相依，不能偏廢。無形上之道，則理無所立，若無形下之器，則理無所據，頓成凌空架構，故理事圓融不二，不離天而言人，亦不捨人而言天，泯心物，主客，形上形下，天人，內外之乖隔，而成一大和融系統。蓋宇宙中之「此一」與「彼一」乃彼此相互旁通、含攝、相即、相入、故宇宙人生相互和會，在體用上會通，心物會通，主客會通，形上形下會通，而無孤立封閉之系統。故儒家論道必由人生實踐處開始，決不拋開人生而高談闊論，故《中庸》說：「道不遠人，人之爲道而遠人，不可以爲道。」由是可知《中庸》在在發揮此「允執厥中」之至理矣（參《中庸》十三章）

《中庸》主張形上之道與形下之器得其協中，由形下之器向上提升，而歸結於宇宙之道。世無無道之器，道雖玄妙不可測，但以之日用言，則造端乎夫婦，雖夫婦之愚，亦可以與知焉，雖夫婦之不肖，亦可以能知焉。惟當言及道之最高層次時，《中庸》卻謂：「察乎天地，及其至焉，雖聖人亦有所不知焉，雖聖人亦有所不能焉。」故《中庸》又云：「語大，天下莫能載也，語小，天下莫能破焉。」《中庸》教人從人生日用常行中，作反省功夫，得以窺見宇宙精微奧妙之理，亦即由人生日用常行之實踐中，去切己體察宇宙神秘之奧妙處，蓋學到成熟慮深通敏，於萬物之原得識其全，至此方覺吾身心清明無際，中正無偏，原與天地萬物爲一體，自然而達天地與我爲一之襟懷矣。

《中庸》言誠乃孔門宇宙人生之鉅著，所言莫非性命之理，與《大學》之政治道德哲學，相互表裏同具價值，所言天道人道並及，可謂孔曾思孟一脈相承之道統；且又爲子思、孟子天人合一思想之總匯。故程子稱《中庸》乃不偏、不易、用常之正道與定理，亦即忠恕思想之大本。

朱子認爲欲精通《中庸》，首須先讀其他三書，故云：「須是且著力去看

《大學》，又著力去看《論語》，又著力去看《孟子》，看得三書了，這《中庸》半截都了」。（《朱子語類》卷六十二）

按《中庸》一書氣象雄渾，思想一貫，開宗明義首闡「明誠」之道與「天命之謂性」之關係。更以人心本於天心道心，本來居誠無間，喜怒哀樂未發之心，亦本寂然不動之狀態，此爲原初中和之德，本與天道相配，故《中庸》曰：「誠者天之道也，誠之者人之道也，誠者不勉而中，不思而得，從容中道聖人也，誠之者擇善而固執之者也。」

觀乎《中庸》作者有意強調儒家性與天道之形上思想，蓋孔子論道多不離人生，而子思却強調道之本源故特倡天人合一之思想。《中庸》首云：「天命之謂性，率性之謂道」，使天人相貫，夫性乃指天所賦與人或物之本初狀態，乃天命由上向下落向萬有之秉賦。率性者惟獨人類有此覺悟，使復其本命之初，以誠性存存，而回歸於天命原初之眞純。故前者乃天命下迴向之賦予，而後者乃人類上迴向之回歸。

上天既以天道之本然賦予萬有，是萬有之性本非自生，乃天道自然之所賦與，人物之性本同秉於天道，惟獨人類有此自省與覺悟之能力。故人類當任性之眞，循其本初之命，是乃率性之功夫，且唯獨人類有此率性之能力，至於其他萬物則付闕如。故天地間惟人能法天，俾則天循道而行。

《中庸》之性命觀影響孟子殊深，其性善說之依據，即本此天命之觀點而來，可知《中庸》所言，不但以天地大道爲誠，人類本性爲誠，即宇宙萬物之本性，無一不誠，鳶飛戾天，魚躍於淵，水流雲飛，花開葉落，亦莫非秉得此誠性之初，故「誠者物之終始，不誠無物」。故「誠」實乃天人，物我一貫之樞紐，故云：「唯天下至誠，爲能盡其性，能盡其性，則能盡人之性，能盡人之性，則能盡物之性，能盡物之性，則可以贊天地之化育，可以贊天地之化育，則可以與天地參矣。」（《中庸》二十二章）

此乃子思根據孔子而發揮儒家之天道思想，俾與人道相互合一，蓋人之本性既爲誠，而誠復爲天之道，故人能順天道之誠去做人，便自合乎誠之道，但由於人之資質有「生知安行」，「學知利行」，「困知勉行」三種，是以對誠性之發揮自有程度上之差異。生知安行者，乃聖人之行。學知利行者，乃中人之行。困知勉行者乃中下人之行，故必待「修道之謂教」，故聖人以禮樂刑政之屬教於天下，亦無非率人性使上達於天命，以復其本命之初。

觀乎《中庸》強調天道之誠，以誠作爲性命之本，此「誠」亦即天命人

性中之自然原動力，亦即以後孟子所云之善端。此「誠」貴在能守而弗失，並擴充而推廣之，故曰：「誠者，物之終始，不誠無物。」（《中庸》二十五章）

夫「自誠明謂之性，自明誠謂之教」，「誠則明矣，明則誠矣」。（《中庸》二十一章）此中實包含體認與實踐之功夫，體認天道之本然乃為「自誠明」，而踐履之有得乃謂「自明誠」。「誠者，天之道」此乃天道大化之本然，「誠之者，人之道也」，此乃人類秉承天道之誠而向上法效之努力。總言之，「誠則明」乃先天之法則，「明則誠」乃後天之修為。故「自誠明」乃由天賦之性而來，為天命之所彰，不思而得，不學而能，從容中道。至於「自明誠」乃須由人類後天之修為，藉尊德性，道問學之思辯與實踐而得。

但子思亦將此至誠之道稱為「中和」，此中和在人性中隱藏於喜、怒、哀、樂之未發時。「中」指未發之狀態，「和」指已發之狀態，「中」指體、「和」指用、體用相兼謂之中和，此種中和之道由人性擴充到物性，推之天地萬有之性亦莫不然，均貴得其「執中」，此「執中」即已發時無過與不及之狀態。

要之，誠之道畢竟即中庸、中和之道。二者異名而同實，但中和原理卻為中庸之根基，在人類心性方面言之，即指已發未發之際，無過不及之現象，在物性方面言之，則指各物間彼此之調適而能各盡其性之謂。

《中庸》更引仲尼曰：「君子中庸，小人反中庸，君子之中庸也，君子而時中，小人之中庸也，小人而無忌憚也。」（《中庸》二章）子曰：「道之不行也，我知之矣。知者過之，愚者不及也。道之不明也，我知之矣。賢者過之，不肖者不及也。」（《中庸》四章）蓋中和之德乃表現於君子處事之時，即為時中精神，所謂「君子而時中」，乃指君子處事、處物、處時、處人必取其適宜之道，然欲悉是否得其適中是乃一極難之事，蓋賢者趨其極端，而愚不肖者則有所不及，故小人之中庸誠難能矣。惟誠之道，乃總合中庸中和者，故誠乃天地之正位，與萬物化育之根源，是為萬物本然之真相。

夫天道至誠不息，籠罩一切，人道若能至誠，則亦必神明中位，故《中庸》曰：「至誠如神」（《中庸》二十四章），蓋至誠者通乎神明，能預知一切變化之契機，並把握一切禍福之端倪。天地之誠，自成一切，人而能誠，則必自我完成其人格，故云：「誠者，自成也，而道，自道也。」（《中庸》二十五章）

最後，《中庸》乃深讚至誠之為德謂：「唯天下至誠，為能經綸天下之大經，立天下之大本，知天地之化育，夫焉有所倚；肫肫其仁，淵淵其淵，浩浩其天，苟不固聰明聖知，達天德者，其孰能知之。」（《中庸》三十二章）

此乃說明天地至誠故能仁，聖人至誠故能明，誠爲天地人間之大本，亦爲全體之大用。夫天下之道，千變萬化，莫非由誠而出，故「誠」乃致廣大而盡精微，極高明而道中庸。《大戴禮・勸學篇》曰：「神莫大於化道」，是以至誠乃化道之學，不勉而中，不思而得，從容中道聖人也。

　　此種明誠，中和、中道之思想尤爲孟子道德生命精神之樞紐。按荀子亦云：「養心莫善於誠」。（〈不苟篇〉）蓋誠者天之道，思誠乃人之道，不誠則未有能動者。

　　《中庸》二十三章云：「誠則形，形則著，著則明，明則動，動則變，變則化，唯天下至誠爲能化。」是以一言以蔽之，《中庸》乃明誠之學，聖人效天道而自誠明，賢人以下則藉著教化，以達自明誠之功夫，能自明誠，則必誠於中而形於外，而達感人之功夫。故至誠能化人，此亦即孟子盡心、盡性之學之根源。是以《中庸》一書實即盡性之學，而藉明誠之功夫，以達自誠明之境。

　　吾人觀察宇宙萬物中唯人能盡誠，此「盡」乃將天道所賦予人之本性發揮到極致，使人與天命原初所秉賦之本眞相吻合，此即爲盡誠之功夫。人不但應窮盡一己所秉之性，且能盡萬物之性，將天所賦予萬物之本性，發揮其應有之功用，能如此，人方能與天道相契而參贊天地之化育。蓋人之性，既命自天，而誠乃天道，故惟至誠之人，才能盡其性，而盡人人之性，更推而廣之，能盡人之性，亦能盡物之性。天地間森羅萬象，莫非眾物，人能盡物之性，則人與天地自然渾然爲一。故朱子《章句》云：「人物之性，亦我之性，但以我賦形氣不同而有差異，所謂盡之者，謂知之無不明，而處之無不當也。」

　　吾人考《中庸》思想由孔子至子思，由天道演繹至人道，又及於「誠道」「愼獨」，與天人合一之理，此乃古來一貫思想之推衍。《中庸》說道之微，自與古代《道經》：「人心惟危，道心惟微」（參《荀子・解蔽篇》）有密切之關係。《中庸》以「誠之道」乃天道，更以天爲人道之根源，而說及性命之理，故孟子所云：「誠者天之道也，思誠者人之道也。」（〈離婁上〉）以及其四端之說莫不受《中庸》思想之深切影響。

　　吾人復觀《中庸》二十章云：「誠者天之道也，誠之者人之道也。誠者不勉而中，不思而得，從容中道聖人也。誠之者擇善而固執之者也。博學之、審問之、愼思之、明辨之、篤行之。」朱子《章句》云：「誠者，眞實無妄之謂，天理之本然也。誠之者，未能眞實無妄，而欲其眞實無妄之謂，人事之當然也。聖人之德渾然天理，眞實無妄，不待思勉，而從容中道，則亦天之

道也。未至於聖，則不能無人欲之私，而其爲德，不能皆實，故未能不思而得，則必擇善，然後可以明善，未能不勉而中則必固執，然後可以誠身，此則所謂人之道也。不思而得生知也，不勉而中安行也。」

故觀乎朱子《章句》以：「言誠者，物之所以自成，而道者人之所當自行也，誠以心言爲本，道以理言爲用。」

按錢大昕釋《中庸》之義曰「執中」，氏謂：「未發爲體，已發爲用，發而中節者，合乎時者也。天有四時，順其序，謂之大和。人有七情，中其節，謂之中和，非時則不和。」故《博雅》訓「庸」爲「和」，而《中庸》一篇首言「中和」，「中和」即「中庸」也。以道體言之，曰「中和」；以入道言之，曰「中庸」，言固各有所當已，然則先儒何以訓「庸」爲「常」，曰：「凡物之失其常者，不可以用。其可常用者，皆中道也。故將中和、中庸并言。」此可備一說也。〔註82〕

又觀乎康有爲《中庸注》說：『「誠」有諸己之信也；「形」，「著」，充實之美也；「明」，「動」，充實而有光輝之大也；「變」，「化」，大而化之之聖也。』觀康氏乃以《孟子・盡心篇》釋「誠」之義，而復觀朱子《章句》云：「形者，積中而發外著，則又加顯矣。明，則又有光輝發越之盛也。動者，誠能動物。變者，物從而變化。則有不知其所以然者。蓋人之性無不同，而氣則有異，故惟聖人能舉其性之全體而盡之；其次則必致其善端發見其偏，而悉推致之，以各造其極也。曲無不致，則德無不實，而形著動變之功，自不能已，積而至於能化，則其至誠之妙，亦不異於聖人矣。」〔註83〕此注可謂盡得其解。

總言之，《中庸》乃明誠幾道，執中用兩，以不偏不倚之至道發揮誠性存存之理，更以大中至正而明體用之處，其中莫不發揮中道與中和思想，以成儒家思想之大本，歷代言儒，莫不宗《中庸》之說，故吾人欲明孟子，尤不可不知《中庸》之說。

三、荀子道德學說與《禮》、《樂》之傳統

儒家思想極重禮義教化與音樂之薰陶，尤以荀子一脈相承孔子禮義之教。荀子在其〈勸學篇〉中嘗云：「故學至乎禮而止矣，夫是之謂道德之極，禮之敬文也，樂之中和也。」又云：「學惡乎始，惡乎終，曰：其數則始乎誦

〔註82〕參長沙龍氏家塾重刊，《潛研堂文集》卷三，〈中庸說〉。
〔註83〕參康有爲《中庸注》。又《中庸》二十三章，朱子《章句》。

經，終乎讀禮。」(〈勸學篇〉) 由是可知荀子乃受夫子禮樂之教之傳承。《論語》中亦極重禮之教化，故孔子曰：「恭而無禮則勞，愼而無禮則葸，勇而無禮則亂，直而無禮則絞。」由此觀之，恭、愼、勇、直而無禮則亦流爲蔽，故儒者以學禮爲人生第一要義。蓋孔子之道，要歸之於爲仁，仁則本於復禮，是乃貴由個人之克己復禮始，故孔子曰：「克己復禮爲仁，一日克己復禮，天下歸仁焉。」(〈顏淵十二〉)

《禮記正義》曰：「夫禮者經天地，理人倫，本其所起，在天地未分之前，故〈禮運〉云：夫禮必本於太一，是天地未分之前，已有禮也。禮者理也，其用以治，則與天地俱興。」〔註84〕

按禮亦訓爲理，天地有天地之理，人倫有人倫之理，天地初判，理即俱於其中。人倫未生，此理乃隱而未顯，迨天地人倫生，此理即寓於其中，且天地之理，與人倫之理相通，故《禮記・哀公問》第二十七曰：「子曰禮者理也，樂者節也，君子無理不動，無節不作。」

莊子曰：「禮樂者，鄒魯之士，搢紳先生，多能明之，《詩》以道志，《書》以道事，《禮》以道行，《樂》以道和，《易》以道陰陽，《春秋》以道名分」。(《莊子・天下篇》) 按莊子所言，可謂誠得儒家爲學之本旨者。

禮既爲道行，故禮者履也，即蹈德履仁，君子以仁存心，以義制事。詩主於仁感而後興，禮主於義以敬爲本，故察禮者，實含四大義焉：

（1）禮者周流無不徧：禮者實乃體驗宇宙人生之至理，而用之於人事者。按仲尼燕居，子張、子貢、言偃、子游侍，縱言至於禮。子曰：「居女三人者，吾語女，禮使女以禮，周流無不徧也」。〔註85〕此所謂周流，乃謂周旋流轉言，以禮周旋流轉無不徧於天下矣。蓋宇宙之理周流無不徧，故人倫之理亦當周流無不徧，故聖人制禮以化約之，俾人性有所規範焉。

（2）禮者所以制中也：宇宙人生之道不離中和，《易》以保合太和，各正性命爲本，《中庸》以允執厥中皆以制中爲道德之良箴，故孔子於禮亦重其中和之道。按孔子言「中」，子貢越席而對曰：「敢問何如」，子曰：「敬而不中禮，謂之野。恭而不中禮，謂之給。勇而不中禮，謂之逆」。子貢越席而對曰：「敢問將何以爲此中者也」，子曰：「禮乎，禮夫，禮所以制中也。」〔註86〕孔子嘗

〔註84〕　參《十三經注疏》、《禮記集解》，頁3。
〔註85〕　見《禮記・仲尼燕居》第二十八。
〔註86〕　全上。

云：「知忠必知中，知中必知恕，知恕必知外，知外必知德。」又云：「內思畢心曰知中，中以應實曰知恕，內恕外度曰知外，外內參意曰知德。」此所云之「知忠」與「知中」之「中」字，與《易經》之「大中以正」，以及《左傳》所云之「民受天地之中以生」之「中」字取義皆同。故《中庸》直標出：「中者天下之大本也」。故禮者所以制中，使一切合乎中道。又孔子答哀公問〈小辨說〉及《周禮・大司徒》皆云：「以五禮防萬民之偽，而教之中，以六樂防萬民之情，而教之和。」〔註87〕

按禮所以節止民之侈偽使其行得中，鄭司農云：「五禮者謂：吉凶賓軍嘉」。孔穎達疏曰：「以五禮防萬民之偽，而教之以中，禮者著誠去偽，故以禮防萬民之偽，而教之使得中正也。樂者，所以蕩正民之情思，使其心應和也。」鄭司農又曰：「六樂謂：〈雲門〉、〈咸池〉、〈大韶〉、〈大夏〉、〈大濩〉、〈大武〉。」合為六至之和，〈樂記〉云：「大樂與天地同和。」

又《周禮・大司樂》云：「以樂德教國子，中和祇庸孝友。」〔註88〕《經典釋文》謂：「中猶忠也，和剛柔適也，祇庸敬有常也，以樂至孝友。」又〈大宗伯〉亦有中禮和樂之言，故我國古代以禮樂為政教之二大重鎮，禮樂精神亦即中和精神，或中庸精神，故孔子曰：「中庸之為德，其至矣乎，民鮮能久矣。」（《論語・雍也第六》）

按孔門六藝之教，在群經中有關禮之學說，屢見不鮮，上至《論語》、《孝經》，下迄《孟子》、《荀子》，均莫不強調禮之教化，尤以荀子為甚。章太炎先生以禮為儒家思想之總持，不為無故。〔註89〕故諸如〈禮運〉、〈曲禮〉、〈禮器〉、〈哀公問〉、〈經解〉、〈表記〉、〈學記〉、〈坊記〉、〈儒行〉諸篇尤極為重要。

（3）禮者即事之治也：君子有其事，必有其治，治國而無禮，譬如瞽之無相與，倀倀乎其何之，是以禮者，即治事之道矣。《禮記正義》曰：「即事之治也者，夫子更廣明禮事，更自設問云：禮者何也，即事之治理，言萬物之治皆由禮，譬猶瞽之無相與，倀倀乎其何之者。」按瞽者乃無目之人，相者，乃扶相之人，此即言治國無禮，猶如瞽者無人相扶，必致傾跌之謂〔註90〕

〔註87〕 參《十三經注疏》，〈周禮〉頁 161。又參《大戴禮記》孔子答哀公問，〈小辨說〉。
〔註88〕 參《十三經注疏》，《周禮》，頁 337。
〔註89〕 參章太炎《國故論衡》中卷〈原經篇〉，頁 90。
〔註90〕 參《十三經注疏》，《禮記》，頁 853～854。

（4）禮者理也，禮即治理之謂，故禮者乃理天下君臣父子兄弟朋友之道。五倫得其理，社會國家方能以治。〈正義〉曰：「申明禮樂之義理謂道理，言禮者使萬事合於道理也。」

管子亦云：「禮者，因人之情，緣義之理，而爲之節文者也。故禮者，謂有理也。理也者，明分以諭義之意也。故禮出乎義，義出乎理，理因乎宜者也。」〔註91〕

孔子嘗云：「道之以政，齊之以刑，民免而無恥，道之以德，齊之以禮，有恥且格。」（〈爲政第二〉）《家語·刑政篇》，孔子則云：「聖人治化，必刑政相參焉，太上以德教民，而以禮齊之，其次以政導民，以刑禁之。」可見孔子之重禮教如此也。

總之，孔門六藝中，以禮樂爲實踐之本，亦爲化民成俗之務，但禮之用和爲貴，必應時興革，貴乎時中，本不在其儀文。故禮樂二字分言之，禮之教重「恭儉莊敬」，樂之教重「廣博易良」。《漢書·禮樂志》曰：「六經之道同歸，而禮樂之用爲急，治身者斯須忘禮，則暴謾入之矣。爲國者一朝失禮，則荒亂及之矣。人承天地陰陽之氣，有喜怒哀樂之情，天稟其性而不能節也，聖人能爲之節，而不能絕也。故象天地而制禮樂，所以通神明，立人倫，正情性，節萬事者也。」〔註92〕故禮者，所以復性節情，《禮經》十七篇，於世道人心大有裨益矣。

按禮既重「恭儉莊敬」，樂重「廣博易良」，故必以廣博易良之和諧，以調劑恭儉莊敬之肅穆，以顯其和諧之秩序，此在政教之設施上尤爲重要。

至於禮樂之功效，〈樂記〉則云：「禮節民心，樂和民聲，政以行之，刑以防之，禮樂刑政四達而不悖，則王道備矣，樂者爲同，禮者爲異，同則相親，異則相敬，樂勝則流，禮勝則離，合情飾貌者，禮樂之事也。」〔註93〕

故孟子乃曰：「見其禮而知其政，聞其樂而知其德，由百世之後，等百世之王，莫之能違也。」（〈公孫丑上〉）荀子更重禮樂之教，而曰：「夫樂者樂也，人情之所必不免也，故人不能無樂，樂則必發於聲音，形於動靜，而人之道，聲音動靜性術之變盡是矣。」又云：「故聽其雅頌之聲，而志意得廣焉。

〔註91〕參《十三經注疏》，《禮記》，頁 854～855。又參《管子》卷十三，〈心術上第三十六〉。
〔註92〕參《漢書·禮樂志》。
〔註93〕參《禮記》卷三七，〈樂記〉十九之一。

執其干戚，習其俯仰屈伸，而容貌得莊焉。……故樂者，出所以征誅也，入
所以揖讓也。征誅揖讓，其義一也，出所以征誅，則莫不聽從，入所以揖讓，
則莫不從服。故樂者，天下之大齊也，中和之紀也。」又云：「君子樂得其道，
小人樂得其欲。」（全見《荀子》卷十四，〈樂論〉第二十）

　　夫大樂與天地同和，大禮與天地同節，故〈樂記〉云：「樂也者，聖人之
所樂也，而可以善民心，其感人深，其移風易俗，故先王著其教焉。」〔註94〕

　　〈樂記〉又云：「窮本知變，樂之情也，著誠去偽，禮之經也。禮樂偵天
地之情，達神明之德，降興上下之神，而凝是精粗之體，領父子君臣之節。」
又云：「德者性之端也，樂者，德之華也，金石絲竹，樂之器也。詩言其志也，
歌詠其聲也，舞動其容也，三者本於心，然後樂器從之，是故情深而文明，
氣盛而化神，和順積中，而英華發外，唯樂不可爲偽。」〔註95〕

　　故樂可化性起偽，樂之至誠處，可驚天地泣鬼神。墨子非樂，以樂爲儒
家之繁文縟節，是墨子有見於俗儒之鄙陋處，而未得夫子樂教之至理。夫至
樂感人於無聲，至道化人於無形，故禮樂在孔門政教施爲上均相提並論，不
分軒輊。其所面臨者，即人理與人情二大部分，蓋人之天賦性分中，本含理
智與情感二部分；理智部分固有待禮之教化與擴充，情欲部分則有待樂之陶
冶。蓋禮以治之，樂以導之，故〈禮運〉云：「聖人治人七情，舍禮何以治
之。」

　　《大戴禮・勸學篇》曰：「神莫大於化道」，而《大戴禮・哀公問篇》，孔子
謂：「所謂聖人者，知通乎大道，應變而不窮，能測萬物之情性者也。大道者，
所以變化而凝成萬物者也，情性也者，所以理然不取舍者也。」故《禮記・經
解》曰：「禮之教化也，微其止邪也於未形，使人日徙善遠罪，而不自知也。」
《大戴禮・察則》曰：「凡人之知，能見已然，不能見將然。禮者，禁於將然之
前，而法者禁於已然之後。禮云，禮云，貴絕惡於未萌，而敬起於微眇，使民
日徙善遠罪而不自知也。」故禮者，實積善遠罪，使人神明自得之學也。

　　儒家主張以禮樂化天下，至於政刑，不過補禮樂之不足，〈樂記〉並以禮
樂具有形上學之意義，故〈樂記〉云：「天高地下，萬物散殊，而禮制行矣。
流而不息，合同而化，而樂興焉，春作夏長仁也。秋斂冬藏義也。仁近於樂，
義近於禮……地氣上齊，天氣下降，陰陽相摩，乾坤相蕩，鼓之以雷霆，奮

─────────────

〔註94〕全上。
〔註95〕《禮記》卷三八，〈樂記〉十九之二。

之以風雨，動之以四時，暖之以日月，而百化興焉，如此則樂者，天地之和也，化不時則不生，男女無辨則亂升，天地之情也。及夫禮樂之極乎天，而蟠乎地，行乎陰陽，而通乎鬼神，窮高極遠，而測深厚，樂注大始，而禮居成物，著不息者天也，著不動者地也，一動一靜者，天地之間也，故聖人曰禮樂云。」〔註96〕是以儒家以禮樂實具有宗教之情愫與涵養。我國古代雖無西方式之宗教，但皆透過禮樂教化以匡正人心。

樂可導人心平氣和，亦可導人暴戾貪溺，故管子曰：「節怒莫若樂，節樂莫若禮」。〔註97〕故樂行而倫清，耳目聰明，血氣和平，移風易俗，天下咸寧，是以陶養身心，默化群倫，皆以禮樂為本，是以儒家特重禮樂之教化，尤以荀子更重以禮為治政之本，以樂陶冶人心以收化性起偽之功，故欲明荀子之道德思想，自不可不知禮樂教化之重要性。《樂記》云：「禮樂不可斯須去身，致樂以治心，則易直子諒之心油然生矣，易直子諒之心生則樂，樂則安，安則久，久則天，天則神，天則不言而信，神則不怒而威，致樂以治心者也……心中斯須不和不樂，而鄙詐之心入之矣。」故儒家之重禮樂，其取旨宏博，乃欲化人於無形之中。

張子曰：「言有兩端，有有德之言，有造道之言，有德之言說自己事，如聖人言聖人事也。造道之言，則智足以知此，如賢人說聖人事也。」〔註98〕按《禮記》皆有德之言而非造道之言，實乃夫子道德生命之寫照。

按清末學者皮錫瑞論《三禮》甚詳，皮氏強調《禮記》所說之義，古今皆可以通行，今人有以《禮記》為迂闊之見，鄙之為道學，認係陳腔濫調，不合時宜，此殆於不明《禮記》之精神所在有以致之。

今夫闡明《禮記》之義，並非志在恢復古禮，夫《周禮》未必見行於當時，是亦難行於今日，但皮氏曰：「節文時有變通，而義理古今不易，十七篇雖聖人所定，後世不盡可行，得其義而通之，酌古準今，斯不失乎禮意。」〔註99〕是亦可知乃有識之見矣。

夫禮樂實儒家道德哲學之大本，亦為荀子所特倡之大業，故欲明儒家道德思想，自不可不深探夫子有關禮樂教化之學說。

〔註96〕參《禮記卷三十七》，〈樂記〉十九之一。
〔註97〕參《管子卷十三》，〈心術下〉第三十七。尹知章云：「樂主和，故能節怒」，安井衡注曰：「禮主敬，故能節淫樂」。
〔註98〕參《宋元學案·橫渠學案下》，卷十八，〈理窟篇〉。
〔註99〕參皮錫瑞《經學通論》卷三，〈論三禮〉，頁70，商務版。

四、孟荀二子所宗孔儒思想之同異

　　孟荀二子乃孔子後百餘年之私淑弟子，而非仲尼及身之門人，故在繼統上可稱爲後儒，但其效法仲尼之精神與千古之道業，則如出一轍，且使後世因之而益增光輝，此殆爲七十子之學所不及者，故孟荀二子當無愧爲繼統之宗儒，堪爲原儒中之大儒與雅儒，且有過之而無不及。

　　孟荀二子雖所宗學統不同，但其同崇夫子聖人之學，以仁義爲大統，以道德爲宗本，此則毫無異義。二子生平同罹亂世，皆懷聖人之學欲濟世而有爲，俾匡正人心平章百姓，然皆見讒不遇，此蓋天生聖人，必使之歷經世變飽嘗憂患，方如是始可摒於富貴之門，而後方可有千載傳經與道業之發揚。夫孟荀身世雖有不同，時代背景亦大異，但其繼統夫子仁義之學說固無二致，惟由於學統之差異，與其本身所受之差別，是以二子繼統夫子之學則未臻相同。

　　大別言之，孟子乃承《詩》、《書》、《學》、《庸》之傳統，對孔子天命之思想深信不疑，而荀子乃承仲弓、子夏之學統，獨重禮樂之教化，復深受道家天道觀思想之影響，以天爲自然故否認天命之說。

　　孟子本乎孔子及先儒天人合一之說，以天心人心相通，故知德不可分；且以尊德性超乎道問學，故在知性方面特重先天理性與良知，著重人之自覺與明誠之功夫，故以仁誠爲人內在道德之生命，並本反身而誠之自覺工夫，以此心能直證仁體，認人生之樂乃由行仁而來，故行仁唯義透過生活實踐與篤行，以證此仁體之不虛。孟子更重平素養心養氣之功夫，本乎「仁義行」與「性仁義」，而勝過「行仁義」與「身仁義」，遑論五霸之徒之「假仁義」矣。

　　綜言之，孟子所重者乃先天之理性與良知，以此先天之良知故倡四端本心說，並進而言人性本善，故極富道德上理想主義之傾向。孟子對當時楊墨之功利觀念斥爲邪說，後世宗之爲亞聖，其說乃大倡於宋代之二程子、朱子與陸王二子，而爲我國心學理學一脈相承之大宗師。

　　荀子雖同宗孔儒。承仲弓之學統，亦重道德實踐與仁義之學，但在知性主張方面卻有異於孟子。荀子蓋有後天經驗主義之趨向，否認先天理性故不重先天良知說，且以道問學爲主，且荀子更重法後王思想，以大禹、周公爲效法之對象，乃繼統孔子禮樂教化方面之大成者。

　　荀子既爲經驗主義之傾向，故不採直觀悟性方面之思路，否認人性爲善，

　　且即欲說性以人性爲惡，必待聖人立禮教化與師法然後正，更待禮義而後治，故以善乃由人之修爲，而非人性天然所成者。荀子之所以立如此之說，乃本乎其天道觀，荀子以天爲自然，無意志，無主宰，且天人不相通，故其思想體系難免落入天人乖隔之局面，由人統而落入物統之中，此殆非孔子本身之看法。

　　荀子既以人性爲惡，認爲人復無自覺自反之能力，故必待後天之教化與啓迪，庶幾可達化性起修之工夫。荀子以人心有徵知之能，惟此心乃認識之心而非道德自覺心，故必待此認知之心學而後矯正之以達匡正之目的。

　　易言之，孟子乃重天人之際與宇宙之全德，以至大至剛浩然之正氣爲培養人格之張本；荀子則純採後天之人爲主義與教育過程中匡正之手段以糾正人性之偏差，是以二子之出發點實大異其旨趣。

　　孟子本乎赤子之心爲證，以先天之仁義心爲道德之原動力，故其道德體系重乎靈明自覺與主體性之覺悟，使人向上提昇而達同天之境界，俾能超凡入聖，以萬物皆備於我，充實之謂美，聖而不可知之謂神，故將主宰天化爲義理天內住於吾心，使人靈明自覺，俾人與天地之仁彼此相通，認爲人心天心不二，故一切外在世界與大化之流衍，皆可含攝於我一心之中，是以必先立其大者，且認天道之誠乃吾人道德生命之原動力，必由此而方可明誠與自反而縮。

　　荀子則主張道德之外鑠主義者，必藉禮樂之教化方能去吾性中之不仁，故學禮乃人生之極。由是觀之荀子所重者乃純經驗主義之路向，以天人不相與，心物不相貫，故荀子必以人之性本無價值，且低估了人性中先天之本德，更否認孟子本心之說，認心不過是思維之官名曰「天君」，爲一切意志活動之統攝機關，故以心理學之觀念論心，此殆與孟子大相逕庭者。

　　察孟子將主宰天化爲義理之天，以此義理內住於吾心之中，故人具有本心之仁，但孟子對外在主宰之天並未否認其存在，至於荀子則純以天不過是自然之法則，且摒棄了主宰神明之觀念，此則與孔孟之思想大異其趣了。

　　總言之，孟子乃承曾子、子思之心性學派，擴充「仁」之一元思想，透過反身而誠，由「心體」證「仁體」，認人性爲善。至於荀子則循經驗論重教化，以後王所立之禮制爲本俾匡正人性，使人轉而爲善，但其結果却陷入了功利主義，而其後學復轉折爲法家，是乃其重「禮」結果必然之發展。察孔子之「禮」貴由內發，而荀子之「禮」則重外在之約束，是其學說中乃蘊有

法治之根苗。

　　總觀孟荀二子雖同傳孔儒思想，但兩人爲道之方不同，此中除學統不同外，更因時代環境變遷與當時諸家之相互影響有以致之。但平實而論，荀子〈非十二子〉及〈解蔽篇〉中所陳評盡當時諸子百家，尤以抨擊孟子部分，難免主觀有失公允處。千載之後吾人較二子之學說，以孟子乃獨得孔儒天道性命之正傳，而荀子卻重後天之匡正，殊不知生命貴由內發，由踐仁行義以證其果，否則教化之道，恐扞格不入矣。

本　論

第一篇　孟子道德哲學研究

概　說

一、孟子之身世際遇與性格

（一）家世生平及時代背景

　　按《漢書・藝文志》《孟子》註謂：孟軻字子輿亦曰子車，約周烈王四年生，周赧王二十六年卒。約當西元前三七二年至二八九年，享壽八十有四，鄒人也。據《史記》本傳謂：孟軻受業於子思之門人，但按《漢書・藝文志》《孟子》註，則以軻爲子思弟子，據近儒考校，軻去仲尼約百有餘年，與子思年代難相攀接，故謂其受業於子思門人，較爲可信。〔註1〕

　　鄒本春秋邾子之國，至孟子時遂改國號曰鄒，其國近魯，按《史記》所載，鄒先爲魯所併，迄魯頃公二十四年，楚考烈王伐滅魯，又爲楚所併，而改爲鄒縣。孟子本魯公族，爲孟孫之後，故孟子仕於齊，喪母而歸葬於魯也。孟子生有淑質，夙喪其父，幼被慈母三遷之教，長師孔子之孫子思，治儒術之道，通《五經》，尤長於《詩》。周衰之末，戰國縱橫，用兵爭強，以相侵奪。當世取士，務先權謀，以爲上賢，先王大道陵遲隳廢，異端並起，若楊朱墨翟之言盈天下。軻慕仲尼周游憂世，遂以儒道遊於諸侯，思濟斯民，然由不肯枉尺直尋，時君世主咸謂之迂闊，於是終莫能聽納其說，孟子亦自知

〔註1〕孟子生卒年歲傳者不一，從多人說，則定爲周烈王四年己酉生，赧王二十六年壬申卒，享壽八十有四。其生平事蹟，可參焦循《孟子正義》〈釋趙氏題辭解〉，兼可參考周廣業氏《孟子四考》之四。

其道不行於世，且恥沒世而無聞焉，是故乃垂憲言以詒後人，退而論述，集諸高第弟子，公孫丑、萬章之徒難疑答問，又自撰其法度之言，著書七篇，都二百六十一章，有關仁義道德性命之理，靡所不載。〔註2〕

另按《史記‧孟子荀卿列傳》謂：軻受業子思之門人，道既通，游事齊宣王，宣王不能用，適梁，梁惠王不果所言，且以爲迂闊。當是之時，秦用商君，富國彊兵，楚魏用吳起，戰勝弱敵。齊威王、宣王用孫子、田忌之徒，而諸侯東面朝齊。天下方務於合縱連衡，以攻伐爲賢。而孟軻乃述唐虞三代之德，是以所如者不合，退而與萬章之徒序《詩》、《書》，述仲尼之意，作《孟子》七篇。

然孟子去仲尼已百有餘年，春秋時尚存之周代禮文，及王道精神已蕩然無存，即在思想界亦呈眾說紛芸之局面，如楊朱、墨翟、宋牼、許行、告子、莊周等異能之士，前後輩出，各呈其說，蔚爲一代思想之奇葩。孟子卑藐王侯，力排楊墨，評難宋告，獨振大儒之風，繼《春秋》之業，其志可謂大哉。

由以上簡述，可知孟子用世之心，本仲尼之志，欲濟世有爲，惜時遭世亂，比仲尼時益甚，時君世主但知富國彊兵，效吞併之業，以奇技淫巧鬭勝，孟子有佐世之才，懷堯舜之道，欲平亂反治，惜各國皆不見用，然孟子獨懷耿介，其出處有如仲尼者。

（二）孟子之際遇與性格

孟子爲人長於辭令，有雄辯才，氣象豪邁，重義輕利，生性卓絕剛毅，師承孔子之學，最能發揮夫子大義，其思想受《中庸》、《詩》、《書》之影響頗大。觀乎儒家傳承中，七十子之學僅默守師說，惟有孟子閎遠微妙，蘊奧深藏，極富條理，且能悟疑辨惑，審於是非，明見得失，其儻論可謂大哉。且孔學中唯思孟一派獨得仲尼仁道精神與時中之教，傳爲千秋之聖學。

觀孟子之人格，其光輝可媲美仲尼，由七篇所載可知其爲人矣，且孟子之際遇有如夫子者，仲尼賢，仕於魯，爲齊所讒，魯季桓子不見信，且爲女樂所迷，孔子乃歌曰：「彼婦之口，可以出走，彼婦之謁，可以死敗，蓋優哉游哉，維以卒歲」。〔註3〕孟子亦見讒於嬖人臧倉，魯侯不能用，孟子乃嘆曰：「吾之不遇魯侯，天也，臧氏之子焉能使予不遇哉」（〈梁惠王下〉）。

觀乎古今聖賢，皆多落拓寂寞，以世觀之，固爲不幸，然自天道觀之，

〔註2〕參《十三經注疏‧孟子注疏題辭解》。
〔註3〕參《史記卷四十七》，〈孔子世家第十七〉。

誠乃不幸中之大幸，正因其不得志於當時，遂乃傳千古之道業。孟子以生民先覺自任，懷唐虞三代之德，以救世拯民，抱天下滔滔舍我其誰之大抱負，以大丈夫自期，其恢宏氣度可謂千古無匹，所傳《孟子》一書，猶爲千載聖學之典範。

二、孟子之學統與傳道

按孟子之學歷，僅見史遷云：「孟子鄒人也，受業子思之門人」。（《史記·本傳》）故其傳孔子學脈則無疑義。孟子嘗自稱：「君子之澤五世而斬，小人之澤五世而斬，予未得爲孔子徒也，予私淑諸人者也。」（〈離婁下〉）又云：「由孔子而來至今百有餘歲，去聖人之世，若此其未遠也，近聖人之居，若此其甚也」。（〈盡心篇〉）由於年代相距不遠，且鄒魯接壤，故孟子當戰國之季，百家爭鳴之時，獨傳孔子之學，乃勢所當然。又據《孟子外書》云：「曼邱不擇問於孟子曰：夫子焉學。孟子曰：魯有聖人曰孔子，曾子學於孔子，子思學於曾子，子思孔子之孫，伯魚之子也，子思之子曰孔白，軻嘗學焉，足以得聖人之傳也。」（〈性善辨〉）

漢趙岐則云：「長師孔子之孫，治儒術之道，通《五經》，尤長於《詩》、《書》。」然按近人考據，孟子與子思年代不相接，故非直學於子思，亦非學於子思之門人，乃學於子思之子孔白（子上），故亦直傳子思之學，間接亦傳孔子之學。〔註4〕

孟子以孔子爲四聖之集大成者，故孟子曰：「聖人之與民亦類也，出乎其類拔乎其萃，自生民以來，未有盛於孔子者也。」（〈公孫丑〉）又云：「乃所願則學孔子也。」（同上）由此可見孟子之學本宗孔子，且爲孔子之嫡傳自可置信。

夫孟子幼受孟母三遷之教，家貧輟學又受其母「斷機杼」之督訓，乃發憤攻讀，及長聞子思子上之學，擅習《詩》、《書》；承曾子《大學》，子思《中庸》性善之學統，力排異論，爲孔學另闢天地，遂以良知性善說而鳴世，遂爲戰國時之大儒。

按孟子之學脈，上承孔子、曾子、子思、子上。下並傳公孫丑、萬章、

〔註4〕按子思卒時，孟子年已十九歲，其學於子思父子亦顯而易徵。若子思壽六十二歲，孟子學於子上，仍爲孔子嫡傳，即孟子所謂「私淑艾」者，亦即未正式拜師列入孔氏之門墙。（參黃公偉著《孔孟荀哲學證義》，頁332。）

樂正子克、屋廬連、公都子、彭更、咸丘蒙、陳氏、徐辟、告不害等，而開一代儒家之宗風。使孔子之學說得昌盛於戰國之際，而與楊墨相互抗衡，而蔚爲一代之顯學其傳道之功自不可沒。

按孟子思想奠基於四十歲以前，迄四十歲至七十歲，乃其周遊列國，訪問各國王侯之時。故在此三十年間，亦其發揚孔子子思之學，與仁義王道之思想，俾遊說列國君主，以實行孔子政治之理想。《史記》謂：「道既通，游事齊宣王，宣王不能用。適梁，梁惠王不果所言。則見以爲迂遠而濶於事情。當是之時，秦用商君，富國強兵，楚用吳起，戰勝弱敵。齊威王、宣王用孫子，田忌之徒，而諸侯東面事齊，天下務於合縱連橫，以攻伐爲賢。而軻乃述唐虞三代之德，是以所如者不合。」（〈孟荀列傳〉）由是可見孟子所傳仁義之道，與當時之功利思想不合，故遊歷各國皆遭遇拂逆，遠較孔子之時爲甚。孟子知道之不行，乃效孔子退而與門生論學，而繼夫子傳道講學之大任。故〈本傳〉云：「孟子乃返鄒，退而與萬章之徒，序《詩》、《書》，述仲尼之意，作《孟子》七篇。」（《史記・本傳》）而開其學術生涯之始。

三、孟子法先王思想

孔子祖述堯舜，憲章文武，是其對堯舜乃無條件之法效，至對於文武則不過擇其憲章之道而已。孟子認爲堯舜者乃性仁義，湯武者身仁義，而五霸者不過假仁義，故本乎仲尼之教法效堯舜之道，是其謂法效先王之說。

按《孟子》書中稱述堯舜之德者不勝枚舉：如「我非堯舜之道，不敢以陳於王前。」（〈公孫丑下〉）又〈滕文公上〉云：「孟子道性善，言必稱堯舜。」又引孔子曰：「大哉堯之爲君，惟天爲大，惟堯則之，蕩蕩乎民無能名焉。君哉舜也。巍巍乎有天下而不與焉，堯舜之治天下豈無所用其心哉。」（〈滕文公上〉）

又萬章問曰：「人有言，伊尹以割烹要湯，有諸。孟子曰：否，不然。伊尹耕於有莘之野，而樂堯舜之道焉，非其義也，非其道也。祿之以天下弗顧也，繫馬千駟弗視也，非其義也，非其道也，一介不以與人，一介不以取諸人。湯使人以幣聘之，囂囂然曰，我何以湯之聘幣爲哉，我豈若處畎畝之中，由是以樂堯舜之道哉。湯三使往聘之，既而幡然改曰：與我處畎畝之中，由是以樂堯舜之道，吾豈若使是君爲堯舜之君哉，吾豈若使是民爲堯舜之民哉。」（〈萬章上〉）由是可知孟子乃以堯舜之道而自樂。

　　孟子又以堯舜之道爲修身之極致，而曰：「人皆可以爲堯舜。」（〈告子下〉）且以「堯舜之道，孝悌而已矣。」（同上）又以「堯舜之仁不徧愛人，急親賢也。」「堯舜之知而不徧物，急先務也。」（〈盡心上〉）

　　故通觀孟子全書，莫不以法堯舜爲先務，且以堯舜爲公天下爲大同之世之典範，故樂於法效之。更認堯舜本性之光輝其所行莫不由仁義而發，不假外鑠之修爲，故云：「堯舜性之也，湯武身之也，五霸假之也。」（〈盡心上〉）又曰：「堯舜性者也，湯武反之也，動容周旋中禮者，盛德之至也。」（〈盡心下〉）

　　故孟子不論在道德思想方面抑或政治主張方面，皆在在無條件地法效堯舜，其立論主旨與夫子祖述堯舜如出一轍，是其法先王之説，乃效堯舜之至德，而爲性善之張本，猶且效其公天下而爲大同之倡，故主張「民爲貴，社稷次之，君爲輕。」（〈盡心下〉）之政治學説。

　　察孟子獨受《詩》、《書》之傳統，《詩》、《書》者乃先王之寶典，《詩》者本是古先民之謳歌，因之可鑑得失知民心，故孔子特稱道詩教之重要性。《書》者乃先王之遺訓，亦説德之教，其中對於政治道德與歷代興亡得失之道垂訓綦詳，故孟子特予法效之，以收鑑往知來之功。

　　章太炎先生謂：「荀子隆禮樂而殺詩書，孟子則長於詩書。孟子由詩入，荀子由禮入。詩以道性情，故云人性本善。禮以立節制，故云人性本惡。」〔註5〕此所云雖未必可爲性善、性惡之依據，但章氏亦確認孟子乃本乎詩書之系統，而荀子乃本乎禮樂之系統。按詩書用在前，而禮樂之用在後，是其所法之對象與目的亦自有別。

〔註5〕參章太炎《國學略説》，〈諸子略説〉，頁144。

第一章 孟子道德哲學之良知基礎

第一節 孟子何以爲道德理想價值之建立者

　　按孟子乃可謂道德理想價值之建立者，而以道德心爲天命之所賦，視道德爲一切理想之終極，本《中庸》誠之哲理而予以發揮。蓋《中庸》以誠爲天道與人性之中心，惟誠乃天人合一，物我一體之樞紐。故云：「唯天下至誠，爲能盡其性；能盡其性，則能盡人之性；能盡人之性，則能盡物之性；能盡物之性，則可以贊天地之化育；可以贊天地之化育，則可以與天地參矣。」（《中庸二十二章》）

　　蓋人之本性原秉乎天道，天道即誠，故人性本誠，唯誠始合乎天道。然天道人道本不二，殆有後天之隔閡，始予二分。子思云：「誠者，天之道也；誠之者，人之道也。誠者，不勉而中，不思而得，從容中道，聖人也。誠之者，擇善而固執之者也。」（《中庸二十章》）夫天地宇宙人物無一非誠，日月代謝，物換星移，花開花落，魚躍於淵，水流雲飛，鳶唳鶴鳴，在在皆此誠之自然流露，亦天地造化之契機。夫萬物相生相尅，彼此維持保合太和之系統，亦莫非此誠之功用，故人既秉天道而生，莫不具此「誠」，此「誠」實乃道德理想價值之中心，不誠無物。故一切道德理想價值並非具文，亦非由外鑠於吾人之心，乃貴由人內在道德生命之自覺，此種自覺，即誠之道德命令與激發。人之有理性生活，超越感性生活，並以理性駕馭感性，皆此「誠」之支配。故「誠」實乃內在之定力爲道德生命之基石。苟無此內在之「誠」的存主，則外在之「修道之謂教」殆爲不可能。故不論生知安行，學知利行，困知勉行，皆不離此「誠」之作用。誠之不存，則生知安行亦不可能，更遑

論學知利行與困知勉行矣。

人人順此「誠」之本性做人，並待人接物，方合乎道。此「誠」即人之內在道德生命，是爲一切道德理想之泉源，捨「誠」則一切道德理想價值皆趨幻滅，故「誠」乃道德生命之根基，爲道德判斷之能力，暨一切道德意識之大本，更爲先天之所秉而內存於吾之本心。故《大學》始教，在乎誠意；《中庸》始教，在乎明誠；《論語》始教，在乎忠恕與絜矩之道。恕者，如其心也，乃如其本心之誠，因之而對待他人他物，更進而與天之本誠相如。

孟子著重道德理想之自律主義，不重他律主義。夫以外在之禮法約束人心，使之規正，乃他律之作用，在道德理想價值上純屬被動，必出自我內在道德生命之自覺，自顯，方爲道德理想之自發。故孟子所提倡者，即此以「誠」爲道德理想價值之基礎，亦爲孟學之根基。觀乎孔子之四教：文、行、忠、信。四絕：毋意、毋必、毋固、毋我，必皆以「誠」爲本，「誠」亦克己復禮之原動力。故夫子之博文、約禮亦莫非以誠爲中心力量，蓋一切之道德理想主義，不外修己與安人，能誠始能仁，故孟子特重盡性之功，盡性即可知天。是以孔孟特重通過人之自覺而體現天道，方如是始能達盡性知天之歷程，且此盡性知天之歷程，亦即一己成德之經歷。故孟子特將道德之理想主義落腳於主體性之覺顯，即人當如何體現天道，實現天道，使我主觀之意識與天命之意志融和爲一，蓋我之成德，非獨由天命之要求，實亦由一己道德意識之自發，而以希聖希賢爲生活之目標。

惟天道淵深，人之知天，貴由盡性上下功夫，但「及其至也，雖聖人有所不知，有所不能。」此乃承認人之有限，但並不因此有限而放棄了人生向上之發展，總應透過道德上之盡性踐仁以與天命相契。故此道德上之理想主義，實乃孟子道德哲學之根基，亦即其所倡良心論之基礎。按人類亦唯具此內在道德之意識而自動自發，則一切外在之教化始有可能。否則必冥頑不靈，而禮義廉恥亦無所動於衷。是以雖有道德教化亦無補於事，是以道德理想之價值乃人們立德之根基。

第二節　孟子何以爲天賦良心論者

孟子確認人具有先天所賦之良心或本心，此良心或本心爲體，而良知或良能爲用，此良心良知乃人道德意識之自覺處。故人之德性原於天賦良知之

自覺，非端由於後天教育之所成。故孟子謂：「人之所不學而能者，其良能也，所不慮而知者，其良知也，孩提之童，無不知愛其親者，及其長也，無不知敬其兄也，親親，仁也，敬長，義也。」（〈盡心篇上〉）

孟子以爲人人能明其固有之良知，則仁義之性自可明而天道之誠德亦自可萌。蓋此心之良能，乃人人所固有，並非由外鑠於我，故孟子本其天賦之良心論而主張人人皆具有道德上向善之能力，與向善之意識，是乃其四端說之緣由。孟子此種天賦良知說，乃下開陸王心學之先河，而孟子所重者亦即由此道德生命體證之知。蓋人人皆具此靈明自覺，故皆能反身而誠。是以孟子整個道德哲學之基礎，乃建基於此天賦良心論之基礎上，舉凡探究孟學者自不可不知此中之原委。

第三節　孟子心觀之根源及其論大體小體之知

一、孟子心觀之根源

孟子道德哲學建立於其心觀之基礎上，而其心觀之根本，厥在於肯定天賦之良心或本心，亦即主體性之靈明自覺，與道德意識之自我覺顯。故此心具有道德價值之自我批判與鑑賞力，乃爲道德生活之發源處。此心乃天命之所賦，清淨無染，人人皆具此心，故云：「非獨賢者有是心也，人皆有之，賢者能勿喪耳。」又云：「至於心，獨無所同然乎，心之所同然者，何也，謂理也，義也。聖人先得我心之所同然耳。」（全見〈告子上〉）孟子之此種見解，純本乎天賦之心性說，蓋性本乎心，爲天所命，故孟子言心性必及於天道與天命之思想。

所謂天命者，孔穎達疏曰：「命者，教命之意，若有所稟受之辭。」朱子註曰：「天命，即天道之流行，而賦於物者，乃事物所以當然之故也。」又曰：「天命者，天所賦之正理也。」（參何晏《論語集解》、朱子《四書集註》）

按「命」者乃天所立之教命與命哲，蓋天賦與人有一自然之理則，亦即理性判斷之終極準則，人生行事成敗得失，去取予奪之間，莫非皆由此最高準則爲之裁正與指導，乃爲吾人良心所當循之天理而爲人人所不能或違者。故吾人於日用之間莫不遵循此理，不過尋常所不察而已。此天命之理乃吾人內在生活之指導，而無所逃於天地之間，是以孟子鄭重地揭示出此心與天理之關係。

　　孟子不否認孔子所云之主宰性之天，但其卻著重義理天之法則，並將之化爲吾人內在道德天，且以人之敬畏主宰天，乃在乎實踐道德之生命。蓋天之律例，實乃主宰天之教命與法則。故孔子將人性與天命融合爲一，使人可藉內省而自反，以求法則性之天於內在靈明自覺處。故子曰：「爲仁由己」（〈顏淵第十二〉）。惟孔子乃主張透過下學而上達之工夫，以實踐性與天命之合一。在《中庸》中，即清楚地揭示了「天命之謂性」。故天命思想實含有上下雙迴向，先由天命向下貫落入人心，再由人心向上提升率性重返於天道以彼此相互契合，使上天所稟之性能完全彰顯於人心，故此所云之天命者，實即吾人本乎天之命哲或教命以達道德上所應達之使命。

　　孟子確認人具有此種天賦之道德意識與能力，此心本與天命之理則呼應，人之所以異於禽獸者，即本乎此獨有之天賦與道德理性，亦即人所獨具之良知與良能，故吾人之「心」實乃良知心，仁識心，而非單純向外之知識心。故此良知心乃本乎天命所秉之仁，是以孟子曰：「仁，人心也；義，人路也，舍其路而弗由，放其心而不知求，哀哉。」（〈告子上〉）孟子此所重之「放心」，乃使心有所安宅，而非使心歸於空寂之謂，此心貴主敬而立誠，俾能返於天命之初稟。

　　易言之，孟子所言之心，一方面指人心內在之靈明自覺處，亦即道德生命之主宰心；另方面亦含有思辨分析之心，此乃指人心之理智作用而言。前者可說是道德良知心，而後者厥指心之思考活動與作用之能力。良知心人人皆有之乃不學而能者。思考之心則必透過理性操練而愈有。前者蓋爲道德之根苗，而後者厥爲知識之能力。

二、孟子論大體小體之知

　　孟子以吾人身中有大體小體之別，故所知亦大有差異。見其所引公都子問曰：「鈞是人也，或爲大人，或爲小人，何也。」孟子曰：「從其大體爲大人，從其小體爲小人。」曰：「鈞是人也，或從其大體，或從其小體，何也。」曰：「耳目之官不思，而蔽於物，物交物，則引之而已矣，心之官則思，思則得之，不思則不得也。此天之所與我者，先立乎其大者，則其小者不能奪也，此爲大人而已矣。」（〈告子上〉）

　　孟子又云：「體有貴賤，有小大，無以小害大，無以賤害貴，養其小者爲小人，養其大者爲大人……飲食之人，則人賤之矣，爲其養小以失大也。」（〈告

子上〉）按孟子此所云之體有貴賤，有小大，實乃指心思之官，與耳目口鼻之官而言，前者爲大體，後者爲小體。蓋小體有小體之養，大體有大體之養，由是觀之，孟子極重心知，而輕感官之知，以心知爲大體，感官之知爲小體。故人之貴賤，悉視其養其大體抑爲小體而定，蓋耳目口鼻之官不思，心之官則思，思則得之，此「思」實包括反省與思考而言，道德心貴乎反省，知識心在乎思考，而孟子卻特重此道德反省方面之知，人苟無此道德反省之心，則必追逐耳目口鼻之欲而致良知日泯。夫一念反省仁義便頓下呈現，故仁義乃心之所固有，亦天命所秉賦，是以孟子云：「仁義禮智，非由外鑠我也，我固有之也，弗思耳矣。」（〈告子上〉）由是觀之，孟子特重心知之大體，故應善盡培養之功，以長保此心之靈明自覺。孟子心觀之基礎可說即奠定於此大體之心知上，俾作爲道德意識之根源。易言之，大體之知即內知亦即良知所具之四端，而小體之知乃外知即感性經驗之來源。

三、論本心

按有關「心」之說法爲中國哲學思想中一極重要之觀念，孟子之前即早已有論述。《書經‧洪範》曰：「念用庶徵」。按鄭注曰：「徵，驗也。」故以心爲徵驗之官。《左傳》襄公廿八年云：「以徵過也。」杜預注曰：「心能審也。」即以心有審察、考驗之意。以心有察而知之能力，故能緣耳而知聲，緣目而知形，但必耳目各供其對象，而心方能察之，如無五官可供之對象，則心乏所資亦無所施其能。此皆與孟子本心說有不同之處。管子以「心之在體，君之位也。九竅之有職，官之分也，心處其道，九竅循理，嗜欲充益，目不見色，耳不聞聲，故曰：上離其道，下失其事……動則失位，靜乃自得……虛其欲，神將入舍，掃除不潔，神乃留處。」又云：「心之在體，君之位也。九竅之有職，官之分也。耳目者視聽之官也。心而無與於視聽之事，則官得守其分矣。夫心有欲者，物過而目不見，聲至而耳不聞也。故曰：上離其道，下失其事。故曰：心術者無爲而制竅者也。」又謂：「天之道虛，地之道靜，虛則不屈，靜則不變，不變則無過，故曰不伐。潔其宮，闕其門。宮者謂心也，心也者，智之舍也，故曰宮。潔之者，去好過也（去嗜好之過）。門者，謂耳目也，耳目者，所以聞見也。」由以上所引《管子》本文視之，可知「心」者不過吾人念慮之官，透過感覺系統而獲知以司判斷者，此與孟子之道德本

心說則相去甚遠。〔註1〕

　　至於莊子亦以心為念慮之官，且為動性之所，故重性而輕心，主張復性命之初，而泯「成心」與「機心」。故云：「趣舍滑心，使性飛揚。」（〈天地篇〉）又以人心搖盪，使性為之動，故成為「馳其形性，潛之萬物，終身不反。」（〈徐無鬼〉）是以莊子以心知與性相違，認純係一種認識上向外逐取之「心識」。總觀孟子卻為「心」尋得道德活動上之依據，並在一己之心中尋得道德主體性之覺顯處，孟子且陳明此道德意識心之重要性。在孟子以前或孟子之後，均將耳目口鼻之欲與心之活動相連，孟子則特將心之活動，從耳目口鼻欲望之活動中予以分別，如乍見孺子將入井，即發現此心之憐憫而油然生悲憫之情，此即其四端說之根源。此種直接而獨立活動之心，非基於欲望之判斷與期求，此即孟子所強調之本心之所在，亦即內在良知之自明與自覺之處。

　　蓋反省性質之思，實際上乃心自己發現其一己之存在，並擺脫其他生理器官欲望之制限。人心接物時乃對外界現象之反映，必此心獨立之活動，方係我一心之作用，故此「本心」所指者乃心未受外物或生理欲望所干擾時心之本來真面目。易言之，亦即不受後天經驗事實所拘限，此種「本心」原於天，乃天理之彰顯於我者，亦即人之靈明自覺與真我之顯發。此種獨立自主之心之活動，即人道德主體性之所在。明乎此，方能洞澈了悟孟子道德哲學之根基，因孟子一切之道德理想，皆建立於此心觀上，其所倡之人性本善說，亦即立基於此本心之善而說性善。〔註2〕

　　孟子引述孔子謂：「操則存，舍則亡，出入無時，莫知其鄉，惟心之謂與。」（〈告子上〉）此蓋心之官則思，思則心存，不思則亡，故心不在焉則雖有亦如無，此所言之出入無時，實際上乃指心之在與不在而言。按《論語》未載孔子斯言，孟子所云實乃其一己之發揮。易言之，孟子所倡之本心說實即其良知論之基礎，亦即其所強調之仁義禮智之自明靈覺處。

〔註1〕參《管子‧卷十三》〈心術上〉第三十六，頁1～7。
〔註2〕按人類之知大別可分為五大類：即感覺之知，推理之知，實行之知，內觀之知，與整體之知。感覺之知由官覺接觸外境而得，如形色聲香味觸等是，此為科學知識之基本資料。推理之知，乃根據邏輯推理而得之知識，如透過演繹、歸納、分析等等所得之知識。實行之知乃由實踐過程中所獲得之經驗。內觀之知，乃內心反觀自性，體驗所得之覺悟，如《大學》中所云之「明明德」，孟子之盡心知性而知天，又如釋氏之明心見性等皆是。整體之知者，乃博洽圓融，周徧無礙，而得其整體之和會者。孟子所云之大體之知，實即指內觀之知而為道德意識之發源處。

第四節　孟子言氣與志及心觀之關係

一、志與氣之相成暨與心觀之關係

　　孟子將人心之要素分爲志、氣、欲三部分。「志」即今人所云之理性或理智，「氣」即指人之意志，「欲」者則指人之欲望而言。人心實具此理智、意志、欲望三大要素，且彼此相互關連，如人理智之運用，必待意志之所趨，意志不到，則理智亦當無所發揮其作用，故意志與理智密不可分。是以孟子將志與氣並列，故云：「夫志，氣之帥也。氣，體之充也。」故曰：「持其志勿暴其氣。」（〈公孫丑〉）此即明言理性統率意欲，且指示其所進行之方向與目的；至於意志則應服從理性之指導並助長其成。

　　按孟子志、氣之解釋，論者殊異，但自可按其本義求得明確之界說，清人焦循注曰：「志，心所念慮也。氣，所以充滿形體，爲喜怒也，志帥氣而行之，度其可否也。」〔註3〕是按焦循氏之注解而觀之，乃以「志」爲理智或理性而專司念慮者，而「氣」則充滿形體，是即意志所發動處。按焦氏《孟子正義》引《毛詩序》云：「在心爲志」，《儀禮·聘禮記》注云：「志猶念也」。〈大射儀〉注云：「志，意所擬度也。」故趙岐《孟子注》，以心所念慮爲志，以度其可否也。由是可知孟子所云之「志」當爲理性無疑，至於「氣」，按《禮記·祭義》云：「氣也者，神之盛也。」又《淮南子·原道訓》云：「夫形者，生之舍也。氣者，生之充也。神者，生之制也。形體能抗而百節可屈伸，察能分白黑，視醜美，而知能別同異，明是非者，何也，氣爲之充，而神爲之使也。」〔註4〕按此所云，則氣當爲意志無疑，乃人類行爲之原動力以輔佐理性而省察萬物者。

　　至於欲則必服從志與氣之指使，是志氣欲三者彼此休戚相關，以構成心之作用，但此中當以志與氣居首要。至於志與氣之關係，孟子則云：「夫志至焉，氣次焉，故曰：持其志，勿暴其氣。既曰志至焉，氣次焉，又曰持其志，勿暴其氣者，何也。曰，志壹則動氣，氣壹則動志也。今夫蹶者趨者，是氣也，而反動其心。」（〈公孫丑上〉）

　　按此段所言，孟子以理智之「志」爲至要之本，而以意志之「氣」爲隨從者，即隨理性而動，故凡志之所至氣即隨之而止，故趙歧注曰：「志所嚮氣

〔註3〕參清焦循撰《孟子正義》上冊，原卷一，頁116，世界書局版。

〔註4〕仝上。

隨之。」﹝註 5﹞此即明言理智統率意志之作用。

按理智統率意志當持其正道，故孟子特強調「持其志，勿暴其氣」，言志所嚮處，氣即隨之，亦即凡理智所嚮之處，意志亦莫不隨之俱往，故當正用其理智（持其志），勿使意志紛亂（無亂其氣），否則妄以喜怒哀樂臨之，則理智必昏，而不復能支配其氣。

毛奇齡《逸講箋》云：「心爲氣之主，氣爲心之輔，志與氣不相離也，然而心之所至，氣即隨之，志與氣又適相須也，故但持其志，力求之本心，以直自守，而氣之在體，則第不虐戾而使之充周已耳。」﹝註 6﹞此殆說明志與氣共爲心之作用，理智指導意志，而意志輔佐理智，兩者相即相須而不可須臾離，故「志」與「氣」乃「心」所構成之必要條件捨一不可。

至於孟子所云之「志壹則動氣，氣壹則動志。」歷來說法不一，蓋此「壹」字，按趙歧注謂：「壹乃作噎解」，「故孟子言壹者，志氣閉而爲壹也，志閉塞則氣不行，氣閉塞則志不通，……氣閉不能自持，故志氣顛倒，顛倒之間，無不動心而恐矣，則志氣之相動也。」﹝註 7﹞按此說則認理智閉塞，而意志不明；意志閉塞而理智亦不彰，故「志」「氣」之關係亦即理智與意志間相互協調之作用，宛如蹶者趨者之間，彼此相互之影響。

但按《說文》壹部云：「壹，專壹也」，壹無貳心。「持其志使專壹而不貳，是爲志壹。守其氣使專壹而不貳，是爲氣壹。」（焦循《正義》）又按毛奇齡《逸講箋》云：「志一動氣，自然之理，且志亦不容不一者，不一則二三，安所持志，此所謂一，正志至之解，惟志一能動氣，故志帥而氣即止也，若氣一動志，則帥轉爲卒所動，反常之道。」﹝註 8﹞

按以上二說均爲可通，惟依後說，則此「壹」當作專一解，亦即云，理智能專一，自能指導意志。若意志專一，則可輔助理智。且當以志壹爲主，氣壹爲輔，但卻不應受意志之干預，否則若意志干預理智，則成爲以氣動心反使心蒙昧而不明了。

由是可知孟子特重「持其志，勿暴其氣」之緣故，但公孫丑氏未明內中底細，以志氣既不相離，持志即是養氣，何必又云「勿暴其氣」。此乃孟子發

﹝註 5﹞參阮元校勘本，《十三經注疏》第八冊，《孟子注疏》，〈解經卷〉第三上，〈公孫丑章句上〉，頁 54，新文豐出版社印行。

﹝註 6﹞參焦循《孟子正義》上冊，頁 116。

﹝註 7﹞全上。

﹝註 8﹞全上，頁 117。

明志至，氣次之理，故特申言可與不可之際。蓋志帥氣以引導氣，求於心以持其志。至云「毋暴其氣」者，即勿以氣駕乎志之上，蓋不能持志而不度其可否，則如不問其理直不直，義不義，而專以伸吾氣為主，則是專於氣而有本末倒置之嫌而有失守氣之道，故云不持其志則必暴其氣。孟子既特重以志帥氣，即以理智統馭意志，故志為主氣為從，且必以心志養氣方為善養，蓋心之所以善養者，在乎理直與義壯，至於以氣養氣則為不善養者。

　　總言之，孟子特重以理智指導意志，以意志輔佐理智，亦即以理智統率意志，而非以意志統率理智，二者雖有相成之關係，但究有主從之分別，故善養心者必先養吾志，養志則必率氣，而使氣在志之指導下，以呈現心之靈明狀態，否則此心必難明也。

二、心之存養與擴充

　　孟子既重心之作用，故對此心之存養與擴充極為重視，蓋人一生之景況，即由此心而發，故云：「苟得其養，無物不長，苟失其養，無物不消。孔子曰：『操則存，舍則亡，出入無時，莫知其鄉。』惟心之謂與？」（〈告子上〉）又云：「君子所以異於人者，以其存心也，君子以仁存心，以禮存心……」又曰：「存其心，養其性，所以事天也。」（分見〈離婁下〉，〈盡心上〉）

　　但養心之道必須寡欲，吾人之心本善，必須存養之，故孟子曰：「養心莫善於寡欲，其為人也寡欲，雖有不存焉者寡矣，其為人也多欲，雖有存焉者寡矣。」（〈盡心下〉）蓋欲望多則易陷人於不德不義，但欲望乃隨生而俱有之事實，倘無欲望則人生必陷於枯寂，故欲望必置於理智與意志之控制下，使得其節制。是以志、氣、欲三者彼此間之協調，乃人心之三大要素，亦心作用中之連鎖關係，此乃孟子心觀之基礎不可不察。

　　孟子主張存養此心，並不斷擴充之，此擴充是為盡心之功夫，能盡心便可知人所受以生之性，因性乃心之彰顯，若不盡心，則人所受以生之性，便隱藏不顯，而為欲所蔽，故云：「盡其心者，知其性也，知其性，則知天矣。」（〈盡心上〉）然盡心有待四端之擴充，而擴充之力量在乎仁，故探討孟子四端說與仁觀之關係極為必要。

　　按孟子在知識上，不重經驗論而重理性論，以人有大體之知，故能反省自覺，而知是非明善惡，而為之踐形。由智之判斷，義之自覺，而知真妄；由心之自覺而知善惡，是以人當操持此理性之反省作用，方能入聖，故孟子

曰：「惟聖人然後可以踐形。」（〈盡心下〉）

就知之對象而言，孟子特重道德之知，更以大體之知爲主，且稱之爲大知，必待擴充此心體之自覺，使我心與天理相通，方不致以形器爲限。故由知性、知命以知天，由盡心而上，則「萬物皆備於我矣，反身而誠，樂莫大焉。」（同上）是孟子此說，已寓有「心即理」說之先驅。

第五節　孟子之四端說與仁觀

一、概　說

孟子承受子思之學統，以人能率性爲道，唯人能體仁明誠，故人本具善心，且心本係志與氣之合一，故宜擴充此心，並善存養此本心，而此本心之幾微處，厥在四端之表現，而四端要歸於爲仁之能力。

孟子曰：「人皆有不忍人之心，先王有不忍人之心，斯有不忍人之政矣……所以謂人皆有不忍人之心者，今人乍見孺子將入於井，皆有怵惕惻隱之心。非所以內交於孺子之父母也，非所以要譽於鄉黨朋友也，非惡其聲而然也。由是觀之，無惻隱之心，非人也。無羞惡之心，非人也。無辭讓之心，非人也。無是非之心，非人也。惻隱之心，仁之端也。羞惡之心，義之端也。辭讓之心，禮之端也。是非之心，智之端也。人之有是四端也，猶其有四體也，有是四端，而自謂不能者，自賊者也。」（〈公孫丑上〉）

以上四端說，可謂乃孟子天賦良心論之依據，並據之爲一切道德哲學與政治哲學之張本，孟子認爲善於導人向善之政治即爲仁政，而使人爲惡之政治即爲惡政，故人性與政治有密切之關係，是以爲政必本乎道德。孟子更認爲此四端乃人之所固有，乃人主體之內在自覺與彰顯，而非由於外在之教誨，故人人應先培養此四端。四端能彰顯，則此本心之功用必行擴大，故孟子謂：「仁義禮智，非由外鑠我也，我固有之也，弗思耳矣，故曰求則得之，舍則失之，或相倍蓰而無算者，不能盡其才者也。」（〈告子上〉）

孟子以此四端爲天賦之道德良知之基礎，亦本心之四大純德，非由後天經驗學習而來，故此四端即先天之道德心，乃爲一切道德行爲判斷之基準。

二、四端之分析

孟子所說之四端，乃人本心所先存之道德理性，是人本然而有而不假外

鑠者。此四德乃人類行善之原動力并靈明之自覺處，茲析之如下：

（一）惻隱之心：孟子認爲人類先天存有矜憫、憐恤之心志，純屬於先天之體悟，如見人遭遇不測，或面臨不幸之事故，必油然而生怵惕與惻隱之心。如乍見孺子將入於井，不論賢愚不肖皆頓起惻隱驚駭之情，此情發於中非爲要譽，亦非惡不仁之名，乃心中不自覺之怵惕，而生疼痛悲憫之情；此種怵惕、恐懼、惻隱、悲憫之情本受人內在良知之仁所驅使，是不學而能者。

惻隱之反面爲殘暴不仁，不仁者必係情感上麻木之人，孟子認爲本非天生所使然，乃受後天境遇所影響，而使之漸趨於極端。如人若久處不如意之環境，飽受痛苦之煎熬而無法擺脫，久而久之，必對他人罹同樣患難者視若無覩，而失同情之心。故孟子曰：「矢人豈不仁於函人哉，矢人惟恐不傷人，函人惟恐傷人，巫匠亦然，故術不可不愼也。」（〈公孫丑上〉）按矢人是造箭者，當其操術之際惟恐不厲，必百步穿楊戮人肺腑爲快；而函人則是製甲盾之人，當其操術時惟恐無夭不擋，必力求其堅固。故以矢人函人相互比較，則造箭者之性並非不仁於造盾者，乃因其術所使然，而未必出乎其本心。故孟子教人當愼擇其術，以不仁者未必是先天良知所固然。

吾人細觀動物界，尚有物傷其類之事實，遑論人爲萬物之靈。即彼昆蟻之屬，亦有相互救援之行動，故惻隱之心非獨人類之所特有，是乃造物天心妙化萬有，其惻隱之情乃生生之仁所使然，亦造化之所賦予，乃人人所必具之心。〔註9〕

（二）羞惡之心：按羞惡之心，乃人靈明自覺之反應，亦人之所以別於禽獸者，凡人之良知愈眞純，則其羞惡之心亦愈強。羞惡之心實人類善善惡惡與行爲之基準，亦「作爲」，「不作爲」合宜問題之判準，故云羞惡之心乃義之端，此「義」實乃「行而宜之」之謂。〔註10〕

人有道德行爲判斷的能力，於進退取捨之間必合乎義，否則必生羞惡慙

〔註9〕戴震《孟子字義疏證》云：「仁者，生生之德也，民之質矣，日用飲食，無非人道，所以生生者，一人遂其生，推之而與天下共遂其生，仁也。言仁可以賅義，使親愛長養不協於正大之情，則義有未盡，亦即仁有未至。自人道遡之天道，自人之德性遡之天德，則氣化流行，生生不息，仁也……在天爲氣化之生，在人爲生生之心，是乃人之爲德也。」又按賈誼《新書・道術篇》云：「惻隱憐人謂之慈，反慈爲忍，不忍人之心，即是惻隱之心，故惻隱爲仁之端。」又程氏瑤田《通藝錄》云：「仁主於愛，與忍相反也。」（《通藝錄・論學小記》）

〔註10〕戴震《孟子字義疏證》：「義者宜也。」

恥之念，是「義」者其行誼必始於條理而終於條理。《大學》教人誠其意，毋自欺，人對惡臭尚知所趨避，乃其本性之所使然，人類行為之是否合宜，除有後天規範之判準外，於先天意識中實已賦有判斷力以作為行為規範之判準，人苟無此種羞惡知恥之良知，則難免隨欲任性而胡為，雖以後天道德之規範亦當無濟於事。

察羞惡之心實人類自知之張本，亦人類道德生命自覺之動力，若失此自覺必恬然無恥。故羞惡之心亦即個體反求諸己之意識，由慎獨不愧屋漏開始，內毋自欺於心外毋欺於人以求自我德性之圓滿。

（三）辭讓之心：辭讓之心，乃恭敬、慎肅、謙懷、揖遜之美德，為人間泯滅爭端之動力。孟子以辭讓之心乃禮之端，本乎仁德以嘉惠群黎而不自專。蓋「讓」為禮之主要表現，不讓無以成禮，故《禮記》曰：「儒有衣冠中，動作慎，其大讓如慢，小讓如偽。」（〈儒行第四十一〉）大讓者所以自抗，故如慢而不敬，小讓所以致曲，故如偽而不誠。〔註11〕張子曰：「大讓，如讓國讓天下，誠心而讓，其貌若不屑也。飲食辭辟之間，是小讓也，如偽為之，以為儀爾。」呂大臨氏曰：「辭其大者，若自尊以驕人，然非自尊也，尊道也。辭其小者，若矯飾而不出於情，然非矯飾也，欲由禮也。」（參孫希旦《禮記集解》，〈儒行釋〉）

故禮以讓為貴，不讓無以成禮，且禮者尊賢為大，親親之殺尊賢之等，益之以禮所以為仁至義盡也。夫禮在人心中貴條理之秩然有序截然而不可亂。〔註12〕

且禮讓之心莫大乎與人為善，〔註13〕以虛己敬人為主，故孔子以克己復禮為仁，凡視聽言動之入於非禮者，皆生於己心之忍，忍則己去仁，己去仁則己去禮。按此所云之「忍」，乃指人心之殘忍與兇狠而言，是已不復存有揖遜、謙恭與人為善之心。〔註14〕

按辭讓恭肅之心，乃社會群居之美德，亦人倫社會秩序之所以得以維繫之條件，苟彼此無謙恭揖遜之心，則彼此必攘奪而呈強凌弱眾暴寡之局面，以致破壞社會整體之共存，必至人人而自危，故孟子提倡與人為善亦即善與

〔註11〕參《禮記集說》，〈儒行第四十一〉，元，陳澔撰注。
〔註12〕參焦循《孟子正義》卷三、〈公孫丑章句上注疏〉，世界書局版，頁139。
〔註13〕見《孟子‧公孫丑上章句》上：「君子莫大乎與人為善。」
〔註14〕參焦循《孟子正義》卷三，〈公孫丑上章句上注疏〉，頁139。

人同之意。易言之亦即捨己從人樂取諸人以爲善，是以孟子乃引舜之事迹以明揖遜之心。舜者善取人以爲善，蓋舜耕稼於歷山，歷山之人皆讓畔，漁雷澤，雷澤之人皆讓居，此誠乃至德感人有以致之。〔註15〕

故辭讓之心爲禮之端本，社會上非禮不足以維繫，倘人人缺乏揖遜敬讓之心，則雖嚴刑峻法，亦不足以導民於治。此種揖遜敬讓之心，亦即發揮吾人德性之良知，乃人倫群居所不可或缺之德。

（四）是非之心：是非之心，乃理智之根苗與辨別力，是人心理層次道德意識之判準，夫善善、惡惡、是是、非非，乃人類理性清明時所必然之現象。孟子以此是非之心發自本衷，純粹中正，不偏不倚，故爲智之端。

孟子以人人皆先天賦有德性心，以作爲道德行爲之基準，否則必致黑白顛倒是非混淆。按知識領域中之是非判斷，有待學養之擴充，而非先天所具有，至於是非之心，實乃道德價值意識之自我覺顯與判斷而言。孟子強調人人皆立於同一良知意識之基準上，而作道德是非行爲之判斷，俾使人人皆有公是公非之準繩。至對於後天知識問題之見解則純屬知識水準與專門知識程度之深淺而有所不同，則非孟子此所云之是非之心。如趙高之指鹿爲馬，本是違背邏輯上名實之指謂關係，而非道德上之是非判準，惟在知識領域中自亦有其所當循之基準，否則人間眞理必蕩然無存。

然在道家視之，是非本爲相對者，莊子曰：「道惡乎隱而有眞僞，言惡乎隱而有是非，道惡乎往而不存，言惡乎存而不可，道隱於小成，言隱於榮華，故有儒墨之是非，以是其所非，而非其所是。欲是其所非，而非其所是，則莫若以明。」「是以聖人不由，而照之於天，亦因是也，是亦彼也，彼亦是也，彼亦一是非，此亦一是非，果且有彼是乎哉。」（〈齊物論〉）然莊子在此所強調之是非，實乃屬於知性上判斷之範疇，因人間所處之時代或背景不同，故皆自是而非彼，但莊子乃本大道同化之觀點，提倡泯人間之差別相，認此種是非之辨純出於小成而非大道之眞面目，故就道樞觀之皆彼此玄同無分軒輊。是以郭象注云：「物皆自是，故無非是。物皆相彼，故無非彼。無非彼，則天下無是矣；無非是，則天下無彼矣。無彼無是，所以玄同也。」〔註16〕

〔註15〕 參阮元校勘，《十三經注疏》，〈孟子注疏〉，解經卷第三上，〈公孫丑上〉章句，頁67，新文豐書局版。

〔註16〕 參郭慶藩輯，《莊子集釋》卷一下，〈齊物論第二〉，郭象注，河洛圖書出版，頁63至66。

按道家對是非之看法，純認出於後天人爲主觀之偏見，亦正佛家所謂之由「偏計所執性」而生。道家之主旨乃由道樞觀察世物，但見世間萬物莫不彼此玄同於大通，故不萌後天是非之差別，蓋愈與大道相同者，其對人間是非差別之辨亦愈微。

然孟子所云之是非之心，則與道家不同，乃重道德層次之意義，而非人間分別智之妄見，乃強調人有先天道德是非判準之能力，此即人類道德之良知心，若缺乏此心，則一切道德生活殆爲不可能。

以上四端包括仁義禮智，乃吾心之初發處，按仁義屬於情意判斷，禮智屬於理知判斷，故吾心兼賅情意與理知。此四端乃人先天所賦之能力，言「端」者，乃指其爲首、爲本、爲始之意，亦即謂可由此端而推及全體之謂。

孟子所云之仁義禮智四端乃本心所獨具，亦人內在道德生命之靈明自覺，乃聖人常人所同具之道德理性，出自天生乎我所固有而非由外鑠者，故乃爲人性本善說之基本條件。孟子即據此天賦理性以演繹推展，以建立其道德理想價值之道德哲學系統。〔註17〕

孟子特將此四端譬作人之四體，四體由天所秉賦，四端亦由天所秉授，四體不可缺，缺則殘廢，四端亦不可少，缺則闕如，此四端乃先天道德意識，由心而發，顯於其性，見諸行爲，而彰於道德日用之間。

總言之，孟子道德哲學之基礎本乎心觀，而心觀之基礎則以先天道德理性駕馭意志而以四端爲其中心，故此四端之用方有道德判斷之可能，否則必成爲道德上之盲目者。

三、孟子之仁觀

孟子道德哲學之基本出發點既爲道德理想價值，故其注重點厥在乎主體性之自覺，而爲道德理想價值之思想家，故立判斷者即吾本心之仁，而一切好惡取捨，亦莫非由吾內心之仁而作最後之裁決。故孟子在道德上不重後天經驗之累積，而純以此本心之仁爲基礎，是以孟子本乎主體性之體驗，特重道德生命之內在直觀，故認爲從事者雖從外，但行其事者卻發乎中，故「義」

〔註17〕按人之道德法則，非盡由人所制定，必有其先天之法則與律例而爲人所不可或違者。《詩》云：「天生烝民，有物有則，民之秉彝，好是懿德。」（《詩·大雅·烝民》）此秉彝之好，蓋出之於天，故孟子卻強調人有明白此「理」之良知，人人皆本此理性之善而作道德判斷，其四端之說即源於此先天之理性。

不在於外在之所授，而在乎我心之所發，是以「義」乃由內發而非外鑠者。

　　察孔子言仁而孟子則仁義並用，其四端說即以此仁義居首。仁出乎惻隱，發爲同情、憐恤、慈愛之行爲，故推衍其義，仁乃本心之擴大，爲道德生命之本原，而義則爲取捨之衡量，爲行事合宜之準則。孟子曰：「仁，人心也，義，人路也。」（〈告子上〉）朱子解之曰：「仁者心之德，義者行事之宜。」此乃本乎《中庸》之說：「仁者人也，義者宜也。」（《中庸二十章》〈哀公問政〉）孟子又云：「仁也者人也，合而言之道也。」（〈盡心下〉）孟子以人道惟一，不能有二，亦正如孔子所云：「道二，仁與不仁而已矣。」（〈離婁上〉）按仁乃人之所以爲人之理，亦即人之爲人之典型，本先天所賦於者。故曰：「仁，人之安宅也；義，人之正路也。」（〈離婁上〉）是仁乃人安身立命之所本，亦內住於人本心中之道德根苗，宛如人所棲身之住宅，蓋人身必有所棲，內心必有所安頓，此安頓者，乃吾內心之仁。必有此仁方爲吾內心之安宅，而爲一切行事之大本。故「仁」乃人類內心靈明之所托，董仲舒曰：「以仁安人，以義正我，故仁之爲言人也，義之爲言我也。」〔註18〕

　　按仁之表現於外者，多見之於人倫日用之常，故曰「仁之實，事親是也，義之實，從兄是也。」（〈離婁上〉）朱子解之曰：「仁主於愛，而愛莫切於事親，義主於敬，而敬莫先於從兄。」此種解釋乃本諸儒家所著重之日常實踐之義而不徒托空言。

　　孟子特以「仁」爲人良知、良能之根基，故云：「人之所不學而能者，其良能也，所不慮而知者，其良知也，故孩提之童，無不知愛其親者，及其長也，無不知敬其兄也。親親仁也，敬長義也，無他，達之天下也。」（〈盡心上〉）此益可見孟子之仁觀乃先存乎內而見之於倫常日用之行間，由差等之愛而向外推廣之，此則與墨子兼愛之義不同，故其施仁推恩之次第，始則親其親，次則施之於同類，終則愛育萬物，由親及疏，由近之遠，是以孟子乃斥墨子之兼愛說爲無父。然以莊子之眼光衡之，則其境界與孟子尤不相同，因莊子乃本乎老子「天地不仁，以萬物爲芻狗。」（《道德經》五章）故其仁觀乃涵育於天地大道之中，以大仁不仁純任自然無爲而自化，但天道無心愛物，而萬物卻莫不蒙其澤，故道家之倫理觀點乃本乎其道觀，若大道廢則仁義亦必不彰。

　　至於孟子則有心用世，爲積極有爲之入世思想家，以仁爲人倫之本，人若不仁，則孝慈忠信亦必不存，故倡仁心仁政爲行爲規範之大本，雖說愛有

〔註18〕參董仲舒《春秋繁露》卷八〈仁義法〉第二十九，河洛圖書公司版，頁175。

差等但仁心卻不二。故云：「君子之於物也，愛之而弗仁，於民也，仁之而弗親，親親而仁民，仁民而愛物。」（〈盡心上〉）《孟子正義》引趙岐注以「君子布德各有所施，事得其宜，凡物當愛育之，而弗當以仁加之，於民也當仁愛之，而弗當親之。」以愛有差等，是則先親其親，而後仁愛其民，然後愛育其物，此亦即說明君子推恩有其倫序上之差等。〔註19〕

按仁為存心，愛為施為，仁存乎內，愛施乎外，是仁與愛有別，夫愛者，有愛人之愛，有愛物之愛，愛人之愛謂之仁，愛物之愛不得謂之仁，仁之在族類者為親，不愛其親而能施仁者寥矣。是觀孟子之仁觀不同於墨家，亦有異於道家，此蓋所重施仁之倫序本有其差等。

此外，孟子之仁觀極重初發之心，故曰：「君子所以異於人者，以其存心也。君子以仁存心，以禮存心，仁者愛人，有禮者敬人……有人於此，其待我以橫逆，則君子必自反也，我必不仁也，必無禮也，此物奚宜至哉，其自反而仁矣，自反而有禮矣，其橫逆由是也，君子必自反也。」（〈離婁下〉）是以「仁」亦係自反之功夫，亦即「克己復禮」謂之仁，無此自反之心，則不知仁。故孟子曰：「人之所以異於禽獸者幾希，庶民去之，君子存之，舜明於庶物，察於人倫，由仁義行，非行仁義也。」（〈離婁下〉）

此所云之「由仁義行」，貴在本乎仁義之本心，不期然而然之謂。「行仁義」者則未必有仁義之本心，亦非由仁義之初衷而發，但法效其仁義之行而已，其去仁義之道遠矣。是以孟子此意與道家之本旨有其相通處，道家以仁義本乎大道，能得大道之流衍雖無意仁義亦必發乎仁義，但孟子則以「仁義行」者，乃由心而發，同於大道。而「行仁義」者，則為有意造作，故「仁義行」乃本心之自然，而「行仁義」乃心思所加有意之矯揉造作，非必出乎內心之真誠，故孟子在此特重居仁之功夫而特倡性仁義之重要。

總觀孟子之仁觀，特重日常之實踐，而不作形上之分析，且猶重存心之際的重要，在乎自發使人如沐仁風，故曰仁行而不曰行仁，此即孟子之所以稱贊堯舜為性仁義而由其內發之故。

第六節　孟子言盡心知性與知天

孟子道德哲學之基礎，純在「盡心」二字上，故孟子之學亦即盡心之學；

〔註19〕　參阮元校勘，《十三經注疏》、解經卷第十三下，《孟子盡心章句上》，孫奭疏。

盡心為盡性、盡意之基礎，蓋一切果效莫不由此心而發，《易傳》亦以盡己之性，盡人之性，盡物之性而後參贊天地之化育。故此所云「盡」之功夫，莫非一一先由一己做起，而盡己之道端在盡心，故盡心實乃道德行仁之大本。惟孟子所重之盡心乃盡其本心之謂，亦即盡其一己天賦之良知與良能，是乃道德意識之靈明自覺處而未受外緣感染之本心。

　　焦循《孟子正義》引趙岐注曰：「盡心者，人之有心，為精氣主，思慮可否，然後行之，猶人法天，天之執持維綱，以正二十八宿者，北辰也。《論語》曰：北辰居其所，而眾星拱之。心者，人之北辰也，苟存其心，養其性，所以事天也。」〔註20〕

　　至於荀子言心，則富心理學上之意義，其云：「心者，形之君而神明之主也，出令而無所受令。」〔註21〕故不論孟荀，實皆以此心為人靈明之所，為形體之中樞，為意識之主宰。人之有心，如同天有北辰，以維綱常倫序。不過荀子不承認有所謂「本心」之謂。

　　孟子即心言性，以心統性，以心之作用領導其性，故以人之行為，惟心為正，人能盡極其心，以思行善，則可謂知其性。蓋心能裁度一切，以正四體五官，心為人之大體，心知為大體之知。四肢五官感覺之知，則為小體之知。孟子以大知引導小知，此心既為大體之知，且為人之靈明自覺處，故盡心極為重要，亦即將此天賦之良知良能，按其所秉之純而善為發揮擴充之謂。蓋人之能行善，貴在此心之靈明，耳目百體有所欲，亦即以此心去制欲化欲俾得其正。孟子既以盡心，知性，而知天，故心性彼此相通，能克盡其心之良知，則能知本性之善而予以發揮。人心之能思行善，極其心以思行善，則可謂知其性矣。心既善故性無不善，天道生生亦貴善，且特鍾於人之能思行善，惟不知其性之善者遂不能行，故盡極其心乃思行善，且知天道好善，故存其心養其性，即所以法天而事天。人能存心養性方可為存仁之人。按天道無親惟仁是與，是以人之行能與天合是乃知天而事天。〔註22〕

　　總觀孟子言盡心、知性而知天，實乃其一貫之道說；盡心乃為一己自覺之功夫，知性為行善之所本，知天更在乎存養之擴充以見天道之本仁。故孟子道德哲學之基礎，乃奠基於盡心知性而知天，使天命所賦之良知無所蔽而

〔註20〕參焦循《孟子正義》卷十三，〈盡心章句上〉，〈盡心題篇注〉。
〔註21〕參《荀子》卷十五，〈解蔽篇〉第二十一。
〔註22〕參焦循《孟子正義》卷十三〈盡心章句上注疏〉，頁516～517。

得其清明之靈覺，由反求諸己以收自反而縮之功夫，進而由知萬物之性而共
順遂之而得其正使彼此善爲契合而與天道相參，以建其天人合一之道德體
系。朱子以孟子所言之「心」實乃「道心」，故盡心者實即克盡此道心之微。
至於陸子則重孟子所言之「本心」，其所說則略同。〔註23〕

〔註23〕 按心性之說，在宋明理學之發展中，益形紛紜。張載、二程、朱子、陸王，
各有妙說，大都發展孟子心善之說，所見略有不同，但各家皆能發明孟子之
妙趣。
按朱子以心統性情，寂然不動而仁義禮智之理具焉，動處便是情，而心是神
明之舍，爲一身之主宰。(《朱子語類》)
朱子曰：「人之一身，知覺運動，莫非心之所爲，則心者，所以主於身，而無
動靜語默之間也。方其靜也，事物未至，思慮未萌，而一性渾然，道義全具，
其所謂中，乃心之所以爲體，而寂然不動者也，及其動也，事物交至，思慮
萌焉，明七情迭用，各有攸主，其所謂和，乃心之所以爲用，感而遂通者也。」
(〈答張敬夫論中和〉)
但朱子嘗分別人心與道心，根據二程所說而予以發揮，朱子云：「此心之靈，
其覺於理者，道心也。其覺於欲者人心也。」(〈答鄭子書〉) 故孟子言心，按
朱子視之，乃「道心」之謂。朱子復云：「夫謂人心之危者，人欲之萌也，道
心之微者，天理之奧也，心則一也，以正不正而異其名耳。」(〈觀心說〉) 但
朱子以人只有一心，或公或私，或原於理，或出於欲，乃有道心人心之不同，
其實只一個心。
象山先生不分道心人心，而曰：「《書》云：人心惟危，道心惟微，解者多指
人心爲欲心，道心爲天理，此說非是。心一也，人安有二心，自人而言，則
曰惟危，自道而言，則曰惟微。罔念作狂，克念作聖，非危乎，無聲無臭，
無形無體，非微乎？」(《象山語錄》) 故按象山之見，心只是一，人心道心，
不過從言之不同，其實非二。然程朱亦未嘗謂人心道心爲二，夫象山與程朱
之實際不同，乃在於程朱以天理人欲解說道心人心，象山則根本反對天理人
欲之分，故不贊成以天理人欲解說道心與人心。是象山亦以知覺爲心之特質，
此則與朱說並無不同。
按朱陸皆以心爲靈，但朱子謂靈處是心不是性。象山則以心即性，但象山極
重「本心」之說，其本心觀念，源於孟子，故曰：「惻隱仁之端也，羞惡義之
端也，辭讓禮之端也，是非智之端也。」(《象山全集・年譜》) 故象山以仁義
禮智之心即本心，而確立孟子所云本心說之重要性。

第二章　孟子之天道性命觀

　　孟子道德哲學以《中庸》之性、道、教爲其總綱，以明誠立其極，以中和爲其用。蓋《中庸》全書之基本觀念，不外天、道、誠。天者萬物之本原，亦天道大化所流衍，道者見於天理，存諸事物，誠者則彰於人心。孟子特發揮孔子人道哲學之系統，以天道爲人道之依據爲萬有統一之準則，以誠爲人之發心與張本。孟子綜合孔子之大義，闡其底蘊而多所發揮，歸其要乃以本心爲根，因本心乃繫於天道之所禀，故本文乃進而探討孟子以誠爲主體之天道觀，詳析如下：

第一節　孟子以誠爲主體之天道觀

　　按儒家言天不外四大內涵，一指神性主宰之天，二指道德義理之天，三指命運之天，四指物質自然之天。觀孔子言天乃以天爲神明體，含有天意存在之意，故孔子對天極爲崇敬，曾謂：「獲罪於天，無所禱也。」（〈八佾〉）此「天」乃指位格化之最高神明，亦即宗教中所祭祀之昊天上帝。蓋我國古代雖無西方式之宗教，但自天子以至庶民，莫不透過祭祀生活與明堂之敬祀，以敬事上帝山川神祇與人鬼。孔子雖云：「敬鬼神而遠之。」（〈雍也〉）實乃指一般社會上所敬祀之多神而言，並非指昊天上帝。

　　《尚書》與《詩經》中所言之天，多含有主宰性之天，兼含「疾敬德」，「愼厥終」，「保永命」之義。如〈商書〉云：「予惟聞汝眾言，夏氏有罪，予畏上帝，不敢不正。」（《尚書》卷三）

　　「德日新，萬邦惟懷……嗚呼，愼厥終，殖有禮，覆昏暴，欽崇天道，

永保天命。」(《尚書‧仲虺之誥》)

又云：「嗚呼，嗣王祇厥身，念哉，聖謨洋洋，嘉言孔彰，惟上帝不常，作善，降之百祥，作不善，降之百殃。」(〈商書‧伊訓〉)此即明言上天有鑒臨之威。

《詩經》中亦嘗云主宰性之天，如「畏天之威，于時保之。」(〈周頌我將之篇〉)又云：「文王在上，於昭于天，周雖舊邦，其命維新，有周不顯，帝命不時，文王陟降，在帝左右。」(〈大雅文王〉)此蓋指文王之德，可匹配上帝，故其靈與上帝同在。但此外間亦指自然與物質之浩浩其天，如云：「倬彼雲漢，昭回于天，瞻邛昊天，有慧其星。」(《詩‧雲漢》)此外亦間指彝倫攸敘理則之天，如「天生烝民，有物有則，民之秉彝，好是懿德。」(《詩‧烝民》)此即指天生萬物中所含之理則。

故綜觀孔子所指之天，實兼含主宰、義理與命運而言，且倡天人合德之說。孟子師承孔儒，故其對天之態度，亦與孔子相類似，確認天命與主宰天之存在，如云：「堯薦舜於天，而天受。」(〈萬章上〉)但孟子以天之表示，在乎民心，故云：「天視自我民視，天聽自我民聽。」(〈萬章上〉引《書‧泰誓》)但其對主宰天之存在固乃深信不疑。如云：「雖有惡人，齋戒沐浴，則可以祀上帝。」(〈離婁篇〉)又以天有意志，故云：「天之將降大任於斯人也。」(〈告子篇〉)故皆以天為靈明之主動，但孟子亦以天為義理，為自然物質之天，如云：「誠者，天之道也。」(〈離婁上〉)此乃肯定道德義理之天，又如「天之高也，星辰之遠也。」(〈離婁下〉)「天油然作雲，沛然下雨。」(〈梁惠王上〉)此則純指自然與物質之天。

按春秋時代，天，天命之思想，已漸從位格神之性格轉化為道德或法則天之性格，且將傳統有位格神之宗教天或最高統一體，降而為一般鬼神之觀點。但孔子本身將「天」與「鬼神」之分別極為清楚，對天則始終存敬畏之態度，對山川神祇人鬼則存敬而遠之態度，既不公開反對亦未表示贊成，至少將鬼神問題置於教化之外，而以仁義，疾敬德視為人內在生活之最高準則，唯仁可與天齊，且孔子對祭祀生活，悉建立於誠、敬、仁、愛諸德之基礎上，並反對「非其鬼而祭之」之祭祀觀，此乃寓祭祀生活於主敬精神與慎終追遠之精神中，故祭祀之義，非在自求多福純在報本反始與崇德報恩，透過祭祀之形式，以表達內心之疾敬德與孝思而已。

故觀孔子對祭祀之義，與其為宗教性，無寧謂乃測重其人文化成之精神，

蓋孔子無所求於鬼神，故祭祀中心非在祈福乃在敬德。惟孔子至終對昊天上帝仍始終存敬畏之態度。

孟子秉承孔子思想，但卻重義理之天，特將外在之敬祀，化爲內在之靈明與自覺，透過人心之自反、自省與本心之誠，即可上配上帝。故孟子雖確認主宰天之存在，但其重點卻在德性之心與義理之天，故云：「西子蒙不潔，則人皆掩鼻而過之，雖有惡人，齋戒沐浴，則可以祀上帝。」此所云之惡人，乃指行爲上之醜類，若其能洗心齋戒，自治淨挈，則亦可配上帝之祀。是孟子原意以人當存仁明誠，故不在乎外在之修飾，而端在乎內心之明誠。此蓋孟子之時已重以人爲主體之思想，此義理之天乃出諸人心理性之領悟，而不必決於天命。故云：「古人修其天爵，而人爵隨之。」（〈告子上〉）此天人一致之觀念，全由心性之覺悟而立，亦即循乎道德法則與自然天理之通觀。

觀乎孟子時對天之態度，已由外在之敬畏，轉化爲內在之明誠，故由敬天、畏天，轉爲事天、樂天。且將「天與」之思想，化爲人內在之明德，如萬章曰：「堯以天下與舜，有諸？」孟子曰：「否，天子不能以天下與人」，「然則舜有天下也，孰與之？」曰：「天與之。」「天與之者，諄諄然命之乎？」曰：「否，天不言，以行與事示之而已矣。」（〈萬章上〉）故此所謂天與者，實乃人之善行上配神明心與道通，其大信可昭臨於天下。此顯見孟子時已由外在之天命，轉爲內在之自反自省與自明誠之生活，認天道與人相契，至誠則明必感召天人使神人同與。

但孟子亦以天道天理不可違，蓋本《詩》、《書》之傳統，故以人世賢愚，政治得失，均不應逆天，而宜順天，故云：「順天者存，逆天者亡。」（〈離婁上〉）是以有時孟子亦兼重主宰天之觀念，如云：「商之孫子，其麗不億，上帝既命，侯于周服，侯服于周，天命靡常，殷士膚敏，祼將于京。」（見〈離婁上〉引《詩・大雅・文王篇》）但孟子漸將此天命觀與事物之理則，以及人道思想相互結合，咸認由人心可窺見天心，由事物之理可窺見天道之奧秘。故由主觀而言，天命乃天理人事乃由天理所決定，是以畏天不如樂天敬天不如事天。

此外孟子亦重命運之天，此所言命運之天，非宿命論之注定觀，乃指「非人之所能爲也，莫之爲而爲者，天也。莫之致而至者，命也。」（〈萬章上〉）

總言之，孟子心目中之天，實兼含主宰、義理、命運，自然而言，但孟子所特重者厥爲義理之天。此義理之天實天道與人道，天理與人理之大融合，蓋天命勿需向外求，乃回歸向自家心性之中去做明誠之功夫。尅實而言，孟

子之天道觀，乃以誠爲主體之義理天，並因之而講仁義禮智四端之說，孟子之言性善，即肯定「天之所與我者」，故人之所得於天者，實即孟子性善說之形上根據。

一言以蔽之，在孟子之天道本體觀中，天命乃重其理則性而彰顯於吾心者。有形之天道乃自然天之演變，爲一切現象之總稱。至於無形之天，則係天理之運行，至對於主宰天雖並不強調，但亦不否認其存在。

總觀孟子天道思想之關鍵，本不在其外在悠悠之蒼天，與意志之命令，乃在乎向吾自家內在心性中之反省，故以誠爲天之本體，使吾人之明誠，與天道之本誠相契，而後乃達「上下與天地同流」之境界。（〈盡心上〉）

察孟子確認主體性之自顯，以人心與天心相齊，以確立其明誠之天道思想，雖以自然本體含有主宰，義理、命運三重性質，然卻以義理爲主。義理之天，特以天爲至高之眞理所在，亦即大化流衍之天道，但此天道之流行，與天理之彰顯，乃在吾人之良知與明誠中見之。必吾人之明誠與天道之本誠相互契合，乃可見天理之所在。故天之意志乃由我之覺解而生，故孟子特重敬天、事天、樂天而不重畏天之威，蓋此心之誠明處，自可與大化同流。

此種天道本誠之思想，在《中庸》中實已詳切發揮，而《中庸》中所言之天命，實已由《尚書》中主宰性，轉化爲義理性之命哲或教命，故天命之主旨，實在疾敬德，而重其道德心之趨向，孟子繼起，發揮其道德主體性之自主與自覺，以天道非外在於高天，實在吾人本心方寸中之彰顯，故特本《中庸》之旨而建立其以誠爲主體之天道觀，以事天樂天代替昔日之畏天之威，故欲明天意本不在外求，端在一己靈明之自覺與反省。

第二節　孟子言知命立命正命與事天

孟子曰：「盡其心者，知其性也。知其性，則知天矣。存其心養其性，所以事天也，殀壽不貳，修身以俟之，所以立命也。」又云：「莫非命也，順受其正，是故知命者，不立乎巖牆之下，盡其道而死者，正命也；桎梏死者，非正命也。」又謂：「求則得之，舍則失之，是求有益於得也；求在我者也。求之有道，得之有命，是求無益於得也；求在外者也。」（〈盡心上〉）

孟子以上所言之命，實將人生之情況分爲靜態與動態二種，靜態者，操之在我，當可努力脩身以俟之。動態者，操於外在之境遇，非我之所悉能盡

心者，故當存《中庸》所言之居易以俟命的態度。

夫天之德命不可不知，知天之德命，乃爲君子立身處世之所本。孔子以五十知天命，此天命實即上天對人之德命，以及事物自然之至理，與人事所當盡之道，亦即《易·說卦傳》所云：「窮理盡性以至於命」。故天命乃人道之表率，爲天理之終極準則，俾裁正萬有以綜理人事。至於實際生活中所遭逢之吉凶禍福，乃半由人爲半由機緣際遇所致，並非先天命數之注定。故孟子所云之知命，實乃知天之所當命，德業之所當修，性命之所當盡者。夫有定之命，乃上天之道德意志與命令，自宜脩身以俟之。無定際遇之命，則當進德修業以避之。蓋有德者能造命，內以成己是曰內聖，外以成務是曰外王。人生德業中最高之目的乃由知命而立命，日新其德，由法天、事天而立人極之本，是故孟子之命說，乃立基於目的論之觀點而非建立於宿命論之觀點上，自係極顯明之事實。

孟子首倡盡心知性而知天，能明天之明命，則應存心養性以事之，是謂事天。事天者乃順天道之正理，循其法則而行之終生不敢或違。所謂盡心者實即通德達情，先存養一己之本性，擴充吾本心之善端，去待人接物，雖有夭壽之事實但終無二心乃未敢稍改其正道。

至於夭若顏淵、壽若邵公，〔註1〕此乃夭壽不貳，非人力所盡能強求者，故當脩身以俟之。所謂立命乃立乎天所秉吾之本命而善爲處之；然立命貴由知命始，能知命即知吾德業之所當盡，人事之所當脩，自必中心有定而不爲外境所遷，是以君子立命必全其天之所付盡其在我，不以人爲害之更不存患得患失之念，勿使夭壽禍福之思攖其心，以免有所疑貳而損及其存養之功，致有所怠忽。

是凡知命君子，自必知立命之正道，而全「天」所賦之性命，不圖非命之分，不作犯難凶險之事，俾免自招危殆。是以孟子曰：「知命者，不立乎巖牆之下，盡其道而死者，正命也。」至於自蹈法網，或無謂冒險而死者，則非正命可知。

朱子以天命謂性之「命」，與死生有命之「命」不同，死生有命之「命」，是帶「氣」言之，氣便有稟得多少厚薄之不同。天命謂性之「命」，是純乎「理」而言與宿命無關。蓋命之正者出於理，命之變者出於氣質，要之皆天之所付

〔註1〕參焦循《孟子正義》上冊，頁 518。按趙歧注云：「邵公，周公之兄也，至康王之時，尚爲大保。」又云：「傳稱邵公百八十歲。」此壽若邵公之說也。

予，故朱子引孟子曰：「莫之致而至者，命也，皆當自盡其道，則所值之命，亦即正命也。」〔註2〕但觀孟子性命之說，未嘗分氣質之命與本然之命，是恐朱說未必盡孟子之義吾人不可不察。

夫知命君子必明天理，百務必循正道而行，至當值之時遇間有幸有不幸，則在所不計。若正命之所遭，非殺身無以成仁，非捨生無以取義，則憂患之來亦當無所苟免，故雖殺身罹禍，亦即正命之要求，宜當順受之而無所逃避於天地之間。

易言之，知命者貴在盡其一己仁義之德命，至於天下人事之演變，風雲不測之事端，則當立命以俟之而順受其正方爲正命，至於對非命之事則當拒而不受。

孟子曰：「若夫成功則天也，君如彼何哉，強爲善而已矣。」（〈梁惠王下〉）此蓋孟子對梁惠王之答問，以人間不測之事當安然處之，君子造基於前，垂統於後，但貴不失天理之正道。至於人間之成功與否，則屬未可必之數，但彊於爲善，盡其在我，而俟之於天，此即孟子教人知命、立命之本旨。故當竭力於所當爲，不可徼倖於其所難必之處也。故孟子又云：「君子行法以俟命而已矣」（〈盡心下〉），此乃教人順性蹈德，本乎天理之必然，行其法度，至於夭壽禍福，則非我所能預計，則存不憂、不懼、不惑、不驚之態度脩身以終之。是以孟子此種看法，實不外《易經》窮理盡性以致於命之發揚，亦即君子立身之學。按盡心竭性正所以事天，至於不期然而至之壽夭禍福，則當動心忍性，增益其所不能，砥節礪行以泰然處之。總言之，當秉心不違天命之理，至於人間之流變則適其時中之道可矣。

察人生有可求者，有不可求者，可求者乃吾一己之德業，亦即上天所要求吾之德命；所不可求者，乃外在之爵祿與際遇，此殆非吾人之努力所盡能倖致。按內在之德業，求則得之，舍則失之，且求之必有益於吾之身心，是可操之在我。至於爵祿厚遇窮通禍福，則悉皆緣於際遇操之於外在之環境，自非人力之所盡能自主而枉求之無益是不可求者。俗人不自覺，正樂此不疲，而汲汲經之營之，以至當求而不求，不可求者復全力以赴，以至德業日衰而不知自止不亦悲夫。

清儒有德命、祿命之說，德命者宜修一己之德業，使日新又新，以充實吾內在人格之光輝，是乃可盡之在我者。祿命者乃外在境遇與報賞，乃不可強求

〔註2〕參《朱子語類輯略》卷之一，頁28。

者。君子修德命而祿命隨之，即有所不逮而自得其為德之樂則亦何懼哉。〔註3〕

　　孔子者萬世之師表，其所求者莫非德命之日新，至其外在之際遇實亦坎坷潦倒。莊子記夫子之際遇曰：「孔子遊於匡，宋人圍之數帀，而弦歌不輟，子路入見曰：何夫子之娛也。孔子曰：來吾語女，我諱窮久矣，而不免，命也。求通久矣，而不得，時也。當堯舜而天下无窮人，非知得也。當桀紂而天下无通人，非知失也，時勢適然……知窮之有命，知通之有時，臨大難而不懼者，聖人之勇也。」（《莊子‧秋水篇》）

　　此乃莊子讚譽夫子求內在德命之充實與德業之日新，至於外在之際遇，雖坎坷潦倒，夫子終生亦不以為憂，此誠乃聖人之勇，蓋求仁得仁夫復何怨？

　　朱子謂：「義理身心所自有，失而不知所以復之。富貴，身外之物，求之惟恐不得，縱使得之，於身心無分毫之益，況不可必得乎。若義理求則得之，能不喪其所有，可以為聖為賢，利害甚明，人心之公，每為私欲所蔽，所以更放不下。」〔註4〕此乃說明爵祿者身外之物而非君子立命之所居者。

　　觀乎孟子立命知命之說，重在一己德業之當修，亦本《中庸》居易俟命之教，蓋既盡之在己，敦品勵行，故心有所安，自不憂不懼，至於夭壽禍福，吉凶通達，則宜順受其正，勿以人害天矣。蓋為仁由己，富貴在天，故孔子曰：「如不可求，從吾所好。」（〈述而第七〉）

　　清代學者李穆堂氏，爰本孟子知命、立命、正命之說著有〈原命〉一篇，大要皆發揮孔孟之旨，足資吾人參考。李氏曰：「命之說有二：有有定之命，有無定之命，有定之命俟之而已，無定之命立之而已。故君子有俟命之學，有立命之學。何謂有定之命，天以陰陽之氣化生萬物，而人為最靈，物之命不足論也於人乎驗之。凡氣有消必有長也，有生必有息也，消長生息，互為乘除，故人之所值，有盛必有衰也，有衰必有盛也。當其盛不能遽使之衰，故曰：天將興之，誰能廢之。當其衰不能遽使之盛，故曰：天之所廢，不可支也。此命之有定者也。何謂無定之命，天之生人也，有是氣又有是理，氣有消長，理無消長，氣有生息，理無生息，盛者不遽就衰，而君子不敢不憂其聖。衰者不遽復盛，而君子必有以救其衰也。故曰，命也，有性焉，君子

〔註3〕按德命即孟子所云之立命，而操之在我，可求而得者。祿命乃外在之境遇，
　　　非可操之在我，且所求未必可得。自清儒以還，多作如是觀。參焦循《孟子
　　　正義》，〈盡心篇〉注疏。
〔註4〕參《朱子語類輯略》卷三，頁76。

不謂命也，此命之無定者也。」

李氏復謂：「有定之命有四，日天下之命，日一國之命，日一家之命，日一身之命。天下之盛也，禹湯文武以致治，其衰也，孔子孟子莫能救之。國之盛也，齊桓晉文因之以霸。其衰也，公儀子爲相，子柳子思爲臣，魯之削滋甚。家之盛也，父作子述，其衰也反是。身之盛也，道之將行也，其衰、道之將廢也。此四者命有定，而君子俟之，莫敢怨尤焉。」又云：「無定之命亦有四：秦併六國，天下甚矣，而仁義不施，則二世而亡，周轍東遷，天下衰矣，而文武成康，積德累仁，則數過其歷。吳夫差、越勾踐，國盛矣，務詐力則旋滅。魯衞之國積衰，而魯秉周禮，衞多君子，雖衰而久存，羈旅之臣，五世其昌，家雖衰可以盛也。欒卻之族，降在皂隸，家雖盛不難衰也。其在身也亦然，作善降之百祥，作不善降之百殃是也，此四者命無定，而君子立之，論理不論氣，故謂性不謂命也。」〔註5〕

是故有定之命，則修身以立之，所以扶人極也。無定之命，乃外在之際遇與事變，是乃可知不可知之數矣。

然君子居之安則資之深，平常素養有定，臨難不苟，臨危不懼，此乃一己之存養處，亦即稟受天道，順受其正，而無愧於正命。至於非命者，孔子認爲人有三死，而非其命也，蓋皆行己之所自取，故云：「夫寢處不時，飲食不節，逸勞過度者，疾共殺之。居下位而上干其君，嗜慾無厭，而求不止者，刑共殺之。以少犯眾，以弱侮強，忿怒不類，動不量力者，兵共殺之。此三者死非命也，人自取之，若夫智士仁人，持身有節，動靜以義，喜怒以時，無害其性，雖得壽焉，不亦可乎。」〔註6〕

觀孟子所陳性命之理，皆本乎天道之正，其主旨莫非導人順受天道之自然，善盡人事之所當爲，對人間無可奈何之事，莫之致而至者，則當本俟命之態度，守正不阿，力圖有以克之。故平時當立乎天命所稟受之正，知德業之所當修，義之所當盡，善而爲之。故孟子教人：「仁則榮，不仁則辱，惡辱而居不仁，是猶惡濕而居下也。」（〈公孫丑上〉）又云：「般樂怠敖，是自求禍也，禍福無不自己求之者。」，《詩》云：「永言配命，自求多福。」太甲曰：

〔註5〕李紱字巨來，號穆堂，江西臨川人。清康熙進士入翰林，歷官至乾隆初，博學能文，所著有《穆堂類稿》，及他書。按〈原命〉一篇見《穆堂初稿》卷之十八，全書收於《李穆堂先生詩文全集》，道光辛卯重鐫。按穆堂有關命說純採道德觀點而立論與孟子本旨甚近。

〔註6〕參《孔子家語》卷一，〈五儀解〉第七，頁13。

「天作孽，猶可違，自作孽，不可活，此之謂也。」（同上）此孟子引《詩經》
以證禍福乃自求之道理，必長守此心永保天命，盡人事之所當爲而俟之可矣，
至不可測之變化則勿耿耿於懷矣。

夫孟子之知命，立命之說，純係後天義理之說法，並非先天宿命論之主張。
孟子力倡善養其性以盡命，不因壽命之久暫，或時遇之否泰，而改其生命之本
質，與天德之價值。孟子所著重者，乃由存心養性而修身，使性命之本德發揮
圓滿而無虧，此即「事天」之功夫，故盡人、盡倫所以踐形、踐性，此乃孟子
立命俟命之原則。至於對生死則主「正命」而不主死於「非命」，蓋死有重於泰
山，有輕如鴻毛，故當盡其道而爲之。是以孟子曰：「盡其道而死者，正命也。
桎梏而死者，非正命也。」（〈盡心上〉）但遇必要時孟子則亦主張捨生而取義。

至於祿命、運命則非人事所可預定，雖有德命者亦未必通達，故孟子云：
「吾之不遇魯侯，天也。臧氏之子，焉能使予不遇哉。」（〈梁惠王下〉）

故衡孟子論性命之理，實重德命之培養，知命者，即知此德業之所當盡，
立命者，即立此德命之所當修，以求個人人格之完滿，此乃可求而盡之在我
者。至於外在際遇之通達窮蹇，則非我之力所盡能圖之，故當隨遇而適，修
身以俟之可也。觀夫後世論命者益繁，除參酌孟子之義外，實多含宿命論之
色彩，此殆非孟子之本意。

按孟子俟命之思想，並非因循等待之謂，貴在先由一己之盡心盡性始，先
立乎一己之不可拔者，此即仁義禮智之德命。至對風雲不測之事，則當立命以
俟之而順受其正，是謂正命，此乃聖賢之知命處。俗以俟命乃委心任運，聽之
自然，將視天下之飢寒愚不肖，純出定然，而不知盡其心，且自死於畏，自死
於桎梏，或自死於巖牆之下而莫知趨避，或可盡之在我者，而不知奮發有爲，
此殆非孟子所謂之知命、立命與正命之主旨。總言之，君子以行道安天下爲心，
天下之命，立於君子。君子立命，則盡其心。故己之命聽諸天，所謂脩身以俟
之而以天下之命任諸己，所謂盡心立命之謂。又於己者則俟命、於天下則立命、
於正命則順受、於非命則不受，此乃聖賢知命之學造次顛沛必如是而已。

按修仁行義事在於我，我求則得，我舍則失，數求亦有益於得。故賢者
修其天爵而人爵從之，是謂求之有道。

程子曰：「盡其心者，知其性也。夫是性也，天之分與我者也，性不異乎
天，而天豈異乎性，知性知天非二事，亦無二時也。知其性，則知天矣。……
天分我以心與性，而能不放之不戕之，非所以事天乎。故苟能存其心，而養

其性，則必其明物察倫，必能居仁由義，以盡其道。至殀壽不貳，修身以俟之矣，豈非所以立命乎。」（《二程語錄》）

故知性即知天，知天而盡其心以教之即所以事天，觀程氏此說頗能發揮孟子所言知命、立命與正命之奧義亦即事天之法則。

第三節　孟子對命運所持之看法

孟子主張人具有本心，即為先天之良知良能，而為人生在世道德生活之依據，故承認人具有自由意志，可作道德意識與行為之判斷。蓋人必具自由意志，道德生活方有主動之可能。然而孟子對人生後天之際遇，亦甚重視，對後天若干無可奈何之環境亦不忽略之，且孟子自始至終並非宿命論之提倡者，亦未涉及彼時觀星相、氣色與命理之事，是觀《左傳》一書多言災異、天變、與禍福預定之數，而孟子則從未提及之。〔註7〕

孟子僅言盡心知性而知天，而「知天」實即知天道之理與吾德命之所當為，故非一般宿命論者所持之觀點。然而孟子亦並不忽視人生偶然之際遇，故云：「莫之為而為者天也，莫之至而至者命也。」（〈萬章上〉）此所云之「天也」，「命也」，實皆指不期而然之際遇，乃人莫可或違或不能免者。故孟子引

〔註7〕按《左傳》所載之史趙、裨竈、梓慎、申須、萇弘、史墨等皆善於觀察天文以測時變，其所用之術皆不外陰陽曆算與五行之思想。《前漢書》云：「數術者，皆明堂羲和史卜之職也。史官之廢久矣，其書既不能具，雖有其書而無其人，《易》曰：苟非其人，道不虛行。春秋時，魯有梓慎、鄭有裨竈、晉有卜偃、宋有子韋。六國時，楚有甘公、魏有石申夫。漢有唐都，庶得麤角，序數術為六種。」（參《前漢書》卷三十，同文殿刊本頁50）

按左氏所言禍福成敗皆由前定，可由天文曆算數術陰陽五行之理推而得之。如《左傳·昭公八年》，「楚滅陳，晉侯問於史趙曰：陳其遂亡乎？對曰：未也，陳，顓頊之族也，歲在鶉火，是以卒滅，陳將如之，今在析水之津，猶將復由。」（《左傳會箋》下冊卷二二）

又《左傳·昭公九年》：「夏四月，陳災，鄭裨竈曰：五年陳將復封，封五二年而遂亡，陳水屬也，火，水妃也，而楚所相也。今火出而火陳，遂楚而建陳也，妃以五成，故曰五年，歲五及鶉火，而後陳卒亡，楚克有之，天道也。」（《左傳會箋》卷二十三，頁15～16）

又《左傳·昭公十年》「春王正月，有星出於婺女，鄭裨竈言於子產曰：七月戊子，晉君將死。」（《左傳會箋》卷二十二，頁20）

又《左傳·昭公三十二年》夏，吳伐楚，史墨曰：「不及四十年，越其有吳乎，越得歲，而吳伐之，必受其凶。」（《左傳會箋》卷二十六，頁47）此外，有關類似之記載甚多，茲不贅。

齊人有言謂：「雖有智慧不如乘勢，雖有鎡基不如待時。」（〈公孫丑上〉）蓋理有必然，事有必至者，固可以理智判斷及之，但對一切偶然之事故，惟有居易俟命，脩身以待之也。《易》曰：「知周乎萬物道濟天下，故不過，旁行而不流，樂天知命故不憂，安土敦仁故能愛。」（《易繫辭傳上》第四章）是以吾人對命數中之無定者，唯訴之於樂天不憂之態度泰然以處之可也。

按漢儒王充傳有三命之說，一曰正命，二曰隨命，三曰遭命。正命謂本稟之自得吉，性然骨善，故不假操行而求福而吉自至。隨命者，戮力操行而吉福至，縱情施欲而凶禍到，故曰隨命。遭命者，行善得惡，非所冀望，逢遭於外而得凶禍，故曰遭命。此說以凡人受命，在父母施氣之時，已得其吉凶。事實上，孔孟從未曾如此說，先秦諸子亦未作如是觀，僅《孝經‧援神契》謂：「命有三科，有受命以任慶，有遭命以謫暴，有隨命以督行。」〔註8〕

此所云之受命者即指年壽而言，遭命謂行善遇凶言，隨命者謂隨其善惡而報之也。衡此三命之說，實乃漢時王充《論衡‧命義篇》所云，且與氣稟之才性說相關，至於孟子並未作如是觀，此恐後儒附會，以漢時才命之說虛托先儒之見，且緯書乃出自漢時無疑係漢儒之陋說而已。

近人康有為曾云：「命為孔子大義，《易》曰：『樂天知命故不憂。』又曰：『窮理盡性以至於命。』上論終篇，『時哉，時哉。』下論終篇曰：『不知命無以為君子。』皆以時命為大義，而特舉之故。孔子五十而知天命，又曰：死生有命，富貴在天，而責子貢之不受。《中庸》言，居易以俟命。故《孝經緯》有三命，曰正命、曰隨命、曰遭命。孟子傳孔子之學，故篤信命，而大發莫非命之義。」（《孟子微》，〈性命第三〉）此恐乃康氏牽強附會之語，蓋語多出於今文家董仲舒《春秋緯》之論，此殆非孔孟之原意。

按孟子言命，從未就宿命論之觀點立論，雖孔子及先儒皆信天命，但此天命實係教命，即上天對人之道德命令。孟子認此教命實體現於吾人良知之

〔註8〕趙岐謂人之終無非命，蓋以命有三名，人之終不出乎命，即受命、遭命、隨命。三命中惟行善得善，乃為順受正。揆諸孟子主旨，固不如是三命之說。《孟子音義》云：「丁云：三命事出《孝經》〈援神契〉。」按《禮記‧祭法》注云：司命主督察三命。孔氏《正義》引《孝經‧援神契》云：「命有三科，有受命以任慶，有遭命以謫暴，有隨命以督行。受命謂年壽也，遭命謂行善而遇凶，隨命謂隨其善惡而報之。」《白虎通‧壽命篇》云：「命有三科以記驗，有壽命以保度，有遭命以遇暴，有隨命以應行。壽命者上命也。若言文王受命惟中身，享國五十年。隨命者，隨行為命。」（參焦循《孟子正義》，〈盡心章句上〉，頁518～519）又見明孫殼編《古微書》卷二十九。

中，故貴乎內省不在外求。即《尚書》中所立之天命，亦非指宿命而言，乃純指上天命哲之意，雖具主宰與意志，但其主旨乃在「命歷年」、「疾敬德」。如《尚書》云：「今天其命哲，命吉凶，命歷年……王其德之用，祈天永命。」（〈召誥〉）又云：「天乃大命文王殪戎殷，誕受厥命。」（〈康誥〉）此所指天命乃命哲之意，故觀先哲皆不以先天命數教人，祇以天之教命、明命導人為善，咸認為善者必得永年。

按先儒三命說不見於《論語》，自非孔子所言，然按《孔傳》解命哲，命吉凶，命歷年云：「今天制此三命，惟人所修，修敬德則有智，則常吉，則歷年。為不敬德，則愚凶不長，雖說之於天，其實在人。」故所謂天命之說，實托之於天，以示警於人者。

觀乎孔子言命，除指莫可奈何之形勢外，亦多含德訓之義，並未云宿命論之思想。子曰：「道之將行也與，命也。道之將廢也與，命也。」（〈憲問〉）此所云之命也，事實上乃指人事之形勢而言，非云有前定之興廢。又如子夏曰：「死生有命，富貴在天。」（〈顏淵〉）此實皆托之冥冥中之未定數，寓有勸諭之意。蓋喻人生在世，當厥盡一己所當為，雖形勢有人力所不能挽回者，亦當勉力修為之，至其結局果為富貴貧賤，得失順逆，自不必希覬，一切委之自然，而順受其正。觀夫子畏於匡，困於陳蔡，莫不持同樣之態度。

孟子本乎孔子對命運之態度，故特重在人事上盡其在我，故持樂天、事天之看法。對人事之順逆，形勢之莫可奈何處，則悉聽其自然而效夫子不怨天，不尤人之態度。

按孟子本見信於魯侯，然遭臧倉之讒，卒不見遇，孟子乃嘆其不遇魯侯乃天也。事實上，此所云之「天」，乃指處於君權專制下所莫可奈何之形勢，且亦為當時政治環境所必然之事實，蓋亡國之君每好自用寵信讒人，故其間疏賢人自屬難免。

孟子對此種莫可奈何之形勢，並非純持任運之態度，乃存「君子行法以俟命而已矣」（〈盡心下〉）朱子曰：「法者，天理之當然者也，君子行之，而吉凶禍福有所不計，蓋雖未至於自然，而已非有所為而為矣，此反之之事，正董子所謂：『正其誼不謀其利，明其道不計其功』，正此意也。」〔註9〕程子曰：「動容周旋中禮者，威德之至，行法以俟命者，『朝聞道，夕死可矣』之意也。」二程門人呂大臨（藍田）謂：「法由此立，命由此出，聖人也。行法

〔註9〕參《孟子‧盡心篇》〈朱子章句〉。原見董仲舒〈天人三策〉，〈仁道之要〉。

以俟命，君子也，聖人性之，君子所以復其性也。」〔註10〕

　　此乃孟子性命思想之極致，君子順性蹈德得乎天理，行其法度，崇德廣業，守正不阿，至於人間夭壽否泰，訴之於冥冥不可知之數，惟待命而已，故君子之行，動合禮中，不惑禍福，則修身以俟其終可矣。

　　孔子雖傷顏回之喪曰：「噫，天喪予，天喪予。」（《論語・先進》）又伯牛有疾，子問之，自牖執其手曰：「亡之，命矣乎，斯人也，而有斯疾也，斯人也，而有斯疾也。」（〈雍也〉）此蓋夫子傷慟門人之早逝，天喪予者，猶若喪己，即傷失其知言之人。夫子本於「朝聞道，夕死可也」之精神，對顏淵之喪亦何傷哉？孔子此嘆，蓋傷時無賢人君子，而有道之士多有不遇，且橫罹災疾，是以頓萌感痛之悲。〔註11〕

　　然伯牛、顏淵二子同係順性蹈德之士，雖不見遇於世，而復遭災疾之厄，但在孟子視之，祇要動合禮中，合乎仁義，則人間壽夭禍福，亦當不必介懷於中。

　　故孟子對命運所持之態度，並非宿命論之先天注定說，對骨骼命理，相術氣運從未曾道，孟子所重者乃人當盡其天命所賦之性，崇其德業然後盡心、盡性而知天。此所云之「知天」，乃知天道之流衍，天理之運行，使吾心與天理息息相通，須臾不違仁、不害義，長保此心之清明而立乎天命之極，順守其正而樂事之而已。故其命運思想之終極方向乃採樂天事天之積極態度，不以人間之得失毀譽、吉凶禍福而自傷其志。

　　人所可求者，乃吾內在之德業，自當努力以圖之。所不可求者，乃外在之利祿與爵位，則當修身以俟之。至對於人生莫可奈何之境遇，則宜淡然處之。君子貴能以德命改造一己之環境，雖時勢有所不逮，亦當樂此終身不懈，面臨境遇之差忒但存勿餒勿悲之心可矣。

　　對於禍福命理之看法，後世所說益繁，漢儒以才命，氣稟之厚薄，言人之壽夭，至於宋儒多以氣稟厚者，則福厚。氣薄者，則福薄。稟得氣之華美者，則富盛。衰颯者，則卑賤。〔註12〕故人間遂有貧賤富貴之差別。

　　按此種氣稟厚薄以致壽夭貧賤之思想，大盛於宋儒，此在先秦儒家諸子未嘗作如是說，是乃孟子所不言者，吾人對此不可不察。

〔註10〕參《四書集註》〈盡心篇〉程氏義。
〔註11〕參劉寶楠《論語正義》，卷七，〈雍也第六〉注。
〔註12〕參《朱子語類輯略》卷之一，頁30。

第三章　孟子之性善論及人性之論辯

第一節　孟子以前對生與性之看法

按孟子以前在《詩》、《書》、《左傳》等經籍中，早已有對「性」字之析義，但多「生」，「性」二字互用，而泛指天生萬物之天性。

如〈商書・西伯戡黎〉中曾云：「不虞天性，不廸率典」。〈周書・召誥〉中曾云：「王先服殷御事，比介于我有周御事，節性，惟日其邁」。此所云之「天性」，即生而謂性，所云之「節性」，蔡沈注曰：「即節其驕淫之性」（《書經集傳》蔡注）故此「性」字乃泛指自然生命中之本能與欲望，而宜予以導之與節之。又〈商書・太甲上〉曰：「伊尹曰：茲乃不義，習與性成。」此顯見以習與性並言，即指自然本然之性向、性能、性好與習性之謂。

衡古籍中言性之第一義，實指「生之謂性」之謂，如指生物本能、生理欲望、自然性向以及心理情緒等皆屬於自然生命所構成之特徵而言。如告子、荀子等所云之性，即屬於此層次者。至於道家中之莊子，亦以自然之氣化為人之性，故云：「性命非汝有，是天地之委順也」。（〈知北遊〉）是觀莊子所云之「性」，乃重天地氣化委順之性，亦即不離自然生命以說性。

其次，「性」之第二義，乃指氣質之清濁、厚薄、剛柔、偏正、純駁、智愚，賢不肖等所構成之特性，亦即以後漢儒或宋儒所稱之「才性」或「氣性」，此乃指所稟受於天地造化所得性質高低優劣之「氣質之性」而言。

再次，「性」之第三義，乃指天命所賦之「義理所當然之性」，亦稱為「德性」，乃為最高層次者。此所云之「德性」，乃超乎自然生命，亦即是道德生命或精神生命。此乃《中庸》、《易傳》思孟系統中所講之「性」，亦即宋儒所

稱之「義理之性」。

〈商書・太甲〉伊尹所云之：「習與性成」，大體上乃指「生性」或後天所習染之「習性」而言。至〈商書・湯誥〉所云之：「惟皇上帝，降衷於下民，若有恒性，克綏厥猷惟后。此所云之「恒性」二字似與「降衷」有關，按《孔傳》釋曰：「衷，善也。」〈正義〉曰：「天生蒸民、與之五常之性，使有仁義禮智信，是天降善于下民也。」一般言之，此「降衷」二字似可類比《中庸》所云之：「天命之謂性。」《孔傳》又謂：「順人有常之性，能安立其道教，則惟爲君之道。」此所云之「有常之性」，乃指「恒性」與「五常之性」，亦即人之所以爲人所必存於心之「有常」與「有恒」之性。按蔡沈注謂：「天之降命，而具仁義禮智信之理，無所偏倚，所謂衷也。」（《書經集傳》蔡注）按「衷」亦作「中」，乃無所偏倚之謂，亦指「仁義禮智信」乃天之降衷於民，稟受於人而成爲人之性者，而此「性」實乃上天降衷於人之「恒性」或「五常之性」；易言之，似含有人之所以爲人所必具之德性或義理之性。按一般論者所見，咸認此尚未若《中庸》所云之確切著明，蓋其所含義理之成份尚未臻明顯，必待《中庸》思想之發展，始確定內在義理之德性而非即生而言性。故此所云之「恒性」大抵乃指人之自然之生性與天性偏重其恒常性者而言。（參牟宗三著《心體與性體》、頁 201）

按天生人類自賦人以「生性」，此即人生理上之本能與欲望，至於個人秉性所稟之厚薄，則爲氣性與才性，此乃指各別人之氣質而言。人之所以爲人，自有別於其他生物者，是乃人所特具之義理之性，縱觀古今論人性者，實不出上列所云之三大範疇。

按《左傳》中所言之「性」，多指是生性與天性而言，如《左傳・襄公十四年》，晉師曠答晉侯曰：「天生民而立君，使司牧之，弗使失性。」此「弗使失性」云云，實指使人民各遂其生，各適其性，而勿使有失之謂，是此所云之「性」，亦指生活上之欲望而言。

又《左傳・昭公十九年》云：「吾聞撫民者節用于內，而樹德于外，民樂其性……」，此所云之「樂其性」，實即「樂其生」，亦即指在基本上滿足人類生活方面之欲望而言。

綜觀以上所引《詩》、《書》、《左傳》所列有關言性之文，皆不外指生性之實然而言。此實然之性亦即指天然生成之性，故皆不外即生言性之系統。

此外，《左傳》劉康公所謂之：「民受天地之中以生，所謂命也。」此實

說命，而非說性。此「命」乃指性命，生命之謂，而非《中庸》所云之天命之「命」；或《詩經》中所云之：「維天之命，於穆不已。」此「天地之中」，按《左傳會箋》釋曰：「中者正也」。《淮南子・主術篇》釋爲：「是以中立」，高誘注云：「中正也」。又按《儀禮・聘禮篇》鄭康成注曰：「門中，門之正也，是古謂正爲中，民受天地中正之氣以生，對鳥獸蟲豸受偏氣以生而言。」又箋曰：「天命我以天地之中，我守其則而不愆，所以保定天命也。」（參《左傳・成公十三年》頁 11）

是此所云之「民受天地之中以生」乃得天地中和之氣所禀，故亦指「氣性，才性」而言，皆不離「即生言性」之範疇，且此所云之「命」，仍不離「氣命」，故性亦不離「氣命之性」。是以劉康公所云之主旨，不可與《中庸》混爲一說。

按孔孟以前言性命思想者，皆不外「生性，氣命」之系統，必待《中庸》「天命之謂性」之思想開展以後，言性者，方含義理之德性義，此「德性」只應「盡」，乃人對天命之一種義務或自覺，人之盡性，即盡此義理當然之性，亦即對於上天道德命令之實踐。

吾人就史籍文獻以觀，大凡孔孟之前言性者，乃由「生而謂性」說起，進而逮《左傳》劉康公所云之由「天地中正之氣」以說氣命；或由上帝降衷以說恒性、五常之性；或由《易傳》由陰陽二氣以說性，必待《中庸》以「天命之謂性」之說興，義理之性始克確立。《易傳》雖以陰陽系統以說性，但其主旨與《中庸》相契，均確認「繼之者善也，成之者性也。」（《易繫辭上傳》第五章）亦就義理方面以說性。至於〈商書・湯誥〉所云之：「惟皇上帝，降衷於下民，若有恒性，克綏厥猷惟后」一語，其中所云之「降衷」似與《中庸》天命之說有契合之處，但細察其理趣究有不同。蔡沈注曰：「天之降命，而具仁義禮智信之理、無所偏倚，所謂衷也。人之禀命，而得仁義禮義信之理，與心俱生，所謂性也。猷道也，由其理之自然，而有仁義禮智信之行，所謂道也。以降衷而言，則無有偏倚，順其自然，固有常性矣。以禀受而言，則不無清濁純雜之異，故必待君師之職而後能使之安於其道也。故曰克綏厥猷惟后。夫天生民有欲，以情言也。上帝降衷于下民，以性言也。」（《書經集傳》〈湯誥〉蔡注）由是觀之仍不脫「生性」之範疇，不過殆已強調仁義禮智信之因素，而爲《中庸》義理之德性說預作準備。

按《尙書》之天命觀視之，含有命哲、教命、疾敬德之意，乃指率典與行事之合理言，畢竟乃重外在義，蓋疾敬德乃爲命吉凶，命歷年，命永保厥

命。必到《中庸》之「天命之謂性」，方含盡性、自賦哲命與道德意識之自我覺醒與反省，此乃爲孔子前後，「性」字在我國應用意義上之發展，蓋「性」字本從「生」，故生而謂性之析義，自必係自然之事實，吾人欲明孟子言性之原委，對於「生性、天性」，「氣性、才性」之類別，自不可不知其詳。

由《尙書》之「克明峻德」，到《大學》之「明明德」，實含有不同層次之意義，「克明峻德」乃形容堯之德行之成就，而明明德乃明吾光明之德行。必待《中庸》誠之思想確立，方奠定吾心之「明德」，乃一己本心內在之性德。故孟子之性命思想乃根源於《中庸》之自誠明，而以性爲本心純淨之明德之彰顯，亦即爲確立德性之根據。觀孟子之前或由生以言性、或由氣化之言性，必待孔子踐仁之思想，透過曾子，子思之《中庸》或《易傳》性命天道之說後，方確立孟子德性之思路，是以孟子言性乃本乎道德理想價值之趨向，亦即儒家人性論發展之積極面與其特色。

一言以蔽之，「自生言性」者，乃就生命實在本然之態度，以言其性、欲之性。以「氣言性者」，乃以氣稟厚薄，以言其稟性之優劣，此皆非孔孟所道者。是以「自生言性」乃孔孟以前之老傳統，此中間見《尙書》、《詩經》、《左傳》由告子經荀子而轉爲漢儒之董仲舒與王充等以言氣性更發展至劉劭《人物志》之言才性，皆不外此生性與氣性之思路。其二則本自《尙書》、《詩經》中天命天道之觀點，而發展至《中庸》天命之謂性之思路。其三即孟子本乎孔子踐仁與《中庸》之思想，以確立其即心言性之性善說。至於《易傳》一路之思想，則可歸併於孔子踐仁之思路中。

按中國學術史上之論性，至宋儒始將《中庸》與孟子所言之性綜言之爲「義理之性」，而以告子、荀子、董仲舒、王充、劉劭等自「自然生命言性」者，融和之而轉化爲氣質之性，故宋儒所言道德實踐者即在實踐義理之性。至於宋儒所言之變化氣質，易言之，即據此義理之性爲標準，而使吾人之生性、氣性、或才性，向德性相看齊之謂。﹝註1﹞是以孟子言性乃得其深切處，以開創人類精神領域之道德理想價值，並爲人道尊嚴奠立下萬古不朽之根基。

第二節　性命相與暨孔子言性相近習相遠

孔子以宇宙爲神明體，故置天命位於萬有之上，其言性本與命不可分。

﹝註1﹞參牟宗三先生著，《中國哲學的特質》，第十講，頁68。

孔子以天命爲不變之眞際，賦與萬物以成萬物之性，故引《詩》云：「維天之命，於穆不已」，此天命不斷流衍創造而生生賦與萬有以性命，按消息盈虛流變無窮，在變化無常中呈現萬物之現象，此乃三代以來對天命之看法，濫觴爲孔子天命說之來由。

孔子以天道雖不言，但卻在無聲無臭中，隱含化生萬有之契機，故云：「天何言哉，四時行焉，百物生焉，天何言哉」。（〈陽貨篇〉）孔子且以生生爲一種德性，故引《易》云：「天地之大德曰生」。（《易繫辭傳下》第一章）

孔子以性命與天道並言，天無言而萬物自化，性命亦即自化之表現，如《易傳》云：「昔者聖人之作易也，將以順性命之理，是以立天之道曰陰與陽，立地之道曰柔與剛，立人之道曰仁與義」。（〈說卦〉）故人乃秉天地陰陽之氣而生，成爲人氣質之性命。孔子以「陰陽合德而剛柔有體」（《繫辭》下）又以「乾道變化，各正性命」（《易·乾》），故對性命思想特重其道德性，以天道流行者爲「命」，以人所受而不動者爲「性」，故性命相與密不可分。

孔子之言性曰：「成性存存，道義之門」（《繫辭傳上》）故確認道德乃含蘊於人性分之中而展示於外者。所謂「繼之者善也，成之者性也」（同上）從乾元之仁言則爲善，從成性而言則未盡善，故應透過盡性之功夫以促進之。

按孔子《易傳》之思想，乃透過乾坤陰陽之作用而確認乾坤陰陽之大化中，已隱含有顯諸仁之能力，故「成之者性也」，乃泛指天道生元成就萬物各別之性而言。「繼之者善也」，乃指「善」秉藏於萬物之中，使萬物莫不各正性命，保合太和而得其天道之正。且人既繼此天道生仁之性故人性亦善。惟此「善」實與乾元同體爲無限之存有，必須隨各人體驗之功夫，與自覺之程度而得其實際上之成就，此乃孔子踐仁之功夫與孟子盡性說之根源。惟因「百姓日用而不知」，故此善性方蔽而不彰。《易》云：「窮理盡性以至於命」（〈說卦〉），故孔子晚年研《易》，以求天人相通，故云：「加我數年，五十以學易，可以無大過矣。」（〈學而篇〉）又云：「五十知天命」（同上）此正顯明夫子之道德生命至五十方有大覺顯。孔子肯定謂：「不知命無以爲君子也，不知禮無以立也，不知言無以知人也。」（〈堯曰篇〉）然知禮知言不過爲知人之功夫，而知命厥爲知天而爲君子所必有之涵養。

孔子言先天之性，乃倡「性相近也」，故非儘人皆仁，乃本乎天道大化流衍之所稟，與各人盡性功夫之深淺而有所不同，此所云相近即言並非相等。至於後天所染之「習性」則爲「習相遠」，乃按各人所隨境遇之不同，而漸有

差等。

此種性命天道之理誠如史遷所謂：「可與智者道，難為俗人言也」。孔子之「罕言利與命與仁」（〈子罕篇〉）此蓋利、命、仁乃三不同之系統，自不能相提並論，子貢所云之：「夫子之言性命天道，不可得而聞也」（〈公冶長篇〉）實乃「賜不受命，而貨殖焉，億則屢中」。故何怪子貢之不得而聞；蓋此「聞」，並非耳聞之謂，實乃自家性命體證之功夫。必待「攝智歸仁」使智德合一方有所得。

孔子以人心中即含有道心之種子，非人心外別有道心。人心之危者，即其不彰此道心，若能踐仁必能彰此道心而使人性近仁，若隨後天之習性隨波逐流則必違仁而危矣。故云：「唯上知與下愚不移」（〈陽貨篇〉）上知者勤守道心而近仁，故幾於道。下愚者耽於習染而不自覺，近於欲，故違仁害仁焉。

所謂人心道心之別，蔡沈曰：「心者，人之知覺，主於中，而應於外者也，指其發於形氣者而言，則謂之人心；指其發於義理者而言，則謂之道心。人心易私而難公，故危。道心難明而易昧，故微。惟能精以察之，而不雜形氣之私，一以守之，而純乎義理之正。道心常為之主，而人心聽命焉，則危者安，微者著，動靜云為，自無過不及之差，而信能執其中矣。」〔註2〕

王夫之先生謂：「人心未發有其中，已發有其和」〔註3〕，此中和即道心之彰顯，故人心發而能中和即為道心。上知之人不移於道心之仁，下愚之人不離人心之欲，故此「不移」，一本於天道之仁而不斷踐形、踐性，一本於後天之習染而不自覺；前者終歸其善而後者則泯於一己之私則陷入所蔽。

按孔子並非希臘式之哲人，對於存有之剖析並不感興趣，有關性與天道，究非徒逞口慧，要之皆歸於踐仁行道，故多透過內在「踐仁以知天」，如《中庸》之至誠盡性，參天地贊化育即是，使性天統於「仁」之中，如此言性命與天道，乃本乎疾敬德、畏天命、秉彝於穆不已，而側重內在道德性命之基礎，此乃天道仁教必然之發展，故孔子並非倡即生而言性者。是其「性相近，習相遠」，終難以告子式之命題而予以詮釋。

伊川謂「孔子之性相近習相遠，乃屬於氣質之性」。〔註4〕恐就「相近」

〔註2〕參宋・蔡沈《書經集傳》，〈虞書大禹謨注〉，頁14。

〔註3〕參王夫之撰，《尚書引義》卷一，〈大禹謨一〉，頁22。

〔註4〕伊川曰：「人性本善，有不可革者，何也，曰：語其性則皆善也，語其才則有下愚之不移。又云：性出於天，才出於氣，氣清則才清，氣濁則才濁，才則有善有不善，性則無不善。（參朱熹著《近思錄》卷一，頁9及24。）

二字而聯想，按伊川而言，義理當然之性必人人皆同，故只是「一」，不可能相近。既云相近則非義理之性明矣。惟古人辭語恐未必如此嚴格。按牟宗三先生認爲「孟子言：『其日夜之所息，平且之氣，其好惡與人相近也者幾希』（〈告子上〉），孟子此處所言之「相近」，恐即是孔子之「性相近」之「相近」，如是「相近」即是發於良心之好惡與人相同，孔子恐亦即是此意。如是，孔子此句之「性」當不能是「自生而言性」之性，亦不必如伊川講成是氣質之性，但上智下愚不移之類，則是屬於後來所謂氣性才性者」。〔註5〕

按宋儒言性每予二分，將「義理之性」與「氣質之性」分劃清楚，此在先秦儒家諸子恐未之見。按孔子言「性相近，習相遠」，就孔子體系本身而言極爲明顯，自勿待援宋儒之見而予以解釋。此「相近」，即相近於天命所賦之本仁，乃人先天必然之本性，殆因後天踐仁或習染之功夫，而使其習性愈益分離而障蔽了其本仁之良知，故孔子雖未明言人性爲善，但自其體系觀之，「仁遠乎哉，我欲仁斯仁至矣」，「一日克己復禮天下歸仁焉」（〈述而〉〈顏淵〉）由是可知孔子承認人之本性中本具有仁德之實自勿庸致疑。

孟子由孔子之踐仁知天，進而爲踐仁知性以知天，更進而爲盡心知性以知天，存心養性以事天，使性天統一於「仁」之中，此乃仁教圓滿之發展。

孔子所謂之上智與下愚本非論性，性本不可以知愚分，更不可以按漢儒之性三品說（上中下說）以曲解夫子之上智與下愚，故此所云之上智下愚本非指性之品第而言。按孔子有教無類人人皆可爲聖賢，人雖有上知下愚殆爲後天踐仁之差別，上知之人守此道心，下愚之人昧此道心，故此上智下愚並非有關知性方面之分別，實乃德智深淺之謂。按人人皆有此道心，亦同具此德性之良知良能，求則得之，舍則失之。存此道心而盡其在我者便愈益廣大，否則便失之，故〈大禹謨〉曰舜教人以「惟精惟一」之道。

按道心人人皆有，守此道心者爲聖賢，捨此道心者爲凡人。人心之所以危者，即易捨道心而就欲念，故上智與下愚並非先天德性之別乃係後天對於道心

又見朱子《四書集注》，《論語・陽貨篇》，朱子章句曰：「此所謂性，兼氣質而言者也，氣質之性，固有美惡之不同矣，然以其初而言，則皆不甚相遠也。但習於善則善，習於惡則惡，於是始相遠耳。」又朱子引伊川曰：「此言氣質之性，非言性之本也。若言其本，則性即是理，理無不善，孟子之言性善是也，何相近之有哉。」

〔註5〕參牟宗三先生著，《心體與性體》第一册，頁217。按曾子、子思《中庸》、《孟子》，《易傳》一路之思想，皆不自生以言性，而自德以言性。故《孟子》、《中庸》、《易傳》即順此途徑以進而循仁教踐仁以知天矣。

存捨之工夫；且此上智下愚亦勿庸作氣質之性解，乃爲踐形，踐性與德智上之功夫。故總觀孔子論性本以性命不可分，以成性存存爲道義之門，承認人之道德本含蘊於性分之內有待於吾人之踐形，且以仁爲萬物之根尤爲人性之本，故其所云之「性相近」實乃相近於仁，是其說已隱含有性善論之根基。

第三節　孟子對性之界說暨與心之關係

孟子言性乃直承子思《中庸》之系統，即「天命之謂性，率性之謂道。」伊川曰：「天之所賦曰命，物之所受曰性。」（《近思錄》）是此天命所稟而成萬物之性，而與荀子「物之所受以生」之「生而爲性」顯有不同之處。按告子、荀子、莊子等人言性皆不外自然之氣化思想，孟子卻重天命中之道德意志與命令，即上天所賦之命哲與教命直降於人，俾人率其所受之性而回歸於天命以與天道相契。

按《尙書》之天命觀，其中亦含有外在義，即命歷年、命永保厥命、命吉凶，以及透過疾敬德之功夫以表對昊天上帝之崇欽。按《中庸》所言之天命乃悉含內在義，著重義理之德性，要人們本乎道德意志而自覺自反，以率性而與天道合一。

孟子不自生物層面言性，亦不就氣稟之厚薄言性，端就人之所以爲人之義理而言性、按人之所以別於萬物者，乃其具有理性之自覺，而此種自覺實乃人們在道德上之意識與實踐之功夫。

總言之，天命之性乃天命本其造化之眞誠，所賦與萬有之特性，此乃屬於創造之力量，本非萬有本身所自成者。然萬有中惟獨人類具有反省之能力、有內在之自覺，能與天道相契，故人能率性以回歸天道之本眞，是以孟子本乎天命義理之內貫，而就主體性之自覺處而言人之道德性命。

按天、道、性、命、心彼此息息相關；「天」爲自然之表現，統其體而總其源者曰「道」，命與人物者曰「性」，就其天命施於萬有者曰「命」，就其覺顯自明處曰「心」。故以天爲宗、以道爲本、以性爲質、以命爲則，以心爲覺。原始要終，由本知末，一貫相通而不能分割，此中尤以心德涵育本性，故孟子乃就此心宗立說，以心兼賅萬物，故云：「萬物皆備於我矣。」明乎此，方知孟子所言之人性論純乃立基於道德良心之基礎上。

方東美先生嘗云：「整個宇宙即精神與物質之合體，亦精神與物質之化

境。普遍生命在宇宙中流行貫注，處處可以起善……心乃是主腦，其勢用可以統御人類一切知能材性，此心有體有用，其體能容能藏，包管萬慮無物不貫。其用能任能行，或主於身可形之君；或主於道爲生之本；或以貫理神明變化；或以宅情慈惠精誠，此皆心之全體大用也。」〔註6〕

綜言之，孟子之言人性不離心宗，「性」者乃受天命所禀之質，「心」爲天道下貫之精神所在，故心支配性。若無「性」則「心」亦無所彰顯，故心與性密切不可分，惟從其一貫體系言，乃以心統性。趙岐注《孟子》以「仁義禮智四端，原於性而見於心，心以制之。」〔註7〕故心性之關係甚難分離，吾人就概念上而言，不得不勉予分析，但在其功用上卻彼此相倚。

孟子確認本心之存在，且以之爲道德意識之淵源處，惟孟子亦認心係思慮之官，是人活動指揮之中樞，且「性」、「情」、「才」均爲環繞「心」不同層次之作用；「才爲人心之本能」，亦即爲善之端。故孟子云：「若夫爲不善非才之罪」、「非天之降才爾殊。」（〈告子上〉）至於「情」乃是人心天然之動向，故以「情」乃心之動。就孟子觀之，「性」、「情」、「才」皆爲善，故曰：「乃若其情，則可以爲善矣」。（〈告子上〉）

至於「欲」在孟子視之，則爲惡之源，故特倡寡欲以制之。易言之、心統性情才、而性情才皆心之彰顯，故張橫渠曰：「心統性情」。（〈橫渠語錄〉）

關於心與性之關係，戴震析之頗爲詳審，氏曰：「耳目百體之所欲，血氣質之以養，所謂性之欲也，原於天地之化者也。是故在天爲天道，在人咸根於性，而見於日用事爲，乃爲人道。仁義之心，原於天地之德者也，是故在人爲性之德，斯二者一也。由天道而語於無憾，是謂天德。由性之欲而語於無失，是謂性之德。性之欲，其自然之符也，性之德，其歸於必然也，歸於必然，適全其自然，此之謂自然之極致。知其自然，斯通乎天地之化，知其必然，斯通乎天地之德。故曰：知其性，則知天矣，天人道德，靡不豁然於心，故曰盡其心。」〔註8〕

按戴東原氏對孟子心性之別闡述頗爲詳切，戴氏以天道人道本不二，天命乃因人心而彰顯，捨此能識之心，則天命亦無所用其極。蓋天命所禀之道德意識，藏於吾人之心，而顯於吾人之性，故盡其心，而性之德乃彰。是以

〔註6〕參方東美著，《中國人生哲學概要》第三章，〈中國先哲的人性論〉，頁25～27。
〔註7〕參焦循《孟子正義》，卷十三，〈盡心章句上〉趙岐注，頁517。
〔註8〕參戴震著，《原善卷上》，〈四存篇〉頁6～7。

天道乃在人心中彰顯，在性情中實現。由是可知孟子所言之性實乃道德性、而心者亦道德心、而非生而謂性與單純之認識心。

第四節　孟子即心言性以心善言性善

孟子所謂性，乃指人之所以爲人之德性，即天所特賦予人之道德意識，並非指人生來即具有之一切本能。故孟子不贊成以生而有之欲望與一切生理上之屬性爲「性」，因而反對告子等「生而謂性」之說。

孟子曰：「天下之言性也、則故而已矣，故者以利爲本。」（〈離婁下〉）此所謂之「故」字，乃指已然之形態，故朱子章句曰：「性者，人物所得以生之理也，故者，其已然之跡，若所謂天下之故者也。」〔註9〕蓋孟子以前論性者多以生來已然之形態爲性，故必以利欲爲人性之趨向，是以陸子象山云：「當孟子時，天下無能知其性者，其言性者，大抵據陳迹言之，實非知性之本，往往以利害推說耳，是以反以利爲本也。」〔註10〕

惟自孟子觀之，人亦具有與禽獸相同之本能與欲望，此殆不可以之爲人性。按人性者乃天命所賦予人之所以爲人之特質，此特質亦即人所獨具之先天道德意識心。故孟子言性以四端爲本，以四端生於本心之善，此仁義禮智乃天命所賦予人之良知與良能，亦即人之所以爲人之必具條件，苟失其一，便不可稱之爲「人」。故此仁義禮智四端，乃天命所賦予，亦人之所受而成爲人之性者。此四端本在人性之中已現端倪，乃人性所固有而非由後天所習練而成者，故孟子所言之性善，即以生來「可以爲善」之因素，亦即生來有爲善之可能，而非生來本然之形態與生性。是以孟子曰：「雖存乎人者，豈無仁義之心哉。」（〈告子上〉）此「仁義之心」，或「良心」，即人之所以爲人之本心，苟無此本心則不得謂之人。

朱子闡之曰：「在天爲命，稟人爲性、既發爲情，此其脈理甚貫，仍更分明易曉，惟心乃虛明洞澈，統前後而爲言耳。據性上說，寂然不動處是心亦得，據情上說感而遂通處是心亦得，故孟子說：盡其心者、知其性也。文義可見，性則具仁義禮智之端，實而易察，知此實理則心無不盡，盡亦只是盡

〔註 9〕參《四書集註・孟子離婁篇》，〈朱子章句〉。
〔註10〕參《陸象山先生全集》，〈語錄〉卷三十四，頁 266～267。象山曰：「天下之言性也，則故而已矣。此段人多不明首尾文義。中間所惡於智者，至智亦大矣，文義亦自明，不失孟子本旨，據某所見，當以莊子去故與智解之。」

曉得此心者由知其性也。」〔註11〕

　　朱子又云：「孟子道性善，善是性合有底道理，性者即天理也，萬物稟而受之，無一理不具，心者，一身之主宰。意者，心之所發。情者，心之所動。志者，心之所之，比於情意尤重。」〔註12〕

　　按朱子所釋「善是性合有底道理」，此顯係受周濂溪等人無極而太極思想之影響，以太極爲宇宙之理，故秉於萬物亦莫非此理，認此「理」存乎萬物，亦寓於人性之中。然按孟子所見，性原本於天命，天命自無不善，故其所秉之性，亦自無不善。觀孔子竭其畢生之力，敬天畏天，自覺到此位格性之天命，或法則性之天道天理，本生根於人內心之中，是以人必在一己之心中始可覺察此天命之所在，故實已將人性與天命融合爲一。孔子更透過其下學上達之工夫，實證到性與天命之合一。孟子上承孔子，本《中庸》「天命之謂性」之思想，予以內在義理化，故其所云之性善，實指天賦本心之原善，每個人皆可就其一己之本心，當下體證出此善之根苗，而無須向外探索或待學習而後成。

　　是以天命由上向下貫注，賦予萬物各成其性，獨賦予人以道德生命，與道德心，此即人之所以異於禽獸草木之所在。孟子以吾人之心可以自主，對於踐性之行，自應由每人自主之心爲之，人之異於其他動物者，既有此「識仁」、「體仁」、「踐仁」之心。故孟子即本此「識仁」、「體仁」、「踐仁」之本心以言性善。蓋此「識仁」之本心之呈露，無待於生理欲望之支持，是爲無待於外之心，故四端者實乃天命所賦予之內在道德意識，爲人心之所固有，隨機而發，故孟子遂就此心善而言性善。

　　人之所受以生之性，與禽獸之別者幾希，但人之存在究非僅爲生物層次，必表現爲道德主體而爲道德生命之覺顯始有其可貴處。蓋人之別於禽獸之性者，即具此道德意識之生活，故必以此識仁之心以統其性，即人之所以爲人之道。

　　按孟子由此本心發端以論性善，蓋知此心本具善端，無待習練而後生，故此心之識仁乃向內求而成全其「性」，向外顯而彰其「情」，此外顯之「情」即心性向外之活動，而「才」者即心性之本能。故性、情、才三者在孟子視之，無一不善，皆係環繞著心而活動之不同層次，是以陸象山先生云：「見到

<hr />

〔註11〕參《朱子語類》卷之一，頁32。
〔註12〕仝上，頁33。

孟子道性善處，方是見得盡。」〔註13〕

　　總言之，孟子道性善其旨趣乃在「對德言性」，故對此道德心之要求，而形成良知中之自覺自反，故孟子所言之性與其他諸子顯有不同者，即在乎肯定其道德之價值。

　　孟子曰：「口之於味也，目之於色也，耳之於聲也，鼻之於臭也，四肢之於安佚也，性也，有命焉，君子不謂性也。仁之於父子也，義之於君臣也，禮之於賓主也，智之於賢者也，聖人之於天道也，命也，有性焉，君子不謂命也。」（〈盡心下〉）此段乃揭示孟子不以「生」言性之理由，亦即何以必以「心」言性之原因。

　　蓋口之於味，目之於色，耳之於聲，鼻之於臭，四肢之安佚，明明乃人生而具有之「性」，但此「生性」實亦為動物所兼具者，人與禽獸之別，豈端在此生之性哉？故必以仁義禮智與天道之誠，為人性所特稟，而有以異於禽獸者，否則人之為人，則與禽獸幾希？故孟子不以五官之欲為性。

　　總言之，孟子之所以「即心言性」，而不「即生言性」者，蓋本於《中庸》天命之內貫義。按自然生命中「食色之欲」乃人生所必具之生而謂性，但孟子不以此自然生理之性做為人性之基點，乃以人有識仁，體仁之心為中心，故人之所以有別於禽獸者，自不在此自然之生性，乃在有此「識仁之心」與天賦之良知良能。故孟子即以此「心」為中心，以仁義禮智之道德良知去統率生而即有之性情，且極力提倡應予以不斷培養與擴充，蓋人之可貴處乃在其能反求諸己。故孟子曰：「求則得之，舍則失之」。（〈盡心上〉）此蓋生而謂性之性，乃生而自然者，而天命之德，乃人之所以為人之生命立腳處，與人本真之所存，乃由大體之知所生。且此「本心」能統攝自然生命之欲，故孟子以「即心言性」統攝告子「即生言性」之故，蓋此道德本心愈擴充之則愈有，舍之必泯藏而不彰。

　　孟子非不謂聲色臭味之欲為性，而祇言人不當以此為「性」，更不可藉此之「性」以逞其欲。故孟子所云之「性」，乃基於人仁義禮智之本心，處處表現出「即心言性」之原委。

　　至於有關氣質方面之氣性或才性，或以所稟有厚薄與差等，則為孟子所不重。朱子明言氣質之性，乃起於張程二子，〔註14〕故孟子不以氣性與才性

〔註13〕參《陸象山全集》卷三十四，〈語錄〉，頁263。
〔註14〕趙書記一日問浩，如何是性，浩對以伊川曰：「孟子言性善，是極本窮原之性，

之差別歸諸於先天之命定說。

孟子在〈盡心篇〉下，兩次明言「有命焉」；如「耳目口鼻之欲，有命焉，君子不謂性也。」後段更云：「仁義禮智命也，有性焉，君子不謂命也。」此顯見孟子不以人「耳目口鼻之欲」之生性爲人之性。蓋「仁義禮智」乃天之所命於我者，本爲天之所命，故孟子寧稱之爲人所應具之性，而不以「命」視之。

觀孟子在此文後段所云之「命」，實含有內在「道德命令」之義，蓋人貴以此「內在道德之命」而成其性，以導其外在之欲，而受人內在道德命令之統轄方不致于亂。是此「命」乃天命落於良知之道德命令，惟君子習以爲常故無形中已成爲其一己之內在性分。察孟子寧以之爲「性」而不以「命」視之，蓋前文所云之「耳目口鼻之欲」，亦本係天命所賦予人之生之本然，但孟子寧稱之爲天之「自然所命」而不以之爲「性」。

按人之所以爲人，不在其具有「耳目口鼻之欲」之生有之性，端在其具有「仁義禮智」之心，蓋「耳目口鼻」之欲乃人之所同於禽獸之「生性」，惟「仁義禮智」卻是人所特異於萬物者。是以人之可貴處本不在其同於禽獸之「生性」，卻在於異於萬物之「德性」，此即孟子不以「即生言性」之原由。

孟子本其大體小體之知，而以大體之知統攝小體之知；蓋人之自然生命，耳目口鼻四肢之欲，聲色臭味四體之逸，皆本於小體生性之必然，本屬於物質基本層次之生活，而心靈德性等活動，則屬於高層次之大體之知，乃爲道德性之生活，故孟子乃以大體涵攝小體，以德性統攝生性即本此之故。

孟子所云之：「萬物皆備於我矣，上下與天地同流」，即本此大體之心知以統攝小體，以吾人之心知統攝萬類，使外在之事物莫不反映而備於我一心之中。人苟能盡此仁心，則人之一切情欲，無不可疏導而化之。按耳目口鼻自然之欲乃延續吾人自然生命所必須者，而仁義禮智之道德，則爲維繫人倫群體繼存之基礎，是以二者相較孟子寧重其後者。

察人類之所以稱爲靈長類者，即貴能以此「心」之主宰，率性以返回天

孔子言性相近，是氣質之性。」（參《朱子語類》卷之一，頁 26）又云：「問：孟子言性善，伊川謂是極本窮原之性，孔子言性相近，伊川謂是氣質之性，固已曉然……。」朱子又云：「孟子未嘗說氣質之性，程子論性，所以有功於名教者，以其發明氣質之性也。以氣質論，則凡言性不同者，皆冰釋矣，退之言性亦好，亦不知氣質之性耳」。（仝上）又參《四書集註‧告子篇》，朱子以張子所謂氣質之性是也。

道，與天道相契。故人之德性心乃統攝人食色之欲者，此即人之所以爲人之尊貴處。是觀孟子以「即心言性」而統攝「即生言性」者，其主旨即在彰顯此仁德之生命。蓋無此心，固亦有人之形，但在孟子視之終不得稱之爲人。

總括而言，孟子傳孔伋性誠之學，以德性主體探究人性先天之禀賦，合心性以俱言知德，以樂天之態度，力言性善乃人心之所趨，而以「仁義禮智」乃生而具之四端與良知，故倡道德本心動機說以發揚孔子之仁學其功厥偉。

近人康有爲云：「孟子一生學術，皆在道性善，稱堯舜二語，孟子探原於天，尊其魂而賤其魄，以人性之靈明皆善，出於天生，而非禀於父母者。」（《孟子微》，〈總論第一〉）此誠康氏有得於孟子道性善之說。

此外，孟子更以「赤子之心」爲證，而認「仁」，「義」之心乃人最基本之良知，且此「良知」爲內在而非外在者，故特反對持純粹經驗論之後天論者。孟子更因而擴充曾子所云之「正心誠意」，與子思之「率性明誠」之說，誠爲我國道德哲學開創出良知實體論與道德自律說之先河，且肯定了反省與自覺之價值，並將孔子之仁觀作有系統之闡揚，是乃合知德一致之大思想家。

第五節　孟子與公都子告子之辯

一、孟子與公都子辯「性有善惡」

公都子以人性本無善惡，而反對孟子性善之說；公都子說：「告子曰：性無善無不善也，或曰：性可以爲善，可以爲不善，是故文武興則民好善，幽厲興則民好暴。」由是可知公都子所論之「性」，非就性之本身立說，乃就社會環境決定論、政治風氣影響論而作其論性之依據，是其所云之性，與其說是人之本性，無寧說乃指人後天之習氣。但觀孟子所云之人性並非以人後天之習性爲主，故曰：「若乃其情，則可以爲善矣，乃所謂善也。若夫爲不善，非才之罪也。」（〈告子上〉）

按公都子所見，認「善惡」並非性之本然，以性本無善無不善，人亦可爲善爲不善，悉視政治之是否清明而定。是其以人後天之「習性」爲性，或以人所受教化之成果爲性，此殆與孟子言性之宗旨相去甚遠。按公都子所見文武興教化於上，敦品厲行則人人沐於德化之中，耳濡目染故樂爲善。幽厲興暴亂有作，人人皆溺於傷風敗德之習氣中自易爲其所污，然公都子此所云之可善，可惡，實乃指後天人爲之環境與習性，或以社會上之風尚與習氣而

定人性之善惡，既非「即生言性」之性，亦非「即心言性」之性，實乃「因習成性」之性，故與孟子、荀子等之所說皆不可同日而語。

察孟子本就動機說以論性善，公都子卻以環境之優劣而論「習性」，故其所批判孟子之論據似有所不當。公都子所說者乃社會導引之「習性」，而非指人之「本性」，苟人之性本不善，則縱有良好之環境恐亦不足以導之，猶如低劣之果木，雖種之於膏腴之地亦未必可善。故公都子以文武興有善人，幽厲興有惡人之譬喻，雖不無可取之處，但終究是以社會之習性作爲人之本性，此殆與孟子言性善大異其旨趣，自係顯見之事實。

其次公都子又引告子所云以責難孟子謂：「或曰：有性善、有性不善，是故以堯爲君而有象，以瞽瞍爲父而有舜，以紂爲兄之子，且以爲君，而有微子啓，王子比干，今曰性善，然則彼皆非與？」（〈告子上〉）按公都子此所引之語恰與其上述之論證相反，上述言善惡可由環境之優劣而決定，此則云善環境亦可生惡，惡環境亦可生善，此殆公都子有意與孟子巧辯而已。

按公都子所引告子之言，其論據主旨顯有自相矛盾處，蓋告子本倡「生而謂性」之說，故其所云之「性」，乃指人所生而具之自然本質而言，此所引善之環境可有惡性，惡之環境可有善性，誠與其「即生言性」說之主旨不合，此不過純指人後天之機遇而已，蓋虎父亦出犬子，而蓬茅寒牖亦可出聖賢，故公都子此說誠不足以駁斥孟子之性善動機說。

公都子又問曰：「均是人也，或爲大人，或爲小人，何也？」孟子答曰：「從其大體爲大人，從其小體爲小人。」（〈告子上〉）孟子告以「先立其大者，則其小者不能奪也。」（同上）

此外有關義內義外問題，公都子又與孟子反復申辯。公都子復托孟季子之問曰：「何以謂義內也？曰：行吾敬故謂之內也。鄉人長於伯兄一歲，則誰敬？曰：敬兄。酌則誰先？曰：先酌鄉人。所敬在此，所長在彼，果在外非由內也。」（〈告子上〉）此乃有關義內義外之辯，是孟季子以「敬長」之心，非由內出，悉待諸外在之事實以爲決定，公都子不能答以告孟子。孟子則曰：「敬叔父乎？敬弟乎？彼將曰：『敬叔父』。曰：『弟爲尸，則誰敬？』彼將曰：『敬弟。』子曰：『惡在其敬叔父也？』彼將曰「在位故也。」子亦曰：『在位故也。庸敬在兄？斯須之敬在鄉人。』」（同上）按此段實乃說明「敬」，未必悉待外在對象而定，有時有待內在之判斷以爲定。如生死之「敬」與宴飲之「敬」不同，固應因時而制宜，不可默守成規。又季子聞之曰：「敬叔父則敬，敬弟則敬，果在外，

非由內也。」公都子曰：「冬日則飲湯，夏日則飲水，然則飲食亦在外也。」（同上）此蓋有關「仁義」究竟在內在外之辯，表示孟子之說在當時已引起爭論與觀點上之差異。

按「義內義外」之依據，當就吾人判斷時所依據之情況而定，故就主觀、客觀二因素均不可忽略，凡判斷固須有主體性之衡量，亦當有其對象。對象不同，衡量之標準自異，豈可同日而語。故朱子云：「心之制，事之宜。」〔註15〕心之制固重乎主觀之制衡與審酌，事之宜則重客觀之事實依據，若按對象而言「義」本在外，蓋「判斷之義」本由對象而來，但能判斷之知，究存乎吾人之心中，故為「義內」。事實上，「能知」與「所知」皆不能偏廢，按孟季子、告子、公都子等皆側重客觀對象，專從外在之對象而審其義，認對象既在外，故義亦在外。如云「彼長而我長之」，其「長」之標準既在外，故義亦在外。又「猶彼白而我白之，從其白於外」，故以白之標準亦在於外。

其實對象所能提供者不過外在「客觀之實然」，其自身本無所謂「義不義」之判斷（按此「義」在此作意義解），若必對外在之實然問題加以判斷，則成為「主觀之應然」問題。因而「義」究竟應呈現在「應然」，而非在於「實然」。且公都子、告子等所重之「義」皆泛指外在客觀事物之意義判斷，而孟子所重者乃是道德價值之應然判斷，故前者所重在於客觀實體本身，而後者所重乃在主觀觀察者之應然問題，故二者猶如南轅北轍，自不可同日而語。

按外在之實然本身，本無所謂道德上義不義之問題，道德命題本身實乃內在主觀應然之價值判斷。故義內義外之辯，實應審其純係客觀知識問題，抑或主觀之道德價值判斷而有所分別。是觀孟子以「敬叔父乎？敬弟乎？」自不能專憑外在輩分之高低而定，若弟為「尸」時則自當以敬弟為是，因為這本是道德上權宜之判斷；又如飲酒按輩分言，理當先敬兄長而後及於鄉人，然按禮節言之自應先酌鄉人，是以「生死之敬」與「宴飲之敬」本有所不同，自應因人因時而制宜，故「義」當在內而不在外。

〔註15〕朱子云：「性，即理也，在心喚做性，在事喚做理。」（《朱子語類》卷之一，頁31）性者，即天理也，萬物稟而受之，無一理之不具。心者，一身之主宰。意者，心之所發。情者，心之所動。志者，心之所之，比於情意尤重。（仝上，頁33。）
告子以人之知覺運動為性，故言人之甘食悅色者，即其性，故仁愛之心於內，而事物之宜由乎外。故按告子意見，以仁愛之心出於人之本性，由內而發，為心之制，故為內而非外。至於事之宜不宜，似全在事本身，故認悉在於外。（《四書集註·告子篇》，朱子〈章句〉。）

至於公都子所認之「冬日則飲湯、夏日則飲水，然則飲食亦在外也。」公都子遂據此以確定判斷之義，純應以外在之實況為定，然是否飲湯、飲水固應決於外在之氣候，然能判斷冷熱者，不亦在吾人之「心」乎？豈能純決定于外在之氣候？是故公都子所謂之純粹義外說，實有其扞格處。

二、孟子與告子之辯

孟子與告子之辯，乃基於不同之層面，孟子本乎道德生命而立言，而告子卻基於生物層次與動物食色之立場而立論，故二者基本上立場不同，本無爭辯之餘地，但人之所以為人，除具有生物層次食色之欲外，其所以成為萬物之靈長者，自乃得乎天地之秀氣以生，故其自當有別於禽獸之處。然人之所以有別於禽獸者豈徒以其僅具有人之形貌？抑或在乎具有率性之謂道之德性？此蓋道德意識本心乃為人之特異處，若泯滅此內在之道心，則人與獸何以異？故孟子基於為道之精神，自不得不聲嘶力竭以與告子相互申辯。

清，顏習齋曰：「人之於聖人也，其才非如物之與人異。物不足以知天地之中正，是故無節於內，各遂其自然，斯已矣。人有天德之知，能踐乎中正，其自然則協天地之順，其必然則協天地之常，莫非自然也；物之自然不足以語此。孟子道性善，察乎人之才質所自然，告子所謂無善無不善也者，靜而自然，其神冲虛，以是為至道，及其動而之善、之不善，咸自失於至道。故其言曰：生而為性」。又云：「及孟子詰子，非豁然於孟子之言，而後語塞也，亦窮於人與物之靈蠢殊絕……告子貴性而外理義，異說之害道者也。」〔註16〕是按顏元之批判，可知告子之說確有其不當處。

（一）性善與性無善惡之辯

孟子所言之「性」，乃指人之為人所必具之德性，亦即人之所以異於禽獸之處。告子所言之性，乃泛指生而謂性之「性」，亦即以生物生而俱有之知覺作用，以及生性欲望之本然之質為性，故二者之立場根本不同不可同日而語。按孟子因德言性故道性善，告子因生言性故認性無善惡。這些與孟子同時所展開之有關人性論之論戰，在其論辨之中益彰顯了孟子道性善說之初衷。

按告子本姓告名不害，兼治儒墨之學，嘗學於孟子，但不能純澈性命之理，孟子以其能執弟子之問故特重之，且在一己之著述中特以「告子」為篇

〔註16〕參清・顏元習齋著《四存編》〈原善〉卷中，頁12。

名。〔註17〕但告子之說究未得孟子之心傳。

按告子立論之主旨，即以生而有之一切資質與欲望為性。此中最大者莫過於食與色，故云「食色性也」，蓋食色本身乃人生活之本能，故無善無不善之分，亦不可稱之為惡。故公都子引告子之言曰：「性無善無不善也」，因其本乎「生性」無善惡之可言，故以善惡之發生悉在於後天之習性。是以告子云：「性猶湍水也，決諸東方則東流，決諸西方則西流，人性之無分於善不善也，猶水之無分於東西也。」（〈告子上〉）

告子既以人性為無善無不善，故認仁義思想純由外鑠而來，而非人生所具有之觀念，且彼更否認孟子之道德本心說，故曰「性猶杞柳也，義猶桮棬也。以人性為仁義，猶以杞柳為桮棬。」（〈告子上〉）

按杞柳本乃落葉灌木，盛產於冀魯之區，告子乃借之以為喻，且認杞柳本係自然之材，本無善不善之問題，後人用之以加工製成桮棬之卮器，故告子乃據此以論人之本性。遂認人性亦本如杞柳之天生質樸而自然。且認仁義亦為後天之學習，宛如將自然之杞柳製成人工之桮棬然。故告子否定仁義為天生之性，猶如否定桮棬為天然生成者。是以告子以人性猶如杞柳之自然，而「善」乃後天人為之加工並非天性所必然，故特以杞柳為桮棬之喻以駁孟子。

此外，告子更以水為喻，認水流本無定向乃順勢而趨成，故決之東則東流，決之西則西流，遂認人性亦本無善惡可言，不過因人後天際遇之不同而習染成善惡。

孟子則駁以水流固無分乎東西，但水流必有上下，此上下之勢乃水之為性，夫天下之水莫不趨下，猶人之性必趨於善。故云：「水信無分於東西，無分於上下乎？人性之善也，猶水之就下也，人無有不善，水無有不下。」（〈告子上〉）

事實上，孟子在此所用之邏輯未必確切，乃誤用了類比推理。按水流向下固乃水性自然之趨勢，但豈可據此以推出人性之必然向上。此殆孟子之比附援引與聯想作用而已。孟子所言之心善、性善究屬於道德命題，而非知識命題，在根本上乃基於良心道德命令之要求，而告子之思想體系，乃含有楊朱系統之「重生」、「貴己」與道家之放任自然之態度，是以彼此論點有異，故其主張亦大相逕庭。

〔註17〕參焦循《孟子正義》，引趙岐註。

　　孟子反駁告子之全稱命題「生之謂性」，故云：「生之謂性也，猶白之謂白與」，「白羽之白也，猶白雪之白；白雪之白，猶白玉之白與？」告子乃以爲然，孟子復曰：「然則犬之性，猶牛之性；牛之性，猶人之性與？」（〈告子上〉）

　　按孟子意以「白」固爲「白」，彼此似乎等同，但白羽、白雪、白玉之白，在彼此上決然不同，故不可純就白之爲白之觀點上立論，應就其差別性而定。是以孟子按「生之謂性」之推理而言，則犬之爲性、牛之爲性、人之爲性，豈盡相同？且按事實觀之，犬、牛、人之性各有不同，孟子據此推理，進而言人之本質自有別於犬牛之本質，且就「生而謂性」觀點而言，萬物間亦各有其不相同之處，故孟子否認在「生之謂性」之原則下，「性」可無分差別之觀點。孟子特提出其四端之說以爲人性之特徵，並以之爲有別於犬牛與一切禽獸之處。

　　但告子與孟子之人性論，究各自成其獨立之體系，一從天然層次立論，一從道德層次立言。且按事實觀之，孟子所言之「本心」，固有爲善之本能，但亦不過泛指其具有此種可能性，究非具有爲善之必然性，故爲善與否純待人之自覺程度與踐仁之功夫而爲決定。察告子所重者乃後天之環境，自不可輕予抹煞。即在孟子本身而言亦甚重後天環境之改造，觀其本身亦曾受孟母三遷之影響，故環境之因素自不容忽視。

　　就立論而言吾人不可以環境善不善之習性，與人本身內在之心性相互混淆，蓋堯之時亦有惡人，桀紂之時亦有善人。察告子隱約中有以後天之習性代替人類先天本性之傾向，且告子全稱命題之「生之謂性」似嫌太過廣泛，因各種生命自有其不同之「生之謂性」，彼此間顯有差等，且持此種生理結構之性自不足以言人之爲性；尤不可據人類後天環境之習性，以論證人類本心良知良能之心性。是以告子「生之謂性」說，雖可解釋一切生物層次之天然生成之本質，卻不足以論人性與禽獸之性之差別，故我國歷代儒者寧取孟子言義而樂與人共爲善，亦不取告子之論以免趨向物性化之蔽。

（二）義外義內之辯

　　孟子與告子論人性之辯，除對人性之界說有差別外，尚涉及認識問題之辯證；蓋二子有關知識出發點之立場並不一致。孟子道性善，以仁義禮智根於本心，故四端乃良知之表現，故仁義由內而生。告子既倡生之謂性，故性者乃生之自然本質，隨物而遷，雖承認仁乃人心之呈現，但「義」卻有待外在事物之情況以作判斷，故本非內在先天之必然。告子曰：「食色性也。仁，

內也，非外也。義，外也，非內也。」孟子則詰其「義外」之理，故曰：「何以謂仁內義外也」，告子答曰：「彼長而我長之，非有長於我也；猶彼白而我白之，從其白於外也；故謂之外也。」（〈告子上〉）

告子認為如「長」，「白」等概念之判斷，皆有待於外在對象以決定，故倡義外之說；孟子則反詰之曰：「異於白馬之白也，無以異於白人之白也。不識長馬之長也，無以異於長人之長與？且謂長者義乎？長之者義乎？」（〈告子上〉）

按孟子觀點視之，斷言其為白者、長者，必待我內在主體性之判斷，故「義」亦是內，非在外明矣。蓋稱「長馬」者，乃指謂馬中之老者。而稱「長人」者，則意含有敬長尊老之心，故云：「行吾敬，故謂之內也。」（〈告子上〉）按「長馬」、「長人」之指稱，固同用一「長」字，但其義卻有不同，而判斷此「義」之不同者顯在我心，是以豈可悉取決於外在之對象？如我之以為「長」而尊敬之，是本含一己主觀之判斷而出諸我心，故義顯在內而非在外矣。

然告子復駁孟子曰：「吾弟則愛之，秦人之弟則不愛也，是以我為悅者也，故謂之內。長楚人之長，亦長吾之長，是以長為悅者也，故謂之外也。」（〈告子上〉）告子在此之意謂：愛我之弟，而不愛秦人之弟，則愛與不愛，悉以我心判斷為準，固可稱之為義內，但楚人之長輩、我亦長之，敬之、而一己之長輩，吾亦長之，敬之；是長之，敬之與否，則悉決定於彼外在客觀之事實，是皆以其果否年長之實況為斷，此即告子之義外之說。然按告子此種論點觀之，則任何判斷倘無外在之事實依據，則雖有一己認識主體之衡量，當亦無從發揮其義。

其實外在對象所提供者，乃外在「客觀之實然」，其自身本無何謂意義與否之判斷。若對「實然存在」加以判斷，則成為「主觀之應然」問題。且「意義」問題究屬於應然問題而非實然問題，況且告子所云之「義」（意義）乃泛指對外在事物之意義判斷，故特重客觀對象，而孟子所重之義（合宜）卻是重乎道德價值實踐上之應然判斷，是此二者論點截然不同故其所辯證者亦難有預期之效果。

簡言之，孟子與告子論爭之焦點，即在此「實然」與「應然」之分別上，告子以判斷之重點應在乎對象，殊不知對象本身雖能提供客觀之知識，但亦僅能就實然問題上成立知識方面之「對與錯」，而不能成立道德判斷上之「應當與不應當」。且孟子所云之「義」，實乃偏重道德上應然與否之判斷；而告

子所云之「義」，乃重客觀外在事物本身之狀態，故前者乃「道德命題」，而後者乃「知識命題」，二者並非同一範疇，故義內義外之辯，當視其所論涉之命題而作判斷，不可遽下定論。

　　然就孟子觀點不論就道德命題或知識問題，皆以義內為準，故有主觀觀念之趨向，即以公都子所云之：「夏則飲水、冬則飲湯」為例，「湯」與「水」事實上皆係外在之飲料，蓋夏熱需涼、冬寒需暖，此固為外在之事實，但孟子確認能辨別此種寒暑冷暖之分別者，顯然亦不離人類主觀之心靈，故並非悉待外在之對象而定。又如「杞柳」固為外在之對象，但其能否製成桮棬，則有待內在主觀之判斷，蓋並非所有之木材皆可製成桮棬。故孟子答告子曰：「子能順杞柳之性而以為桮棬乎？將戕賊杞柳而後以為桮棬也，如將戕賊杞柳以為桮棬，則亦將戕賊人以為仁義與，率天下之人，而禍仁義者，必子之言夫。」（〈告子上〉）告子以杞柳之性為自然，造成桮棬則出乎人為，故批評孟子若以人性為自然，則仁義亦必出乎人為，但孟子道性善，以仁義乃人性分中所固有，非出乎人為，故乃反駁告子之喻，認杞柳之性固為自然，但以之製為桮棬與否則出乎人為，若不察杞柳是否可適為桮棬而一味地用刀斧劈之，斷之，則必戕害杞柳之本性故認告子之喻為不當。

　　按人具有仁義之本心能作道德價值之判斷，是仁義之心乃出乎自然。若以仁義出乎人為，則「仁義」必為不誠，不誠無物，則仁義亦必虛偽，正如用斧斤戕杞柳以為桮棬，反戕害杞柳自然之本性。

　　告子以杞柳為桮棬之喻，以形容人性與仁義之辨，認為人性為先天、仁義為後天，故斷言一切「義」皆在外，是難免太過注重外在客觀之事實，而輕忽主體之判斷。衷實而言，杞柳必有可製桮棬之性然後方可應用之以製成桮棬，猶如人本具仁義之性然後方可仁義行。若夫禽獸則無仁義之性，雖經後天教化與人為之努力，亦不足以使禽獸行仁義；且仁義若非人類先天之根性，則後天一切人為之努力恐亦將無濟於事。

　　憑實而論，告子之說，終有其不足之處，即在其過度強調「義」由外在客觀之對象所決定，縱算如是，則亦不可忽略人類主體性之肯定。如前述「敬長」之事為例，一方面固須有外在「長」者之事實，另方面亦應有人之覺知以肯定此「長」為「吾人之長」為條件，若吾人不肯定此「長」為「吾人之長」自無法生敬長之義。故肯定此「長」並非純在外面客觀之事實，必有肯定此「長」為吾之「長」之知覺，方能使人對「長」生尊敬之義。

綜言之，孟子之「義內說」乃建立於良心論之基礎上，而告子之「義外說」純建立在外在客觀事實之判斷上，此中一爲道德命題，一爲事實問題（知識問題）故兩者根本不同調自不可同日而語。

（三）不動心之辯

告子曰：「不得於言，勿求於心，不得於心，勿求於氣。」孟子則以「不得於心，勿求於氣，可。不得於言，勿求於心，不可。夫志，氣之帥也。氣，體之充也，夫志至焉，氣次焉，故曰：持其志無暴其氣。」（〈公孫丑上〉）

朱子認告子「於言有所不達，則當舍置其言，而不必反求其理於心，於心有所不安，則當力制其心，而不必更求其助於氣，此所以固守其心，而不動之速也。孟子既誦其言，而斷之曰：彼謂不得於心，而勿求諸氣者，急於本而緩其末，猶之可也，謂不得於言，而不求諸心，則既失於外，而遂遺其內，其不可必矣。」〔註18〕此誠乃朱子批評告子所言之失當處。

按孟子此所云之「志」，乃指理智或理性，而「氣」則爲意志。孟子以心說性，以理智駕馭意志，故云應持其志，勿暴其氣，以理智乃意志之統帥，而意志復充乎身體之間爲行動之主使者。故必理智居上意志在其駕馭下方能濟事。由是孟子循心統志、以志統氣之順序，以言「不動心」之果效。告子則以「不得於心，勿求於氣」，即言不得於理性之引導，則勿逞意氣而行事，故孟子曰可。至云「不得於言，勿求於心」此則爲告子之失察處；因爲「不得於言」正由告子之未能知言，若能知言，則於詖、淫、邪、遁之辭自有分辨之能力。按「不得於言」正應回歸內心，以一己之靈明自覺加以判斷以求自反之工夫；而告子恰反其道而行，惟封閉一己之心使之勿動，是故孟子以之爲不可。按心者本理智之樞紐乃身之主宰，氣不過是意志之作用，若不得於心而求之於氣，則理智愈益昏蔽不明而致情感妄動徒作盲目之行爲，故孟子嘉許告子所云之「不得於心、勿求於氣」，至於「不得於言，勿求於心」則非孟子所能肯定，因不得於言正應反求諸心以觀其究竟何得不求。

察孟子本循曾子自反之工夫持志而守氣，求之於心乃爲養氣；故孟子之持志功夫即爲善養此氣而以理智駕馭意志。

至於告子則恰相反，若「心不得於言」，是心必有所害，自當力求其原因且言爲心聲正當在心上求之方是。告子於此反不急求，而謂「不得於言，勿

〔註18〕參《四書集注》，〈公孫丑上〉朱子章句。

求於心」，是心有所未得或事不得於心，不求之於氣則可，不求於心則不可，此乃顯然之事實而告子竟昧於此是乃孟子所未能首肯者。

且志與氣本相互爲用，孟子以直養言之，乃本乎自反而縮之道理，故不論得心與否其心自不可不察，此正曾子、孟子所共倡之求心不求氣之故。

至於告子惟恐「動心」故強而勿求，殊不知者行之不得於心者，正應內求於心，這是告子所暗昧之處。毛奇齡氏曰：「告子惟恐求心即動心，故自言勿求於心，心焉能不動，裁說不動，便是道家之嗒然若喪，儒者無是也。」〔註19〕

按孟子平日即以存心求放心爲主，未嘗言不動心，蓋存心是工夫不動心是效驗。心之本體焉能不動，故孟子所言之不動心，非從工夫上立說，乃從存心工夫所得之效驗上而言。迨工夫純熟境界提高時，自達不動心之境界。告子所云之不動心，實乃以氣制心勉使之不動，此即告子所以求氣以制心之方法。故察告子所云之求心，實乃就心上求，而非從孟子所主張之由持志上著手，告子所求者乃以力制心，而不從養氣上著手，是既不能自反又不能存養，更不求一得於心，但徒守此冥頑之方寸謂之不動，宛如強水波之不流以求其安靜是不可得必矣。

孟子曰：「我四十不動心。」又云：「告子先我不動心。」（〈公孫丑上〉）事實上，孟子所云之不動心，乃透過養氣求放心之工夫，以達存養有定之自然表現，告子所云之不動心，乃摒棄心之思慮，使之枯寂，以強求其成。故二者之境界與著手之方法皆有異自不可同日而語。

陸象山先生對孟子與告子之辯，曾作如此批判曰：「告子與孟子，並駕其說於天下，孟子將破其說，不得不就他所見處，細與他研磨一次。將杞柳來論，便就他杞柳上破其說。一次將湍水來論，便就他湍水上破其說。一次將生之謂性來論，又就他生之謂性上破其說。一次將仁內義外來論，又就他義外上破其說，窮究異端，要得恁地使他無語，始得。」（《陸象山全集卷三十四，〈語錄〉）可見象山氏乃深得於孟子之說。

陸子又曰：「義理之在人心，實天之所與，而不可泯滅焉者也。彼其受蔽於物，而至於悖理違義，蓋亦弗思焉耳。誠能反而思之，則是非取舍，蓋有隱然而動，判然而明，決然而無疑者矣。」故陸子肯定孟子之學，端從一「誠」處而立腳。（《象山全集》卷三十二〈拾遺〉）

朱子於《四書集注》中亦謂：「人之情，無不好此懿德者，以此覩之，則人

〔註19〕參焦循《孟子正義》，卷三，〈公孫丑章句上〉注疏引毛氏奇齡《逸講箋》。

性之善可見，而公都子所問之三說，皆不辯而自明矣。」（〈告子上〉朱子章句）

是按宋明諸儒莫不崇孟子性善之說，尤且發揮其義理之論，而將孟子思想益爲發揚光大。觀氣質所稟於人者雖有不善之處，但終不害人性之本爲善。

第六節　論惡之存在與來源問題

關於「惡」之事實，古今來中西哲學家論者頗眾，蓋相反之事物彼此相形之下，益易被人發覺；如黑暗與光明之對比、盲目與視力之對比，則極爲顯明。夫善之反面便爲「惡」，故「惡」亦誠係哲學上所應探討之問題；且此問題異常複雜，甚至令人有不可思議之感。古今來有若干神學家、護教家、哲學家、文學家，對此問題共絞腦汁，費盡心思。希臘大思想家如柏拉圖、亞里斯多德；以及中世哲人奧古斯丁，聖多瑪斯等，對此問題均作過深刻而長久之研究。悲觀主義哲人叔本華，更認惡之問題，乃人生重要問題之一，且認係哲學中唯一之問題。〔註20〕

按叔本華之意見固未必儘當，但吾人自無法否認「惡」確係哲學問題中一大難題，亦爲現實中確實存在之事實。

按西方中古二大哲人，當爲奧古斯丁與聖多瑪斯，彼等對此問題有過深切之研究，且獲得正確之結論。〔註21〕

惟吾人可得一明晰之觀念者，即宇宙中之積極面乃善與善之作用，我國儒家經典如《中庸》、《易傳》等，皆莫不以善爲人生之積極面與追求之方向。惡並非宇宙人生之本然，且不能作爲人生願望中之對象。自然所包羅之積極性中並無「惡」之事物，故「惡」並非屬於存有之層次，亦非「自然之實體」，「惡」乃一種缺陷之情況，亦即善之墮落。

按奧古斯丁與聖多瑪斯皆主張「惡」乃「善之剝奪或匱乏」（the privation or absence of a required good），〔註22〕故惡本身並非一實際物，乃是事物之缺

〔註20〕參趙雅博著：〈惡的問題〉，《現代學人》第一期第 145 頁。

〔註21〕奧古斯丁最初對摩尼學派（Manicheism）之二元論，倡宇宙中有善、惡二神同時存在之說頗感興趣。後因對惡之問題曾作深一層之研究，乃發現該派學說之不正確，終於唾棄該學派而贊成基督教之一神論（參看《懺悔錄》，卷三，第七章）。多瑪斯在其著作中，亦多次提到惡之問題，並有《論惡》之專作問世。見《論惡》（De malo）。

〔註22〕參奧古斯丁：Confess. III, 7,12, PL 32,688。參《聖多瑪斯大全》（S. the. q. 48, a.1）另見曾仰如著：《形上學》第四章第四節〈論惡〉，頁 121～122。

陷，或係指一種情況而言。但此所云之「缺陷」，乃指事物本應如此，而僅不如此之謂，故乃以其「能有」與「應有」爲大前提。

惡之本身固非一種實體，但若無存在物亦不能表現出缺陷性，故「惡」乃寄存於存在事物上之一種缺陷，必先有一事物存在，而後該事物方有缺陷可言，故任何缺陷皆不能脫離物體而獨立存在。且惡乃與善對照之下之情況，設無陽光則無陰影。故聖多瑪斯完全同意亞理斯多德，及奧古斯丁二人之意見，認爲：「惡絕不能將善完全加以消滅」。〔註23〕且惡並非與善對立，亦並非在善之外之獨立存在。惡只能在善內寄生，且非對善之否定，不過乃對善之一種反面之消極作用而已。

是以「絕對惡」乃指絕對善之缺乏，「相對惡」乃指相對善之缺乏。所謂絕對善，乃指禀得自然之全善而言。生命對任何生物而言，皆是一絕對善。死亡，生命之失落，即爲絕對惡。而相對善乃指對他事物有利之物，諸如食物、飲料等之對于人類之需求量。

有關惡之種類，一般分爲本體惡（ontological evil）、物理惡（physical evil）及倫理惡（moral evil）三大種類：

本體惡乃本體善之剝奪或匱乏，所謂「本體善」乃指一物之內在組織，即物之本質或物性，或指一物之存在而言。本體惡乃指物之本質或存在之缺乏，即一物不具有其本身存在之條件。以一存在物之本身而言，方構成本體惡之是否存在問題，故本體惡乃存有物本身在結構上或組織上之缺陷。

其次物理惡乃指物理善之剝奪或匱乏，如一物本應具備其本性所應具之條件，即各部門均得齊全與完備之謂。如某人缺手臂，或某動物缺耳目等皆是。物理惡包括如天災、地變、疾病、死亡、飢餓、痛苦、衰老、輭弱、煩惱、哀悼、憂鬱等等皆是。

再次倫理惡乃指倫理善之剝奪或匱乏，即人之行爲與倫理法則之間所應有之適當關係之缺乏。如人之行爲違反倫理法則，即爲倫理惡。如當作爲而不作爲，不當作爲而作爲者皆是。

就一般而言「惡」之原因，乃基於「善」之反，嚴格言之，「惡」並無「動因」，只有「缺因」（evil has not an efficient, but a deficient cause），〔註24〕故亦

〔註23〕見奧古斯丁（Augustine, Enchirid. l. c.），另參曾仰如著《形上學》第四章第四節，頁124。
〔註24〕參曾仰如著《形上學》第四章第四節，頁133。

可說惡是善之缺憾與欠缺。

析言之，「物理惡」乃指物之本性上之各種缺憾，在人物身上皆可尋到，在人造物上亦可發覺之，完全係來自一種缺點。

至於倫理惡其別名為「罪」，倫理惡與物理惡不同，倫理惡只能在人之行為上可以找到，故倫理惡之定義乃「違反倫理規則之人性行為」。聖多瑪斯指出，「罪」乃由於缺陷之意志所產生之缺陷行為，故意志行為之缺陷乃是倫理惡與罪之原因。〔註25〕

但按基督教之看法，罪乃由於人類對上帝意志之悖逆，按上帝之律例，乃維繫宇宙人生一般之法則，若違背此種律例便有缺憾發生，因而便構成罪。故按聖經之看法，罪並非係單獨違反法律或人間之倫理法則，罪更是人類遠離上帝之行為（Aversion from God），亦即悖逆神之公義之結局。

至於我國哲學中對善惡之探討，除在孟荀人性論中提及之外，在古代典籍中，多以宇宙人生乃善之積極作用，尤以《易傳》之思想為然。如云：「一陰一陽之謂道，繼之者善也，成之者性也。」（《易繫辭上傳》第五章）「天地設位，而易行乎其中矣，成性存存、道義之門。」（《易繫辭上傳》第七章）又云：「立天之道，曰陰與陽，立地之道，曰柔與剛，立人之道，曰仁與義。」（《說卦傳》第二章）又《易·乾文言傳》曰：「元者、善之長也。亨者，嘉之會也。利者，義之和也。貞者，事之幹也。」又《中庸》云：「肫肫其仁、淵淵其淵、浩浩其天。」，皆以天下為至誠之表現。故在中國儒道墨三家之思想中，均以宇宙人生為至善之表現。道家將宇宙人生一切上達於「大道」，儒家則上達於「天命」，墨家則尚同於「天志」，故皆以善為宇宙人生之積極面。

至於孟子則更秉承《中庸》天命之謂性之思路，以天命下貫吾人之本心、賦予人先天道德意識，故此「心」本為善，而彰顯此「心」之「性」自無不善，故倡人性本善說。但衡觀人世間，「惡」之存在自亦客觀之事實勿庸否認；但「惡」之存在究非與善對立，在儒家思想中並未云有惡之實體存在。故孟子以惡之存在，其可能來源有二，但均屬於某種情況或狀態，而非某種惡之本體。

惡之可能情況一係來自吾人耳目口鼻四肢感官之欲之不當運用，二係來自外在不良環境之引誘，此二者皆可拑制人心，而使人失却靈明自覺，猶如烏雲之蔽日一般。

〔註25〕仝上，頁 134～135。

　　但孟子並不輕視「欲」，亦不忽視生理之自然要求，因欲望本身並非惡，祇當欲望支配人心使心失却其自主性以致良知暗昧不明時方成爲惡。是以孟子重乎大體之養，雖欲望不可沒，但嗜欲薰心使心失其靈明時即失其道矣。察莊子亦云：「其嗜欲深者，其天機淺。」（〈大宗師〉）蓋心本當主宰生理口腹之欲使欲有所節制，不以小而失大，故孟子云：「人之於身也，兼所愛。兼所愛，則兼所養也。無尺寸之膚不愛焉，則無尺寸之膚不養也。所以考其善不善者，豈有他哉？於己取之而已矣。體有貴賤，有小大，無以小害大，無以賤害貴，養其小者爲小人，養其大者爲大人。今有場師，舍其梧檟，養其樲棘、則爲賤場師焉。養其一指而失其肩背，而不知也，則爲狼疾人也。飲食之人，則人賤之矣，爲其養小以失大也。飲食之人無有失也，則口腹豈適爲尺寸之膚哉。」（〈告子上〉）

　　孟子以養心并兼養身，明養身亦由養心而及之，考知其善否皆在一己之所養。蓋養身爲養心之所兼，則大小顯然可見，養大體則兼小體，養小體則害大體，故君子不特重口腹之欲。夫善養者必先養此心志，心志不得其養，則口腹之奉必養小而失其大。

　　孟子以「口之於味也，有同嗜焉，耳之於聲也，有同聽焉，目之於色也，有同美焉，至於心獨無所同然乎？心之所同然者何也，謂理也、義也。聖人先得我心之所同然耳，故理義之悅我心，猶芻豢之悅我口。」（〈告子上〉）是以孟子以口腹耳目需口味聲色之養，而心則需義理之養，且以理義之養去支配口腹之欲方得其正養之道。

　　按身心本爲一體，不容分割，心與耳目口鼻亦密切相關，心苟能主宰耳目口鼻，則其作用亦即心之活動，故口腹之欲非爲尺寸之膚，實乃爲大體而服事。故孟子不以耳目口鼻之欲爲惡，但惡乃由耳目口鼻之欲過分發展而不受心所主宰時所生之效果之謂。故惡之存在並非外界之實體，而係一種失常之狀態，故云：「耳目之官，不思而蔽於物，物交物，則引之而已矣。」（〈告子上〉）

　　耳目口鼻之官，純由外緣而活動，其本身不能自覺，反省，故缺乏自主性，與物接觸時極易爲外在之境所蔽，使人耽於物慾而喪失其仁義禮智之心，反爲物所牽，故孟子倡「先立乎其大者，則其小者弗能奪也。」（〈告子上〉）

　　按耳目口鼻之小體與心之大體，同受於天。能立乎其大體之養，則耳目口鼻小體之欲，方不能奪心之主宰。故孟子所謂之「惡」，實指人類行爲與動

機所生之不良效果而言，亦即小體掩大體以致物慾蒙蔽心思之謂。

此外，孟子亦重外在環境對人之影響，蓋心雖為善，但若無適當環境，則心思之官亦不能發揮其作用，自必失却其自主性而致隨境遷流。故孟子云：「富歲子弟多賴，凶歲子弟多暴，非天之降才爾殊也，其所以陷溺其心者然也。今夫麰麥，播種而耕之，其地同，樹之時又同，浡然而生，至於日至之時，皆熟矣，雖有不同，則地有肥磽雨露之養，人事之不齊也。」（〈告子上〉）

是按孟子所言人性本善，猶如麰麥之本性乃相同，然因地有肥磽，雨露之養，與人事之不齊，故其收穫自有差異。孟子所云之環境，除天然環境外，尤重人為之政治社會與經濟之狀態，此中尤以經濟生活之厚薄為極重要之因素，蓋經濟生活過度匱乏，足以造成貧困之環境，而為犯罪之淵藪。故為政不能解決經濟問題即無法解決道德問題，是以孟子以恒產為恒心之基礎。惟當經濟生活富足時亦必需兼重教與養，否則富裕之經濟條件亦可構成為富不仁之社會，並助長作惡之源以陷溺人心於萎靡之地步。故孟子斷言曰：「飽食暖衣而無教，則近於禽獸。」（〈滕文公上〉）是以富庶之腐蝕人心尤甚於飢寒。

孟子以一切罪惡行為，皆源於失却本心與人格尊嚴之淪喪，當本心不能控制小體之欲時，人之道德心自告泯滅，而惡行亦因之而生，故孟子極重本心之培養，而曰：「是故所欲有甚於生者，所惡有甚於死者，非獨賢者有是心也，人皆有之，賢者能勿喪耳……。萬鍾則不辨禮義而受之，萬鍾於我何加焉……此之謂失其本心。」（〈告子上〉）

故孟子認為失却「本心」便可為惡，故「惡」乃人之良知受蒙蔽後，不能導「欲」於正所產生之思慮上與行為上偏差之效果。

總觀孟子所謂之「惡」，在形上學上言之，乃偏於「倫理惡」方面之思想，至於「本體惡」、與「物理惡」，則為孔孟所未曾道。蓋儒家之主旨，乃側重人倫社會之維繫，其言天道本在乎言人道，俾使天人相契而無憾。

第四章　孟子之道德境界觀與人格修養論

第一節　論宇宙之全德與聖境

　　孟子所追求之全德境界乃萬物一體之思想，即個體人格與宇宙之精神合而為一，所謂人我內外之分俱已不存。

　　孟子與莊子雖相去甚遠，一為儒家之發揚者，一為道家之大成者，但就宇宙全德方面言之，則二人境界略有相契之處。莊子所達之境，乃同於大通，以「天地與我並生，而萬物與我為一。」（〈齊物論〉）惟莊學所用之方法，乃透過心齋、坐忘、朝徹、見獨。在知識方面則取消一切分別相，使此心虛靜，與大化相契，所謂「聖人不由，而照之於天」。

　　至於孟子則透過強恕，求仁之方法，以達到「萬物皆備於我矣，反身而誠，樂莫大焉。」（〈盡心上〉）以及「君子所過者化，所存者神，上下與天地同流」之境。（同上）

　　是按莊孟二子比較言之，莊子所用之方法乃透過含光葆真，以消極之忘我以與大化相互渾一，而孟子則在乎明誠、踐仁、取消人我之界限，以達大同之境。是莊孟二子皆以萬物與我為一體為其最高理想，殆有後天之隔閡，遂使人天彼此相隔。此在莊子視之，乃由未能齊物所致，而孟子乃以未能明誠之故。

　　衡觀莊孟二子，皆認宇宙之全體與個人之心靈有內部冥契之關係，個人之精神與宇宙之大精神，本為一體，天地人三才彼此息息相通不容分隔。人性、物性亦彼此休戚相關，故《易傳》以盡己之性，所以盡人之性與盡物之

性，而後參贊天地之化育，而與天地萬物相參。故云：「夫大人者，與天地合其德，與日月合其明，與四時合其序，與鬼神合其吉凶。」（《易·乾文言傳》）更進而強調「知周乎萬物，而道濟天下，故不過，旁行而不流，樂天知命故不憂，安土敦仁故能愛。」（《易·繫辭上傳》第四章）此皆係孟子所承之抱負與終極之理想。

　　總言之，孟子論宇宙全德，乃著重與天道相契合，惟聖人然後可以踐形，蓋聖人得乎天道之全，且與人道亦無所不備，是以孟子以「聖人，人倫之至也。」（〈離婁上〉）聖人實亦誠之至者，故孟子引《中庸》之意謂：「誠者，天之道也，思誠者，人之道也。」（〈離婁上〉）故聖之至者，亦即誠之至者。至於聖人在世之生活、孟子則曰：「天下有道，以道殉身，天下無道，以身殉道，未聞以道殉乎人者也。」（〈盡心上〉）此誠乃孟子至道聖人之生活態度。

　　按達道聖人如魚相忘於江湖，道與人不可須臾離，可離則非道矣。故孟子云：「流水為物也，不盈科不行，君子志於道也，不成章不達。」（〈盡心上〉）蓋大明者無不照，懷聖道者成其仁而取其義，故賢者志大，念念不忘其聖域。

　　然察孟子達到至道聖境之方法，乃倡執中與中道之方，故曰：「子莫執中，執中為近之，執中無權，猶執一也。」又云：「中道而立，能者從之。」（〈盡心上〉）此乃孟子承繼《大學》、《中庸》一貫之思想而以致中和之道為其基礎。

　　至於中和思想，乃《易傳》、《中庸》、《禮記》中所述之一貫道理，能執中和則近聖人之道，然不知權，則去中和甚遠，蓋聖人亦重權，執中而不知權，猶執一介之人不知其時變，故能權方能別輕重，無過與不及，中道而立，其所行方得其適。

　　惟聖人非無欲，達到聖境之至者能以理制欲，聖賢之學乃透過明明德之工夫，以達至善之境，故聖人行乎日用人倫之間不為所蔽，而通乎天下之情，是以儒家之聖境界，貴在人倫日用之間之實踐而得其宜之謂。故孟子曰：「所惡執一者，為其賊道也，舉一而廢百也。」（〈盡心上〉）墨子重兼愛，則執一於兼愛，楊子重為我，則不復慮及兼愛，是皆為執一而賊於道，故孟子并距楊墨斥其執一而不知權。聖人以一貫之道乃善與人同，執兩端而用其中，故執中而非執一。孟子言堯舜、孔子之道，以「道」貴變通時適，故認楊墨之執一不知達權故距之。至於達道聖人必本乎天下一致而百慮，殊途而同歸，在異中求同。是觀孔孟每談及道德均深信在同情之感召中，輒存相互信任之過程，是以孟子堅決主張，在道德生活中，貴應「善與人同」，樂取於人以為

善，故盛贊堯舜之所以偉大，即能破己執而與人爲善，廓然大公與善爲體，此亦即孟子所一再強調之盡心所在，以一心而同萬善，求放心而貫串於中道。今人以孟子力斥楊墨，其態度未免專橫，殊不知孟子乃本乎執中權宜之標準，遂不得不堅持此立場。

察孟子除效法堯舜，盛讚孔曾思三子外，對命世聖哲亦莫不讚譽備致。乃曰：「聖人，百世之師也，伯夷、柳下惠是也。」（〈盡心下〉）孟子復有讚嘆大聖之辭曰：「伯夷目不視惡色，耳不聽惡聲。非其君不事，非其民不使。治則進，亂則退。橫政之所出，橫民之所止，不忍居也。思與鄉人處，如以朝衣朝冠坐於塗炭也。當紂之時，居北海之濱，以待天下之清也。故聞伯夷之風者，頑夫廉，懦夫有立志。伊尹曰：『何事非君？何使非民？』治亦進，亂亦進。曰：『天之生斯民也，使先知覺後知，使先覺覺後覺。予，天民之先覺者也，予將以此道覺此民也。』思天下之民，匹夫匹婦有不與被堯舜之澤者，若己推而內之溝中，其自任以天下之重也。柳下惠不羞汙君，不辭小官。進不隱賢，必以其道。遺佚而不怨，阨窮而不憫。與鄉人處，由由然不忍去也，『爾爲爾，我爲我，雖袒裼裸裎於我側，爾焉能浼我哉？』故聞柳下惠之風者，鄙夫寬，薄夫敦。孔子之去齊，接淅而行；去魯，曰：『遲遲吾行也。』去父母國之道也。可以速而速，可以久而久，可以處而處，可以仕而仕，孔子也。」孟子曰：「伯夷聖之清者也，伊尹聖之任者也，柳下惠聖之和者也，孔子聖之時者也。孔子之謂集其大成。集大成也者，金聲而玉振之也。」（〈萬章下〉）

孟子讚伯夷清、伊尹任、柳下惠和，皆得聖人之道，獨孔子時行則行，時止則止，故集先聖之大道，以成己之聖德，故能金聲玉振。孟子更以始條理者，智之事，終條理者，聖之事。故聖智至孔子而極其盛，孔子者可謂集始條理與終條理於一爐。始條理者，能察萬物之幾微，條而不紊，故能理物治物。終條理者，乃聖德施化無疆，而能安仁樂道。夫天下事條分縷析，莫非以仁且智當之，智足以治事，不足以安仁，惟聖兼治萬理，而能敦仁和眾，而得其中，此誠乃孟子所理想之人格。故孟子以「始條理」乃明智之事，賢者居之。必達「終條理」，以仁且智方爲聖域之極。按孟子嘗將人格分爲三等，由最低一級而至非常之人格，低級人格者爲俗人、庶人以及小人與鄉原。中常人格則爲善人（善士、志士）、君子、大人、大丈夫。非常人格則爲盡心盡性之人，而達堯舜之標準者方克稱之，此最高人格者其存仁於心，故仁乃出

自其先天之性淨本覺。所謂:「堯舜性之也,湯武身之也,五霸假之也。」又云:「人皆有不忍人之心,達於其所忍,仁也。人皆有所不爲達於其所爲義也。」(〈盡心篇〉)此乃人中之大覺者,名利、榮譽、財貨,皆不足縈其心,故孟子讚曰:「舜視棄天下猶棄敝屣也。竊負而逃,遵海濱而處,終身訢樂而忘天下。」(同上)此無染於祿位之心,乃性分中之自然,蓋其上契仁道,與宇宙精神同往,故能視天下一切名利皆如浮塵,此乃聖人所樂者惟與道相通,故能以其仁心以證其仁體故。

第二節　集義尚志與善養浩然之氣

孟子以浩然之氣爲個人修養所必須,更爲追求崇高人格與精神修養所必循之階段。此浩然之氣,塞乎天地之間,萬古流澤,爲聖者氣象所必存。孟子形容之曰:「其爲氣也,至大至剛,以直養而無害,則塞於天地之間。」(〈公孫丑上〉)

按孟子原將人心之要素,分爲志、氣、欲三者,志爲理智,氣爲意志,欲爲慾望。意志必隨時服從理智之命令,當志與氣相合時,個人之行爲方能圓滿,但孟子以個人之心與天地精神相通,以己之至誠,能與天地之至誠相契,誠如《中庸》所云:「至誠如神」矣。

按浩然之氣,乃人自我養心養性之工夫,透過個人志與氣之結合,使道義內充、仁德無缺而向外表現之一種精神狀態。惟人獨秉天地之秀氣而生,故爲萬物之靈長、苟能長保此心之靈犀,則必時常培養其內在之浩然之氣。

此所謂之浩然之氣,實乃道德存養之氣象內充於心,外顯於義之謂。公孫丑問曰:「敢問何謂浩然之氣?」孟子爲說明其如何養成,乃曰:「難言也,其爲氣也,至大至剛,以直養而勿害,則塞乎天地之間,其爲氣也,配義與道,無是餒也,是集義所生者,非義襲而取之也,行有不慊於心,則餒矣。」(〈公孫丑上〉)

按吾人之身體固須得其所養,而心志亦須得其鍛鍊,身體之養,在乎飲食呼吸之間,俾培養其健全之氣力;而心志方面之涵養,則在乎培養理智與道義之意志力,蓋善養此氣者自必道義內充,而見諸於日常行事之深切著明處。

易言之,所謂浩然之氣,並非外在天然物質性之氣體,純乃吾人精神專

致，念慮純一，心靈清明時所達到之心志狀態，亦即心志與正義爲一，所培養出的剛健意志力。此種意志力乃在乎內在存養之極致，迨日就月將，潛滋默長，凡心志之所之，則無堅不摧，無難不克，故云至大至剛。見此意志力乃持正而得天地之中和，與天地之精神同其流行，故云塞乎天地之間。是以人人貴乎先由其一己之良知中求，良知一明，四德自備，推此四德（仁義禮智）強恕而行，則沛然莫之能禦，此即孟子所倡之根本修養法。

程伊川曰：「天人一也，更不分別，浩然之氣，乃吾氣也，養而無害，則塞乎天地，一爲私意所蔽，則欿然而餒。」〔註1〕

夫無道義，即不能有浩然之正氣，無浩然之氣之存養，則餒矣。此浩然正氣，乃由個人平時集義所生者。所謂集義，猶言積善，乃力求事事皆合乎於義。能合乎義則於天下之事無所礙而得其正養。能善養氣者則有以配夫道義，於天下事無所懼其艱危，則能憑至大至剛之精神予以克服，此所以當大任而不動心不惑於外境之利誘與威脅。

然惟正直始能剛大，非以正直養之則不能得，故不可以邪僻助長而干害之。按此浩然之氣，實發自吾方寸之間，不斷培養之則見諸行動之間，至其所生之力量誠可驚天地而泣鬼神。是以《淮南子》云：「故植之而塞於天地，橫之而彌於四海。」（〈原道訓〉）

總言之，此浩然之氣，發自吾心，乃道德至誠之意志力，亦即道德之生命精神。故孟子曰：「居移氣，養移體」（盡心上）此「氣」實即人之氣度、氣魄、氣概、與器宇之謂。

人之善養此氣者，必念念本乎義行，雖有所拂逆，頓挫，危殆，亦不爲所動。故孟子所期大丈夫之品格，悉由此養氣之功夫而成，蓋是氣所磅礴，則得其剛正之德與莊嚴之氣魄。

然吾人不可不辨者，孟子此所言之「浩然之氣」，不可與陰陽五行家之「氣」相提並論，亦不可與道家以及宋儒所言之「氣」相互比擬。蓋中國哲學中所云之「氣」，乃形而下之存有，可說係一切形質之「本始材朴」（見《荀子》論性說），吾人以今日名辭釋之，猶如一切有形物之原始材料。道家雖亦言氣化，但不以氣爲宇宙之本根，而以「道」爲宇宙萬有之本體。宋儒邵康節、周濂溪，倡無極而太極論者，亦嘗言陰陽二氣，但以太極爲本根，所謂「太極」，即陰陽未判時之氣，此種唯氣論之思想，大成於北宋之張橫渠，他以氣

〔註1〕參《四書集註》〈公孫丑篇〉朱子章句引程義說。

即道，認宇宙一切莫非由氣化而來。〔註2〕

　　孟子此所說之「浩然之氣」，純係個人內在之存養，爲意志力之別稱，並非天地稟氣之「氣」，蓋張載以宇宙之本體爲氣，故云：「凡可狀皆有也，凡有皆象也，凡象皆氣也。」（《正蒙・乾稱篇》）。張子復以「太和所謂道」（《正蒙・太和》），認太和即陰陽會冲之氣，爲氣之全，「道」即太和之氣之流行歷程，故張子云：「由氣化，有道之名。」（《正蒙・太和》）

　　孟子此所云之氣，無涉於宇宙本體之事不可不辨，孟子於此所言之氣實指個人存養之氣象。

　　莊子說：「人之生也，氣之聚也，聚則爲生，散則爲死，故曰通天下一氣耳。」（〈知北遊〉）又云：「而本無形，非徒無形也，而本無氣。雜乎芒芴之間變而有氣，氣變而有形。」（〈至樂篇〉）此實皆指宇宙氣化之過程，爲形上學之課題，皆非孟子所云之「浩然之氣」，吾人不可因名而害義。孟子此所重者乃吾人修養之歷程，所謂養氣即使氣統於志、俾志氣合一，內心堅定，而氣益沉靜，爲一切外境所不能奪。孟子所云之「萬物皆備於我矣」，亦即萬理俱呈現於吾心，一切付諸良知之判斷，順乎內心之善端以立身處世，俾理直氣壯，此即所謂直養之功夫，若不循此直道，則必枉道而行，悖乎仁義，致良心有愧，氣自餒矣。故浩然之氣貴發乎內在之神明，以精誠之意志力予以發揚光大之。

　　蓋孟子論養心在養身，養身在養性，故孟子作譬喻曰：「拱把之桐梓，人苟欲生之，皆知所以養之者。至於身，而不知所以養之者，豈愛身不若梓桐哉，弗思甚也。」（〈告子上〉）

　　孟子言有生之身繫於一氣，故主「養氣」，所謂居移氣，養移體，是皆養氣爲養體之必要功夫。然觀有生之身既繫於一氣，在心主於「志」，故孟子極重養志而言曰：「夫志，氣之帥也，氣，體之充也。夫志至焉，氣次焉。故曰，『持其志，勿暴其氣。』」（〈公孫丑上〉）就養氣而言，孟子云：「志一則動氣，氣一則動志也。今夫蹶者趨者，是氣也，而反動其心。」（同上）是以養志不可不先養氣。如公孫丑問曰：「敢問夫子惡乎長？」曰：「我知言，我善養吾浩然之氣。」（同上）所謂「浩然之氣」，宋儒趙順孫曰：「知言者，盡心知性，於凡天下之言，無不有以究極其理，而識其是非，得失之所以然也。浩然盛大流行之氣，即所謂體之充者，本自浩然，失養故餒。」（南宋，趙順孫《孟

〔註2〕參周予同，《中國哲學概論》，頁71。

子纂疏》）趙順孫又云：「至大無限量，至剛不可屈撓，蓋天地正氣而人得之以生長，其體段本如是也。」（同上）

故養氣實由集義、知言、養志始，以反求諸己爲先。故孟子反對揠苗助長，而主勤練內修，故曰：「必有事焉，而勿正，心勿忘，勿助長也。」（〈公孫丑上〉）

總言之，孟子之養身養志，推原於養氣，而養氣之目的在乎充實一己。故曰：「充實之謂美，充實而有光輝之謂大，大而化之之謂聖，聖而不可知之謂神。」（〈盡心下〉）此由知性主體之心，含納於道德主體之心中，以自反而誠，使盡心，知性以知天。

故養氣之終極在乎上下與天地同流（〈盡心上〉）而達乎同天境界，攝智歸仁，證得天人合一，而樂莫大焉。大程子言：「大其心使開闊」，此皆以存誠養心所致。程明道有詩曰：「廓然心境大無倫，盡此規模有幾人？我性即天天即我，莫於微處起經綸。」（〈明道語錄〉）此蓋有得孟子養氣之大義者。

第三節　論反身而誠與仁德之本

反身而誠乃人自明之功夫，亦即明德與自明誠之張本，故孟子曰：「君子必自反也……其自反而仁矣」。（〈離婁下〉）又云：「自反而有禮矣……君子必自反也，我必不忠，自反而忠矣。」（〈離婁下〉）「行有不得者，皆反求諸己。」又以：「反身不誠，不悅於親矣，誠身有道，不明乎善，不誠其身矣。是故誠者天之道也。思誠者人之道也。至誠而不動者，未之有也，不誠未有能動者也。」（〈離婁上〉）蓋吾身苟能誠明，則世間萬事莫不皆備我心，故反身而誠，始可進而言仁德之本。

孟子闡揚仁義說：「仁也者，人也，合而言之，道也。」（〈盡心下〉）又云：「仁，人心也，義，人路也。」（〈告子上〉）又云：「夫仁，天之尊爵也，人之安宅也。」（〈公孫丑上〉）對仁義則云：「仁，人之安宅也。義，人之正路也。曠安宅而弗居，舍正路而不由，哀哉。」（〈離婁上〉）是以孟子一再說捨仁義爲可哀者，故失仁義即爲「非人」，孟子乃警告曰：「人之所以異於禽獸者幾希，庶民去之，君子存之。舜明於庶物，察於人倫，由仁義行，非行仁義也。」（〈離婁下〉）孟子以仁義存乎吾人之良知良能中，故云：「仁義禮智，非由外鑠我也，我固有之也。」（〈告子上〉）

孟子以仁義爲主體，非以仁義爲工具。如孟子稱：「王子墊問曰：士何事，孟子曰：尙志。曰：何謂尙志，曰：仁義而已矣。殺一無罪，非仁也，非其有而取之，非義也。居惡在？仁是也。路惡在？義是也。居仁由義，大人之事備矣。」（〈盡心上〉）此即孔子所謂「苟志於仁矣，無惡也。」（〈里仁篇〉）孟子以善持其本性而不失，即是道德永恒不變之價值。至於孔孟對仁之涵養，則有所不同，孔子言仁含攝諸德，故重內歙之義，以仁德統義、禮、智、信，或恭、寬、信、敏、惠；而孟子則重乎行爲，以仁乃本於義行，故不作仁體之闡釋，乃透過踐仁之工夫，以表現爲「義」之生活，故孟子云：「人皆有所不忍，達之於其所忍，仁也。人皆有所不爲，達之於其所爲，義也。」（〈盡心下〉）又云：「人能充無受爾汝之實，無所往而不爲義也。」（〈盡心下〉）故孟子乃以仁義爲自然本德踐行之表現。

孟子更從義之觀念上以排除功利思想，以功利乃違反人性，故云：「雞鳴而起，孳孳爲善者，舜之徒也。雞鳴而起，孳孳爲利者，跖之徒也。欲知舜與跖之分，無他，利與善之間也。」（〈盡心上〉）在日常生活中孟子更以仁義爲準繩，故云：「爲人臣者，懷仁義以事其君。爲人子者，懷仁義以事其父。爲人弟者，懷仁義以事其兄。是君臣父子兄弟去利懷仁義以相接也，然而不王者，未之有也，何必曰利。」（〈告子下〉）

總言之，孟子從其知性形態之良知論，進而爲德性形態之性善論，反復引四端說爲其道德心能之基礎，故云：「君子所性，仁義禮智根於心。」（〈盡心上〉）故孟子乃以道德之仁心去含攝知性主體之心，以仁義禮智爲心體之本，以自明自反自律之本覺爲其動力，以性爲心之自顯，而心則爲道德主體之彰顯。故在天理人欲之觀念上，孟子主「心體性用」，特重天理而輕人欲故特倡寡欲，此殆孔子所未曾道者。

孟子以「心體之良」，表現爲「性體之善」，又以仁心爲實體，以赤子之心爲實證，故仁性中不僅含有「愛」，更具悲憫同情之心，是以「仁民愛物」乃同情之最高表現，孟子乃力倡應予不斷之擴充。故云：「人能充無欲害人之心，而仁不可勝用也。人能充無穿窬之心，而義不可勝用也。」（〈盡心下〉）

孟子又以：「不仁不智，無禮無義，人役也。人役而恥爲役……，如恥之，莫如爲仁。」（〈公孫丑上〉）宋儒趙順孫曰：「所以心不外乎是四者，故因論惻隱而悉數之。若無此則不得謂之人，所以明其必有也。」（《孟子纂疏》，〈公孫丑章〉）趙氏又云：「天地以生物爲心，而生之物因各得夫天地之心以爲心，

所以人皆有不忍人之心。」（同上）趙氏復謂：「仁義禮智，皆天所與之良貴，而仁者天地生物之心得之最先，而兼統四者。所謂元者，善之長也，故曰尊爵。」（同上）是觀孟子學說之大系，乃重心之全體大用，宋儒程明道及之後陸王學派所倡之「心即理說」實皆本於孟子。〔註3〕

　　總觀上述有關孟子言仁德之本，乃透過集義、知言、尚志、反身而誠，而後論仁之實踐義，故仁之實際表現，乃「仁者愛人」（〈離婁上〉）所謂：「居仁由義」，「親親而仁民，仁民而愛物」，「仁者無不愛也」，「堯舜之知，而不遍物，急先務也。堯舜之仁，不徧愛人，急親賢也。」（〈盡心上〉）按仁既為人之本心，乃人可居之安宅，而義為行事合宜之法則，乃人必由之正路，故仁義之實，乃見諸日用行事之間。故云：「仁之實，事親是也。義之實，從兄是也。」（〈離婁上〉）朱子解之曰：「仁主於愛，而愛莫切於事親。義主於敬，而敬莫先於從兄。」（〈離婁上〉朱子章句）

　　孟子又云：「親親仁也，敬長義也。無他，達之天下也。」（〈盡心上〉）以儒家之言仁與墨家之兼愛思想相較，迹似而實不同，儒家言仁義始於親親敬長，立愛自親始，主敬自長始，循序擴展，是為一本。墨子則不然，愛無分差等，同父母於路人，是非一本。蓋孟子重施仁用恩之次第，由親及疏，由近及遠，終則仁民愛物。墨子立志雖高，一味愛及群倫，言之固易，行之卻難，實有違人性日用倫常之道，其立言雖高而實不至，是無疑徒托空言而已。是以言仁之深切著明而能行之有素者，捨儒家外別無二說。觀乎老子倡至仁不仁，至德不德之宏論，蓋本其「天地不仁，以萬物為芻狗，聖人不仁，以百姓為芻狗。」之說（《老子》第五章）按老子本意，夫仁莫大於天地，蓋天地生育萬有，化惇萬類，而不自顯其仁迹，故太上之仁，亦無迹可尋，但教人效天地之仁，不必矯揉造作而已，故老子非主不仁，乃不以仁為仁，蓋大仁者心與仁同化，和融其中而忘其所仁，如魚相得於水，而忘乎江湖之中。論者多蔽於老子論仁之旨，而不知其義，遂遽斷道家思想為反仁義者是為陋說不足採取。

　　且按孟子言仁，亦有得於道家之精神處，故曰：「堯舜性之也，湯武身之也，五霸假之也。」（〈盡心上〉）又云：「堯舜性者也，湯武反之也。」（〈盡心下〉）此乃倡明孟子仁義貴由本性而發，非由外鑠而至，故由道心而發者，必循「仁義行」，而由後天修為而成者乃係「身仁義」與「行仁義」，此中境界自有差等

〔註3〕　參黃公偉著：《孔孟荀哲學證義》，第十八章頁369。按宋趙順孫字格菴，屬朱熹學派，曾著《四書纂疏》。見清人納蘭成德序。《宋史》無傳。

不可不察。至於本無仁義之實，唯假仁義而霸天下者斯爲下矣，是乃孟子所不取者。

進言之，堯舜性之者，乃言堯舜本性中存仁，能本乎天地以施仁，見其實而不見其迹，一切純由道心之自然流露。至云湯武身之者，乃言其身能體仁而行，惟有待後天之習練而成。至於假之者，則本無其實，但假其名以盜取令譽而已。故孟子深讚堯舜之盛德，以之乃本諸仁體故能順性而顯，至於湯武則必反之於身而後施之於人，故堯舜誠乃生知安仁者矣。

朱子云：「性者，得全於天，無所污壞，不假修爲，聖之至也。反之者，修爲以復其性，而至於聖人也。」（〈盡心下〉朱子章句）是孟子斯語爲古人所未發，其「仁義行」之思想，厥在發自本心之至誠，無爲而爲，故與道家思想誠有相契之處。惟按老子視之，一切德必得之於道與宇宙之大原相契方有根基，否則悉賴後天人爲之德目教化，則缺乏道之善根是有所憾。故孟子以「君子所性，仁義禮智根於心」，認此心乃受天命所禀，故與天道深有相契之處。

第四節　存夜氣與求放心

觀乎孟子修養說之主旨，乃在發揮良知良能之功效，故甚重平時存養之工夫，茲進而言其論存夜氣，求放心之方。

一、存夜氣

存夜氣實即培養平旦之氣，使人良知清明，靈明自覺，而直見本心之謂。蓋當白晝之時世事紛繁，心情難免爲耳目口鼻等五官之慾所掩蔽，而起種種妄念，衷心不得其平，本性之善因而削弱。迄夜闌更靜萬籟俱寂時，心神頓爲之清靜，能自反而收慮深通敏之功，此時萬念沈寂心志平和，孟子遂稱之爲夜氣。是以所謂存夜氣之說，實乃孟子冀人長存此清明之本心，以收自覺自反之果效，俾藉此以培養個人健全之人格。

孟子云：「存乎人者，豈無仁義之心哉，其所以放其良心者，亦猶斧斤之於木也。旦旦而伐之，可爲美乎。其日夜之所息，平旦之氣，其好惡與人相近也者幾希，則其旦晝之所爲，有梏亡之矣，梏之反覆，則其夜氣不足以存，夜氣不足以存，則其違禽獸不遠矣。」（〈告子上〉）

朱子以平旦之氣，乃未與物接之時，亦即清明之氣，此時良心必有所發

現，故能洞燭白日所作所為，而知有所匡正。〔註4〕蓋人際白晝之時，世事煩心多所攪擾，如斧斤之伐木乃喪其本真使良心泯滅，其去禽獸可謂不遠。人必常保此平旦之氣，方能洞燭觀照，時呈清明狀態方可見其本心。故在孟子視之，存夜氣乃修養上所不可或缺之步驟。朱子云：「自古聖賢皆以心地為本，聖賢千言萬語，只要人不失其本心，心若不存一身便無所主宰，心在群妄自然退聽，人只有箇心，若不降伏得，做甚麼人。」〔註5〕又云：「敬字工夫，乃聖本第一義，徹頭徹尾，不可頃刻間斷，敬則萬理俱在，敬勝百邪，人能存得敬，則吾心湛然，天理粲然，無一分著力處，亦無一分不著力處。」〔註6〕是存夜氣者亦在收主敬之功夫。

　　按宋儒教人靜坐以達存養之功，須是靜坐方能收歛，但孟子只教人常存此平旦之氣，而未必整日須效心齋坐忘也。

二、求放心

　　求放心亦為孟子修養論上一基本工夫，孟子曰：「仁，人心也。義，人路也。舍其路而弗由，放其心而不知求，哀哉。人有雞犬放，則知求之，有放心而不知求，學問之道無他，求其放心而已矣。」（〈告子上〉）

　　由此數語觀之，孟子所言之「放心」實含有二義，一指放其心而不知收，不能操練其心志，徒使失之，舍之，而使良知盡喪之謂。蓋人有雞犬放失，尚知尋求，何獨失其心者而不知操持，是以不能專心一致於一己德業之日進，即為放失其心。

　　其二乃由於此心之散失而求其專一，使吾心能操持自主而得其靈明自覺。前者乃云心之散失，後者乃重心之專致精進，而孟子所重者厥在後者之積極面。

　　孟子所云之求放心，非同於後世之禪學，使此心歸於空寂，毫無所照，按智顗禪師說：「行者坐中明利之心，攀緣念念不住，此應教令數息，何以故，數息之法，繫心在息，息是治亂之良藥也。若能從一至十，中間不忘，必得入定，能破亂想。數息之法，於沉審心中記數，沉審之心，能治明利⋯⋯繼之緣之能破覺觀。心靜明鑒，知息出入，長短去就，照用分明，能破昏沈。」

〔註4〕參《四書集註》、〈告子上〉朱子章句。
〔註5〕參《朱子語類輯略》，卷之二，頁66。
〔註6〕同上，頁70。

又云：「明心觀照，心眼即開，破於沈昏，靜心依息，能破散亂，故以觀息，對治沉昏覺觀之病。」〔註7〕

智顗禪師復云：「如心者，即是初禪前方便定發也，行者從初安心，即觀於息色心三事，俱無分別，必須先觀息道，謂攝心靜坐，調和氣息，一心諦觀息想，徧身出入，若慧心明利，即覺息，即達心如，名爲如心，復次行者若觀息時，既不得息，即達色心空寂。其心任運自住眞如，其心泯然明淨，名欲界定，於此定後心，依眞如法心，泯然入定，與如相應，如法持心。」〔註8〕

按禪家之求息心乃定心之法，在求「心如」，名爲「如心」，其主要目的，先在求此心之空寂自如，頓見眞如法相。孟子之「求放心」則不落空寂相，亦勿庸坐息入定，故兩者不同旨趣，不可不辨。

又孟子之求放心亦異於老莊之學，道家自然貴虛，使此心無欲恬淡，藉心齋坐忘，以歸樸返眞。如莊子之放心，厥在乎求絕對之逍遙境，不爲一物所羈而各得其適。莊子以達道聖人「不知說生，不知惡死，其出不訢，其入不距，翛然而往，翛然而來而已矣。不忘其所始，不求其所終，受而喜之，忘而復之，是之謂不以心捐道，不以人助天，是之謂眞人。」（〈大宗師〉）莊子更倡安時而順處，哀樂不能入，使心超然物外，不爲死生變遷，使能養性復眞，故眞人虛心遊道，不以世務攖其心，不將不迎，而得其攖寧之境。

按孟子之求放心，乃在乎明明德，使志氣合一，以理智駕馭意志、處世接物，長使此心清明不爲所蔽，更以良知良能之所稟，去發揚四端之德，故在在皆不落入消極獨善之途。

朱子謂：「學者須是求放心，然後識得此性之善，人性無不善，只緣自放其心，遂流於惡，天命之謂性，即天命在人，便無不善處，發而中節亦是善，不中節便是惡……人能操存此心，卓然而不亂，亦自可與入道，況加之學問探討之功，豈易量耶。」〔註9〕朱子又謂：「昔陳烈先生，苦無記性，一日讀孟子學問之道無他，求其放心而已矣。忽悟曰：我心不曾收得，如何記得書，遂閉門靜坐，不讀書百餘日，以收放心，卻去讀書，遂一覽無遺。」〔註10〕

觀孟子之求放心不在乎靜坐，專在自家心性主宰處之專一至致，乃養氣

〔註7〕參《釋禪波羅密》，卷四，〈智顗禪師說〉頁6～9。
〔註8〕同上，卷八，頁3～4。
〔註9〕參《朱子語類輯略》卷二，頁68。
〔註10〕同上，卷之二，頁62。

有定所使然，故非道家之虛寂，亦非禪家之空澈。

陸象山先生對孟子求放心之學，獨有心傳之處。陸子曰：「學問也者，是舉天下之所從事於其間者也，然于其所以學問者而觀之，則污雜茫昧，駁乎無以議爲也。古者學問之道，於是而有莫知其說者矣。仁，人心也，心之在人，是人之所以爲人，而與禽獸草木異焉者也，可放而不求哉？古人之求放心，不啻如飢之於食，渴之於飲，焦之待救，溺之待援，固其宜也。學問之道，蓋於是乎在，下愚之人，忽視玩聽，不爲動心，而其所謂學問者，乃轉爲浮文緣飾之具，甚至於假之以快其逐私縱慾之心，扇之以熾其傷善敗類之燄，豈不甚可歎哉。學問之道無他，求其放心而已矣，孟子斯言，誰爲聽之不藐者。」〔註11〕是觀象山斯語對孟子求放心之學，可謂獨得其精神之處。

第五節　天爵與人爵之差別觀

孟子放心於仁義，對人間爵位視如鄙屣，其念念間不忘堯舜之行，故以人間爵祿有可求者，有不可求者，夫達道君子志乎上者，故獨能以「仁」爲爵，是以孟子曰：「夫仁天之尊爵也。」（〈公孫丑上〉）

按人人有求貴顯之圖，但未必對貴顯有深切之體認，故孟子曰：「欲貴者，人之同心也，人人有貴於己者，弗思耳矣，人之所貴者，非良貴也。」（告子上）故人間價值標準，因人之境界而有高低之差別。

孟子以天民自期，嘗曰：「有事君人者，事是君則爲容悅者。有安社稷臣者，以安社稷爲悅者也。有天民者，達可行於天下而後行之者也。有大人者，正己而物正者也。」（〈盡心上〉）故大人以正己，正人、正物爲先，而天民則以兼善天下爲職志。

夫人間榮祿得失無常，故孟子不貴所得、所譽，乃教人當以天爵自期，而人爵者必當棄之如蔽屣。故曰：「有天爵者，有人爵者，仁義忠信，樂善不倦，此天爵也。公卿大夫，此人爵也。古之人脩其天爵，而人爵從之，今之人脩其天爵以要人爵，既得人爵而棄其天爵，則惑之甚者也，終亦必亡而已矣。」（〈告子上〉）

觀夫孟子一生之行誼，莫不以求天爵自期而未嘗耽於人爵。求天爵者自樂之，求人爵者以譽於時，夫得人爵而棄天爵，爲道之大忌，蓋凡好利棄義

〔註11〕參《陸象山先生全集》，卷三十二〈拾遺〉，頁237。

者，天終必亡之。

夫上德之人但求仁義忠信，樂善不倦，沐於大道，樂在其中，忘懷人間怛惻之痛，不以一身之利害相計較，抱樂與人爲善之主旨，造次必如是，顚沛必如是，終身不改其志。夫期期然以高官厚祿，仕宦於天下，以圖一己之權欲者，此殆不過人爵。求天爵者，終身得之弗失，求人爵者則旋得旋失。蓋有天德者，自必容光普照，受天下人之景仰，而天下自樂以人爵相加，故求天爵者人爵必隨之。然得人爵終棄天爵者，必係見利忘義之輩，則其人爵亦未能長保。

夫君子喻於義，小人喻於利，陸象山先生曰：「非其所志而責其習，不可也。非其所習而責其喻，不可也。義也者，人之所固有也，果人之所固有，則夫人而喻焉可也。然而喻之者少，則是必有以奪之，而所志所習之不在乎此也。孰利於吾身，孰利於吾家，自聲色貨利，至於名位祿秩，苟有可致者，莫不營營而圖之，汲汲而取之。夫如是，求其喻於義得乎。君子則不然，彼常人之所志，一毫不入於其心，念慮之所存，講求之所及，唯其義而已，夫如是，則亦安得而不喻乎此哉。然則君子之所以喻於義者，亦其所志所習之在是焉而已耳。」〔註 12〕

陸象山先生以利與義之間，孟子見得透，故乃引申曰：「古者勢與道合，後者勢與道離。何謂勢與道合，蓋德之宜爲諸侯者爲諸侯，宜爲大夫者爲大夫，宜爲士者爲士，此之謂勢與道合。後者反此，賢者居下，不肖者居上，夫是之謂勢與道離。勢與道合則是治世，勢與道離則是亂世。」〔註 13〕又云：「世人只管理會利害，皆自謂惺惺，及自己分上事，又却只是放過。爭知道名利如錦覆陷穽，使人貪而墮其中，到頭只贏得一箇大不惺惺去。」〔註 14〕象山斯言，可謂深體聖人之學，對孟子天爵人爵之道蓋深有所得。

朱子對孟子言天爵人爵之差別，亦頗有心得，故云：「義理，身心所自有，失而不知所以復之。富貴，身外之物，求之惟恐不得，於身心無分毫之益，況不可必得乎。若義理求則得之，能不喪其所有，可以爲聖爲賢，利害甚明，人心之公，每爲私欲所蔽，所以更放不下，但常常以此兩端體察，若見得時自須猛省，急擺脫出來。」〔註 15〕

〔註 12〕同上，卷三十二，〈拾遺〉，〈君子喻於義章〉，頁 239。
〔註 13〕同上，卷三十四，〈語錄〉，頁 264。
〔註 14〕同上，卷三十四，〈語錄〉，頁 264～265。
〔註 15〕參《朱子語類輯略》卷之三，頁 76。

　　朱子斯語，亦有得於孟子義利之辨，可謂深體聖人心傳處，夫天爵所求者，乃心之所安，與天地精神相契，以仁爲安宅，以義爲道路，是爲居仁由義，以彰義理之生活，而人爵所求者，莫非利祿功名，權欲財貨，耽於其中者，終究莫不喪身敗德功虧一簣。誠如老子所云：「德者同於德，失者同於失。同於道者，道亦樂得之。同於德者，德亦樂得之。同於失者，失亦樂得之。」（《老子》二十三章）

　　是以求天爵者，乃同於道德之樂；求人爵者，乃同於失，而失亦樂得之。各隨其所而同其應矣。老子又曰：「金玉滿堂，莫之能守，富貴而驕，自遺其咎。」（《老子》九章）此益可見人爵之不可求，是其所求本無益於得也。

　　象山先生亦云：「常人所欲在富，君子所貴在德，士庶人有德，能保其身。卿大夫有德，能保其家。諸侯有德，能保其國，天子有德，能保其天下。無德而富，徒增其過惡，重後日之禍患。今日雖富，豈能長保？」〔註16〕

　　是以陸子象山於白鹿洞書院講學，乃以發揮孟子之說爲職志，期期然以義利判君子與小人，且倡孔子上達下達之說，皆不外是喻義與喻利之別。〔註17〕

第六節　論君子之德

　　孟子之一般理想人格爲君子，蓋君子爲入德之基，進而爲大人、大丈夫，而臻於聖人之域。故聖人雖爲非常之人格，但必由中常之階段著手，而君子卻爲社會上一般道德之基礎，故必先存君子之德。按以孟子言君子之章頗爲詳審，而曰：「君子深造之以道，欲其自得之也。自得之，則居之安，居之安，則資之深，資之深，則取之左右逢其原，故君子欲其自得之也。」（〈離婁下〉）

　　孟子欲人回歸仁本，以明善性之初，俾通天下之志以達古聖之道，而洞悉性與天道相融和之理，人必自得之而居之安資之深方有所成。

　　孟子以君子爲入德之基，故貴自得，自得者默識心通，如其性分之本然，存仁由義，心境怡泰，不隨境遷，而資之深者則於人倫日用之間，莫不篤守深厚，而顯爲生活上之見證，以表君子，大人和大丈夫之風。

〔註16〕參《陸象山先生全集》卷二十二，〈雜著〉，頁174。
〔註17〕同上，卷三十五，〈語錄〉，頁282。

一、君子之操守與存養

孟子曰：「君子不怨天，不尤人。」「古之君子過則改之。」（〈公孫丑下〉）「隘與不恭，君子不由也。」（〈公孫丑上〉）「焉有君子而可以貨取乎。」（〈公孫丑下〉）「君子不亮惡乎執。」（〈告子下〉）又云：「君子莫大乎與人為善。」（〈公孫丑上〉）「君子可欺以其方，難罔以非其道。」（〈萬章上〉）「恭敬而無實，君子不可虛拘。」（〈盡心上〉）

以上皆孟子言君子之道，乃為君子基本之操守，亦立德之基，不可不察。

（一）君子不怨天，不尤人：孟子引孔子之言，以申盡其在我之意。人之以德業固當盡，至於人間之順逆得失，則非人之所可逆料，當順性命之理，以樂天、事天，而立命俟命。至於利害、毀譽、苦樂，則非君子所計較，蓋不臨患難困厄，不足以養其德、彰其性。故陸象山先生曰：「事不可以逆料，聖賢未嘗預料，由也不得其死，然死矣。」〔註18〕此蓋天道是耶、非耶，固非吾人之所知，而壽殀不貳當俟命以待，但問如何立命而已。

君子必樂天之誠，聖賢有憂世之志，持養有素，雖顛連困頓，貧塞飢迫，亦不為所遷，夫復何怨天尤人哉？

（二）古之君子過則改之，今之君子過則順之：此乃孟子闡明過則無憚改，勸人不貳過之意。至於隘與不恭，君子不由也，此蓋孟子既讚伯夷為聖之清者，柳下惠為聖之和者，但復批評二子不及孔子之聖之時者。蓋二子亦各有所偏，故孟子稱君子不由，即不應從其所行，或隨流俗浮沉之謂。按伯夷過於斤斤自守，懼為世所污，不欲世用，故孟子評之為過狹。至於柳下惠則放浪形骸，過於不恭，亦趨於極端，故皆為孟子所不取。夫介者必偏，狷者則狂，故以中和為貴。蓋君子所由，唯堯舜是尊，故孟子教人持守勿太窄隘，凡拘泥自守者必太過潔身自好，以致遺世獨立而未能和眾樂群。至於放浪形骸玩世不恭者，則復太過隨和，或又過於驚世駭俗，是皆不得其中道而行。故孟子教人深造之以道，欲其自得也，俾順守其正，以得其中和之道。

（三）焉有君子而可以貨取乎：此蓋孟子以君子立身處世當廉潔自守，於取捨之間當以義為判斷，蓋義有所當處則取之無愧於心；義無所當處，雖餽以千金重利，亦在所弗受。故君子懷德不懷惠，取之有道，得之有體，於其可也，雖少不辭，於義之無當處，雖兼金亦所弗顧矣。

〔註18〕參《陸象山選集》，頁441。原見《全集》卷三十四。

又云君子不亮惡乎執，此蓋君子必以「信」昭亮於世且見諒於人，故君子履信守執，舍信將安所執之。按自古皆有死，民無信不立，故君子須重信之所至。如《論語》云：「好信不好學，其蔽也賊。」(〈陽貨篇〉)〔註19〕蓋好信不好學，則執一而不知變通，遂至於賊道，故《論語》言「君子貞而不諒」(〈衛靈公〉)，君子之所以不亮者，非惡乎信，乃惡乎執，因執一不知權，終必有蔽，故君子正其道而行，言自不必小信。

趙岐與朱注皆以「惡」當讀平聲，釋曰：「凡事苟且，必無所執持」此言可供參考，以明孟子之至義。

(四)君子莫大乎與人為善：此乃孟子盛讚大舜之德，故云：「大舜有大焉，善與人同，舍己從人，樂取於人以為善。」(〈公孫丑上〉)又曰：「子路，人告之以有過則喜，禹聞善言則拜。」(〈公孫丑上〉)此皆孟子發明聖賢之學，樂與人為善，不專己執一之謂。按《易》有〈同人〉之卦，象曰：「同人，柔得位，得中而應乎乾，曰同人。同人曰，同人于野亨，利涉大川，乾行也，文明以健，中正而應，君子正也，唯君子為能通天下之志。」(《周易》上經〈同人卦〉)〈序卦傳〉云：「物不可以終否，故受之以同人，與同人者，物必歸焉。」又《禮記·中庸》曾記孔子盛讚舜之大德曰：「舜其大知也與，舜好問而好察邇言，隱惡而揚善，執其兩端，用其中於民，其斯以為舜乎！」

按舜為人虛懷若谷，常詢於芻蕘，不恥下問，執其兩端，折衷而用之，以求合乎中庸之道，故舜之所以為大智，即在取乎諸人以為善。

凡執一無權者，必是愚而好自用之人。又好與人異者，亦安乎己而不能和眾，故欲天下人皆從其異者，此則異端之所由起。凡通天下之志者，必惟善是從，故能舍己從人，善與人同。故《意林》引《尸子》曰：「見人有善如己有善，見人有過如己有過，此虞氏之盛德也。」〔註20〕

《禮記·大學篇》引〈泰誓〉云：「若有一个臣，斷斷兮，無他技，其心休休焉，其如有容焉。人之有技，若己有之；人之彥聖，其心好之，不啻若

〔註19〕 《論語·陽貨篇》，子曰：「由也，女聞六言六蔽矣乎？」對曰：「未也。」「居！吾語女，好仁不好學，其蔽也愚。好知不好學，其蔽也蕩。好信不好學，其蔽也賊。好直不好學，其蔽也絞。好勇不好學，其蔽也亂。好剛不好學，其蔽也狂。」

〔註20〕 按《意林》一書乃唐時馬總所編，摘錄周秦以來諸家雜記，凡五卷。梁·庚仲容有《子鈔》三十卷，馬總病其繁，遂增損以成此書。所採諸子，多今所不傳者，如老莊管列諸家，亦多與今本不同，足資考證。本段乃《意林》引《尸子》之言。原見〈尸子篇〉。

自其口出，實能容之。」是觀子路聞過則喜，而樂遷善。禹之拜昌言，莫非捨己從人，皆不偏執。孟子以取諸人以爲善，即善與人同，即與人兼善之謂。故漢·桓寬曰：「計及下者無遺策，舉及眾者無廢功。」〔註21〕又《春秋繁露》云：「春秋采善不遺小。」〔註22〕此皆教人勿偏執，勿自專之謂，此乃孟子認爲爲君子者所必具之德性。

（五）君子可欺以其方，難罔以非其道：此乃孟子明言君子立身處世所不易之道，蓋君子間或遭事類之欺，但終不能令其有違道之行。人固難免困於情理之所圍而間受其惑，即君子亦在所難免，是當明辨荒誕爲情理之所不容者，自不足以惑君子。

至於恭敬而無實，君子不可虛拘，此乃孟子教人以篤實爲貴，虛則僞矣。恭而無敬，愛而無恩，則如豢養禽獸然。若失敬，則一切德目亦屬虛應必失其意義，乃君子所不取。

以上乃列述孟子言君子存養之道，總括其義，不外存仁好義。故孟子曰：「君子所以異於人者，以其存心也。君子以仁存心，以禮存心。仁者愛人，有禮者敬人。愛人者，人恒愛之；敬人者，人恒敬之。」（〈離婁下〉）

孟子在此強調一切盡其在我，做人做事，當按其本分，使內省不疚，問心無愧，至於橫逆之來，可置之不顧，蓋君子終身所宜憂者，乃一己德業之未修，道之未傳，至於一朝之患，无妄之災，則當順守其正，並引以自反，若存心不苟自無可憂之處，夫復何懼。

二、君子所樂

孟子曰：「君子有三樂，而王天下不與存焉。父母俱存，兄弟無故，一樂也。仰不愧於天，俯不怍於人，二樂也。得天下英才而教育之，三樂也。」又云：「廣土眾民，君子欲之，所樂不存焉，中天下而立，定四海之民，君子樂之，所性不存焉。」（〈盡心上〉）

按孟子所言天下之至樂，皆不得與此三樂之中，蓋父母俱存，則我有反哺之奉，保親之養，以盡孝道之忱。兄弟無故，彼此敦睦，親如手足，砌磋琢磨，以盡家和里仁之美，此乃兄友弟恭，以盡悌道之誼亦齊家之本，故亦爲人生一大樂，此樂誠乃人倫之正道。

〔註21〕見漢·桓寬，《鹽鐵論》，〈刺驕篇〉。
〔註22〕參董仲舒《春秋繁露》，卷六，〈二端〉第十五。

其次，心中坦蕩，居仁由義，一切訴諸良知，行己有恥，仰不愧於天，俯不怍於人，心正無邪凡事怡然，此誠亦正己之道。

再次，與天下好學之士，朝夕與共，相互惕厲，彼此精進，此乃樂道之本，俾使天下人皆樂爲善，亦誠一大樂也。

至於廣土眾民，國富民裕，固爲政者之所期，但君子所性，並不在此，蓋大道廣行，教化流衍，天下莫不被其澤，但於己之性分究無所增，雖間窮居陋巷而獨善其身，於性分亦無所減，故君子但問心之所安，未必斤斤於計較其功。

第七節　大人與大丈夫

大人與大丈夫乃孟子言中常人格之典型，再進而擴張之以達超凡入聖之境地。孟子以大人乃合義之人，故云：「養其小者爲小人，養其大者爲大人。」（〈告子上〉）又云：「大人者，不失其赤子之心者也。」（〈離婁下〉）又云：「有大人者，正己而物正者也。」（〈盡心上〉）「大人者，言不必信，行不必果，惟義所在。」（〈離婁下〉）

朱子以「大人之心，通達萬變，赤子之心，則純一無僞而已。然大人之所以爲大人，正以其不爲物誘，而有以全其純一無僞之本然，是以擴而充之，則無所不知，無所不能，而極其大也。」（〈離婁下〉朱子章句）

按孟子此所云之大人，當與《易傳》中所云之大人同其旨趣，亦即大德之人。惟趙岐注《孟子》以此大人爲君，認國君親民當如赤子，不失其民心之謂，且引《尚書·康誥》曰：「如保赤子」之說爲證，此乃趙氏之見，未必爲《孟子》此處之本義，可備一說而已。〔註23〕

按古今聖哲多教人效赤子之心，但非教人法效赤子之無知與懵懂，赤子雖不能格物致知，但其意念无妄純眞無邪，故大德之人應具此无妄之忱俾爲貞正之大人。誠如老子云：「眾人熙熙，如享太牢，如登春臺，我獨泊兮其未兆，如嬰兒之未孩。」（《老子》二十章）此誠老氏教人諄樸歸眞而與孟子之說頗有相契之處。

孟子以「大人者，言不必信，行不必果，惟義所在。」此蓋本乎易理之

〔註23〕參阮元校勘《十三經注疏》，《孟子注疏》解經卷第八上，〈離婁章句下〉，趙氏註。

道，《易》曰：「廣大配天地，變通配四時，陰陽之義配日月，易簡之善配至德。」（《易繫辭上》第六章）復以：「《易》之為書也，不可遠，為道也屢遷，變動不居，周流六虛，上下無常，剛柔相易，不可為典要，唯變所適。」（《易繫辭下》第八章）按事有先後，道無古今，故宜從權達變，不可墨守成規。故察孟子此言乃建立於大義之下所作之判斷，蓋大人之行唯義所適但得其宜而已。故《論語》云：「言必信，行必果，硜硜然，小人哉。」（〈子路篇〉）故大信大行者必合乎大義，以從權為先，苟能合於大義，則信果皆在其中。陸象山先生亦云，「言必信、行必果、硜硜然，小人哉，宜自考察。」〔註24〕

　　是以大德之人，惟義是從，從權達變，以守其正，此正亦孟子論大人之德貴由平時力行而成之。

　　至於大丈夫正與鄉愿之虛偽圓滑無骨氣之性格相反，故孟子對大丈夫之定義曰：「富貴不能淫，貧賤不能移，威武不能屈，此之謂大丈夫。」（〈滕文公下〉）

　　孟子以賤丈夫與大丈夫相對，賤丈夫乃無恥之輩，孟子言之曰：「有賤丈夫焉，必求龍斷而登之，以左右望而罔市利，人皆以為賤，故從而征之，征商，自此賤丈夫始矣。」（〈公孫丑下〉）又曰：「乞東郭墦間之祭餘，以驕其妻妾者流，皆屬於賤丈夫也」（見〈離婁下〉）

　　是觀孟子所云之大丈夫並非任俠尚鬬之士，此在史遷則稱之為「真傾危之士哉。」（〈蘇張列傳〉）孟子所崇者乃集義尚志之精神，與鄉愿及賤丈夫完全無關。故孟子以大丈夫者乃「居天下之廣居，立天下之正位，行天下之大道，得志與民由之，不得志，獨行其道。」（〈滕文公下〉）此中皆充滿尚義之偉大精神。

　　察朱子〈章句〉以廣居為仁，正位為禮，大道為義，是觀大丈夫者實乃居仁由義之士而能達則兼善天下，窮則獨善其身者矣。

第八節　人生價值之選擇與權宜之道

　　孟子曰：「魚，我所欲也；熊掌，亦我所欲也。二者不可得兼，舍魚而取熊掌者也。生，亦我所欲也，義，亦我所欲也，二者不可得兼，舍生而取義者也。生亦我所欲，所欲有甚於生者，故不為苟得也。死亦我所惡，所惡有

〔註24〕參《陸象山先生全集》，卷三五〈語錄〉，頁280。

甚於死者，故患有所不辟也。」（〈告子上〉）

又云：「可以取，可以無取，取傷廉。可以與，可以無與，與傷惠，可以死，可以無死，死傷勇。」（〈離婁下〉）

此蓋孟子對於取捨之間，以義爲準則，過取害於廉，過與害其惠，過死亦反害其勇，故過與不及之間，均宜從權料理，凡事貴得其宜庶不至違義。

按孟子對於人生日用倫常間，莫不以仁義爲取捨之標準，生死固爲人間之大事，但仁義尤爲人生之大本，故孟子特重捨生而取義。朱子特引申云：「欲生惡死者，雖眾人利害之常情，而欲惡有甚於生死者，乃秉彝義理之良心，是以欲生而不爲苟得，惡死而有所不避也。設使人無秉彝之良心，而但有利害之私情，則凡可以偷生免死者，皆將不顧禮義而爲之矣。由其必有秉彝之良心，是以其能舍生取義如此也。」（〈告子上〉朱子章句）

故孟子對於人生價值之選擇，惟在一「義」上，此義亦即合宜之謂，唯以合宜做爲一切行爲之判準。

陸象山先生亦云：「義理之在人心，實天之所與，而不可泯滅焉者也。彼其受蔽於物，而至於悖理違義，蓋亦弗思焉耳。誠能反而思之，則是非取捨，蓋有隱然而動，判然而明，決然而無疑者矣。」〔註25〕

孟子亦反對墨守成規，因襲固陋，而不知權宜之輩，如云：「嫂溺不援，是豺狼也。男女授受不親禮也。嫂溺援之以手者，權也。」（〈離婁下〉）至於天下溺，則當援之以道，如枉道以求合，則救溺者，己亦溺矣，故不可也。是以孟子彰明直己守道所以濟時，枉道徇人徒爲失己，故不可不察。

對於權宜取捨之間，孟子參酌自由意志與外在客觀形勢而隨時制宜。故云：「非禮之禮，非義之義，大人弗爲。」（〈離婁上〉）又《禮記・仲尼燕居》云：「夫禮所以制中也。」〈表記〉云：「義者天下之制也。」故禮義者，乃人之所以折中，俾履其方正，以得其適者。故大人不行疑禮，而君子亦不爲自暴自棄之事，俾免自損其身。

孟子言良知性善，以禮義爲內在之良知，在生活行爲上有自律之規範與性能，故在「辭受取予」之間，亦發生自覺自制之作用。孟子釋禮義曰：「義，路也，禮，門也。」（〈萬章下〉）又云：「言非禮義，謂之自暴也。吾身不能居仁由義，謂之自棄也。」（〈離婁上〉）由是可知凡自暴自棄者皆非自愛之行誼。

〔註25〕同上，卷三十二，〈拾遺〉，頁239。

孟子固認食色爲性，然食色之間，亦當予以抉擇，孟子則以「禮」先於食色之間。故云：「任人有問屋廬子曰：『禮與食孰重？』曰：『禮重』。『色與禮孰重？』曰：『禮重』。曰：『以禮食則飢而死，不以禮食則得食，必以禮乎？親迎則不得妻，不親迎則得妻，必親迎乎？』屋廬子不能對。明日之鄒，以告孟子。孟子曰：『於，答是也何有。不揣其本而齊其末。方寸之木可使高於岑樓，金重於羽者，豈謂一鉤金與一輿羽之謂哉。取食之重者，與禮之輕者而比之，奚翅食重。取色之重者，與禮之輕者而比之，奚翅色重，往應之曰：『紾兄之臂而奪之食，則得食，不紾則不得食，則將紾之乎。踰東家牆而摟其處子，則得妻，不摟則不得妻，則將摟之乎。』」（告子下）

此段乃孟子說明義理與事物之間，有其輕重之分，然其中又各有其輕重之差別，聖賢於此錯綜之間應斟酌之毫髮不錯，固不肯枉尺而直尋，亦不可不知權宜輕重而方便行事。故在取捨之間，應重其禮義，但間亦從權當視事件本身之輕重而爲決定。

第五章　孟子從道德觀所展現之政治社會歷史觀

莊子曾云：「治國去之，亂國就之，醫門多疾。」(《莊子‧卷三人間世》)以較之孟子者乃亂世中之眞君子，有拯斯民於水火之抱負，終身奔走於亂國之間，爲世道之良醫，但人君世主以之爲迂，孟子栖栖遑遑如孔子然，終生未稍懈怠，但終不得展其抱負。孟子者誠千古熱腸之聖傑，自古聖賢多寂寞，以致落拓終身。

立事者不離道德，調絃者不失宮商，堯以仁義爲巢，舜以禹稷爲杖，故高而益安，動而益固。乘克讓之敬，德配天地，光致四表，功垂於無窮，蓋自處得其仁也。秦以刑罰爲巢，故有覆巢破卵之患。以趙高，李斯爲杖，故有傾仆跌傷之禍，蓋所任非人致之。故云杖聖者王天下，杖賊者必亡天下。溫厚者寬舒，懷促急者必有所虧，懷仁者安天下，尙刑者不二世而亡。

故孔子認爲政貴道之以德，齊之以禮，使全國上下見賢思齊，俾民皆有恥且格，與人樂爲善，不以榮華而奪其志。忠賢之士棄於野，則佞臣之黨存於朝，扁鵲不能與靈巫爭用者，知與不知也。夫治世無遺賢，亂世無忠魂；惟孟子者，乃千載抗懷，高古之奇士，其未能振衰起蔽者誠亦時耶，命耶。然孟子之學千載百歲後，猶自歷久彌新足堪矜式，其政治社會道德觀與歷史抱負，猶有令人難以忘懷者。

第一節　論道德勇氣與歷史抱負

孟子曰：「五百年必有王者興，其間必有名世者。由周而來七百有餘歲矣，

以其數則過矣，以其時考之則可矣。夫天，未欲平治天下也，如欲平治天下，當今之世舍我其誰也，吾何為不豫哉。」（〈公孫丑下〉）

又云：「由堯舜至於湯，五百有餘歲，若禹皋陶，則見而知之。若湯，則聞而知之。由湯至於文王，五百有餘歲，若伊尹萊朱，則見而知之。若文王，則聞而知之。由文王至於孔子，五百有餘歲，若太公望、散宜生，則見而知之。若孔子，則聞而知之。由孔子而來，至於今，百有餘歲，去聖人之世，若此其未遠也。近聖人之居，若此其甚也。然而無有乎爾，則亦無有乎爾。」（〈盡心下〉）〔註1〕

此蓋孟子深嘆道之不行，而聞聖人之言，未得見諸行事之深切，且覩世亂益紛，道心日淪，乃發為道德勇氣與憂患意識，油然而生歷史之抱負，俾拯斯民於塗炭之中。

按歷史氣勢之盛衰，關乎國運之隆替；而歷史之氣勢，尤貴得乎大德者任運以生之開創，故堯舜生則應之以治，桀紂生則應之以亂。若夫禹、皋陶、湯、文王、伊尹，周公者皆係命世有德有位之賢哲，能化一代之風氣，而蔚為國族蓬勃澎湃之力量，使歷史氣勢因而扭轉者，故云大德者能造命。按「勢」者實乃歷史盛衰轉紐之所趨，故為政者必持之以德，操之以恒，俾收潛滋默長之功，以化社會風氣於無形之中。然及世之衰也，雖有聖人之出亦弗能治，故孔子生於春秋亂世，雖本其道德勇氣，勉力而為，但終亦見道之不行，遂乃退而與七十子之徒聚而講學，修《春秋》繼絕世以待來者。

孔子者，乃有德無位之素王，其洒洒遑遑不可終日者，誠以天下為己任，其終身雖席不暇暖，然面臨歷史之頹勢，衰敗之世局，亦惟徒嘆奈何與感慨繫之而已。

至孟子者，乃有膽識，有魄力，有歷史負擔之聖傑，亦奈何生於戰國之末世，終身雖奔走於列國之間，效《春秋》大義貶君王，斥諸侯，退大夫，然於大勢亦終無補於事，乃倖倖然退與萬章之徒講誦聖賢之學以待來者。

然觀孟子終身猶存憂患意識，見天理稟彝不可泯滅，百世之下，自必有神會響往而心得之者。故俟百世而不惑者，誠乃有德之君子，繼統聖業千秋，

〔註1〕 按《孟子》趙岐注謂：萊朱為湯時賢臣，一云即係仲虺。散宜生則為周文王時賢臣。此段乃孟子嘆孔子之不得行其道，不能見之行事，然幸去聖人之世未遠，離聖人之居又近，雖未得為孔子之徒，尚得私淑諸人，與乎聞知之列。然道終不行，則此聞而知之者，仍不得施之於天下，見之行事矣。孟子因而發為憂患意識，而深感歷史責任之重大焉。

俾扭轉歷史氣勢，以爲時代造命。總觀孟子乃以挽斯文爲己任，辨異端，闢邪說，使聖人之道煥然復明於亂世，此正孟子所抱千載抗懷之素志。

又觀孟子對古代聖哲，莫不從居仁由義方面加以敘述，以仁之基本表現厥在仁民愛物與矜恤黔首之念，故仁之爲德亦寓於憂患與痀瘝在抱之信念。按孟子於〈滕文公〉上，〈許行〉一章，即歷敘堯舜禹后稷救民之實，莫不以仁之勇德爲存心，故云：「堯獨憂之。」再則曰：「聖人有憂之。」三則曰：「聖人之憂民如此。」，且對於一己修養方面，乃力言：「是故君子有終身之憂。」（〈離婁下〉）是凡不歷憂患之境者，則難明仁德之眞諦。故孟子所言之盡心知性，並非純係知性方面之活動，亦乃人格光輝之體證與道德生命之呈現，以及千載歷史抱負之展現。

夫天地茵蘊萬物化醇，聖人之降世正所以正風俗，化萬民，繼絕世。言五百歲聖人一出者，乃天道之常，然亦有遲遲不能正五百歲者，此殆不過言其常數而已。蓋聖人相去悠遠，數百歲之間，變革庶繁。憶前聖所行，追懷往事以致其道，使人反經爲權俾各得其正。夫人倫攸敘，宏祈道德，班垂文采，莫貴乎聖人。聖人不出，必有大賢名世承間，相去雖百有餘年，但値氣運而生正爲蒼生效命矣。

觀乎史遷，即充滿此憂患意識道德勇氣與歷史抱負，故曰：「先人有言，自周公卒五百歲而有孔子，孔子卒後至於今五百歲，有能紹明世，正《易傳》，繼《春秋》，本《詩》、《書》、《禮》、《樂》之際，意在斯乎，意在斯乎，小子何敢讓焉。」（《太史公自序》）

按孟子嘗謂：自堯舜至湯五百有餘歲，湯至文王五百有餘歲，文王至孔子五百有餘歲。太史公乃略取於孟子，惟後世淳氣育才豈有常數，夫五百年之期，在太倉中不過渺若一粟，蓋天之欲治斯世也，必有聖哲任運而生，轉移氣運，爲歷史造新氣勢，使人心見賢思齊，樂與人爲善。故孟子者，誠亂世之孤臣孽子，憑持其道德勇氣與歷史抱負，俾撥亂反治，匡正人心，但以時勢有所不逮，仍心神嚮往繫之，而終身弗渝，誠乃亂世中之眞君子。

《易》曰：「易之興也，其於中古乎，作易者，其有憂患乎。」（《易繫辭傳下》第七章）又云：「易之興也，其當殷之末世，周之盛德耶，當文王與紂之事耶，是故其辭危，危者使平，易者使傾，其道甚大。」（《易繫辭傳下》第十一章）可知作《易》者，亦生長於一艱難顚沛之世代，即在此艱危之時勢中，方鎔鑄出具有極強烈道德勇氣與憂患意識之士。

《易》又描述上天之道曰：「顯諸仁，藏諸用，鼓萬物而不與聖人同憂，盛德大業至矣哉。」（《易繫辭上傳》第五章）蓋天道好仁，無時不顯其生生之大德，聖人有感於人世之滄桑，世代之遷移，歷史之推陳，豈能無動於衷？是以命世聖哲，感懷時艱，目覩蒼生浩劫，莫不油然而萌悲天憫人之情懷，此悲憫之心，亦即仁德之自然流露，與道德勇氣所使然。大凡古今聖哲，莫不具此「宇宙悲情」（Cosmic feeling），在佛家視之，即爲大悲心，在耶穌視之，即博愛爲懷之心志，然在儒家則爲至仁精神之流露。

按憂患意識，道德勇氣，實亦敬德觀念之推衍，《尚書》中〈大誥〉、〈康誥〉，〈召誥〉各篇所陳，莫非即此戒慎、謹虔與敬德精神之發揚。大凡命世聖哲，皆具歷史抱負，緬懷先賢陳迹，上仰穹蒼，下瞰世變，皆有挽狂瀾於既倒之決心。夫非常之功，必待非常之人，歷史氣勢之挽回，正待大哲之造命，故孟子所云五百年必有王者興，誠乃極悲壯之宇宙豪情與偉大的歷史抱負。

然命世大哲亦必常經憂患之生活，唯其經歷之深，始體察之切，而能發悲憫之情。故孟子曰：「人之有德慧術知者，恒存乎疢疾。獨孤臣孽子，其操心也危，其慮患也深，故達。」（〈盡心上〉）又云：「志士不忘在溝壑，勇士不忘喪其元。」（〈滕文公下〉）蓋人之所以操持德行、智慧、道術，多係經歷憂患有所振奮，故能力學奮勉之者。至於驕侈淫逸之輩，必疏懈怠忽，以至終日憒事而無所成。

孟子云：「有安社稷臣者，以安社稷爲悅者也。有天民者，達可行於天下，而後行之者也。」（〈盡心上〉）大凡國之將興，必有廉正忠義之臣，以安社稷爲己任，以盡忠職守，利民而後悅。國之將廢，必出貪贓好私用之邪臣，念念莫非利己殘民，實國之蟊賊，其所以如此者，蓋去德化之道遠矣。

故朱子云：「凡阿徇以爲容，逢迎以爲悅，此乃鄙夫之事，妾婦之道也。」〔註2〕凡能安社稷者，必操持之危，自奉甚薄，莫不盡天理以濟人倫，此正皋陶、伊尹之屬是也。

孟子生當戰國末世，憂患日亟，人民生活塗炭，豈能無動於衷，是以儒者常以天下爲己任。故曰：「待文王而後興者，凡民也。若夫豪傑之士，雖無文王猶興。」（〈盡心上〉）此正孤臣孽子之憂患意識與敬德精神，亦正道德勇氣所使然誠乃大德能造命之謂。

〔註 2〕 參《四書集註》，〈孟子盡心上〉，朱子〈章句〉。

第二節　論家族倫理與孝道

孟子言倫理起自家族生活秩序，本乎三代倫常之道，以孝爲先。蓋中國古代以家族爲國家社會之基石，故如何維繫家族倫理，實係治國之一大方略。蓋社會倫理實家族倫理之擴大，如何安排夫婦、父子、兄弟之關係，乃爲極重要之課題。蓋「父子有親，君臣有義，夫婦有別，長幼有序，朋友有信」（〈滕文公上〉）乃人倫社會之基本關係，俾使其各盡性分之職而互不隕越。故孟子云：「內則父子，外則君臣，人之大倫也。父子主恩，君臣主敬。」（〈公孫丑下〉）又云：「仁之實，事親是也。義之實，從兄是也。」（〈離婁上〉）是以孝悌爲仁義之實踐，禮爲孝悌之節文，而個人道德首由「親親」著手。

孟子本乎孔子孝道之思想，且予以發揚光大，故《孟子》一書言孝道處所在多是。孟子首重孝道之教育思想與啓迪，故云：「謹庠序之教，申之以孝悌之義。」（〈梁惠王上〉）「壯者以暇日修其孝悌忠信，入以事其父兄，出以事其長上。」（同上）是以孝道教育爲人倫關係維繫中極重要之一環。

孟子深讚大舜之德，以舜能克盡孝道，且勞而不怨，故云：「大孝終身慕父母，五十而慕者，予於大舜見之矣。」（〈萬章上〉）又云：「孝子之至莫大乎尊親，尊親之至莫大乎以天下養。」又引《詩》曰：「永言孝思，孝思維則，此之謂也。」（〈萬章上〉）孟子稱道堯舜，以其德足堪後世矜式，蓋堯舜實以孝道爲先，故云：「堯舜之道孝悌而已矣。」（〈告子下〉）

孟子更提出世俗所謂不孝者五，以爲弟子戒，而云：「惰其四支，不顧父母之養，一不孝也。博弈好飲酒，不顧父母之養，二不孝也。好貨財，私妻子，不顧父母之養，三不孝也。從耳目之欲，以爲父母戮，四不孝也。好勇鬥很，以危父母，五不孝也。」（〈離婁下〉）

孟子以孝爲親親之始，親親爲仁道之本，故云：「道在邇而求諸遠，事在易而求諸難，人人親其親，長其長，而天下平。」（〈離婁上〉）故親親實以孝悌爲中心觀念。有子曰：「其爲人也孝弟，而好犯上者鮮矣。不好犯上，而好作亂者，未之有也。君子務本，本立而道生，孝弟也者，其爲仁之本與。」（〈學而第一〉）《論語》中記季康子問使民敬忠以勸，如之何，子曰：「臨之以莊，則敬，孝慈，則忠。」（〈爲政第二〉）故欲使國家社會安泰，首先宜由家族倫理中之孝道實踐著手。

關於孝道實我國家族觀念最古之傳統，古所云之七教中尤以孝道爲先，蓋曾子曾曰：「敢問何謂七教？」孔子曰：「上敬老則下益孝，上尊齒則下益

悌，上樂施則下益寬，上親賢則下擇友，上好德則下不隱，上惡貪則下恥爭，上廉讓則下恥節，此之謂七教。」〔註3〕是觀此七教中乃以敬與孝爲先。

但觀孝道之主要精神對家族而言，乃爲子孫之緜延，繁衍，昌隆，與榮譽，對社會言乃爲人各親其親，而共同促進社會之和諧。對國家而言，則爲培養盡忠之精神，故云忠臣必出於孝子之家，其主要精神莫非主敬思想之發展。

總之，孝之精神乃在愼終追遠，透過子孫之敬思，以追懷祖先之德業，俾使祖先之懿範益行發揚光大，故以「不孝有三，無後爲大。」（〈離婁上〉）蓋無後裔之緜延，並非端在禋祀之斷絕，乃在愼終追遠之不繼。故孟子云：「養生者不足以當大事，惟送死足以當大事。」（〈離婁下〉）故子曰：「父在觀其志，父沒觀其行，三年無改於父之道，可謂孝矣。」（〈學而第一〉）又云：「生事之以禮，死葬之以禮，祭之以禮。」（〈爲政第二〉）此所云盡之以禮，並不在於儀文之隆重，乃在乎孝思之誠摯。

總觀孝道乃儒家人倫觀念之中心，且爲敦親睦鄰之善德，是以孝悌者，實乃盡人盡倫以達人道之極，而盡性盡天乃達仁德之本；而盡分盡職乃爲社會道德之本務。故人道，天道，群道相互密切相繫，而百行孝爲先，故至善之基礎首由孝悌一事著手矣。

第三節　政治與道德

一、論仁政與民爲邦本

孟子本孔子之政治理想，以「政者正也」之主張，認定政治之主要功能乃透過養民以達化民之目的，故政治並非徒在治人，亦非單在治事，而政治本與教育同功。按君長與師傅共職，國家雖另有庠序學校之設，而政治社會本身，實亦培養人格之場所。《尚書·泰誓》曰：「天佑下民，作之君，作之師。」此乃儒家最崇高之政治理想，必聖哲爲君實施德化，社會始克和祥，觀乎西哲柏拉圖之政治理想，亦以道德爲國家之最高目的。〔註4〕其哲君之理想亦近乎孔子政教之貫通，與君師合一之主張。其所不同者，柏拉圖之哲君乃一尚智之哲

〔註3〕參《孔子家語》卷一，〈王言解〉第三，頁4。
〔註4〕參柏拉圖，《理想國》卷六，〈國家論〉。又參蕭公權著，《中國政治思想史》，第三章第二節，頁87～89。

人，孔子之君師，乃爲尚德之仁者，蓋君師貴以德化民而哲君則以智治國也。〔註5〕

　　孔子論政，以仁爲主，孟子承其教而發爲仁心仁術之論，其說遂愈臻完備。夫仁政必有具體之設施，孟子所言，不外教化與養育二大端，而以養民在教化之先，以富裕經濟生活爲教化之先決條件。其裕民生，薄賦稅、止爭戰，正經界，厚貨殖，廣生產，節源流之主張，皆在提高政治之經濟基礎。惟孟子究以道德爲政治之靈魂，尤重政治之民本精神，故本《尚書》民惟邦本之道，而曰：「樂民之樂者，民亦樂其樂，憂民之憂者，民亦憂其憂。樂以天下，憂以天下。」（〈梁惠王下〉）其陳義之精闢可說爲孔子之所未發。

　　按唐虞三代以上君王多處土階茅茨，以布衣粗糲而自奉，誠乃與民同患，迄春秋戰國之際，君王莫不奢侈驕逸，打破親民仁民之傳統，蓋美食安居人所共悅，君王既得享之，自必棄民而罔顧。故孟子譏梁惠王爲「率獸食人」（〈梁惠王上〉）認爲政者但知致富強，充府庫，是爲「古之民賊」（〈告子下〉）。對於善戰者則曰：「服上刑」（〈離婁上〉），對獨夫專政，殘民以逞者，則稱之爲「賊仁者謂之賊，賊義者謂之殘，殘賊之人謂之一夫。」（〈梁惠王下〉）

　　孟子既倡貴民，故極重民意之歸趨，而認民心之向背乃政權轉移之關鍵，故以得丘民者爲天子，失民心者失天下，爲政在乎得民。孟子嘗引《尚書》謂：「天視自我民視，天聽自我民聽。」（《周書·泰誓篇》），蓋古代專制政體，雖云天與，實亦賴人歸。〔註6〕天本不言，端視民心歸趨而定，故《尚書·泰誓》云：「天矜于民，民之所欲，天必從之。」（〈周書泰誓上〉）孟子殆認人民乃最高主權之所寄，故不獨於君主廢立之際，民心可以從違示去取。即在平時，國之要政，亦應取鑒於輿情，蓋孟子乃以君王臣屬百職，莫非國之公僕，其主要任務在乎養民、化民，故凡百施爲必詢及蒭蕘，此殆非孟子之臆造是乃有本而發。〔註7〕觀孟子對齊宣王問貴戚之卿謂：「君有大過則諫，反覆之而不聽則易位。」對其問異姓之卿則云：「君有大過則諫，反覆之而不聽

〔註5〕同上。

〔註6〕見《孟子·萬章上》，孟子論舜禹相禪事，而引《尚書》，〈周書泰誓〉謂：「受有億兆夷人離心離德，予有亂臣十人，同心同德，雖有周親，不如仁人，天視自我民視，天聽自我民聽。」

〔註7〕見《周禮·小司寇》：「一曰詢國危，二曰詢國遷，三曰詢立君。」此制在春秋時，尚偶一用，但殆已不普遍，如《左傳·襄公三十一年》云：「鄭人遊於鄉校以論執政，子產謂：其所善者，吾則行之，其所惡者，吾則改之，是吾師也。」

則去。」（〈萬章下〉）

總之，孟子之政治道德以仁為本，故曰：「仁則榮，不仁則辱」，國之大政莫如「貴德而尊士，賢者在位，能者在職。」（〈公孫丑上〉）又以「不仁而得國者，有之矣，不仁而得天下，未之有也。」（〈盡心下〉）

二、政道與治道

孟子之政治理想，乃主張以有德之哲君而居天下之位，無德者不得君臨天下。孟子在時勢上雖不得不擁護當時周室班爵祿之制，但在基本精神上，皆以政為民設，故重王道而輕霸道。孟子以王者一切政治措施，莫非為民，霸者則惟以武力征服人，且乃維護統治者本身之利益。故云：「以力假仁者霸，以德行仁者王……以力服人者，非心服也，力不贍也。以德服人者，中心悅而誠服也，如七十子之服孔子也。」（〈公孫丑上〉）

又云：「民為貴，社稷次之，君為輕。是故得乎丘民為天子，得乎天子為諸侯，得乎諸侯為大夫。」（〈盡心下〉）故不得乎丘民，不可治天下，觀乎孔子正名在使「亂臣賊子懼」，而孟子之政治主張卻使亂君暴王懼矣。

孟子不主張社會階級之對立，且反對階級之區分，至於當時所存在之「君子」，「野人」之分，實乃從事勞心、勞力之分工，孟子並不以階級對立視之。至於如何決定分工互助之原則，及治者與被治者之標準，孟子則悉以能力與德性為基礎。故云：「天下有道，小德役大德，小賢役大賢。天下無道，小役大，弱役強，斯二者，天也。順天者存，逆天者亡。」（〈離婁上〉）蓋天下有道乃以大事小，天下無道則必以強凌弱。

此外，孟子亦重專家政治之理想，為政者務必求諸德智兼修之專家，亦即對政道、治道卓有修養者，故必大德，大賢始能當國。對堯舜禪讓制度，公天下之思想，孟子則推崇備至。

蓋孟子以政治即道德，非道德不足以操持政道與治道，孟子對當時縱橫家之權術陰謀，乃存鄙夷之態度，為政者必先求一己道德之存養，以仁心為天下謀。故舉直錯諸枉，能使枉者直，是孟子亦本孔子政者正也之主旨，以正德為先。故云：「天下有達尊三，爵一、齒一、德一。朝廷莫如爵，鄉黨莫如齒，輔世長民莫如德，惡得有其一，以慢其二哉。故將大有為之君，必有所不召之臣。欲有謀焉則就之，其尊德樂道，不如是不足與有為也。故湯之於伊尹，學焉而後臣之，故不勞而王。桓公之於管仲，學焉而後臣之，故

不勞而霸……」（〈公孫丑下〉）

孟子認治者當具謙恭下士之德，博採庶議，不可獨尊，對於天下之達尊者，尤應就教，不可固執己見固步自封，蓋政治本身實與道德同體，非徒為權位之欲與一己利益之壟斷者。

孟子更以政道實即仁道，必大仁者始可有所擔當，故孟子告齊宣王曰：「君之視臣如手足，則臣視君如腹心，君之視臣如犬馬，則臣視君如國人，君之視臣如土芥，則臣視君如寇讎。」（〈離婁下〉）此說明君臣間相對之責任，為人君者，當謙懷自居，詢及芻蕘，自謹其身，力修其德，以福國利民為本。故在民本思想之原則下，君臣間之關係乃應彼此互相尊重，若妄自作威作福，則天必棄之而民心亦離散矣。

後世陋儒未諳孔孟之道，一意阿諛君主，曲從君道，乃倡所謂「臣罪當誅，天王聖明」之說，自甘為奴才道德，反使專制君主之淫威無邊擴展，以遂其荼毒天下之私圖。孟子以統治者必具其統馭之道德，故曰：「君仁莫不仁，君義莫不義。」（〈離婁下〉）且為政不在多言，乃在實績，故云：「以善服人者，未有能服人者也。以善養人，然後能服天下，天下不心服而王者，未之有也。」（〈離婁下〉）此即謂以「善」說服人者，不過徒有美好之計劃與主張，或徒有政綱政策等不過具文而已，若無實惠於民，則於民曷益？故為政必重實踐，必如實加惠於民方使民服，故凡未能以所云之「善」澈底執行者，不過徒托空言，惠而不實，則人焉能歸順之。

夫為政之道最忌不祥之實，蔽賢則為不祥之甚。晏子云：「國有三不祥，有賢而不知，一不祥。知而不用，二不祥。用而不任，三不祥。」（《晏子春秋》〈諫下篇〉）夫治世無棄才，倖進佞辟之徒皆不得逞其所欲，賢者必當位，若蔽賢則為不祥之實，故治者務宜切戒之。

此外為政尤不在以小惠絡民，子產聽鄭國之政，以其乘輿濟人於溱洧，孟子曰：「惠而不知為政……君子平其政，行辟人可也，焉得人人而濟之？故為政者，每人而悅之，日亦不足矣。」（〈離婁下〉）此殆說明為政者當就大體處興革，以達便民利民之處，若夫子產者在鄭國為相，以其所乘之車，在溱水、洧水地方，濟渡來往行人，使免涉水之苦，是乃捨本逐末之作為。故孟子評子產此種行徑，殆不過以小惠市恩於民，在大處卻昧於為政之道。是乃：「惠而不知為政。」若子產果能平其政，則應興修土木，振興交通，使路人皆得其便，否則僅以區區車乘為人濟渡則於事何補？毋怪孟子評其欲

使小惠以悅人民反使眾怒難平矣。

總言之，孟子以仁心仁術爲政道治道之關鍵，仁術則貴在安民與事民。故云：「桀紂之失天下也，失其民也，失其民者，失其心也。得天下有道，得其民，斯得天下矣。得其民有道，得其心，斯得民矣，得其心有道，所欲與之聚之，所惡勿施爾也，民之歸仁也，猶水之就下。」（〈離婁上〉）

孟子更引孔子之言曰：「仁不可爲眾也，夫國君好仁，天下無敵。」（〈離婁上〉）蓋孟子對天道思想亦深信不疑，凡修德行仁，則天命在我，夫國必自伐，而後人伐之，是以居仁必能長守貴矣。

孟子又曰：「古之賢王，好善而忘勢，古之賢士，何獨不然，樂其道而忘人之勢。」復謂：「以佚道使民，雖勞不怨，以生道殺民，雖死不怨殺者。」（〈盡心上〉）此蓋能與民同好，上下同心，而民生死皆樂於相從。是以爲政在道不在術。故云：「仁言不如仁聲之入人深也，善政不如善教之得民也，善政使民畏之，善教使民愛之，善政得民財，善教得民心。」（〈盡心上〉）是以立國之道，不在財賦，乃在民心之歸附。

孟子更曰：「諸侯之寶三，土地，人民，政事。寶珠玉者，殃必及身。」（〈盡心下〉）按寶此三者，乃所以保其國祚，亦唯寶此三者乃國之珍，若寶珠玉財貨終必亡身。觀乎歷代史乘，可資借鑑，且三寶中尤以民心爲最貴。

按孟子斯言，今人多認迂濶，咸以政治在乎實力，在以勢勝人，殊不知天下國家，凡以強勢服人者，終必爲他強所屈，窺之春秋戰國史迹，顯而易見。蓋楚雖三戶，亡秦必楚。孟子之說於千載以下有識之史家如司馬遷，司馬光，莫不引申其義。漢世陸賈曾云：「周公與堯舜合符瑞，二世與桀紂同禍殃，文王生於東夷，大禹出於西羌，世殊而地絕，法合而度同，故聖賢與道合，愚者與禍同，懷德者應以福，挾惡者報以凶，德薄者位危，去道者身亡。」〔註8〕此即明言仁道在政治上之重要性。

陸賈又云：「夫人者，寬博浩大，恢廓密微，附遠寧近，懷來萬邦，故聖人懷仁仗義，分明纖微，忖度天地，危而不傾，佚而不亂者，仁義之所治也。」〔註9〕由此蓋知仁者無敵之理矣。

觀陸賈佐漢高以治天下，其所著《新語》一書，誠有得於孟子政道與治道之思想，乃政治哲學之典範，陸賈曰：「守國者以仁堅固，佐君者以義不傾，

〔註 8〕 參陸賈《新語》，〈術事〉第二，頁 4。
〔註 9〕 同上。〈道基〉第一，頁 2。

君以仁治，臣以義平，鄉黨以仁恂恂，朝廷以義便便。」〔註10〕

是以萬世以下學之者明，失之者昏，背之者亡，誠不可不慎焉。

第四節　社會與道德

孟子特重忠信為社會道德之基本要素，蓋先儒於君臣、朋友、師生、鄉黨間，莫不以忠信為彼此之規律。孔子嘗云：「言忠信，行篤敬，雖蠻貊之邦行矣。言不忠信，行不篤敬，雖州里行乎哉。」（〈衛靈公篇〉）又云：「主忠信、勿友不如己者。」（〈學而篇〉）孟子亦以人我相待，以忠信與仁義並重，孟子且云：「仁義忠信，樂善不倦，此天爵也。」（〈告子上〉）蓋忠信與仁義相互表裏，皆以致善為本務，均係社會相處之自然本德。夫忠存於內，信表於外；故《禮記》云：「儒有不寶金玉，而忠信以為寶。」（〈儒行篇〉）按社會形態不論如何變遷，忠信之關係要為人群相處必要之道德，尤以今日商業社會為然，缺乏忠信，則一切交易終必蒙損，小則群體間，大則國際社會間，無不以忠信之道相處。孟子云：「教人以善謂之忠。」（〈滕文公上〉）孟子並將信納入義之範圍，即信當以義為準，故云：「大人者，言不必信，行不必果，惟義所在。」（〈離婁下〉）因而義之所在，信亦在其中。孟子既以仁義忠信為天爵，故人若取重於社會，則必固守此仁義忠信之天爵，蓋修其天爵者而人爵隨之，否則得人爵而棄其天爵，終究使人爵不保。此蓋若既得人間富貴榮祿或政治地位而竟輕諾寡信，泯滅仁義忠信，自必喪盡天良，任意妄為，或孤注一擲，終究必致人財雙亡。故孟子論心性修養，不離仁義忠信，乃以盡人，盡倫為社會道德之基石。

關於處世之道，孟子亦言之頗為詳審，「萬章問曰：『敢問交際何心也。』孟子曰：『恭也』……『其交也以道，其接也以禮，斯孔子受之矣。』」（〈萬章下〉）孟子又曰：「恭者不侮人，儉者不奪人。」（〈離婁上〉）故不論朝野上下莫不應以恭敬儉樸之行為自處，恭則對人以厚，儉則不侈，前者乃對人以禮所必要之條件，後者則係對一己自處之良箴。

此外孟子以一切宜盡其在我，至於外在之際遇與報答，則悉可置之弗問。故云：「愛人不親，反其仁，治人不治，反其智。禮人不答，反其敬。行有不得者，皆反求諸己。」（〈離婁上〉）此乃孟子不以外在之報償為必要，欲人人

〔註10〕同上。〈道基〉第一，頁3。

反求諸己，責己嚴而身可正，俾使天下人人皆樂與爲善，此乃群體相處極重要之良箴。

至於有關社會道德方面，孟子則重之社會福利思想，孟子極重社會之救濟，與哀矜煢獨之同情心，對恤老憐貧之互助極爲重視。此外對敦睦鄰里，保持彼此之祥和亦極爲重視。故云：「出入相友，守望相助，疾病相扶持，則百姓親睦。」（〈滕文公上〉）此乃孟子對社會集體安全所提倡之群德，亦即當常存「人飢己飢，人溺己溺」之悲憫心，俾促進社會集體之祥和。

第五節　經濟與道德

治國首在養民，養民之義厥在飽足人民之經濟生活，必待衣食足然後導之以德，始能達教化之功能。惟孟子之國家理想，究不在富國彊兵，亦不端在福國利民，乃在文化大國之理想。誠如孔子所云：「足食、足兵，民信之矣。必不得已而去，則先去兵，次去食，自古皆有死，民無信不立。」（〈顏淵篇〉）

但經濟生活究爲政之要務，如何維持經濟生活之公義與道德，亦係一重要之課題，故經濟平等實政治平等之先決要件。總之，儒家之標準，乃在乎正德、利用、厚生，而以正德做爲利用厚生之先決條件。

孟子以民事不可緩，恒產爲恒心之基礎，故云：「民之爲道也，有恒產者有恒心，無恒產者無恒心，苟無恒心，放辟邪侈，無不爲己，及陷乎罪，然後從而刑之，是罔民也。」（〈滕文公上〉，〈梁惠王上〉）

按　國父中山先生之經濟思想，實亦有得於孟子之主張，如「耕者有其田」，「住者有其屋」，均係均富之社會經濟政策，俾使人人安其居，樂其業，而免於匱乏之虞。

孟子不主張階級對立，以勞心、勞力乃社會之分工，必彼此相互協調，社會始克進步。孟子尤反對經濟壟斷，與土地兼併，對當時富者田連千陌，貧者無立錐之地，疱有肥肉，廄有肥馬，民有飢色，野有餓莩之生活，力予譴責。對只知積僭財貨，充實倉廩，而不知濟民之需者，更認係上慢而殘下。故孟子主張存富於民，民富國無不富，故主張「居者有積倉，行者有裹糧。」（梁惠王下）又云：「是故明君制民之產，必使仰足以事父母，俯足以畜妻子，樂歲終身飽，凶年免於死亡，然後驅而之善，故民之從之也輕。」（〈梁惠王上〉）

　　有關土地制度，孟子主張應歸國家所公有，人民受土地於國家而耕種使用之。有關賦稅制度，則力倡薄斂，而勿與民爭利，俾存富於民。孟子所重者乃天下利，而非個人之交征利，故由仁政所施發者，必使人人皆蒙其利。

　　總言之，孟子之政治經濟思想乃將王道與民生相連，故經濟生產乃以養民富民為原則，故孟子云：「聖人治天下，使民有菽粟如水火，菽粟如水火，而民焉有不仁者乎。」（〈盡心上〉）

　　在農業生產上，孟子仍倡井田之均產政策，故云：「夫仁政必自經界始，經界既正，分田利祿，可坐而定也。」（〈滕文公上〉）

　　在經濟政策方面孟子主張適時而節約，處處保持有餘之地步，如云：「不違農時，穀不可勝食也，數罟不入洿池，魚鱉不可勝食也。斧斤以時入山林，林木不可勝用也。」（〈梁惠王上〉）其目的莫非在制產、授田、增產、養民、富民；並透過節用、薄斂，以減輕人民之負擔，故主張「明君必以恭儉禮下，取於民有制。」（〈滕文公上〉）

　　總之，經濟道德，在求全民之富庶與均平，透過合理之生產以達分配之正義。

第二篇　荀子道德哲學研究

概　說

一、荀子之身世際遇與性格

《史記‧孟子荀卿列傳》云：「荀卿，趙人，年五十始來遊學於齊……田駢之屬皆已死，齊襄王時，而荀卿最爲老師。齊尙修列大夫之缺，而荀卿三爲祭酒焉。齊人或讒荀卿，荀卿乃適楚，而春申君以爲蘭陵令。春申君死，而荀卿廢，因家蘭陵。李斯嘗爲弟子，已而相秦。荀卿嫉濁世之政，亡國亂君相屬，不遂大道，而營於巫祝，信機祥，鄙儒小拘，如莊周等，又滑稽亂俗；於是推儒墨道德之行事興壞，序列著數萬言而卒，因葬蘭陵。」（《史記》，卷七十四）

《史記》以荀卿年五十，始來遊學於齊，劉向云：「孫卿有秀才，年五十始來遊學」。應劭《風俗通》‧〈窮通篇〉云：「孫卿有秀才，年十五始來遊學，作年十五者是也。《史記》與〈劉向序〉，皆傳寫誤倒耳。」按荀卿來齊究在何時，史公、劉向、應劭皆未明言，桓寬《鹽鐵論》‧〈論儒篇〉云：「湣王奮二世之餘烈，南舉楚淮，北并巨宋、苞十二國，而權三晉，却強秦，五國賓從，鄒魯之君，泗上諸侯皆入臣……是荀卿湣王末年至齊，必湣王三十九年之事，蓋荀卿之來齊，亦即在是年歟，試以是年荀卿年十五推之，當生於周赧王十六年，計至始皇三十四年，得八十七年，故〈別傳〉云：卒年蓋八十餘矣。」〔註1〕

───────────

〔註1〕參王先謙《荀子集解》，〈考證下〉頁15～37。《史記‧荀卿列傳》。顏之推《家

　　然顏之推《家訓‧勉學篇》，則仍以荀卿年五十始來游學，之推所見《史記》古本已如此，未可遽以爲譌，且漢之張蒼唐之曹憲，皆享壽百有餘歲，何獨於卿而置疑？

　　察荀子生於孟子晚年，按汪中作《荀卿子年表》，起趙惠文王元年（西曆紀元前298）迄趙悼襄王七年（西曆紀元前238）云「凡六十年，庶論世之君子，得其梗概云爾。」〔註2〕然事實上，荀子生卒年代不可考，但其享年約八十餘歲，而其一生中主要之活動，要皆不出此六十年之中。

　　按荀子之世，世倍亂，強秦連破山東諸侯，欲吞宇內，又好用權謀之士，弄術辯，逞詐能，而無所不用其極，且倫道頹喪，人心愈形險惡世益無可爲。當時人復深受陰陽家之影響，營巫祝，信機祥，且自孟子以後，已無眞儒，士人多附炎趨勢，以求宦達，至荀卿出始爲儒家再立壁壘，別開生面，以挽回眞儒之宗風。

　　據汪中《荀卿子年表》所記，荀子生平三仕齊，兩仕楚。齊襄王十八年（即秦昭王四十一年，楚頃襄王三十三年）秦封范雎爲應侯，是年秦昭王與荀卿晤，是爲荀子去齊遊秦之時，明年離秦返趙。荀子與臨武君議兵於趙孝成王前，時趙孝成王元年平原君爲相，荀子入秦不遇復歸趙。趙孝成王四年（公元前263）楚考烈王立，春申君黃歇爲相，齊王建十年，即楚考烈王八年（公元前255）荀子爲楚蘭陵令，是時春申君封於淮北，蘭陵乃其屬地，故以荀卿爲令。後八年，春申君徙封於吳，而荀爲令如故。考烈王廿五年（公元前234）卒，李園殺春申君，滅其族。〈本傳〉云：「春申君死，而荀卿廢，因家蘭陵，列著數萬言而卒，因葬蘭陵是也。」

　　按荀卿本生於趙，先遊燕，次遊齊秦趙楚四強，三仕於齊，兩仕於楚，而卒於楚。時當戰國末世，縱橫之說盛，諸侯以富國強兵爲要，相攻益屬，而荀卿以儒術說諸國，故奔走列侯之間鮮能發揮其抱負。

　　齊宣王之世，稷下多士，聞於諸侯，十九年宣王卒，湣王立，學士更盛，且數萬人，作書刊世，多非先王之法。湣王奮二世之餘烈，南舉楚淮，北并巨宋，苞十二國，西摧三晉卻強秦，五國賓從，晚年矜功不休，湣王卅八年，荀子說齊相薛公田文，王不德，乃再攻破燕魏。後五年五國伐齊，燕人入臨淄，楚魏共取淮北，湣王奔莒，後被殺。田單起即墨，復七十餘城，迎湣王

訓‧勉學篇》。
〔註2〕參《四部叢刊本》，《述學‧補遺》，頁13。

－156－

子法章於莒，是爲襄王，是爲「荀子於襄王時最爲老師」之由來。

按荀子由齊入楚，爲蘭陵令，不合而遊秦，秦昭王不能用，由秦返趙，再之楚，復爲蘭陵令，終卒於蘭陵，是其終身多鬱鬱不得意而未能展其抱負。

二、荀子之學統與傳道

荀子之學統可謂繼承孔門卜商子夏，子弓之系統，荀卿一生飽學《詩》、《書》、《禮》、《樂》、《易》、《春秋》，探其根源，乃從根牟子受詩，以傳毛亨，號毛詩。又傳浮丘伯，伯傳申公號魯詩。復從馯臂子弓受易，並傳其學，且以子弓比於孔子。卿又從虞卿受《左氏春秋》，以傳張蒼，故荀子之學統，重文學知識，擅歌賦，且精於《禮》。其所傳承孔門之思想厥在禮樂之本。

按荀卿之學統，以之比擬於繼承敦厚謹嚴之曾子、子思門下之孟子而言，自顯有其不同處。荀卿之學統本諸子夏、仲弓。按子夏長於文學，資性慧敏。孔子既沒，子夏居西河教授，爲魏文侯師，且其文學著於四科，序《詩》、傳《易》。孔子復以《春秋》屬卜商子夏，又傳《禮》，著在《禮志》。〔註3〕故荀子受子夏仲弓一脈相承之傳授，特重禮樂之教化，且孔子教誨子夏「繪事後素」，喻美女雖有倩盼美質，亦須以禮而成之，故荀子獨秉禮教之詳，而爲其重禮教之原因。

又子夏特長《詩》，孔子曰：「商也，始可與言詩已矣。」(〈八佾第三〉)荀子雖非專傳《詩》、《書》之系統，但其著作中引詩之處獨多。〔註4〕此顯係受子夏一脈相承之影響。

至於仲弓者，孔子以之爲有德行，故曰：「雍也可使南面。」(《論語‧雍也篇》)故荀卿學本乎仲弓，亦重德行懿範且矜名節，況荀子本身性亦狷介，深自信恃，觀其〈非十二子篇〉、〈解蔽篇〉，評論一切碩儒及諸子百家之態度，即可見其一班。

但就其評十二子觀之，其學自受當時道、墨、法、名諸家之影響頗深，且《史記‧荀卿列傳》亦云荀卿「推儒墨道德之行事興壞，序列著數萬言。」

〔註3〕參《史記》卷六十七。〈仲尼弟子列傳〉第七，粹文堂版頁2203。
〔註4〕《荀子》一書，引《詩》獨多，凡八十二條，論《詩》者十一條，且毛、魯、韓三家詩俱爲荀卿所傳。按歷代多以仲弓與傳《易》之馯臂子弓混爲一人，楊倞以馯臂子弓除傳《易》外，別無所聞，故力辯荀卿之師非馯臂子弓。應劭云：子弓乃子夏之門人，楊倞以子弓爲仲弓。元人吳萊以子弓之爲仲弓，猶季路之爲子路。參王先謙《荀子集解》，〈考證下〉頁15。

是可知荀子對當時諸子百家之學亦無所不窺。

　　孟子崇孔子為聖之時者，荀子則以孔子為聖之全者，乃曰：「若夫總方略，齊言行，壹統類，而群天下之英傑，而告之以大古，教之以至順，奧窔之間，簟席之上，斂然聖王之文章具焉，佛然平世之俗起焉……是聖人之不得埶者也，仲尼、子弓是也。」〔註5〕由此可見其推崇孔子之態度。且荀子以當時各家皆有所見，亦皆有所蔽，故均不全，不盡、不粹，惟獨孔子「仁智且不蔽」，知「道」之全，故異於曲知之士。孟子嘗稱孔子乃集大成者，荀子所見亦大致略同。然孟子所重者乃孔子仁義之統，而荀子所重者乃禮樂之傳。且荀卿對孟子評擊甚力，其批評孟子謂：「略法先王而不知其統，猶然而材劇志大，聞見博雜，案往舊造說，謂之五行，甚僻違而無類，幽隱而無說，閉約而無解，案飾其詞，而祗敬之，曰，此真先君子之言也。子思唱之，孟軻和之，世俗之溝猶瞀儒，嚾嚾然不知其所非也，遂受而傳之，以為仲尼，子游，為茲厚於後世，是則子思、孟軻之罪也。」（《荀子集解》，卷三）

　　按馮友蘭氏於其所著《中國哲學史》中曾謂：「西哲謂人或生而為柏拉圖，或生而為亞里斯多德。詹姆士謂：『哲學家可依其氣質，分為硬心及軟心二派，柏拉圖即軟心派之代表，亞里斯多德即硬心派之代表』。」若按馮氏之見則孟子為軟心派哲學家，其哲學有唯心論傾向，而荀子卻為硬心派哲學家，其哲學則有唯物論傾向。〔註6〕

　　但衡諸荀子著述，始於〈勸學〉、終於〈堯問〉，尤以〈宥坐〉、〈子道〉、〈法行〉、〈哀公〉、〈堯問〉五篇，多尊德性而崇聖者心傳并明立世之方，並不若馮氏之所評，吾人未可遽以西哲之心態與說法，強加諸我國之古哲，馮氏所言可供參考究未必盡當。

　　按孟荀學統迥異、孟子得乎《中庸》、《易傳》一脈相承之思想，而荀子卻合儒墨法為一，持改革之論，乃係孔子之別派。荀子之學雖成於齊之稷下，但卻不滿稷下諸子，故乃綜述齊魯之學而仍歸之於儒。其所著書，較孟子為多，且富實徵經驗與現實之色彩。依《班志》有《孫卿子三十二篇》，依《隋書經籍志》有《孫卿子十二卷》，《舊唐書》說有「孫卿子十二卷，荀況撰」。《新唐書》說有「荀卿子十三卷」（見《藝文志》）又楊倞注荀子二十卷，《宋史藝文志》因之。今存《荀子》二十卷、卅二篇，唐大理評事楊倞注、宋唐

〔註5〕參《荀子集解》卷三，〈非十二子篇〉第六，頁60～61。
〔註6〕參馮友蘭著，《中國哲學史》第一篇第十二章，〈荀子及儒家中之荀學〉，頁352。

仲友序，清王先謙《集解》。如唐仲友云：「初漢劉向校讎中孫卿書凡三百廿一篇，除復重定著三十二篇，爲荀卿新書十二卷，至倞分易卷第，更名荀子」。是今所傳《荀子》一書，乃唐人楊倞所改編。

按戰國時儒分爲八，如韓非子云：「自孔子之死也，有子張氏之儒、有子思氏之儒、有顏氏之儒、有孟氏之儒、有漆雕氏之儒、有仲良氏之儒、有公孫氏之儒、有樂正氏之儒。」（〈顯學篇〉）是可知自孔子之後，儒經與儒生流變至多。晉陶潛曾云：「顏氏傳詩爲諷諫之儒、孟氏傳書爲疏通致遠之儒、漆雕氏傳禮爲恭儉莊敬之儒、仲良氏傳樂爲移風易俗之儒、樂正氏傳春秋爲屬辭比事之儒、公孫氏傳易爲絜靜精微之儒，諸儒學皆不傳無可考者，可考者卜氏子夏。」（《聖賢群輔錄》）宋洪邁云：「孔子弟子惟子夏於諸經獨有書」（《容齋隨筆》），蓋《毛詩》、《易傳》、《公羊》、《穀梁》等皆與子夏有關。清皮錫瑞云：「經名仿於孔子，經學傳於孔門。」（《經學通論》）是觀戰國時儒經傳授流派本不一，誠各有其所傳。

惟按荀子觀察，當時儒生品質不齊，良莠摻雜，約分爲大儒、雅儒、散儒、雜儒、賤儒、小人儒等。荀子稱：「事其便辟，舉其上客，億然若終身之虜，而不敢有他志，是俗儒者也。」（〈儒效篇〉）又云：「不隆禮雖察辯，散儒也。」（〈勸學篇〉）又云：「知之曰知之，而不知曰不知，內不自以誣，外不自以欺，以是尊賢畏法，而不敢怠傲，是雅儒者也。」（〈儒效篇〉）荀卿復深責孔門子張、子夏、子游等門下言語文學之儒，而曰：「弟佗其冠，神禫其辭，禹行而舜趨，是子張氏之賤儒也。正其衣冠，齊其顏色，嗛然而終日不言，是子夏氏之賤儒也。偷儒憚事，無廉恥而嗜飲食，必曰君子固不用力，是子游氏之賤儒也。」（〈非十二子篇〉）而以「知而好問，然後能才，公脩而才，可謂小儒矣。」（〈儒效篇〉）又曰：「志安公，行安脩，知通統類，如是則可謂大儒矣。大儒者，天子三公也。小儒者，諸侯大夫士也。」（〈儒效篇〉）因而荀子在大儒、小儒、雅儒、俗儒、賤儒之中，獨崇大儒。其對大儒之評價復謂：所謂「大儒者，善調一天下者也。……用百里之地，而不能以調一天下、制強暴，則非大儒也。彼大儒者，雖隱於窮閻漏屋，無置錐之地，而王公不能與之爭名。在一大夫之位，則一君不能獨畜，一國不能獨容，成名況乎諸侯，莫不願得以爲臣，是大儒之徵也。其言有類，其行有禮，其舉事無悔，其持險應變曲當，與時遷徙，與世偃仰，千舉萬變，其道一也，是大儒之稽也。」（〈儒效篇〉）

　　荀子認為「非大儒莫之能立，仲尼、子弓是也。」（同上）故在荀子心目中，諸儒中惟孔子與仲弓足以稱大儒，且荀子以其本身即師承仲尼、仲弓所一貫傳承之大儒之學統，由是可知其信恃與抱負。但觀乎孟子所傳者，實孔子之道，而荀卿所傳者，多為儒家之經，尤以《禮經》為然，此殆二子所傳之不同處。

　　荀卿在思想上實傳仲弓之學，並以仲弓為大儒；且在經學上對《詩》、《易》、《禮》、《春秋》等經所傳較孟子為多，且獨重乎禮，故云：「學惡乎始惡乎終？曰：其數則始乎誦經，終乎讀禮。」（〈勸學篇〉）又云：「故《書》者，政事之紀也。《詩》者，中聲之所止也。《禮》者，法之大分，類之綱紀也。故學至乎《禮》而止矣。夫是之謂道德之極。《禮》之敬文也，《樂》之中和也，《詩》、《書》之博也，《春秋》之微也。」（同上）又論《詩》云：「故風之所以為不逐者，取是以節之也。〈小雅〉之所以為〈小雅〉者，取是而文之也。〈大雅〉之所以為〈大雅〉者，取是而光之也。《頌》之所為至者，取是而通之也。天下之道畢是矣，鄉是者臧，倍是者亡。」（〈儒效篇〉）是荀子特重以詩教、禮教為其傳經之最高論點。

　　按荀子學脈依汪中《荀卿子通論》云：「子弓之為仲弓，猶子路之為季路，知荀子之學實出於子夏仲弓也」。考荀子傳《詩》與《穀梁傳》實由子夏而來，《禮》則由仲弓而來。

　　但荀子於六藝之學，實皆有傳，汪中云：「荀卿所學本長於《禮》，曲臺之禮，荀卿之支與餘裔也。蓋自七十子之徒既沒，漢諸儒未興，中更戰國，暴秦之亂，六藝之傳，賴以不絕者荀卿也。周公作之、孔子述之、荀卿傳之，其揆一也。」（汪中《荀卿子通論》）劉向亦稱：荀卿善為《易》，其義亦見〈非相〉、〈大略〉二篇，蓋荀卿於諸經無所不通，而古籍缺亡故其授受不可盡知。〔註7〕

　　觀之荀子重禮本與法不可分，其直傳弟子有李斯、韓非，皆係法家之巨擘。按荀子雖傳儒經但實承經傳之學，未如孟子盡傳孔子之道，故其所擅長者厥乃經學而非儒家形上之大義，無怪循禮之思路，終必走入開啓法家之系統，是觀荀學在後世不列儒家之正傳，殆係其隆禮義殺詩書所必然之結果。

三、荀子法後王思想

　　荀子對於周制，自一方面言之，仍持擁護之態度，但對於先王之道，則

――――――――――――――――――
〔註 7〕參《荀子集解》〈考證下〉，汪中《荀卿子通論》。

採存異之態度。蓋荀子本乎實徵之方法，強調一切必有所徵驗。荀卿於〈王制篇〉曰：「王者之制，道不過三代，法不貳後王，道過三代謂之蕩，法貳後王謂之不雅。衣服有制，宮室有度，人徒有數，喪祭械用，皆有等宜。聲則凡非雅聲者舉廢；色則凡非舊文者舉息；械用則凡非舊器者舉毀。夫是之謂復古，是王者之制也。」

按荀子既重禮，禮復制於周公，故荀子所重者實周制之文物制度，對於三代以前之道，認爲因時代湮遠，故過於蕩，是以乃法後王。此法後王，實即指法周道而言。故於〈非相篇〉云：「人道莫不有辨，辨莫大於分，分莫大於禮，禮莫大於聖王。聖王有百，吾孰法焉？故曰，文久而息，節族久而絕，守法數之有司，極禮而褫。故曰，欲觀聖王之跡，則於其粲然者矣，後王是也。彼後王者，天下之君也，舍後王而道上古，譬之是猶舍己之君而事人之君也。故曰，欲觀千歲，則數今日，欲知億萬，則審一二；欲知上世，則審周道，欲知周道，則審其人所貴君子。」

故由荀卿著述本身觀之，已知其所言法後王之緣由。蓋當春秋戰國之時，舊制度日益崩壞，當時聖哲有以先世之道自期者，有擁護新制者，各皆言之成理。另方面復托古賢聖以自重；如孔子常言及文王、周公。墨子繼起，乃倡法夏禹，而不法周。迄孟子繼起，乃以堯舜爲法。老莊之徒繼起以堯舜以前更早之人物爲法，蓋皆崇所謂先王；獨荀子崇周禮、法周公、以周道爲尚，蓋荀子時文王、周公只可謂後王，而周道亦只可謂係後王之法。

按孟子所理想者乃三代之政制，與公天下之大同思想，故於其所著中，在在言堯舜之德，且以堯舜爲性之者。至於荀子則獨崇周室之禮制，其政治理想不外後世之小康，故不道三代之制，且以之爲蕩，此殆孟荀二子理想不同自不可同日而語。

第六章　荀子道德哲學之經驗基礎

第一節　荀子之經驗論與心觀之探討

　　荀子之認知方法基於經驗之基礎，以無證驗而必之者愚也，故云：「凡論者貴其有辨合，有符驗。」（〈性惡篇〉）但荀子亦承認理性之功用，側重於從心理學而論知性主體之知能作用者。

　　細觀荀子之論知能，可說是理性與經驗之合一論者，即以經驗作爲推理之基礎。乃云：「無稽之言，不見之行，不聞之謀，君子慎之。」（〈正名篇〉）是觀荀子之一切論據，皆基於感官所能得之經驗爲準，若非感官經驗所及，則不予信任。是故〈儒效篇〉云：「不聞不若聞之，聞之不若見之，見之不若知之，知之不若行之，學至於行之而止矣。行之，明也，明之爲聖人……不聞不見，則雖當，非仁也，其道百舉而百陷也。」

　　察荀子在論知識之基礎上，乃確認心有徵知之能。故云：「心有徵知，徵知，則緣耳而知聲可也，緣目而知形可也。然而徵知必將待天官之當簿其類，然後可也。」（〈正名篇〉）故荀子之認知基礎仍著重由感官之徵知爲本，若無感官之徵知，則其所得之知識，必虛而不實。但心官爲一切感官之總樞紐，爲一切同類綜合判斷之依據，設無心官之綜合作用，則其他感官之知亦無所發揮。是以荀子並非純感官論者，乃確認知意與行及心之密切作用，故乃主張經驗理性並重者。荀子且以心爲知性主體，爲思維之中心，爲知能之原，且以心操持一切，有其自主、自發、自動之本能故稱之爲天君。故云：「心者形之君也，而神明之主也，出令而無所受令。」（〈解蔽篇〉）是確認心爲一切

意志活動之統攝機關，心處於主宰地位，能思辨判斷是非，不受外力干擾。荀子云：「心居中虛，以治五官，夫是之謂天君。」（〈天論篇〉）故其解釋心知之活動曰：「心何以知？曰：虛一而靜。心未嘗不臧也，然而有所謂虛。心未嘗不滿，然而有所謂一。心未嘗不動也，然而有所謂靜，虛一而靜謂之大清明。」（〈解蔽篇〉）由於心動則與外物相緣而生情慮，則知能方有所本，故云：「所以知之在人者，謂之知，知有所合，謂之智。智所以能之在人者謂之能，能有所合，謂之能。性傷謂之病，節遇謂之命。」（〈正名篇〉）由是觀之，荀子強調「知有所合謂之智」，故其所說之心知究與孟子不同，是乃否認所謂「本心」之存在。故非自取、自正、自奪之心知，而是思慮與感官之知。即「精合感應」，「慮積焉、習能焉然後成」之知。即為情意思慮之知，亦即由動態之心理所生者。

易言之，荀子由感性之知以言學，藉經驗之知以推理，但對於非感性之知所能觸及之領域，則主悟性之綜合，荀子亦確認有非感官所能盡知之事物，故云：「坐於室而見四海，處於今而論久遠，疏觀萬物而知其情，參稽治亂而通其度，經緯天地而材官萬物，制割大理，而宇宙裏矣。」（〈解蔽篇〉）〔註1〕此即云知不僅屬於感官，而是感官與理性推理之綜合。按荀子以「善學盡其理」（〈大略篇〉），故必使是非分明，才算真知。故特云：「是是非非謂之知，非是是非謂之愚。」（〈修身篇〉）

按荀子雖云「心有徵知」，並須緣五官而知形色等，但亦確認心有「兼知」，即心有回憶、記憶、評判、分類之能力，可透過記憶、反省分類推理，而兼知萬物，故云：「萬物可兼知也。」（〈解蔽篇〉）

總之，荀子以心「兼陳萬物，而中懸衡焉。」（〈解蔽篇〉）故必打破成見偏見，方能求得事物之真相，俾常養此心清明向外，而使心物相互交融，使理無不明物無不通。

荀子以萬物有其常，亦有其變，必知常達變，方得其真，且應博洽圓融，方不為一隅之見所蔽，而陷於偏。〔註2〕故云：「治之要在於知道」（〈解蔽篇〉）

〔註1〕按荀子以制割大理，而宇宙裏矣，此制割大理，乃透過感官經驗為基礎，藉為對萬事萬物之判準。而制割大理，必先得之於心，方不為外境所困，但此心究應透過外形，始可有見，故非孟子所倡之本心說。

〔註2〕荀子〈非十二子篇〉，即批判諸子各有所蔽，而未得其全，荀子極重周徧之觀念，以一隅不足以舉之。荀子謂：「不法先王，不是禮義，而好治怪說，玩琦辭，甚察而不惠，辯而無用，多事而寡功，不可以為治綱紀，然而其持之有

但此「道」究非生而知之者，故並非孟子所云之「本心」，此道實乃基於經驗而為一切判準之基礎，此道乃「上取象於天、下取象於地、中取則於人。」（〈禮論篇〉）乃在乎經驗中以擷取「人所以群居和一之理」（〈禮論篇〉）

荀子以人苟能知「道」，則必具「全」、「盡」、「一」、「兼」之能力，此種知道之功夫，純在長期實踐中，日日積聚文理、天理而得之，故並非單倚純粹理性之推論，必基於後天之經驗以作為認識之基礎。

第二節　荀子論名實與推理及其思想方法

荀子思想立基於經驗之徵知，心官乃統率耳目口鼻者，為一切思想之總樞紐，但徒有心官而無外緣，則亦無從認識外境。一切人間知識皆「約定俗成，謂之宜。」（〈正名篇〉）

故云：「名無固宜，約之以命。約定俗成，謂之宜，異於約，則謂之不宜，名無固實，約之以命實，約定俗成，謂之實名。」（〈正名篇〉）由此可見，荀子對於一切概念，指謂，皆必與實對稱，一切之「名」，莫非對「實有」之指稱，必名實相符，方得為之實，總觀荀子正名之原因約有三大理由：

（一）所為有名，異形離心交喻，異物名實玄紐，貴賤不明，同異不別，如是則志必有不喻之患，而事必有困廢之禍。（《正名篇》）此即說明若不正名，必致是非混淆，黑白顛倒，則志必有不可喻之患，故必所為正名以免混淆。

（二）所緣以同異，單有感覺系統而得外在之形色聲時，設無心官，亦不能知，故一切感官系統，不可分割，必待聯合作用，然後當薄其類，始有知識。

（三）制名之樞要，在乎同則同之，異則異之，單足以喻則單，單不足以喻則兼。單與兼無所相避則共，雖共不為害矣。知異實者之異名也，故使異實者，莫不異名也，不可亂也。猶使異實者，莫不同名也。（〈正名篇〉）

由是以觀，荀子極重制名，制名之要在乎正名，使名實不亂，是非以明，俾誦教之儒有所遵循。故云：「故知者為之分別，制名以指實。」（〈正名篇〉）

故，其言之成理，足以欺惑愚眾，是惠施、鄧析也。」又云「惠子蔽於辭而不知實，莊子蔽於天而不知人。」（〈解蔽篇〉）「墨子蔽於用而不知文，宋子蔽於欲而不知得，慎子蔽於法而不知賢，申子蔽於勢而不知智。」（〈解蔽篇〉）此皆指責諸子各有所蔽，而歸結到「凡萬物異，則莫不相為蔽，此心術之公患也。」（〈解蔽篇〉）

是以荀子之思想方法乃基於名實合一之基礎上。

荀子除正名外，亦重正心，因正心乃思維之本，故認爲「認識心」之清明虛壹乃爲正心之道。荀子謂：「天下無二道，聖人無兩心。」（〈解蔽篇〉）又云：「聖人知心術之患，見蔽塞之禍，故無欲、無惡、無始、無終、無近、無遠、無博、無淺、無古、無今，兼陳萬物，而中縣衡焉，是故眾異不得相蔽以亂，其倫也。」（〈解蔽篇〉）此即要求心必達到虛壹而靜與大清明之境，方克映物。荀子以人人心中必先具有此大清明之境不爲外境所擾，方可反映眞實之外境，這是認識的基礎亦即正心之道。

但認識心必透過外緣而後知，故云：「萬物莫形而不見，莫見而不論，莫論而失位。」（〈解蔽篇〉）是觀此心之知究應基於「外形」始可有見，有見始可有論，有論則不可失其所論之本位，如是方可合乎所論之要旨而合乎其論點。是以荀子之思想根源，乃本乎經驗爲基礎，透過此心之大清明，方可觀察得知而加以推論。故荀子在〈非十二子篇〉乃責諸子各有所蔽，不能相融圓通，皆起於此心理上之障礙，故乃主張「兼陳萬物，而中縣衡焉。」（〈解蔽篇〉）即以感官觀察萬物，卻以心爲衡量之標準。

易言之，荀子乃透過名實合一，約定俗成，以命題爲中心，而進爲類概念與論理之法則，故荀子極重類概念，並以之作爲分析與綜合之基礎，更作爲判斷之基準，故以「知通統類」爲本。進言之，荀子乃由概念命題作判斷，所謂「辭順可與言道之理」（〈勸學篇〉）更以：「以人度人，以情度情，以類度類。」（〈非相篇〉）故特重類比推理。此外，「以類行雜，以一行萬」（〈王制篇〉）以及「以近知遠，以一知萬。」（〈非相篇〉）即由特殊以推普遍，應用歸納推理去推知事實。又云：「欲知億萬，則審一二。」（〈非相篇〉）又如「千萬人之情，一人之情是也」（〈不苟篇〉）即是主張由多中見一，亦即由普遍以推知特殊，由多中見一，此乃爲演繹推理。

按荀子極重辯，孟子云：「予豈好辯哉，予不得已也。」荀子則謂「君子必辯」（〈非相篇〉），[註3] 且荀子受名家之思想頗深，故極重邏輯之推理系統，

<hr>

[註3] 荀子雖重辯，但鄙視小人之辯。故云：「君子必辯，小辯不如見端，見端不如見本分，小辯而察，見端而明，本分而理，聖人士君子之分具矣。有小人之辯者，有士君子之辯者，有聖人之辯者。不先慮、不早謀、發之而當、成文而類、居錯遷徙、應變不窮，是聖人之辯者也。先慮之、早謀之、斯須之言而足聽，文而致實，博而黨正，是士君子之辯者也。聽其言，則辭辯而無統，用其身則多詐而無功，上不足以順明王，下不足以和齊百姓，然而口舌之均

對於名實關係，同異之別，單兼之名、全稱、偏稱、殊相、共相等論理規則，均有所陳述，可說乃我國儒家中極重名實關係與推理法則之大思想家。

嚅唯則節，足以爲奇偉偃卻之屬，夫是之謂姦人之雄」。（〈非相篇〉）
荀子雖重辯，但反對詭辯，故云：「辯而不說者爭也」（〈榮辱篇〉）又云：「多言而無法，流湎然，雖辯小人也。」（〈非十二子篇〉）故辯乃爲正義、正言、正說、非爲巧言立說矣。荀子極惡巧辯之人，故云：「行辟而堅，飾非而好，玩姦而澤，言辯而逆，古之大禁也。」（〈非十二子篇〉）又云：「是以小人辯言險，而君子辯言仁也。」（〈非相篇〉）「辯利非以言是，則謂之詍。」（〈解蔽篇〉）故反實之辯，不如無辯，至於雄辯，能辯之徒，荀子咸鄙之，蓋皆無當於禮義之中。必說不喻，然後辯，「辯說也者，不異實名以喻動靜之道也。」（〈正名篇〉）

第七章　荀子之天道性命觀

第一節　荀子之自然天道觀與天人之辨

　　荀子對天道之思想，頗受道家之影響，尤以老子所言之自然無爲之天爲其思想之根本立場。然在莊子心目中，其所云之「天」，間有命運化，情意化之趨向，但在荀子之心目中，「天」乃傾向於自然客觀化之存在，不若孔孟二子之崇尊上天，視之爲具有位格性與義理性。荀子雖亦飽讀《詩》、《書》，但對《詩》、《書》中有位格、有意志、有主宰之天，究不存肯定之態度，且衡視之爲常道、常數。故荀子之天道思想較趨向自然之意義，不承認天具有任何神秘力，至對於命運，陰陽五行之道，尤斥之爲不經之談。認此乃天地之變化，無世無之，純係自然之演變，怪之則可，而畏之則非。

　　荀子以天地乃指形質之天地而言，故尊天不如用天，敬天不如使天，以天爲人用，則自然之功顯。故曰：「大天而思之，孰與物畜而制之，從天而頌之，孰與制天命而用之。」（〈天論篇〉）

　　荀子在〈禮論篇〉中更云：「天，生之本也」，言天乃厚生利民，故天乃自然之流衍與化澤，爲天地一切之本。

　　茲爲詳析起見，特分論如下：

一、天行有常與明天人之分

　　荀子以天有其常行之道，此道乃天運行之自然規律，並非有意志之運用，乃純任客觀規律之作用而已。故天不能對人有所作爲，亦無賞善罰惡之功能，

故吾人對天苟能循其自然之法則，是謂循道不忒，則天對人亦不能福善禍淫，任所予奪。

荀子謂：「天行有常，不爲堯存，不爲桀亡，應之以治則吉，應之以亂則凶，彊本而節用，則天不能貧，養備而動時，則天不能病，修道而不貳，則天不能禍，故水旱不能使之飢渴，寒暑不能使之疾，祆怪不能使之凶。本荒而用侈，則天不能使之富，養略而動罕，則天不能使之全。」（〈天論篇〉）〔註1〕又云：「天不爲人之惡寒也輟冬，地不爲人之惡遼遠也輟廣，君子不爲小人匈匈也輟行，天有常道矣，地有常數矣，君子有常體矣。」（〈天論篇〉）

察荀子此種思想，實完全反對天人相應之說，認天之作爲，純任自然，故天不特獨鍾於堯舜，而薄於桀紂，然堯舜之所以治，桀紂之所以亂，悉由人爲爲之，與天道無關。是以按荀子視之，天道者，實乃自然運行之法則，而不含墨子之天志與陰陽家之天人相應之說。〔註2〕

按荀子既以天爲自然，自不能賜福而降災，是以人間一切之措施，悉由人爲爲之，吉凶禍福之來，亦悉由人爲之自招，與天無涉。是以云：「倍道而妄行，則天不能使之吉，故水旱未至而飢，寒暑未薄而疾，祆怪未至而凶，

〔註1〕《荀子集解》本對「脩道而不貳」一語，引王念孫曰：脩字當爲循字之誤，蓋隸書「循」，「脩」二字相似。說見《管子·形勢篇》。按「循」乃順之意，「貳」當爲貣字之誤，貣與忒字相同，《管子·正篇》如四時之不貣，即作四時之不忒，故「脩道而不貳」，實爲「循道而不忒」之誤，其本意乃以「當順乎道而不差忒」之謂，即云則天自不能禍。至於「養略而動罕」之罕字，愈樾曰：疑當爲屰字，即逆也。「養略」乃指使人衣食不足。「動逆」則指凡百舉措動不以時，招致民怨也。

〔註2〕按《史記》卷二十八〈封禪書〉曰：「自齊威宣之時，鄒子之徒論著終始五德之運，及秦帝而齊人奏之，故始皇采用之，鄒衍以陰陽五運，顯於諸侯，而燕齊海上之方士，傳其術，不能通，然則怪迂阿諛苟合之徒有此興，不可勝數也。」鄒衍以五行，言五德終始，對政治上傳統之天命，賦予全新之內容，〈終始〉〈大聖〉之篇，稱引天地以來，五德轉移，治各有宜。〈七略〉云：鄒子爲終始五德，言土德從所不勝，木德次之，金德次之，火德次之。代火者必將水，故其色尚黑，其事則水，水氣至而不知數備，將徙於土。」《呂氏春秋》曰：「凡帝王之將興也，天必先見祥乎下民，黃帝之時，天先見大螾、大螻，黃帝曰：土氣勝。土氣勝，故其色尚黃，其事則土。及禹之時，天先見草木，秋冬不殺，禹曰：木氣勝。木氣勝，故其色尚青，其事則木。及湯之時，天先見金，刃生於水，湯曰：金氣勝。金氣勝，故其色尚白，其事則金。文王時，天先見火，赤鳥銜丹書，集於周社，文王曰：火氣勝。火氣勝，故其色尚赤，其事則火，代火者必將爲水……」。（《四部叢刊本》，《呂氏春秋》卷十三，頁4。）

受時與治世同，而殃禍與治世異，不可以怨天，其道然也，故明於天人之分，則可謂至人矣。」（〈天論篇〉）

蓋天對人既無厚薄，故人間一切之得失，皆人之自招，其禍福悉由人一己之承担何復怨天尤人？

至於天人感應，天心示警之說，尤爲荀子所不採，故云：「星隊木鳴，國人皆恐，曰，是何也，曰無何也，是天地之變，陰陽之化，物之罕至者也，怪之可也，而畏之非也。夫日月之有蝕，風雨之不時，怪星之黨見，是無世而不常有之。上明而政平，則是雖竝世起無傷也，上闇而政險，則是雖無一至者無益也。夫星之隊，木之鳴，是天地之變，陰陽之化，物之罕至者也，怪之可也，而畏之非也。物之已至者，人祆則可畏也。楛耕傷稼，耘耨失薉，政險失民，田薉稼惡，糴貴民飢，道路有死人，夫是之謂人祆。政令不明，舉錯不時，本事不理，夫是之謂人祆。禮義不脩，內外無別，男女淫亂，則父子相疑，上下乖離，寇難竝至，夫是之謂人祆。」（〈天論篇〉）

由是觀之，荀子以天災乃天地自然之變化，且無世無之，悉爲自然之現象。至於人間之治亂，悉由人謀不臧所致，蓋堯舜之時雖有災荒，亦不足以亂。桀紂之時雖無災荒亦不足以治，故特破天心示警之說。

衡觀荀子不重天變，卻重人祆，故國之興亡，不在天災地變，端在人祆之爲患。故凡政治措施乖張致人民流離失所，寢食難安，而致民怨沸騰時，則皆爲人祆。故亡人國者，非在天，端在人祆。是此所云之人祆，實即人謀不臧之謂。

二、唯聖人爲不求知天

荀子所云之天，既重自然大化之意義，故反對人們以反自然之方法去揣測天並加以主觀之臆說。故荀子以「明於天人之分，則可謂至人。」（〈天論篇〉）所謂明於天人之分，即指明天職與人和之別也，亦即荀子之天人之辨。

按荀子觀之，天有天之職，人有人之道，彼此不相涉，故各當盡其厥職。夫天職者，乃不爲而成，不求而得，四時行焉，百物生焉，夫復何言，按天之職分乃生生萬有，豈愛憎於堯舜桀紂之間乎。故明達聖者，通乎天任自然之道，於天人之際，各有其分，而不與天爭職，但貴盡其在我而已，至於天道淵深，自非人所盡能揣測。誠如莊子所云：「六合之外，聖人存而不論」。（《莊子·齊物論》）蓋天有其時，地有其財，人有其治，夫是之謂能參；故吾人所

能參者，乃本乎天之所賜，而制而用之可矣。是以荀子所云之唯聖人不求知天，此「天」即自然不可測之天。蓋此自然大化之天，運行無窮，萬物卻在其列星隨旋，日月遞炤，四時代御，陰陽大化，風雨博施中，各得其和以生，各得其養以成，故云不見其事，而見其功，夫是之謂神。此「神」字乃指神妙無比與天道運行之異奇而言，並非指有意志之神明。

故聖人不求知天者，乃指此天之自然造化與運行，而非人力所可測知者。聖人但求順天之職，不與天爭功，以隨大化之無為而為，使萬物各得其和與養。至於在人方面，則貴盡人之常道，不與天爭職，俾使天人各得其分之謂。

觀六經不道怪異之事，子不語亂力怪神，但從其道而順之而已矣。故荀子但倡順「天情」，安「天養」，和「天政」，俾勿喪其天功。夫天道既難測，故聖人但問修人事，不務思慮於求知天。故聖人教人但順人之百骸九竅之理，善養其生，循天造化與奉養之道，是為合乎天情，天養，而不悖於自然禍福之道而順守其成，即為順乎天政之謂。

吾人考孟子思想中，特重義理之天，間或肯定有位格、意志、主宰之天；但在荀子之系統中卻偏重自然無為任化之天，是以荀子以聖人但問順天地造化之常理循其法度，自勿庸於終日卜筮求問以測人間之吉凶。

三、聖人所求知天者

荀子一方面言惟聖人為不求知天，但另方面又言聖人亦有其所應知天之一面。荀子所云不求知之天，乃指神奇莫測任運造化與自然無為之天。至於所求知天者乃指如何順天之則循天之理以合乎天道，俾按其序而生活與作為。蓋天垂象之文，可因而知其徵候，此徵候實乃見其象之可以預期者，亦即預見事物之幾微與端倪，但此所云並非如陰陽家所示之災異應變之說。故荀子曰：「暗其天君，亂其天官，棄其天養，逆其天政，背其天情，以喪天功，夫是之謂大凶。」（〈天論篇〉）是以聖人必明天君、天官、天養、天政，俾順其道而行之。

察荀子所謂之天君，實即吾人之心君，而天官者實即吾人之五官，倘若人們昏亂一己之心志，必使五官之感覺混淆不明，是為失其天君。若不順天然情節而任所好惡喜怒而使哀樂無節是為棄其天養，亦即荀子所謂之逆天政與背天情之謂。

荀子認為逆此天情、天政者即是違反天道之自然，終必罹遭大凶。故此

所云之大凶，實指人類不善用其自然之功能所致，並非天有意志故施懲罰於人間。是以荀子此所云之天政，實乃指自然運行之常軌與天職，而天功者乃指天自然運行之功能。

是觀荀子所主張聖人所求知天者，乃在乎人人當順天道、天則、天秩而活，蓋天既垂象以文，故萬物各得其理，是吾人當明其徵候，以使四時所行莫不合度，故云「所志於天者，已其見象之可以期者矣，所志於地者，已其見宜之可以息者矣。所志於四時者，已其見數之可以事者矣。所志於陰陽者，已其見知之可以治者矣。官人守天，而自爲守道也。」（〈天論篇〉）故一切皆在知其常道守其常體明其常變而善爲駕馭之，勿使悖逆自然之法則，以免遭罹不測之禍。

總言之，荀子本意雖以聖人不務知天，是其所重者乃在人爲，而不問所不可測的一面，但問人間理之當盡處，而克盡厥賽，但順天道而活而已。

按人所識於天者，在見其所垂象之文，藉知其氣候與時辰之變化。此種節候，即如堯命羲和欽若昊天歷象，日月星辰與敬授人時。故觀乎天文在知天時，觀乎地文在知地利，觀乎人文在知得失，此中並無神秘之意義在，純係洞察事物演變之幾微，故所謂守天者，實指人自守其天地中所當然之理則而已。

夫治亂不在天純在人爲，是曰：「治亂天邪，曰：日月星辰瑞曆，是禹桀之所同也，禹以治，桀以亂，治亂非天也。」（〈天論篇〉）按禹有十年水，湯有七年旱，豈天降災於夏商歟？然在禹、湯仍能以治，此蓋純爲修爲之功。

故君子務在修己，俾德行厚，知慮明，庶幾無過。荀子因云「故君子敬其在己者。」（〈天論篇〉）是明言所求知天者亦不外修己而已。

此種敬其在己之功夫，實乃個人修養之發端，所謂敬其在己，即一切盡其在我，此敬亦作警解，即恒自肅警之謂。〔註3〕亦即當循天之法則而勿悖之之謂。故荀子特云：「君子敬其在己者，而不慕其在天者。小人錯其在己者，而慕其在天者。君子敬其在己者，而不慕其在天者，是以日進也。小人錯其在己者，而慕其在天者，是以日退也。故君子之所以日進，與小人之所以日退，一也，君子小人之所以相縣者在此耳。」（〈天論篇〉）覈實而言，荀子在此所謂之敬其在己者，乃在乎竭盡一己所當爲之努力，勿貪求自然之功。至所云之在天者，實乃指外在之環境而言。蓋小人捨棄人爲而貪圖天成，不圖

〔註 3〕參《荀子集解》，〈天論篇〉註。

一己所當爲之措施而一心妄求機遇，故荀子強調君子務在盡其在己勿徒求徼倖之謂。此乃君子與小人之差別處。換言之，君子但求自力而小人則求倖進而已。

荀子以人之所能力求者即在當下，不在未來未定之天，其在當下能竭盡職責努力實現即所以圖之於未來。若未能竭盡厥職，期期然以未來自許，一切悉寄望於渺渺之天以圖徼倖而成，此則必逐日而退。故君子當求其在我者步步踏實不冀人力所不可測之天。故君子所宜知者，即此順天情、和天政、建天功之天。是此「天」者，實亦聖人自修立政而可以任天地役萬物之天。易言之，聖人所能參之天亦即人所能治天地萬物裁而用之之天。

觀荀子一方面言唯聖人爲不求知天，另方面又云求知天，此並非前後矛盾。蓋前者所云之天，並非人力所能盡所能知，因其乃渺渺茫茫自然難測之天，是乃造化之神奇而任其自然即可。至於荀子所欲求之「天」，乃係客觀法則之天，故云：「清其天君，正其天官，備其天養，順其天政，養其天情，以全其天功，如是，則知其所爲，知其所不爲矣，則天地官而萬物役矣。」（〈天論篇〉）故「其行曲治，其養曲適，其生不傷，夫是之謂知天。」（同上）荀子云：「大巧在所不爲，大智在所不慮，所志於天者，已其見象之可以期者矣。」（同上）故荀子所欲人了解之天，即事事物物之幾微與天道之原理原則，俾可資遵行者。是觀荀子所重之天，乃「天之文」與天所垂之象，俾使吾人見而徵之而知所法效。

但荀子復云：「故人之命在天，國之命在禮。」（〈天論篇〉）按此所云之「天」，實制天之所命而用之之「天」，非指命運之天，而乃法則之天。故人應法效天之行健，知天之常道，地之常數，一切貴敬其在己者。若人不善用此法則之天自必招禍，故此所云之人命在天，實在乎天道、天理、天則之是否遵行，苟能盡之則吉否則必凶，是乃不含任何神秘之色彩。〔註4〕

觀乎荀子所云：「人之命在天，國之命在禮」，吾人不可望文生義，而妄下論斷，自應就荀子思想體系而明其意旨，而非吾人之好惡所任意定奪。察之〈天論篇〉云：「故錯人而思天，則失萬物之情」，由是可見荀子重乎人爲，更重禮法，悉乃應盡其在我者，故國無禮法必亂，人違天則必凶。蓋物之生雖在天，

〔註4〕按梁叔任撰《荀子約注》（即《荀子柬釋》），對〈天論篇〉所云之「人之命在天」，咸認與荀子本篇之思想主旨正相反，且又與〈彊國篇〉首段重出，疑是錯簡，或爲後人所妄增。

但成之者卻在人，是爲「天生人成」說。是以一切有情作爲均在乎人圖之，苟廢人力而妄思天，則雖勞心焦思猶無裨益，由此觀之，荀子所云：「故人之命在天」，觀其本意並不含主宰義，亦不含命運義。此「命」乃指制命之命。荀子既重自然運行之天，則人當盡其制命而待之，荀子此述之主旨厥在辨天人，盡天職，以制天之所命，而天之所命即是天道自然之法則與必然之安排而已。故荀子此所云之本意乃在乎「思物而物之，孰與理物而勿失之也。」（〈天論篇〉）察其本意，即在思得萬物之理以駕馭之俾使勿失其宜之謂。

第二節　荀子知命思想之探討

荀子認爲「心枝則無知，傾則不精，二則疑惑，以贊稽之，萬物可兼知也」（〈解蔽篇〉）是荀子承認心有兼知之作用，而得見萬物之全。總之，由知天知物之「知」而言，乃對自然萬物之知，故荀子曰：「精於道者也，精於物者也，精於道者，兼物物。」（同上）蓋知天、知物乃認識之知，是「皆知其所以成，莫知其無形。」（〈天論篇〉）荀子復云：「自知者不怨人，知命者不怨天。怨人者窮，怨天者無志。失之己，反之人，豈不迂乎哉？」（〈榮辱篇〉）察荀子知性主體之心知，乃分內在與外在之知而言。

荀子本此心知以進而探討知命之思想，荀子認爲精於道始能兼物物，按荀子在天道觀方面既專於自然之意味內以言天，故特重個人之意志力而不重他力，故乃重人事論之思想家，由是可知荀子不重定命之天，乃重有大智能順天道變化之理以達明天順天之境。故荀子言知命實乃含合乎天則之謂。易言之，亦即「夫此順命，以慎其獨之謂」。（〈不苟篇〉）故其知命思想並非如宿命論者所倡之知命觀。

一、荀子論知命

荀子既曰：「自知者不怨人，知命者不怨天，怨人者窮，怨天者無志。」是觀荀子教人先由自知開始，由自知以達窮通之際，勤於自修自立立人，不徒憤怨於人。大凡人不能自反者必途窮而塞，窮迫無所出。故有志之士但知自食其力，修身以俟，遇與不遇皆歸諸於外在境遇之不逮，故云知命君子不怨天，不知命而怨天是乃一己之無識，並缺乏一己之志氣所致。

荀子此所云之知命，實乃知窮通之際與一己所當盡之務，而非去探知冥冥

中已有之定數，是其思想與陰陽家以及漢時王充之宿命論並無相通之處。〔註5〕
按天地有常經，人間有常法，宇宙有常道，知其變通之則，而順之以時，守之
以恒，盡其在我，是爲知命君子。故荀子謂：「榮辱之大分，安危利害之常體，
先義而後利者榮，先利而後義者辱，榮者常通，辱者常窮，通者常制人，窮者
常制於人。」（〈榮辱篇〉）故此所云之窮通之際，制人與被制於人並非悉由天數
所定，實乃一己所致而決定於一己方寸之間。

　　荀子所言之天，既爲自然之天運，或天自然之職分，故天不私覆不私庇，
亦不任意賞罰，不能任爲禍福，亦不能左右控制人；因而成敗利鈍之間純出於
人爲，是以君子貴能自反夫復何怨於自然之天？是曰怨天者無志。蓋人事苟盡
則自然之威脅亦何足懼，且人事可補天工之不足，故錯人而思天，則失萬物之
情，故云：「天有其時，地有其財，人有其治，夫是之謂能參，舍其所以參，而
願其所參，則惑矣。」（〈天論篇〉）荀子在此力言，苟不盡人力而妄參天事，則
人類所以參天地之基礎必爲之失，是其迷惑益大，蓋天自有其功能，有其職分，
人但秉其所受，制而用之，故荀子以人事有其當盡之處，苟不盡人事終日妄參
天地亦無補於事。故荀子所云之「知命」，實乃參人事所當盡之道，明環境所際
之機宜，因曰：「夫天生蒸民，有所以取之。」（〈榮辱篇〉）即言天生眾民，各
按其類，使各循其理以治。如君臣上下之間，父子夫婦兄弟昆仲之間，皆有其
所當循之道與取捨之理，非其道而取之所以敗也。故爲君者必「志意致修，德
行致厚，智愚致明。」爲臣僚者必「政令法，舉措時，聽斷公，上則能順天子
之命，下則能保百姓。」而爲士大夫者必「志行修，臨官治，上則能順上，下
則能保其職。」總其要，厥在各能「謹守其數，愼不敢損益也。」（〈榮辱篇〉）
故荀子所云之知命，實乃循天道盡人事而弗敢違之。

　　按堯舜禹湯、桀紂幽厲，本非天所定之賢不肖，一切所爲，莫不由其一
己方寸所定，按禹有十年水，湯有七年旱，而天下無菜色者，皆禹湯之陳積
有餘，非天之獨厚於堯舜禹湯而薄於桀紂幽厲。故云人之命在天者，貴在了

<hr>

〔註5〕 王充乃漢時持命運論之思想者，於《論衡・命義篇》云：「操行善惡者性也，
　　　 禍福吉凶者命也」。〈命祿篇〉則云：「故夫臨事智愚，操行清濁，性與才也。
　　　 仕宦貴賤，治產貧富，命與時也。」「夫性與命異，或性善而命凶，或性惡而
　　　 命吉。」〈命義篇〉又云：「人有命、有祿、有遭遇、有幸偶。命者，貧賤富
　　　 貴也，祿者盛衰興廢也。」
　　　 王充所提之命運論，亦即唯氣論，「人稟氣而生，含氣而長，得貴則貴，得賤
　　　 則賤」故王充論命，實指氣稟而言。

解制命之理，俾順守其正以盡其道。此「道」在荀子觀之，實乃人之道，故云：「凡得人者，必與道也，道也者何也，曰：禮讓忠信是也。」（〈彊國篇〉）是以凡能盡禮讓忠信者必能得人。

　　然而人生究竟有莫可測之事故，孟子以「莫之致而至者命也」（〈萬章上〉），是孟子亦承認冥冥之中，有非人力所盡能左右者誠乃形勢比人強。故對此莫之致而至之命，君子惟有安時順處以俟命。至於荀子對於命之看法，則重視其爲時遇之意義，故君子所應知之命，乃「所以知之在人者」（〈正名篇〉），是當盡其在己，故士君子不當爲其貧窮而怠乎道。荀子復以人之才情與際遇未必相當，命之通達與否，不過時遇有順逆，君子之學非爲求一己之通達，但求其自適。故荀子特進而破禍福報應之論，并力斥世俗之謬見，以爲凡有福皆天之報償，而禍必乃遭受天譴，荀子特引夫子與門人之對話，以明持定命之說者之謬。如：「孔子南適楚，厄於陳蔡之間，七日不火食，藜羹不糝，弟子皆有飢色。子路進問之曰：由聞之，爲善者天報之以福，爲不善者天報之以禍，今夫子累德積義懷美，行之日久矣，奚居之隱也。孔子曰：由不識，吾語女。女以知者爲必用邪？王子比干不見剖心乎？女以忠者爲必用邪？關龍逢不見刑乎。女以諫者爲必用邪，吳子胥不磔姑蘇東門外乎？夫遇不遇者時也，賢不肖者材也。君子博學深謀不遇時者多矣，由是觀之，不遇世者眾矣，何獨丘也哉。且夫芷蘭生於深林，非以無人而不芳，君子之學，非爲通也，爲窮而不困，憂而意不衰也，知禍福終始而心不惑也。夫賢不肖者材也，爲不爲者人也，遇不遇者時也，死生者命也。今有其人不遇其時，雖賢其能行乎。苟遇其時，何難之有。故君子博學深謀，脩身端行，以俟其時。」（〈宥坐篇〉）〔註 6〕由上述荀子所引之言觀之，可知材與遇未必相當，此與其說乃命之安排，無寧謂乃人間之不幸，然而賢者之作爲不在專求知遇，且能超然於窮通之際，無靦於禍福之間，故人間之憂患困厄，自不足以阻其意志。夫荀子所強調者，乃在「爲不爲者人也，遇不遇者時也」。故力排宿命觀而提倡積極之人事論。惟荀子間亦承認形勢有強人之處，但人非必見遇始顯其材，宛如芷蘭非必長於王宮而顯其芬，故特引孔子所云：「死生者命也」，其本意乃以死生本非人力所盡能左右與預知，但問盡其在我，不必計較環境之優劣順逆而對一己之行誼有所趑趄不前。

〔註 6〕按關龍逢，夏賢臣，桀作酒池糟丘，爲長夜飲，龍逢常引黃圖以諫，立而不去，桀不聽，焚黃圖，因而殺之。

是觀荀子所云之「知命」，實寓通觀萬有之原理與事物之幾微而貴能制而用之。故云：「疏觀萬物，而知其情，參稽治亂，而通其度，經緯天地，而材官萬物，制割大理，而宇宙裏矣。」（〈解蔽篇〉）至於貧窮通達，實乃時遇之不齊，故荀子亦持孔子之態度，但本「君子博學深謀，脩身端行，以俟其時」矣。（〈宥坐篇〉）

按孔子拘匡，昭昭乎其知之明也，郁郁乎其遇時之不祥也，故荀子以「皓天不復，憂無疆也，千歲必反，古之常也」（〈賦篇〉）夫世亂逢憂，非人力所可竟，然亂久必反於治，亦古之常道，是以知命者即知此常道之幾微。

荀子在〈正名篇〉曾云：「節遇謂之命」，所謂「節遇」乃指當時所際遇之環境與所當值之時命，此皆自然之成數，而非冥冥之中所早預定之謂。〔註7〕

荀子更鄭重宣告：「古之所謂處士者，德盛者也，能靜者也，修正者也，知命者也，箸是者也。」（〈非十二子篇〉）所謂「箸是」，乃著定之意，亦即有所定守而不流移之謂，故知命君子乃知時會所當然天道所當循，人事所當盡，以及一己之所當敬，境遇之不可強，而能安特順處而弗失之謂。

綜觀上述所云，荀子所云之知命並非知命運之命，亦非天命之命，實乃時命之命，亦即本乎孔子所云知其時中之謂。一言以蔽之，荀子知命思想，實乃君子貴有自知之明，俾自適，自節，以順處大化之流衍。

二、荀子論人間之禍福及其所由

按荀子論知命之主旨，端在辨明宇宙人生中，實有其必然與偶然之趨勢，夫必然者，自有其律之所當循，必知而明之，遵而循之，使勿違逆，且當盡人事以待之。至於偶然者，則當可趨避者趨避之，不可免者則當存俟命之態度。故荀子反對由命相之說，以觀人之否泰禍福，對古代相士如姑布子卿，當時之相士如唐舉者，皆持否定之態度。荀子以相人之形狀顏色，以知吉凶妖祥乃為不經之談，是荀子乃持反先天決定論之趨向。

荀子認為相形不如論心，論心不如擇術，蓋形不勝心，心不勝術，術正而心順之。故形相雖惡，而心術善，無害為君子。形相雖善，而心術惡，無害為小人。故荀子以道術正則其心自正，心正則其形自全。故君子之謂吉，

〔註7〕王先謙以「節遇謂之命」，節猶適也。節謂所遇之時命。俞樾曰：節猶適也，猶曰是其適然者，即當值之適其遇而莫可逃者。（參〈天論篇〉、〈彊國篇〉，王先謙《集解》）

小人之謂凶，此乃評價標準之不同所致。荀子更引歷史上堯舜、禹湯、文武、伊尹、文武、周公、孔子等聖賢爲例，說明諸賢皆無善形，故特藉之以破命相決定論。

荀子自知人間有其必然之法則，爲人生之所當循，然此必然之法則，誠亦知命君子所當順守者，否則必罹災禍。是禍福之相繼不必得諸命運之安排，實乃人之自蹈。故荀子觀天道察人事，本其重經驗之趨向，乃歸納出若干人生必然之法則以作爲行誼之準繩。

荀子認人有三不祥，「幼而不肯事長，賤而不肯事貴，不肖而不肯事賢，是人之三不祥也。」（〈非相篇〉）除此外，人復有三必窮：「爲上則不能愛下，爲下則好非其上，是人之一必窮也。鄉則不若，偕則謾之，是人之二必窮也。知行淺薄，曲直有以相縣矣，然而仁人不能推，知士不能明，是人之三必窮。」（〈非相篇〉）

荀子認人有以上所述三不祥者必罹災禍；以爲上者則必危，以爲下者則必滅。故荀子以宇宙人生中之禍福可見微而知著，是曰：「欲觀千歲，則數今日，欲知億萬，則審一二，欲知上世，則審周道……故曰：以近知遠，以一知萬，以微知明，此之謂也。」（同上）荀子認爲今古雖異情，治亂雖異道，「但類不悖，雖久同理」（同上），　是乃古今所一貫之理。

由此觀之，荀子之言知命，是乃含察微知著，鑑古通今，以博觀庶物，以顯其理，以通達千古必然之情，而教人有所趨避之謂。

第八章　荀子人性論之探討

第一節　荀子對人性之界說

一、荀子對人性界說之分析

　　荀子言性與孟子不同，蓋因二子對人性之界說有極大之差異。荀子之天道思想崇尚自然觀點，故在人事方面特重人之盡其在己者，在認識方面則以經驗爲判斷之出發點，而否認孟子之先天本心說與天賦良知論。荀子以善乃後天之人爲，非人性之本然，故就生而謂性之思路觀之，與孟子自不相通。

　　孟子言性本乎《中庸》、《易傳》之系統，以心善而說性善，故其人性論實乃對德言性。荀子則本乎自然之思路而曰：「性者，本始材朴也，偽者，文理隆盛也。無性則偽之無所加，無偽則性不能自美。」（〈禮論篇〉）王先謙《集解》引郝懿行說：「朴，當爲樸，樸者素也。言性本質素，禮乃加之文飾。」楊倞注則曰：「朴，質也，資，材也。」〔註1〕此才朴實指未經人力脩爲之能力，此乃荀子言性之基礎殊不可忽視之，蓋無性則偽亦無所加，故「性」者實乃「資質之素材」。

　　荀子析之曰：「凡性者，天之就也，不可學，不可事。」（〈性惡篇〉）又云：「不可學，不可事，而在人者，謂之性，可學而能，可事而成之在人者謂之偽，是性、偽之分也。」（同上）復謂：「生之所以然者謂之性，性之和所

〔註 1〕參王先謙《荀子集解》，卷十三，〈禮論篇〉第十九，頁 243。（世界書局版）
　　　　又楊倞註《荀子》卷十三，〈禮論篇〉，頁 10。（中華書局版）

生，精合感應，不事而自然，謂之性。性之好惡喜怒哀樂，謂之情。情然，而心爲之擇，謂之慮，心慮而能爲之動，謂之僞。」（〈正名篇〉）又在同篇曰：「性者天之就，情者性之質，欲者情之應也。」

由以上荀子對「性」之界說與析義觀之，可知荀子仍循告子「生之謂性」之同一思路。故性者，天之就，亦即生之所以然者，是即包括生理欲望食色之性，以及天官本能目明耳聰之性，皆係生之本然而非學之能者。

荀子既以「天」爲無道德意志，是其所謂「生之所以然者謂之性」，乃肯定性由天生，爲人素樸原始之本質，任自然之造化生而本然，故人性中並無道德之禀賦。易言之，在戰國時代人性論大論辯中，荀子所持人性論之觀點，恰與孟子性善論之反面。孟子確認人之本心爲善，故主張彰顯此本心原善之性故人無不善。至於荀子言性之中心思想，事實上乃在言心而非言性，荀子之人性思路可說是對心言性。〔註2〕

荀子既肯定人性爲惡，然其主旨乃在提倡遷善之說。但人知善趨善之通路乃在乎心知，而不在「性」之本身。故荀子所提之性惡論，並非其終極目的，究在乎化性起僞爲其重要課題。自表面觀之，荀子言性，乃肯定其爲惡，但事實上，卻在言心知之如何轉折而使之遷善。至於孟子言心乃指人之本心，亦即先天之良知，良能，爲四端之發端處。荀子言心乃重「認識心」，而爲五官感覺綜合判斷之意識心，雖然二子言「心」之出發點不同，但其所重心之作用則如出一轍。

孟子以心善言性善，故心性不可分，至於荀子則以心性爲二，性乃生而就者，故心乃認識作用之機構，專於思慮而以禮義文理與精合感應相互作用而已。

總括荀子對性之定義，吾人應詳察其所揭示之兩層意義：其一即「生之所以然者謂之性」，此所云之「生之所以然」，實乃就生理層次所進行之說法，因人皆有求生之本能。但「生何以所以然」此殆非純由生理立場所盡能解釋者。故就孔孟二子而言乃上溯之於天命與天道，以之上推於天。至於荀子則認性由天賦，但其所云之天，乃爲大化自然運行之天，不含孔孟所言之道德天命意識，故荀子祇云：「性者天之就也。」此殆因荀子憑其經驗論之性格，端在現實層面對事物現象加以解釋，而不欲作更深進一層形上之說明。

其二，則爲較「生之所以然」更落實一層之說法，亦即「性之和所生，精合感應，不事而自然，謂之性。」此乃指天生而來本然而然之性，再加上

〔註2〕參唐君毅先生著，《中國哲學原論》，〈原性篇〉，頁47。

心理和生理層次相和合而生之「性之和所生」，亦即指官能與外物相接觸時，所起之精神反應，如飢覓食、渴就飲、目辨色、耳辨音等皆是。蓋此些皆不必經過人爲之學習，乃本然如是者，是以云「不事而自然者」。王先謙則釋之曰：「性之和所生，當作生之和所生。」以性之義在此本作生解。〔註3〕

以上二者之分別，前者似較具生理之作用，而後者則具心理之因素，故梁啓雄氏在其《荀子約注》中即云：「生之所以然者謂之性」乃指天賦本質，而具生理之性而言；而「精合感應」乃指精神與事物相接所引起之心理反應，是乃天賦之本能，亦可言即心理之性。〔註4〕

察荀子本身究未分別生理之性與心理之性，亦未曾分別本質與本能，荀子所講之性，乃純指天生本然之傾向而已。〔註5〕

荀子於標示「生之所以然者謂之性」之後，乃肯定不事而自然者謂之性，然又云：「性之好惡喜怒哀樂謂之情，情然而心爲之擇，謂之慮。心慮而能爲之動，謂之僞，慮積焉，能習焉，而後成，謂之僞。」由此可知荀子言性，乃將心性二分而重乎此心之慮積能習，一切待學、待事而後成，皆屬乎後天人之僞，且強調天之就不可學、不可事而自然者謂之性。由是以觀，荀子所言之「心性」，原非同屬，且特分之爲二，「性」者爲生之素材，而「心」者乃慮積能習爲起僞之動力，若缺乏此能慮之心，則人性亦當無法遷善。

〔註3〕 參王先謙《荀子集解》，卷十六，〈正名篇〉第二十二，頁 274。

〔註4〕 參梁啓雄著：《荀子約注》，〈正名篇〉注釋，頁 309。梁氏以「生之所以然者謂之性」此「性」字指天賦的本質，生理學上的性。至於「性之和所生，精合感應」，梁氏則以：精合者指精神和事物相接。感應者，指事物感人而人應接它。「不事而自然謂之性」，梁氏以此「性」字乃指天賦的本能，心理上的性。

〔註5〕 荀子以性之中包括情與欲，故性者一方面指官能之欲望，如目欲色、耳欲聲、口欲味等是。另方面指官能之能力，即目不離視、耳不離聽等是。是以性分中不外官能之欲望，與官能之能力二者，前者偏於生理作用，後者偏於心理作用，但吾人不可遽認而強分之爲「生理之性」與「心理之性」，此蓋性中本具此二種因素。是梁叔任氏認荀子生之所以然者爲性，即包含此生理、心理二作用而言，似毋庸以「性」字稱之。蓋人性即本然而然，其中自含心理生理上之作用。
至於本質乃形上學之名辭，爲本體之別稱，與「存在」爲相對之名稱，「存在」爲 existence 本質爲 essence，本質乃存在物間之差別性，一般而言，本質乃「某物之所以是某物而有別於他物之理」。多瑪斯對本質之定義曰：「本質者，乃決定一物屬於某一種或某一類之因素也。」（參曾仰如，《形上學》第二章，現實與潛能兩原理之應用，頁 190。）至於本能則係心理學上之名辭，指生物所天然具有之能力而言。

　　總觀荀子論性，其所以必性心二分，實乃受道家莊子學說之影響，以「天」為自然，以「心」乃人類意識之機構與行動之主宰。莊子主張復其天地大道所賦之初性，勿以後天「心」之滑趣以攪擾之，勿以人勝天或以人為之知慮以改變大化所賦之本性。〔註6〕荀子乃因之而倡性本天然之說，認心乃人為之根苗，故採性心二分說，遂與孟子心性合一之說大相逕庭。惟荀子與道家亦有大異之處；道家以性本乎大道，故無善惡之分，而心之滑趣可使性失其本位，故以心為危險之地。荀子卻以性為天生之本然乃質樸之素材，須待心識之教化而為善，故莊荀二子固皆重「心」之作用，但道家以之為危，荀子卻以之作為化性起偽而使人性趨善之通路。

二、荀子論心性情欲之相互關係

　　荀子在〈正名篇〉中，嘗將性、情、欲三者分別予以界說，但吾人所應了解者，在先秦思想中，情與性本乃同質而異名，且時相互用；故荀子雖將「性」、「情」二者予以分別定義，但在其全書中，則恒見其將情性二字彼此互用，且荀子不重嚴格之形上分析，乃就經驗層次以作現象之分解，故其對「性」與「情」之形上分別亦不甚嚴格。荀子僅曰：「性者，天之就也。」「情者，性之質也。」「欲者，情之應也。」（〈正名篇〉）又云：「性之好惡喜怒哀樂謂之情」又以「夫好利而欲得者，此人之情性也。」（〈性惡篇〉）

　　由以上荀子之所言，可知其將「性」、「情」之形上義，與形下之作用義混而不分，既以情為性之質，又以情為性之用，是可知其所云之情性二者本不可分。所謂「情」乃性之質，楊倞注荀子曾釋曰：「性者，成於天之自然；情者，性之質體；欲又情之所應，所以人必不免於有欲也。」〔註7〕是按荀子所見，性乃天賦之自然傾向，此傾向中自包含食色之情，與喜怒哀樂之情。前者屬於生理層次，後者屬於心理層次。性既以情為其本質，是捨情之外無

〔註6〕莊子對「心」甚為鄙夷，以「心」為「成心」、「機心」、「賊心」，故在〈天地篇〉云：「趣舍滑心，使性飛揚」，即以「心」可使「性之動」，若徒從心知而外徇外馳，而其所為皆「偽」，當失其當下性命之本真。荀子恰相反，以「心」為謀救性惡之通路，雖以此「心」為認識心，但有知「道」之能力，可使人藉後天之人為而遷善。此殆莊荀二子之不同處。莊子倡復心而言性，而荀子卻是對心而言性，此乃彼此大異之所在。莊子以「性」通乎大道，而識心可使性飛揚，而失其真。荀子卻以性本惡，必待識心知道而去化性起偽，以資匡正之。

〔註7〕參王先謙《荀子集解》，卷十六，〈正名篇〉第二十二，頁284。

法顯性，於是情與性，不僅同質、且亦同位。因而言「性」之形上意義幾乎全失。荀子既重性因情顯，無情不足以顯性，故曰：「性之好惡喜怒哀樂，謂之情」，易言之，必透過情之動，亦即在好惡喜怒哀樂之過程中，始能彰顯出人性。此所謂「質」者，實即表達「性」之能力，亦即肯定「性」中原本所存好惡喜怒哀樂之本能，使目能視、耳能聽、五官各當薄其類，而各得其不同之情，故感官接物而有感覺；有感覺始有情，而生官能之反應；有反應便有所動，遂生為欲，故云「欲為情之應」。易言之，欲者乃執行情之趨向，是以云：「以所欲為可得而求之，情之所必不免也。」（〈正名篇〉）

　　事實上，性、情、欲在荀子觀之，乃一體之三名，是荀子無形中乃以欲為性。故云：「故雖為守門，欲不可去，性之具也。」（〈正名篇〉）由是觀之，性、情、欲三者相互連貫，均來自天賦本然，故不能以情、欲之多寡而衡人，亦不能以寡欲，去欲以治人。故荀子曰：「凡語治而待去欲者，無以道欲，而困於有欲者也。凡語治而待寡欲者，無以節欲，而困於多欲者也，有欲無欲，異類也……欲之多寡，異類也，情之數也，非治亂也。欲不待可得，而求者從所可，欲不待可得，所受乎天也，求者從所可，受乎心也。」（〈正名篇〉）又云：「雖為天子，欲不可盡，欲雖不可盡，可以近盡也。欲雖不可去，求可節也，所欲雖不可盡。求者猶近盡，欲雖不可去，所求不得，慮者欲節求也。」（〈正名篇〉）

　　由是可知荀子以欲不可去但可予節制。觀宋儒有倡去人欲存天理者，以為去得一分人欲，便存得一分天理。﹝註8﹞此在荀子觀之，誠乃大謬不然之事實。蓋欲隨情而應，性因情而顯，無欲不足以顯性情，若使人盡去其欲然後為治，則是無道欲之術，而反為有欲者所困，故荀子之基本觀點，即在肯定欲有其存在之必然性，即如前述所云；「欲不可去而可節也」。「欲」為「性」之所有，「情」為「性」之質體，「欲」復為「情」之天然本能反應，是性、情、欲三者彼此相互為用，貫串為一，密不可分。但在根本上，吾人可透過

﹝註8﹞宋儒張載、程灝一派，以辨理欲，理氣而得名，但橫渠、明道諸人，嘗略發其端。能確立規模闡明義理，推論天人關係者，首推伊川。伊川以無人欲即是天理（見《遺書》，《伊川語錄》）程頤云：「養心莫善於寡欲，不欲則不惑，所欲不必沈溺，只有所向便是欲。」（《遺書》頁3）伊川以人欲為私，而天理為公，人欲出於人心而天理出於道心。至於陸象山先生，則反對程氏之義，以人心本是道心天理與人欲本不可分，心既與理為一，故不主人心，道心為二心之說。故云：「心一也，自人而言，則自惟危，自道而言，則曰惟微。因以前人指人心為人欲，道心為天理之說為非是，故斥程氏之說裂天人為二。（參《象山先生全集》卷二十二，〈雜著〉，頁173。又卷三十二，〈拾遺〉頁241。）

導欲，節欲之功夫，使欲得其正，否則必落入「縱情性，安恣睢，禽獸行矣」。（〈非十二子篇〉）故荀子亦曾明言，「欲」須受「心」之約束，蓋欲本身並無判斷之能力，殆不過本能而已，盲然而不知其可否，必待心而治之、導之、節之，始得其正。故云：「欲不待可得，所受乎天也，求者從所可，受乎心也。」「故欲過之而動不及，心止之也。心之所可中理，則欲雖多，奚傷於治。欲不及而動過之，心使之也。心之所可失理，則欲雖寡，奚止於亂，故治亂在於心之所可，亡於情之所欲，不求之其所在，而求之其所亡，雖曰，我得之，失之矣。」（〈正名篇〉）荀子在此明言，心能中理爲判斷之中樞，故倡「明心制欲」之義。當「欲」有過之或不及時，而「心」可止之。故「欲」雖多無傷於治，蓋心可中理而制之。然細察荀子所云之「心」，實重「認識之心」，而非「道德仁義之心」，此「心」固爲人之主宰，對於人之行爲固有其決定性，雖可支配其五官之官能，但此「心」究未必能保證其是否中理。故「心」可擇善，亦可擇不善，有中理者，有不中理者。荀子以「心」之主宰性，並不含有道德意義。「心」之主宰性純由認識能力而來，由是以觀荀子極重心術之患，故倡「導之以理，養之以清」，又云：「心不可不知道，心不知道，則不可道，而可非道」（〈解蔽篇〉），此即明言心有選擇之能力，故應善加培養。荀子雖看重「心」之作用，但究以心之知「道」，而以「道」之化約作爲化性起僞之基礎。

第二節　荀子言性與性惡論之所本

　　荀子本其經驗論之性格，特重把握現實性之諸般現象，而不重探究現象之所以然，故但問物之所由生，而不必問其何以然，是故云「願於物之所以生，孰與有物之所以成。」（〈天論篇〉）〔註 9〕因而荀子所言之性即「生之所以然者謂之性」，此「生之所以然」，即當下本然如此，不必再追究其何以爲然，及其所以然之理。故荀子之人性論，乃基於經驗中可直接把握之層面立說，按「生之所以然」乃與〈天論篇〉中所云之「物之所以生」同義，即生

〔註 9〕梁叔任《荀子約注》卷十一，〈天論篇〉注曰：「願，猶慕也。言究心於物之所以生，不如致力於物之所以成也。此云物之所以成，乃指其實行義。」（《荀子約注》，頁 230）由此可見荀子之重經驗論之性格。又楊倞注《荀子》，則曰：物之生雖在天，感之則在人，此皆言理平，豐富在人所爲，不在天也。若廢人而妄思天，雖勞心苦思，猶無益也。（楊注《荀子·天論篇》）

之本然如此，故不必再進而追探其形上之所以然之意義，蓋「生之」，即「生而即有」之義，乃完全基於現實經驗中之事項。〔註10〕

且荀子論「性」，「情」，「欲」本不可分；性以「情」為本質，捨「情」當無性可顯，而復以「欲」為情之應，故「欲」乃應情而生，無「欲」亦無以顯「情」與「性」。故荀子言人性論，終乃落實於「欲」之層次，以欲為性之基本而不可去，是荀子無形中乃以欲為性。

但觀荀子所言之性本包含二層意義，一指官能之能力，二指官能所生之欲望。「食色，性也」，是乃官能之欲望；而目明耳聰卻為官能之能力。至於告子所云之「生之謂性」，實乃偏重官能之欲望，未及於官能之能力，故不若荀子思想之周密。

按食色固為人性，為人人所固然，然就欲望層次而言，亦不得謂之為惡。即目明耳聰，此乃感官之感覺作用，亦不可謂之為惡；然荀子究竟何所本以言人性為惡？茲就荀子本身所陳臚列如下，以明其言性惡說之根據。

按〈性惡篇〉開宗明義即云：「人之性惡，其善者偽也。」故按荀子本意，「善」並非人之本性。「善」者，實乃人類後天之人為與矯正。郝懿行曰：「性自然也，偽作為也，偽與為，古字通，楊氏不了而訓為矯。」〔註11〕吾人可知荀子所說性惡之根由，不外乎〈性惡篇〉所陳之九項，此中除其繁復外，實可得如下之七項：

（一）荀子首以人類生而好利自私，且好爭奪，故云：「今人之性，生而有好利焉，順是，故爭奪生而辭讓亡焉。生而有疾惡焉（楊倞注：疾與嫉同），順是，故殘賊生，而忠信亡焉。生而有耳目之欲，有好聲色焉，順是，故淫亂生而禮義文理亡焉。然則從人之性，順人之情，必出於爭奪，合於犯分亂

〔註10〕唐君毅先生，《中國哲學原論》，〈原性篇〉，論荀子性惡之說，認非基於經驗立說；唐氏謂：「荀子所以言性之惡，乃實唯由與人之偽相對較，或與人之應積能習，勉於禮義之事相對較，而後反照出……唯人之愈有理想，乃愈欲轉化現實，愈見現實之墮性之強，而若愈與理想成對較，相對反，人遂愈本其理想以判斷此未轉化之現實，為不合理想中之善，為不善而惡者，故荀子之性惡論，不能離其道德文化上之理想主義而了解。今若只視荀子為自客觀經驗中，見種種人性惡之事實，乃歸納出此性惡之結論，或先有見於天性之惡，然後提倡人偽以化性，皆一間未達之言，而尚未深契於荀子言性惡之旨者也。（參唐著，〈原性篇〉頁48～49。）按唐氏之說可供參考，亦未必盡然。

〔註11〕參王先謙《荀子集解》，卷十七，〈性惡篇〉第二十三，頁289，引郝懿行氏注解。

理，而歸於暴。故必將有師法之化，禮義之道，然後出於辭讓，合於文理，而歸於治，用此觀之，然則人之性惡明矣，其善者偽也。」

按本段所述荀子純由官能欲望方面之流弊，以言人類之性惡。察欲望本身本不可謂惡，惟由於其運用之不當可帶來惡之事實，故荀子以人之本性中，即具有貪利爭奪之欲，遂認人性爲惡，是無疑確認欲之結果，必然帶來貪利爭奪，欲既爲情之應，情復爲性之質，故性中自難免即具有此種貪利爭奪之惡因在。

（二）其次，荀子以凡百事物，其本始之樸質皆多粗劣，必待人爲加工而後精良，故云：「故枸木必將待檃栝烝矯然後直。鈍金必將待礱厲然後利。今人之性惡，必將待師法然後正，得禮義然後治。今人無師法，則偏險而不正；無禮義，則悖亂而不治……今之人，化師法，積文學，道禮義者，爲君子。縱性情，安恣睢，而違禮義者，爲小人。用此觀之，然則人之性惡明矣。」由上述可知，荀子以自然之物以喻人性，譬如天生萬物本皆質樸未必精細，必待後天人爲之加工琢磨而成器，故以之轉喻人性認亦必當然矣。是以荀子認爲凡人性未受禮樂教化之陶冶者皆必粗劣，乃藉此以證人性之爲惡。是按荀子在此所重者乃生而本然之資質，亦即本始素樸之性，故本不含孟子所云之道德判斷之本心。

（三）其三，荀子以人之善行，或行爲中之善，未必與人性本身相結合，即以行爲與善二者，彼此間並無必然不可分離之關係，故以證人性爲惡。是以荀子曰：「孟子曰：人之學者其性善，曰：是不然，是不及知人之性，而不察乎人之性偽之分者也。」「孟子曰：今人之性善，將皆失喪其性故也。曰：若是，則過矣。今人之性，生而離其樸，離其資，必失而喪之。用此觀之，然則人之性惡明矣。」

荀子在此言性本自然乃不學而能者，且性之爲性，本不可與性之資質相離，故目明耳聰乃性之本然，明不離目，聰亦不離耳。此蓋指性分中之能力而言。至於人之行爲方面，自可與其樸質之資相離，故行爲之善否，乃價值之判斷命題，與性之資質本身並無不可分離之關係，是以「善」與「性」亦無不可分離之理由。

（四）其四，荀子以人之善行，按人自然之性或欲望而言恰爲相反，故亦證明人性爲惡。荀子謂：「所謂性善者，不離其樸而美之，不離其資而利之也。使夫資樸之於美，心意之於善，若夫可以見之，明不離目。可以聽之，

聰不離耳，故曰目明而耳聰也。今人之性，饑而欲飽，寒而欲煖，勞而欲休，此人之情性也……夫子之讓乎父，弟之讓乎兄，子之代乎父，弟子代乎兄，此二行者，皆反於性，而悖於情也……故順情性，則不辭讓矣，辭讓，則悖於情性矣。用此觀之，然則人之性惡明矣，其善者僞也。」

由是以觀，人之善行常與自然之欲望及其性分相反，蓋人皆有好利欲得之心，此乃情性之當然，即連父子、兄弟之親，亦有利害衝突之處，誠乃人性自私之確證而明人性之爲惡。

（五）其五，荀子以人「欲爲善」，思慮而求「知禮義」，則可反證人性爲惡，故云：「凡人之欲爲善者，爲性惡也。夫薄願厚，惡願美，狹願廣，貧願富，賤願貴，苟無之中者，必求於外。故富而不願財，貴而不願勢，苟有之中者，必不及於外。用此觀之，人之欲爲善者，爲性惡也。今人之性，固無禮義，故彊學而求有之也；性不知禮義，故思慮而求知之也。然則生而已，則人無禮義，不知禮義。人無禮義則亂，不知禮義則悖，然則生而已，則悖亂在己。用此觀之，人之性惡明矣，其善者僞也。」

按以上荀子所云觀之，人有欲善之心，正證明人性爲惡。正因人知人性爲惡，故不願任天性之自然生長而不加以人爲之改造，故有求知禮義之傾向，俾藉禮義以規範人性而使之趨善，此正足以證明人性爲惡。

然荀子此項證明甚爲牽強，因人性苟本惡，則何來遷善之意志，是以荀子乃探心性分立之說，以性本惡，而心思則欲遷善。惟因人之欲遷善，故彊學禮義，然則此人爲之禮義果能改變人性之本惡否，亦足堪置疑，苟人性本無是處，則外加之僞（修爲）恐亦不爲功。尬言之，人欲爲善何不能證明人性本善，而更欲臻於至善？是按荀子之人性本惡說實乃藉心之欲善，以說明人之本惡。亦即立一理想之道德標準以求達到之，故乃以未達到之當下現實狀態爲惡。〔註12〕由是觀之，荀子實係就心而言性，以性本惡而心知欲遷善之。

（六）其六，乃荀子反駁孟子言性本善之說，蓋人性既本善，則一切必皆正理平治，何有偏險悖亂之惡之存在？且人性苟爲善，則聖人與教化亦無存在之必要。故荀子駁之曰：「孟子曰，人之性善，曰：是不然，凡古今天下

〔註12〕唐君毅先生以荀子言性惡，乃因其具極崇高之道德理想價值，因人不能達到，故言人性爲惡，必須化性起僞，以趨其善，故唐氏云：吾今之意，以爲荀子所以言性之惡，乃實唯由與人之僞相對較，或與人之慮積能習，勉於禮義之事相對較而後反照出者，故離此「性」「僞」二者所結合之對照關係，以單言性，誠亦無性惡之可說。（參唐著〈原性篇〉頁48～52）

之所謂善者，正理平治也。所謂惡者，偏險悖亂也。是善惡之分也已。今誠以人之性固正理平治邪，則有惡用聖王，惡用禮義矣哉。雖有聖王禮義，將曷加於正理平治也哉。今不然，人之性惡，故古者聖人以人之性惡，以為偏險而不正，悖亂而不治，故為之立君上之勢以臨之，明禮義以化之，起法正以治之，重刑罰以禁之，使天下皆出於治，合於善也……無禮義之化，去治正之治，無刑罰之禁，倚而觀天下民人之相與也。若是，則夫彊者害弱而奪之，眾者暴寡而譁之，天下之悖亂而相亡，不待頃矣。用此觀之，然則人之性惡明矣。」

觀荀子在此立論之主旨，以人性苟為善，則人世間一切必趨於美滿，而爭奪悖亂之行為何由而生？且亦勿待聖王之治，與禮樂教化之施矣；今既證人間悖亂之事相繼，強凌弱，眾暴寡之事層出不窮，故可知人性非為善乃為惡明矣。

（七）其七，荀子乃以經驗論之實徵為由，以反駁孟子人性本善說之非實，因而曰：「故善言古者，必有節於今，善言天者，必有徵於人。凡論者，貴其有辨合、有符驗，故坐而言之，起而可設，張而可施行。今孟子曰：人之性善，無辨合符驗，坐而言之，起而不可設，張而不可施行……故性善則去聖王，息禮義矣，性惡則與聖王，貴禮義矣。故櫽栝之生，為枸木也，繩墨之起，為不直也，立君上、明禮義，為性惡也。用此觀之，然則人性惡明矣，其善者偽也。」

荀子在此，本乎人間經驗之事實，以證人性之惡多於善，所陳間或與上段有重複之處，但其主要論點皆以孟子之性善說缺乏符驗，而非必然之事實。

觀乎以上七項所陳，乃荀子據以論述性惡說之根據，察其主旨，不外由官能欲望以說明性惡，且以行為中之善，與本性並無不可分之關係，故善與性非必然相連者。而人之行善，乃與其本身之自然欲望相違；更以孟子所陳人性之本善是缺乏後天經驗事實之佐證與符驗，遂因而論結人性為本惡。

然荀子對性惡說所列舉之各項論證，並非無懈可擊，若以「善」可與性相離，而斷其非為性之所屬，則荀子之所言性惡之「惡」亦未嘗不可與性相離。蓋荀子所云之性惡論，究不同於以後基督教所倡之「原罪」觀念，故性與惡並無必然之關連性。若荀子完全否定人性中有善之因素，且否認善之形上意義，則其化性起偽之主張，亦殆為不可能。蓋豈有本性既惡而行為可獨能趨善之理？

荀子復言人有求善之心，正足以說明人性爲本惡，然吾人何嘗不可說明，人之求善，正係人之本性爲善而欲更臻於至善？蓋善惡本無止境，豈能以量化而強加以比較？若以人性本爲惡，則何不能繼續爲惡而致每下愈況，曷有心以求遷善哉？若人性本爲善，豈有不可更求精進以達至善之境，何竟遽認人之所以求善正足以證明人之本性爲惡？

是觀荀子性惡之主張，其所列舉之論證，皆有欠圓滿處。惟觀其立論主旨，莫非欲人達到「重禮」、「重法」、「尊君」之要求，是乃本其一己道德理想之價值，以就心而言性，故強調吾人之認識心有向「道」之趨向，是能收化性起僞之功。

第三節　心知之功能與化性起僞

一、論心知之功能

荀子以心之功能乃在乎意識與知道，意識之存在固在乎天官之徵知，透過此種徵知之作用，則緣耳而知聲，緣目而知形，故必憑藉感官與外物之接觸而始有認識之可能，然荀子認爲「徵知必將待天官之當簿其類，然後可也。」（〈正名篇〉）此所云之當簿其類，即指各種感官得其不同之知，各按其功能，而值其當類之知。是荀子以心爲各種感官知能之綜合判斷，方成爲知覺之意識。但「心枝則無知，而傾則不精，貳則疑惑，以贊稽之，萬物可兼知也。」（〈解蔽篇〉）荀子在此乃本《大學》之說，以「心不在焉，視而不見，聽而不聞，食而不知其味」（《大學》七章），故以心之知，在乎專，不可走入旁枝，否則必有所蔽而不見其功能之全。

荀子以心爲形君，有徵知之能，以一切知識皆起自人類對外在事物之徵知，故認心爲主宰精神作用之樞紐，故云：「心也者，道之工宰也。」（〈正名篇〉）即云心有主宰之能，心可通道而知之，陳奐曰：「工宰者，工官也，官宰猶言主宰。」（〈正名篇〉注疏）即以心爲認識之主體，故云：「心合於道，說合於心，辭合於說」（〈正名篇〉）。所謂「心合於道」，即指吾人之思考能力與判斷必與外在之事物相契合，心非離外在事物而妄思者，必待外在事物提供素材，然後吾心方能予以認識而作綜合判斷而得其知識。故所云之「心合於道」即強調吾人之認識主體必待外在事物之相互際會始得知道。荀子所云之「道」，非天之道、地之道，乃人之道，荀子以道爲心之準則，故曰：「道

也者，治之經理也」（〈正名篇〉）又云：「道者，古今之正權也」。（同上）

　　至於「說」者，乃吾人認知後，對外面之表達，所表達者，自應與心所悟於外在之道相契合，否則必成臆說。至於再進一步，欲載之言辭，自當與心中所欲說者之意，彼此相應，否則必致辭不達意。

　　荀子強調心有徵知之能，故云：「心者形之君也，而神明之主也，出令而無所受令。」（〈解蔽篇〉）此明言心乃形體之主宰而出令以使百體動作者，而心本身則不為百體所使。心復有自禁、自使、自奪、自取、自行、自止之能力（〈解蔽篇〉），此六者皆由心使之然，故言心為形之君。

　　易言之，荀子確定心之德在獨立自律，主持行事，不受外力干擾，能主動而辨察物象，而思想之自由正發端如此。荀子復以心為理性之主體，心之行事判準皆當合乎道，故云：「心知道，然後可道，可道然後能守道，以禁非道」。（〈解蔽篇〉）

　　吾人之心所以能觀察萬物，在其靈明、虛靜、專一，而後方能洞觀外在客體，以做客觀之分析，但心在觀察作用時自係為動態的，藉著記憶、反省、而包藏萬物。然若失其清明，即不可能有知覺作用，故荀子極重虛壹而靜之功夫，且稱之為大清明。必有此心之大清明方可見物而知之。是以荀子曰：「所以知之在人者謂之知，知有所合謂之智。」（〈正名篇〉）此即強調認識作用固在人心，但必待此心與外境事物有所契合時，方成為吾人之知覺，方有知識之可能，是以荀子乃摒棄先驗之知識論者。

　　荀子除確定人之心為「認識心」外，亦肯定有「道心」之作用，認道心為人主體性之反省，與道德價值之判斷與決策者。然所謂「道心」，實即「禮義文理」，「仁義法正」之外在標準，但非如孟子所倡之先天良知與本心。

　　荀子以「道」做為吾人「心」之衡準，故曰：「何謂衡，曰道，故心不可以不知道，心不知道，則不可道，而可非道，道者非天之道，非地之道，乃人之道，君子之道。」（〈儒效篇〉）

　　由是可知荀子雖以「道」為人心之制衡，但此「道」實不具形上之意義。不過泛指一般「禮義之中」作為一切之權衡者。是以此所云之「道」悉由經驗而來而非純憑懸空之臆斷。

　　荀子亦極重此心之誠，故云：「君子養心莫善於誠，致誠則無它事矣。唯仁之為守，唯義之為行，誠心守仁則形，形則神，神則能化矣。誠心行義則理，理則明，明則能變矣，變化代興，謂之天德。」（〈不苟篇〉）

又云：「善之爲道者，不誠則不獨，不獨則不形，不形則雖作於心，見於色，出於言，民猶若未從也。」（〈不苟篇〉）

荀子以道德仁義非人性中所固有，乃待學而成者，故所云之「道心」本非人心中內在之天理，乃由後天知「道」之心使人明理而遷善之謂。

荀子既重心之功能，故甚重養心之功夫，必「導之以理，養之以情，物莫傾之則足以定是非，決嫌疑。」（〈解蔽篇〉）故心貴虛靜無邪，專一致志，方可正五官感覺之誤謬。荀子以心能知道，故可正性惡之偏邪，但荀子一反子思、孟子等一派之主張，不承認道德乃由人心所內發，故荀子批判子思、孟子之主張乃「僻違而無類，幽隱而無說，閉約而無解。」（〈非十二子篇〉）蓋荀子認爲道德本由人之「認識心」在後天經驗中所學習而得者，而孟子所言之「心」，乃先天道德心，至於荀子所云之「心」，殆不過是人之認識機構與意識作用，此殆爲孟荀之學之大分水嶺自不可不察。

按認識心乃成就知識，荀子之道德觀乃由認識心所積習而成者，純由外鑠而入於吾人意識之中。惟荀子認爲此「心」爲「認識心」，故其所能積慮者不過爲道德之說，至於行爲上是否合乎道德則無法保證。因「認識心」所知者不過爲道德之說，而明道德之說者未必即具有實現道德之能力。蓋荀子既以人心能知「道」但未保證此「心」確有實踐道德之能力。此乃其說最值商榷之所在。

夫孟子以四端乃人之善根，爲先天所固有，爲「道德心」之所本，故人苟能順此善端，自必活出善與道德之生活。

反觀荀子則否，一方面固須藉此「認識心」以作五官感覺之綜合判斷，另方面，復須藉「道」以保證此「心知」之正確性。是觀孟荀二子固同時重乎「心」之作用，但其方向却大異其旨趣。

荀子以「心」稱爲「天君」，作爲一身之主宰，故云：「性之好惡喜怒哀樂謂之情，情然，而心爲之擇，謂之慮。心慮而能爲之動，謂之僞。」（〈正名篇〉）是「心」之所以能有選擇作用，乃在其有認識能力，故以「心生而有知」（〈解蔽篇〉）即由此認識之能力，故「心」能知「道」。荀子更以「心也者，道之工宰也。」（〈正名篇〉）故云「心知道，然後可道，可道然後能守道，以禁非道。」（〈解蔽篇〉）此不啻言心若知「道」，即須合乎理性之準則，然在荀子觀之此「道」乃「人之道」，亦即禮義之道，故荀子此所云之「心」，以今日心理學之名辭衡之，實乃「意識」而已，人之意識觸緣而後生，其本虛壹而靜，其發則變化多端，故「心未嘗不動也」，此「動」實即

知覺之作用。惟「心」之能知貴在於靜，而「心」之接物卻在於動。

故荀子曰：「人何以知道，曰心，心何以知，曰虛壹而靜，心未嘗不臧也，然而有所謂虛，心未嘗不滿也，然而有所謂一，心未嘗不動也，然而有所謂靜。」（〈解蔽篇〉）〔註13〕故荀子以「心」爲認識之主體，心有思考之能力，然心之思考必本乎理性，然後方可與道相契合而不致於妄思。

荀子既以心能認識道，並能導人向善，故引《道經》曰：「人心之危，道心之微。」（〈解蔽篇〉）即指人心有「道心」與「人心」之作用；然吾人應知者，荀子並非將「心」分割爲人心，道心之二相對立。蓋荀子所云之「道」，實指禮義而言乃重在外在之規律。荀子以吾人「心」，不過主認識之作用與情欲之反應，此外別無所有，故若按荀子體系而言，則「心」與「道」純爲二物，並非兩者合一，亦非說此「心」原有「人心」與「道心」之別。

荀子所云之「人心之危」，並不含道德意義，乃指人之心易受外物之干擾，以影響其認識能力之謂。因而，荀子乃基於認識心之立場，認爲人心易受外物所牽引以致影響其判斷故有危殆之虞。是以荀子云：「故人心譬如槃水……微風過之，湛濁動乎下，清明亂於上，則不可以得大形之正也。小物引之，則其正外易，其心內傾，則不足以決庶理矣。」（〈解蔽篇〉）又云：「蚊䗝之聲聞，則挫其精。」（同上）是可知荀子此所云之「危」，實不具道德之意涵，乃純由認識之過程以防心受外在事物之干擾而言。

至荀子所說之「道心」，實即「心不可以不知道」之「知道之心」，荀子從認識之精微處，以建立其心觀之基礎，心固貴虛壹而靜而能知道，但此「心」必先憑藉「道」（禮義之中）方能達虛壹而靜，蓋「道」爲認識之衡準，故「心」之作用，必本乎「道」而呈虛壹而靜方可入「微」之境界，此「微」正乃道心之效驗。易言之，人心之危乃在人之難以自覺，人必克服此危勿爲外障所蔽方能不爲外物而累其心，才可入認識之「微」，而與「道」相契，於是方可知善而行善。故云：「閑居靜思則通，思仁若是，可謂微乎。」（〈解蔽篇〉）

由是荀子所云之「道心」，並非指「心」之本身即道，不過指吾人之「心」能知「道」，然後能順「道」，方可確保此認識之正確性，以免於在認識判斷中之混淆與危殆之謂。宋明理學家多以此「心」之本體即「道」，但在荀子觀之，此「心」殆不過認識之機構爲向善之通路而已，是此「心」原無「道心」

〔註13〕荀子曰：心未嘗不臧，按此「臧」字乃與藏通，故應作「心未嘗不藏」解，（見王先謙《集解》本頁264。）

與「人心」之對立。

荀子所強調者，不過認此心極易動搖而危殆，故須靠外在客觀之道以作為權衡，此亦即荀子嘗云之「中縣衡焉」之作用（〈解蔽篇〉）苟能如此方可保此心之大清明。

荀子所強調之「道」，實即禮義之規範，必循之始能使此心發揮微妙之作用而知所遷善。因而荀子所云之「道心」，實即求道之心，亦即順道而轉化之心，並非如孟子所說之有道德之本心。

按荀子講虛壹而靜，似由道家而來，但細加推察，彼此之間旨趣實不相同，道家所云之虛靜，乃倡本性虛寂，使心知不萌，而入坐忘之狀態。蓋莊子素以心知為禍患之源而使本性失其純真。至於荀子正適相反，乃大倡心知之能，並以此「心知道」以彌補本性之不足，且藉虛靜純一之工夫以保障心知之大清明，故二者實大相逕庭。

不過荀子亦異於孟子，不承認有「本心」之存在，亦否認有「道德心」之活動。在此點上，荀子似與道家略有相通之處，惟道家之主旨乃在復其本心之初，使性不受心思之動以觀其復；而荀子卻係藉心知之功能，去明道通理俾使化性起偽以達遷善之境，使人性由惡而趨向於善。故荀子之「心知」，實乃向善之通路而非原善之本心，此在荀子體系中乃為極重要之一環不可不察。

按道家以「道」為萬有之本體，為宇宙之本始；荀子則以「道」為「心」之準則，故曰：「道也者，治之經理也」（〈正名篇〉）。楊倞注曰：「經者常也，理者，條貫也，言道為理國之常法條貫也。」〔註14〕又云：「道者，古今之正權也」（同上）此殆說明「道」之作用，不過泛指一切治事之法則與準據，俾作為權衡之本亦即法則之義，乃「心」之指揮者，俾使此「心」在「道」之指導下達其大清明之境，荀子強調此心能認識道德法則進而激發此「心」向「道」學習，而使本性之惡得以化性起偽而已，此即荀子所以不憚煩以言心之功能俾作為遷善之通路故。

二、化性起偽與趨善

羅光先生於其《中國哲學思想史》第一冊中曾謂：荀子所云之「性」，實

〔註14〕荀子極重認識心對「道」之心知，故云：「何謂衡，曰道，故心不可以不知道，心不知道，則不可道而可非道，道者非天之道，非地之道，乃人之道，君子之道。」（儒效篇）

非形上學本體論中之「本體之性」，不過泛指天賦中之一種自然傾向而已，若本體之性爲惡，則教與化亦當無從更改，蓋按本體論觀之，一物之性乃一物之所以成爲一物之理，若物性可變化，則此物便已不復存在，蓋其本身必已消失或已化爲他物。故荀子之言性惡之性，不可從形上本體之方向予以探討，且荀子本身亦無意於作形上學之分析，故荀子所言之「性」，實指人所有天賦之傾向與欲望性能而言，吾人自勿庸將之作形上本體論中之探討。〔註15〕

所謂天賦傾向乃指天賦之本能，但本能之發育當靠後天教育與習性之因勢利導，故人之天賦傾向若趨於惡，則人亦可用後天之努力予以糾正，或藉師法教化加以薰陶，以收潛移默化之功俾使之趨善，荀子所說之化性起僞即建立於此種理念之上。

荀子謂：「問者曰：人之性惡，則禮義惡生？應之曰：凡禮義者，是生於聖人之僞，非故生於人之性也。故陶人埏埴而爲器，然則器生於工人之僞，非故生於人之性也。故工人斲木而成器，然則器生於工人之僞，非故生於人之性也。聖人積思慮，習僞故，以生禮義而起法度，然則禮義法度者，是生於聖人之僞，非故生於人之性也。若夫目好色、耳好聲、口好味、心好利、骨體膚理好愉佚，是皆生於人之情性者也。感而自然，不待事而後生之者也，夫感而不能然，必且待事而後然者，謂之生於僞。是性僞之所生，其不同之徵也。故聖人化性而起僞，僞起而生禮義，禮義生而制法度。然則禮義法度者，是聖人之所生也。」（〈性惡篇〉）由此觀之，荀子以性本質樸，禮義殆爲後天之人爲，且亦必須透過後天之人爲使之成聖，宛如枸木之待隱括，陶器

〔註15〕 羅光先生以孟荀二子對於善惡之解釋不同，對於性的意義則根本上相同。孟子亦曾以性爲天賦之傾向，講良知良能，在意義上和荀子所講之性相同，「天下之言性者，則固而已矣。」（〈離婁篇〉）但有一點和荀子不相同，就是孟子以性的天然傾向由心而表現，稱這種天然傾向爲心之善端，荀子講性，把性和心分開，這一點也可以說來自莊子，莊子以天爲自然，以心爲人行動之主宰而代表人，莊子主張勿以人勝天，即是不要以人心的知識去改變自然傾向。荀子以性爲天然，以心爲僞的根由，荀子主張以僞去改正人性……因此把性和心分開。孟子以性而離開心，如同耳目等感官對於聲色的傾向，更好稱爲命，而不稱爲性。（參羅光著《中國哲學思想史》，第一冊，第八章，頁507。）
羅氏又以「荀子所謂性惡，便不是從本體方面去談性，而是從行動方面去談性，所以我認爲荀子所講的性，爲人所有天賦的傾向，既是一種傾向，便是一種天賦之能，能的發生，常靠人後天的教育和習慣，人的天賦傾向若趨於惡，人可以用後天的努力糾正，去引導，積成善良的習慣，使惡的傾向潛移默化，以趨於善。」（參羅光著《中國哲學思想史》第一冊，第八章，頁520。）

之待埴埴之功。

　　荀子以人天生目好色、耳好聲、口好味、心好利、骨體膚理好愉佚，此實指性之質（情）與情之應（欲）而言，蓋荀子言性，實包括性情欲三者，合而為一密不可分，故此所云之性，實乃指天賦之傾向，並非形上本體中「性」之意義。是以荀子倡聖人制禮作樂以治之，此所云之「制禮作樂」乃屬人為，為偽之功夫俾生糾正之效。

　　但荀子此種主張，若以老莊學派視之，則適相反，蓋道家正反對人為。老子曰：「大道廢，有仁義，智慧出，有大偽。」又云：「絕聖棄智，民利百倍，絕仁棄義，民復孝慈。」（分見《老子》十八、十九章）按老子視之，禮義者正是失道，失德，失仁而後補救之功夫，若人永活在大道中，則本性自潔，自弗庸後天禮義之矯正。〔註16〕

　　然在荀子視之，則極重「偽」之功夫，蓋人性之惡非藉人為之補正，不克化之，故聖人之制禮義，莫非達化性起偽之功夫。

　　吾人衡察荀子所云之「偽」，實與性相對立，「性」乃天賦之傾向，不必學，不必努力，而天然成就者，「偽」則有待人為之學習與後天努力之功夫，故聖人化性而起偽，偽起而生禮義，禮義生而制法度。故禮義法度乃聖人所制，俾化吾人天賦性向之不足。

　　荀子承認人人皆可成為聖人，故云：「聖人者，人之所積而致矣，曰：聖可積而致。」（〈性惡篇〉）但在另一方面，荀子亦承認人有趨下之劣根性，故云「聖不可積，何也，曰：可以而不可使也，荀子認小人可以為君子，而不肯為君子，君子可以為小人，而不肯為小人，故小人君子者，未嘗不可以相為，然而不相為者，可以而不可使也。此可以為，而不可使為，是即荀子認為人性本惡，故可以化導，而不能勉強使之也。但君子之終不肯為小人，則為其積習禮義所使然，故在原則上，荀子承認塗人可以為禹，因曰：「今使塗之人者，以其可以知之質，可以能之具，本夫仁義之可知之理，可能之具，然則其可以為禹明矣，今使塗之人伏術為學，專心一志，思索孰察，加日懸久，積善而不息，則通於神明，參於天地矣。」（〈性惡篇〉）

―――――――――

〔註16〕參《老子道德經》下篇三十八章云：「上德不德，是以有德，下德不失德，是以無德。上德無為，而無以為，下德為之，而有以為。……上義為之而有以為……故失道而後德，失德而後仁，失仁而後義，失義而後禮，夫禮者忠信之薄，而亂之首。」故荀子欲以禮義糾正性惡，在道家視之，乃屬下策也。

由以上荀子所述，是知其確認化性起僞之功，在乎積學俾加日懸久，以收潛移默化之效。故衡荀子人性論所謂「善」者，實乃「善行」，而非「善性」。人固可藉後天教化積僞，以導行爲於善，但其本性仍爲惡，必積日懸久之後始可收潛移默化之功，故非一朝一夕所可蹴就者。

按孟子以人有善端故有善行，是孟子乃由先天動機說以言性善，且以「性」者乃「本心」之彰顯。至於荀子則否認有此善端之存在，人性乃純由後天行爲之效果以立論，故以人人有惡端遂有惡行，人之欲爲善必待積習教化過程而後可。

但人是否能達到善，並無必然之保證，此則純視人之願意修爲與否，並非「性」本身之問題。故云：「小人君子者，未嘗不可以相爲也，然而不相爲者，可以而不可使也。故塗之人可以爲禹則然，塗之人能爲禹未必然也。」（〈性惡篇〉）

但此中有疑問者，荀子既以人性爲惡，必化性起僞始克趨善，而此「善」乃爲善行之「善」，且化性起僞之工夫，不在自覺，端在聖人之教化與利導，然人人之性既本爲惡，則聖人之性豈能獨善？聖人之性若亦爲「惡」，則惡能化性而起僞？荀子則以「聖人者，道之極也」（〈禮論篇〉），「故學者固學爲聖人也，非特學爲無方之民也。」（〈禮論篇〉）荀子以聖人之心不爲萬物所蔽，可以知萬物之理，是以獨能得禮義之中，而能匡正人心，俾化性而起僞。故荀子尊師法，重聖人，深信藉禮義文理之教化，可以養人之情性，俾使「欲」而得其正導。但觀荀子亦以仁義爲天德，乃曰：「仁厚兼覆天下而不閔，明達用天地理萬變而不疑，血氣和平，志意廣大，行義塞於天地之間，仁和之極也。」（〈君道篇〉）是以，荀子並未離孔子仁智之統。但荀子究重後天禮義之教化，認後天環境，可以改變人性，故云：「性也者，吾所不能爲也，然而可化也，注錯習俗所以化性也。習俗移志，安久移質。」（〈儒效篇〉）此即荀子強調以後天之禮義道德作爲化性起僞之張本。

惟荀子之「性惡說」，究非基督教之「原罪觀」，按原罪實非人之力所能洗除，必待基督之救恩始得赦免，以信耶穌皈依上帝爲先決條件。至於荀子之言「性惡」則可藉聖人、君師、禮義之教化，使之趨善，故二者究有顯著之差別。觀基督教之赦免原罪，可一次完成，而荀子之化性起僞，則必靠逐日守道之功，稍一不愼，則其惡性當不斷復萌。

第九章　荀子之道德倫理觀與聖境

第一節　荀子論仁義之統與禮義之中

　　荀子思想固與孟子有異，但究同本孔門之大儒，是以荀子言道德，亦不離孔子仁義忠信之道。荀子亦云：「仁者愛人，義者循理」（〈議兵篇〉）其雖重法後王思想，以周公爲制禮作樂之聖王，但究不忘儒統，故亦崇先王之道，乃曰：「先王之道，仁之隆也。」（〈儒效篇〉）又云：「今夫仁，人也，將何務哉？上則法舜禹之制，下則法仲尼子弓之義，以務息十二子之說。如是則天下之害除，仁人之事畢，聖王之跡著矣。」（〈非十二子篇〉）

　　因而荀子並未盡異於孔孟之儒統，且特重「以仁心說，以學心聽，以公心辨。」（〈正名篇〉）故荀子亦在在教人行仁，故曰：「君子養心莫善於誠，致誠則無它事矣。唯仁之爲守，唯義之爲行。」（〈不苟篇〉）且以「仁義德行，常安之術也。」（〈榮辱篇〉）由是可知其崇仁由義之說並不亞於孟子。荀子更強調曰：「天下之行術，以事君則必通，以爲仁則必聖。」（〈仲尼篇〉）故「君子之行仁也無厭」（〈非相篇〉），亦即「致忠信，箸仁義，足以竭人矣，兩者合而天下取」（〈王霸篇〉），是其乃有取於「仁者無敵於天下」之大義。故乃讚歷代之聖王曰：「是以堯伐驩兜，舜伐有苗，禹伐共工，湯伐有夏，文王伐崇，武王伐紂，此四帝兩王皆以仁義之兵行於天下也。」（〈議兵篇〉）是以「況夫先王之道，仁義之統，詩書禮樂之分乎」（〈榮辱篇〉），故荀子與孟子一樣，皆有擴充仁義道德之抱負，並欲使之施於政治上，而呈現爲王道之精神。

　　故荀子以「仁厚兼覆天下而不閔」（〈君道篇〉），「桓文之節制不可以敵湯

武之仁義」（〈議兵篇〉），此皆指聖王以仁道施於天下，天下人莫不蒙其澤，且仁者獨得天下人之擁戴也。

荀子更高估「仁」在政治上之功用，故云：「仁之所在無貧窮，仁之所亡無富貴。」（〈性惡篇〉）「身日進於仁義而不自知也者」（同上），誠如久入芝蘭之室而不聞其香矣。

荀子且以人主務必「使仁居守」（〈大略篇〉），人主仁心設焉。且更曰：「仁眇天下」之大義，故云：「仁眇天下，義眇天下，威眇天下。仁眇天下，故天下莫不親也。義眇天下，故天下莫不貴也。威眇天下，故天下莫敢敵也。」（〈王制篇〉）在此三者之中，荀子無疑特重仁眇天下，「莫不親之理」，是可見荀子之本乎孔子仁義之教之深且切。荀子所傳孔子之思想，固重禮義教化之一面，但其對於仁本之思想，固未稍或忘，且復諄諄教誨欲天下人共行之。

荀子雖主仁義，但在道德觀念上，仍顯以禮義為中心，故云：「禮義惡生？應之曰：凡禮義者，是生於聖人之偽，非故生於人之性也。」亦即言：「聖人化性而起偽，偽起而生禮義」，亦即「聖人積思慮，習偽故，以生禮義而起法度」（〈性惡篇〉）按禮義乃起於群倫生活之必要，仁義固為道德之本，但施之於外必靠禮義之教化與順循其序而行之。是以禮義起於明分節欲之需要，俾使群體生活不爭不亂，而保持彼此和諧之地步。荀子進一步闡釋之曰：「水火有氣而無生，草木有生而無知，禽獸有知而無義，人有氣有生有知，亦且有義，故最為天下貴也。力不若牛，走不若馬，而牛馬為用，何也，曰人能群，彼不能群也。人何以能群？曰：分。何以能行，曰義。故義以分則和，和則一，一則多力，多力則強，強則勝物。」（〈王制篇〉）

此即荀子闡明人與萬物之分別，厥在人有氣、有生、有知、有義，且能過人道、群道之生活，而維持此群道之中心準則厥在乎禮義。故荀子以隆禮思想極為重要，禮義首先約束人生理上之欲求，使之合乎禮方不為濫，使生理上一切之欲求與生活皆有所辨。故云：「人之所以為人者，何已也，曰，以其有辨也，飢而欲食，寒而欲煖，勞而欲息，好利而惡害，是人之所生而有也，是無待而然者也，是禹桀之所同也。然則人之所以為人者，非特以二足而無毛也，以其有辨也。」（〈非相篇〉）又云：「夫禽獸有父子而無父子之親，有牝牡而無男女之別，故人道莫不有辨，辨莫大於分，分莫大於禮，禮莫大於聖王。」（同上）故人有本能之思辨，有男女父子之界別分位，故聖王制禮以養欲、定分，為使群道生活合理化。

　　是人之可貴處，在其有知、有義、能群，而非過純物質之生活，自與草木禽獸不同。且在群道生活中，使意欲活動合於「中」，故荀子曰：「先王之道，仁之隆也，比中而行之。曷謂中？曰禮義是也。」（〈儒效篇〉）又云：「凡事行，有益於理者立之，無益於理者廢之，夫是之謂中事。凡知說，有益於理者爲之，無益於理者舍之，夫是之謂中說。事行失中謂之姦事，知說失中謂之姦道。姦事姦道，治世之所棄，而亂世之所從服也。」（〈儒效篇〉）

　　觀荀子隆禮之目的，乃因人生而有欲，不能不由聖王制禮以約制之，使人知其分守以免於爭，俾達群居和一之道。故云：「夫貴爲天子，富有天下，是人情之所同欲也。然則從人之欲，則勢不能容，物不能贍也。故先王案爲之制禮義以分之，使有貴賤之等，長幼之差，知愚能不能之分，皆使人載其事而各得其宜，然後使慤祿多少厚薄之稱，是夫群居和一之道也。」（〈榮辱篇〉）

　　荀子更進而明確界定制禮之積極意義曰：「禮起於何也，曰：人生而有欲，欲而不得，則不能無求，求而無度量分界，則不能不爭，爭則亂，亂則窮，先王惡其亂也，故制禮義以分之，以養人之欲，給人之求，使欲必不窮乎物，物必不屈於欲，兩者相持而長，是禮之所起也。故禮者養也。」（〈禮論篇〉）故荀子不主禁欲、絕欲、無欲、去欲，而主養欲。乃云：「故順情性，則兄弟爭矣，化禮義，則讓乎國人矣。」（〈性惡篇〉）

　　荀子以堯舜與桀跖同性，君子亦與小人同性，皆惡也。故云：「凡人之性者，堯舜之與桀跖，其性一也。君子之與小人，其性一也。」（〈性惡篇〉）然則堯舜之所以爲聖人，君子之所以爲君子，卻在其積善之功夫。故云：「加日懸久，積善而不息，則通於神明，參於天地矣。故聖人者，人之所積而致矣，曰，聖可積而致」。（〈性惡篇〉）但荀子以聖而可積，乃可以而不可使也，此乃由於各人之知有深淺是不可勉強所致。

　　按荀子論「知」有四大層次：一爲聖人之知，二爲士君子之知，三爲小人之知，四爲役夫之知。因所知有所差別，故其積善隆禮之功夫亦有所等差，致有不同之行爲果效。

　　荀子極重禮教，曰：「其數則始乎誦經，終乎讀禮。」又云：「禮者法之大分，類之綱紀也。」「故學至乎禮而止矣，夫是之謂道德之極。」（仝見〈勸學篇〉）

　　荀子且以禮爲人心與群心相通之唯一媒介，由個人推而家族，由家族推

而社會國家，是由人道而群道之指導原則。故云：「禮也者，理之不可易者也。」（〈樂論〉）「禮者，治辨之極也」（〈議兵篇〉），由正身、齊家以及於天下，爲每人每日生活中所必節、必履、必本、必循之途徑，此亦即人道之極。

荀子以個人心意行爲是否合於道德，全由盡禮以爲斷，推之以至於社會、倫理、政治莫不如此，故荀子以禮爲治之始，在上居位者以身倡於先，則天下治，反之則亂。故荀子云：「故天地生君子，君子理天地。君子者，天地之參也。萬物之總也，民之父母也。無君子則天地不理，禮義無統。上無君師，下無父子，夫是之謂至亂。君臣父子兄弟夫婦，始則終、終則始，與天地同理，與萬世同久，夫是之謂大本。故喪祭、朝聘、師旅一也。貴賤、殺生、與奪一也。君君、臣臣、父父、子子、兄兄、弟弟一也。農農、工工、士士、商商一也。」（〈王制篇〉）此即云一切人倫秩序者無禮則不能成立。

荀子復以禮之起源有三本，乃云：「禮有三本，天地者生之本也，先祖者，類之本也，君師者治之本也。」（〈禮論篇〉）此即包括自然，家族遺傳，與教化之三大因素，而以後天行爲爲尺度，於是明禮，盡禮，乃爲道德行爲，而以義爲判斷之準則，故荀子以禮爲外在之約束，而以義作爲內外之限禁。故云：「夫義者，內節於人，而外節於萬物者也。」（〈彊國篇〉）故信義亦即無形之禮，乃云：「凡爲天下之要，義爲本而信次之。」（仝上）如此循禮由義，道德生活因而建立，故云：「禮者，法之大分，類之綱紀也。」（〈勸學篇〉）由是觀之禮義之效用與法相等，故荀子體系最後必走向法家，自乃顯而易見之事實。

總言之，禮之爲用，在個人方面，乃所以正身，在家族社會倫理方面，乃在主和，在國家方面在乎主治。由是以觀，禮者實係行爲之準繩，在乎外鑠之因素，非如孔孟之重仁義內發，故荀子之隆禮思想，究重外在規律對人性之匡正，而以聖王之制禮教化，俾從外在而向內以約束人性中情欲之不當運用。故其過程乃先由人之生理層次開始予以糾正，然然再提升至心理層次之念慮思維，俾使凡事莫不合乎禮。

第二節　孝悌觀念與人倫之道

一、荀子之孝悌思想

荀子對於道德之實踐，貴由人道而及於群道，由己而推及於人，故亦本

孔孟之宗旨，由家族倫理而推展至社會倫理，其中心觀念自以禮義爲前提。

在家族倫理中，自以親親之義爲本，故荀子亦重孝悌之道，而曰：「孝弟原愨，軥錄疾力，以敦比其事業，而不敢怠傲。」（〈榮辱篇〉）又云：「儼然壯然、祺然、蕼然、恢恢然、廣廣然、昭昭然、蕩蕩然，是父兄之容也。儉然、恀然、輔然、端然、訾然、洞然、綴綴然、瞀瞀然，是子弟之容也。」（〈非十二子篇〉）故「能以事親謂之孝，能以事兄謂之弟。」（〈王制篇〉）荀子特重「孝弟以化之」（〈儒效篇〉）透過家族孝道之訓練，以之擴展於社會，故云：「勸教化，趨孝弟，以時順修，使百姓順命，安樂處鄉，鄉師之事也。」（〈王制篇〉）此即由父子之心以通往社會之心，使彼此相應，孔子曰：「事父母幾諫，見志不從又敬不違。」（〈里仁篇〉）荀子乃申其義曰：「孝子所以不從命者有三，從命則親危，不從命則親安，孝子不從命乃衷。從命則親辱，不從命則親榮，孝子不從命乃義。從命則禽獸，不從命則修飾，孝子不從命乃敬，故可以從而不從，是不子也。未可以從而從，是不衷也。明於從不從之義，而能致恭敬、忠信、端愨以慎行之，則可謂大孝矣。」（〈子道篇〉）故曰：「入孝出弟，人之小行也。上順下篤，人之中行也。從道不從君，從義不從父，人之大行也。若夫志以禮安，言以類使，則儒道畢矣。」（仝上）

荀子不但重生前之孝弟關係，對於追懷先聖先賢先祖，亦極重視，故透過祭祀以表達敬慎之觀念，故以人之於親也，至死不窮，即在「哀夫、敬夫，事死如事生，事亡如事存。」（〈禮論篇〉）故不能朝死而夕忘之，而以「祭者志意思慕之情也。」（〈禮論篇〉）使生死終始若一，而永言孝思焉。故盡人道實通生死之義，其最終目的莫非「使死生始終，莫不稱宜而好善，是禮義之法式也，儒者是已。」（同上）是以喪祭之禮即爲禮之法式。爲足禮盡禮，化民成俗之道，由人道以成全群道爲目的。

二、明人倫之道

荀子以禮之作用，見之於人倫間彼此對待之關係，即君臣、父子、夫婦、兄弟間相處之道，蓋人倫間各有其分，不得其分，必亂矣。其有關人倫之關係可詳見〈君道篇〉等章節，陳之頗詳：

（一）君臣之道：荀子曰「請問爲人君，曰，以禮分施，均徧而不偏。請問爲人臣，曰：以禮待君，忠順而不懈。」〔註1〕

〔註1〕按「以禮待君」，郝懿行曰：「待」字誤，《韓詩外傳》作「事」是也。蓋事誤

此所云爲君之道貴均偏而不偏，即係如《尚書》所云：「無偏無陂，遵王之義，無有作好，遵王之道，無有作惡，遵王之路，無偏無黨，王道蕩蕩，無黨無偏，王道平平，無反無側，王道正直，會其有極，歸其有極。」(《尚書・洪範篇》) 此即云爲國領袖者貴有大公無私之精神，必治理國政，造福庶民。至於爲臣者，貴有忠順與主敬精神，凡事必盡忠竭守之。

（二）父子之道：「請問爲人父，曰：寬惠而有禮。請問爲人子，曰：敬愛而致文。」〔註2〕此即如孔子所云「父父，子子。」(《顏淵篇》) 同其旨趣。

（三）兄弟之道：「請問爲人兄，曰，慈愛而見友。請問爲人弟，曰：敬詘而不苟。」〔註3〕此與《左傳》所云：「兄愛而友，弟敬而順」，其意正合。

（四）夫婦之道：請問爲人夫，曰：致功而不流，致臨而有辨。請問爲人妻，曰：夫有禮則柔從聽侍，夫無禮則恐懼而自竦也。〔註4〕

此所云之夫婦之道，爲夫者當致和而不隨流，隆禮而有別，爲人妻者，事夫當柔從，夫有無禮處，則當自惕，以今日觀之，似有欠男女平等義，然荀子所云者乃針對當日社會而言自不可同日而語。

以上〈君道篇〉所陳者，乃論人倫之常則，然荀子於其他各篇更有深入之闡述。

對於君臣之關係，荀子乃本「從道不從君」(〈子道篇〉) 之基本立場，於〈臣道篇〉則曰：「從命而利君謂之順。從命而不利君謂之諂。逆命而利君謂之忠，逆命而不利君謂之篡。不卹君之榮辱，不卹國之臧否，偷合苟容以持祿養交而已耳，謂之國賊。君有過謀過事，將危國家殞社稷之懼也。大臣父兄有能進言於君，用則可，不用則去，謂之諫。有能進言於君，用則可，不用則死，謂之爭。有能比知同力，率羣臣百吏，而相與彊君撟君。〔註5〕君雖

為侍。即以禮事君，或以禮侍君，非「待」也。（參王先謙《荀子集解》，頁153。）

〔註2〕按「敬愛而致文」乃今本所刊，爲郝懿行氏所採。《韓詩外傳》四，「文」作「恭」，於義較長。（參王先謙《荀子集解》，頁153。）

〔註3〕「敬詘而不苟」，盧文弨曰：元刻本作不悖。（參王先謙《荀子集解》，頁153。）

〔註4〕劉師培氏《荀子補釋》以「致功而不流」之「功」字乃「和」字之訛。日人久保愛曰：「不流」乃無流淫之行也。「致臨而有辨」，郝懿行曰：「辨字《韓詩外傳》作別，謂夫婦有別也。」梁啓雄《荀子約注》，以致臨之「臨」字當讀爲「隆」，作隆禮解，見《詩》，〈皇矣篇〉：「與爾臨衝」。《韓詩外傳》作「隆衝」，蓋臨隆雙聲。又後漢殤帝諱隆，故漢儒改隆爲臨。（參《荀子約注》頁160）

〔註5〕按「彊君撟君」之「撟」字與「矯」字同，王先謙以《群書治要》作矯。（參

不安，不能不聽，遂以解國之大患，除國之大害，成於尊君安國，謂之輔。有能抗君之命，竊君之重，反君之事，以安國之危，除君之辱，功伐足以成國之大利，謂之拂，故諫爭輔拂之人，社稷之臣也，國君之寶也，明君所尊厚也。」（〈臣道篇〉）

對於父子之關係，荀子則倡「從義不從父」（〈子道篇〉）之基本立場，一切悉以義與宜為判準，當明於從不從之大義，貴能致恭敬忠信端愨以慎行為本，方如是可謂大孝。

以上「從道不從君」，「從義不從父」，荀子稱之為大行，是亦本乎孔子時中從權之教者。

荀子更引孔子之言曰：「千乘之國，有爭臣之人，則社稷不危，百乘之家，有爭臣三人，則宗廟不毀。父有爭子，不行無禮。士有爭友，不為不義。故子從父，奚子孝。臣從君，奚臣貞。審其所以從之之謂孝，之謂貞也。」（〈子道篇〉）

是以荀子言群道倫理乃由子道以言君道、臣道，更由個人家族而推及人群國家，類如今日社會倫理之課題者。

第三節　論儒之精神與等次

孔子門人三千，身通六藝者七十二人，其傳皆詳於《史記·仲尼弟子列傳》內，然七十子之學，皆未得大儒之宗風，而創一代之學統。是以韓非以：「孔子卒，孔門學派裂為八家，有子張、子思、顏氏、孟氏、漆雕氏、仲良氏、孫氏、樂正氏等。」（《韓非·顯學篇》）但孔門直傳高弟，仍當以《論語》中所記之「四科十哲」為當，此十哲者，德行有顏淵、閔子騫、冉伯牛、仲弓。言語有宰我、子貢。政治有冉有、季路。文學則有子游、子夏。（見《論語·先進篇》）此四科十哲可謂直傳弟子，而《韓非·顯學篇》所記之八家可謂乃後繼之學派。

以上十哲之中，顏淵、季路先孔子而死，未遺重要學說，亦未發揮儒學之宗風。子貢、冉有亦乏學說可陳，能守孔子遺風，繼續教學生涯者，獨為子游、子夏二人。然子游學風未詳，子夏則居西河授徒，為魏文侯師。其學派內，則出荀子。按孔子之經傳正統，惟子夏獨得心傳，故子夏無疑為孔門

王先謙《集解》，頁166。）

傳經之首席弟子。但孔子之傳道系統則爲曾子、子思一脈相承之路線，後遂由孟軻而繼其大成。

按荀子在此論儒之等次，並非將孔門子弟予以品評劃分，而純乃基於其個人對儒之理想，以及人生境界之高低所爲之辨別，以觀其精進之程度與精神，更及於道德理想價值之層次以作評定。蓋儒之發展，自孔子後已漸變質，馴至士子多攀緣附會，以求名利爲主，頓失孔門之宗風，故荀子嗟眞儒之失傳，乃有論儒境界高低之說。

衡〈儒效篇〉所陳，乃荀子對於眞儒精神之發揮，尤其對儒者所應持之操守，論列頗詳，其主旨要歸於聖境，故荀子以聖人乃神固之人，夫道出乎一，此所謂一者，荀子曰：「曷謂一，曰執神而固。曷謂神，曰盡善挾治之謂神。萬物莫足以傾之之謂固，神固之謂聖人。聖人也者，道之管也，天下之道管是矣。百王之道一是矣，故詩書禮樂之歸是矣。」（〈儒效篇〉）〔註6〕

荀子以道德境界最高之標準乃爲聖人，通則一天下，窮則獨立貴名。〔註7〕然由於達到者之層次有所不同，故儒亦有差別。荀子曰：「故有俗人者、有俗儒者、有雅儒者、有大儒者。不學問無正義，以富利爲隆，是俗人者也。逢衣淺帶，解果其冠，略法先王，而足亂世術，繆學雜舉，不知法後王而一制度，不知隆禮義而殺詩書，其衣冠行僞，已同於世俗矣。然而不知惡者，其言議談說，已無以異於墨子矣。然而明不能別，呼先王以欺愚者，而求衣食焉……偄然若終身之虜，而不敢有他志，是俗儒者也。法後王，一制度，隆禮義而殺詩書，其言行已有大法矣，然而明不能齊，法教之所不及，聞見之所未至，則知不能類也。知之曰知之，不知曰不知，內不自以誣，外不自以欺，以是尊賢畏法而不敢怠傲，是雅儒者也。法先王，統禮義，一制度，以淺持博，以古持今，以一持萬，苟仁義之類也，雖在鳥獸之中，若別黑白，倚物怪變，所未嘗聞也，所未嘗見也，卒然起一方，則舉統類而應之，無所儗㤰，張法而度之，則晻然若合符節，是大儒者也。」（〈儒效篇〉）

〔註6〕梁啓雄《荀子約注》謂：堅執盡善挾治之治道，故能固、挾治之挾，讀爲決。乃周洽之謂。王先謙曰：萬物上，當有「曷謂固曰」四字，「萬物莫足以傾之之謂固」與「曷謂固」上下文正相呼應，曷謂固，與上下文「曷謂」，「曷謂神」，皆文同一，則曷謂神，曷謂固乃承上「執神而固」言之，下文神固之之謂聖人，又承上「曷謂神」，「曷謂固」言之，今本脫去「曷謂固，曰」四字，則與上下文不相應也。
又楊倞氏以「道之管者」，乃道之樞要之謂。
〔註7〕楊倞以貴名者，乃貴儒之令名也。見《荀子・儒效篇》楊氏注。

按以上荀子所陳，其儒者之等次，悉按學問造詣與德行之深淺以爲立論之據，尤偏於修身養心之術與外在之事功，故隱含功利主義之趨向，非如孟子純以個人存養之功夫爲定準，茲析之如下：

（一）俗人：此輩人但知積聚財貨，在世蠅營狗苟，缺乏人生終極之目標，終日但以勢利是圖，而無人生之理想與價值觀。

（二）俗儒：有儒之表，而無其實，粗通先王之典章制度，但不知明達大體，其行足以復古，無補於當今之世。且所學過於駁雜，不能精約返本。且妄引上古之道，不合當今之時宜，更妄冀以古制行之於今，不合孔子時中精神，更不知權衡時變，徒發空論，以愚百姓，其目的不過噉飯，以求一己之衣祿而已。更不知隆禮義而殺詩書，是其不通達之處。〔註8〕

（三）雅儒：雖能得時宜，而法後王，對於典章制度，能以繁馭簡，而得其精一簡約之功，且能發揚禮義之精神，而敦《詩》、《書》之教，其言行頗能明達大體，但在明察方面尚欠功夫，且不能比類旁通，故聞見猶有所未及之處。但其行誼終能表裏如一，坦蕩不欺，以不知自勉，不斷求知，更能尊賢崇法，而每日戰兢自處，不敢有所怠慢。

（四）大儒：能博察先王後王之政蹟，統括禮義之要道，而精一典章制度，更能以簡馭繁，以約綜博，見微知著，以古之義配合當今之用，能以一涵萬，雖處於亂世，不爲所惑，能辨黑白，不混淆是非善惡，且能統類而旁通，得其大體與精要，處事更能當機立斷，隨心應手，而毫無疑滯之虞，一切悉本法度而應，莫不各合符節。〔註9〕故云：「知通統類；如是則可謂大儒矣。」（〈儒效篇〉）

荀子認爲人主苟用俗人，則萬乘之國亡，用俗儒則萬乘之國存，用雅儒則千乘之國安，用大儒則百里之地久。

〔註8〕按「隆禮義殺詩書」之「殺」字，郝懿行氏曰：「殺」蓋「敦」字之誤。（參王先謙《荀子集解》，頁88。）然劉師培氏《荀子補釋》則曰：「殺」字不誤。隆禮義者，言儒家於《古禮經》以外兼雜《古禮書》，如今之《大小戴》是。殺詩書者，即指孔子刪《詩》、《書》而言也。故後世之禮，較古禮爲增，後者之《詩》、《書》，則較古《詩》《書》爲少。若改「殺」字爲「敦」，則失其義矣。（參劉著《荀子補釋》，頁40，藝文印書館版。）
按荀子在此所指乃責此輩俗儒，但知言聖人之禮義而務其繁文褥節，而未審其精義所在而簡約之而得其要。

〔註9〕荀子云：「法先王，統禮義，一制度，以古持今」。楊倞注以：「先王當爲後王，以古持今，當爲以今持古，皆傳寫誤也。」（參王先謙《荀子集解》，頁89。）

由以上荀子對儒之等級之區分，可知純由向學、德行、操守、識見、事功各方面立論。且尤重行爲之果效，故並非本於道德內在動機說，自難免有功利主義之傾向。

察莊子所言以道德境界達到眞人、至人、神人、聖人之境者，純在於與大道相契，與大化相通，故爲超世之眞人，而荀子者乃入世之實踐者，故其所重者，多偏於外在之事功，而不重內在道德理想價值之境界，是含實用論之立場。

按荀子之標準，其所認儒之精神乃在救世，對「儒無益於人之國」一語持否定之態度，故其對儒之要求，難免向現世之事功著眼，故云：「儒者在本朝則美政，在下位則美俗，儒之爲人下如是矣。」（〈儒效篇〉）又云：「其爲人上也廣大矣，志意定乎內，禮節脩乎朝，法則度量正乎官，忠信愛利形乎下，行一不義，殺一無罪，而得天下不爲也。」（同上）故在荀子眼光中，儒者之作爲乃入世之朝士，有益人之國，並非徒托空言者矣。

另方面荀子亦極重儒者之操持自守，如云：「通則一天下，窮則獨立貴名，天不能死，地不能埋，桀跖之世不能污，非大儒莫之能立，仲尼，子弓是也。」（〈儒效篇〉）是可知荀子之抱負在爲大儒，而以「善調一天下」爲大儒之能，而以其言有類，其行有禮，其舉事無悔，其持險應變曲當，與時遷徙，千舉萬變，其道一也，爲大儒之稽。此可見荀子本有心用世，與平治天下之功。

第四節　論士之不同類別與功用

在中常人格中，荀子亦推重士，且將士分爲四等，即直士、愨士、勁士、善士。按荀子此所爲之分類，純以道德功用上之高低而論，不含經濟與社會上之階級意義。茲析之如下：

（一）直士：荀子云：「身之所長，上雖不知，不以悖君。身之所短，上雖不知，不以取賞，長短不飾，以情自竭，若是則可爲直士矣。」（〈不苟篇〉）此即孔子所讚之無私者亦即直躬而行之人。

（二）愨士：荀子云：「庸言必信之，庸行必愼之，畏法流俗，而不敢以其所獨甚，若是則可謂愨士矣。」（〈不苟篇〉）

易言之，此所謂愨士，即平素能端愨、敬肅，對於常言、常行，能昭信於人，對於流俗之見，則不敢曲從，亦不敢驚高自專以獨斷者。

（三）勁士：荀子曰：「行法至堅，不以私欲亂所聞，如是則可謂勁士矣。」（〈儒效篇〉）此即指守法無私不以私欲害公之人。

（四）善士：此乃泛指志節之士，超出於俗人與庸人之上者。

荀子於上述直士、慤士、勁士之外，又更立法士、通士、公士三者，所謂法士與散儒不同，故云：「故隆禮雖未明，法士也。不隆禮雖察辯，散儒也。」（〈勸學篇〉）是以散儒不如法士，不足以進於入德之域。至於通士、公士，荀子亦極重之，前者為通達事理之士，後者則為公正無私之士。荀子曰：「上則能尊君，下則能愛民，物至而應，事起而辨，若是則可謂通士矣。」（〈不苟篇〉）按楊倞謂：「物有至，則能應之，事有疑，則能辨之，通者，不滯之謂也。」〔註10〕按此所云之通士，實即通達大體而不滯於小見之輩。

至於公士者：荀子則曰：「不下比以闇上，不上同以疾下，分爭於中，不以私害之，若是則可謂公士矣。」此所謂公士，實指正直無私之性格，居其位，不結下以掩上，亦不居上而嫉下，更能特立獨行，不苟合於眾，凡事光明磊落，均不以私害公之謂。

按此法士、通士、公士與散儒、雅儒相近，但皆不及大儒之典範，其所重者，皆在事功，而未及道德之極，故僅可稱之謂功利境界中人，與孟子所立之志士、義士完全不同。按孟子所重者，乃內在之氣宇，器識與存養之氣概，究不同於荀子所特重之行為上之果效與外在之事功。察莊子與孟子多就人生境界之高低以論人之人格，荀子則循經驗論之立場，與功利之道德觀，以呈現人之事功為準。

第五節　荀子積善全盡之聖境界

荀子立論以勸學為首，倡君子博學而日參省乎己。所謂博學指向外之追求與知識之積累，而所謂參省，乃指內在之修為與反躬自省。然荀子之體系究重學與積善全盡之功夫，而不重思與體悟。故云：「吾嘗終日而思矣，不如須臾之所學也。」（〈勸學篇〉）但荀子所謂之學亦不在追求外在自然界之知識，或作形上之探討，其主要目的，厥在乎以正名作為道德評判之標準，故不特重名學上分析之興趣。按荀子道德哲學之重點乃在道德實踐與經驗之果效，

〔註10〕王念孫曰：「辨者治也，謂事起而能治之，非謂事有疑，而能辨之也。」《說文》以辨為治也。（參王先謙《荀子集解》，〈不苟篇〉，頁30。）

以達明禮化性之境。故云：「故學至乎禮而止矣，夫是之謂道德之極，禮之敬文也。」（〈勸學篇〉）

由是可知荀子為學之主旨，乃在培養「德操」，荀子曰：「生乎由是，死乎由是，夫是之謂德操。」（勸學篇）郝懿行曰：「德操謂有德而能操持也，生死由乎是，所謂國有道不變塞，國無道至死不變者，庶幾近之。」故云德操然後能定，能定然後能應，能定、能應，夫是之謂成人。〔註11〕

按荀子此所云之能定，能應之功夫，乃指為成人之根本德操，亦道德境域之基本階梯。此能定、能應實即內自定而外應物之謂，亦即君子自全之根基，由此根基進而達到道德之最高峰是為聖人。但荀子聖境之義，實有別於孟子，蓋其多重實踐之義，而不重道德理想價值與精神。按莊子之聖人境界為「以天為宗，以德為本，以道為門，兆於變化，謂之聖人。」（《莊子·天下篇》）而孟子之聖境界，乃由大人、大丈夫做起，而後達上下與天地同流之聖境。

是觀以荀子之聖境界缺少道德形上學之理想，不過重積善全盡之倫理法則與德目而已，故其所謂「聖」者之標準乃為「故學也者，固學止之也，惡乎止之，曰：止諸至足，曷謂至足，曰，聖也。聖也者，盡倫者也。」（〈解蔽篇〉）

因此荀子所謂之「聖」，乃指人倫之極，即此「盡倫」之謂，而所謂盡倫者，乃指在人倫上能盡其所當盡之職分之謂。荀子又以：「聖人之行道也，無疆也。仁者之思也恭，聖人之思也樂，此治心之道也。」（〈解蔽篇〉）此殆說明聖人行事，乃切中禮義，而不逾矩之謂，而此所云之無疆，即全無違理疆制之虞。

荀子以士、君子、聖人為人格之三等次，其義則始乎為士，終乎為聖人。〔註12〕故以聖人為道之極，而曰：「故天者高之極也，地者下之極也，無窮者，廣之極也，聖人者道之極也，故學者固學為聖人也。」（〈禮論篇〉）又云：「聖人備道全美者也，是懸天下之權稱也。」（〈正論篇〉）此所云之道之極，乃指人道之極致者，亦即合乎禮者，亦即前述〈禮論篇〉中所云之禮者人道之極也。故荀子之聖境，實指得禮法之中，而達人道之全美之謂。

荀子於〈哀公篇〉復申論大聖之道，而引孔子對魯哀公之言曰：「所謂大

〔註11〕參王先謙《荀子集解》，卷一〈勸學篇〉，頁12。
〔註12〕王先謙《荀子集解》，認荀書以士、君子、聖人為三等。由〈修身〉、〈非相〉、〈儒效〉、〈哀公〉諸篇可證也，故云始乎士終乎聖人。

聖者，知通乎大道，應變而不窮，辨乎萬物之情性者也。大道者，所以變化遂成萬物也。情性者，所以理然不、取舍也。是故其事大辨乎天地，明察乎日月，總要萬物於風雨，繆繆肫肫，其事不可循，若天之嗣，其事不可識，百姓淺然不識其鄰。若此，則可謂大聖矣。」（〈哀公篇〉）

　　若是，則此所云之大聖，實亦兼通天地人三才之大道，辨乎萬物之情性，復亦善解人性、物性之至理，而能定其取捨而不惑，通乎變化之至權，掌握萬類生成之契機，則亦契合《易經》所云之「智周萬物，而道濟天下」（《易繫辭上傳》第四章）以達知德俱全之聖者矣。

　　一般而言，荀子所謂之「聖人」，略異於孔孟之所見，孔孟論聖人以「天縱」為主，故重先天之成分。荀子論聖人，則以「積善全盡」為主，重後天之積累，與行為之成分。在「知」上說，則以「行之明也，明之為聖人。」又云：「知之，聖人也。」（〈解蔽篇〉）就「德」上說，則「曷謂至足，曰：聖也。」又云：「聖也者，盡倫者也，王也者，盡制者也。」（同上）亦即德曰聖，功曰王，由此，荀子所云之聖，亦是「仁且智」乃仁智合為一體者。荀子說：「聖人清其天君，正其天官，備其天養，順其天政，以全天功。」（〈天論篇〉）此乃就修養方面而言，且荀子復以「積善全盡者之謂聖人，聖人者人之積也」（〈儒效篇〉）此則指其德行而言。荀子更進而言曰：「盡善挾治之謂神，萬物莫足以傾之謂固，神固之謂聖人。」（同上）此則專就修養上有成之境而言，總之荀子以聖人乃道德境界上之全人。

　　荀子又以士、君子與聖人相比，而曰：「好法而行，士也。篤志而行，君子也。齊明而行，聖人也。」（〈勸學篇〉）可知荀子皆由行為上之果效以作判斷之標準。是總觀荀子所謂之聖境界，乃不外積善全盡之功夫與重實踐之效果，而非如孟子所重之內在存養與氣概。

第十章　荀子論禮樂教化與人格修養

第一節　治氣養心與節欲

　　荀子極重禮樂之教化，以禮爲人之養，蓋人之生理機構固有待養而後存，人之心理機構，何獨不待養而後明；故荀子曰：「芻豢稻梁，五味調香，所以養口也。椒蘭芬苾，所以養鼻也。雕琢刻鏤，黼黻文章，所以養目也。鍾鼓管磬，琴瑟竽笙，所以養耳。疏房檖貌越席，牀第几筵，所以養體也，故禮者養也。」（〈禮論篇〉）

　　按吾人五官之欲固須待養，但必以禮制之，方得其宜，是以在個人心性修養方面，亦有待培養，方克有當，故荀子以禮爲治氣養心之術。此在孟子，則爲求放心，存夜氣並善養浩然之氣，以求臻於宇宙之全德，故皆重內在潛移默化之功，至於荀子却重以外在之禮法爲準繩，作爲向內約束並糾正人心之工具，以收匡正之功，此殆爲孟荀二子在修養論上之不同處。

一、論治氣

　　荀子以禮爲藥方，俾醫治人性之弱點；夫修養之道，首在治氣。荀子此所云之「氣」，乃指人類生理上血氣方剛之氣而言。故所謂治氣，實即治吾人之血氣；是以荀子曰：「血氣剛強，則柔之以調和，知慮漸深，則一之以易良。勇膽猛戾，則輔之以道順。齊給便利，則節之以動止。狹隘褊小，則廓之以廣大，卑濕重遲貪利，則抗之以高志，庸眾駑散，則刦之以師友。怠慢僄弃，則炤之以禍災。愚款端愨，則合之以禮樂，通之以思索。凡治氣養心之術，

莫徑由禮，莫要得師，莫神一好。夫是之謂治氣養心之術也。」（〈修身篇〉）

是觀荀子言道德修養，亦以主動之自存自省，以存善為務。故云：「見善修然必以自存也，見不善愀然必以自省也。善在身，介然必以自好也，不善在身，菑然必以自惡也。」（同上）此即存善自省，自好自惡之態度，故必「除其害者以持養之，使目非是無欲見也，使耳非是無欲聞也，使口非是無欲言也，使心非是無欲慮也。」（〈勸學篇〉）此種自存、自省之功夫貴由內發，使人自悟其非。

另方面，荀子則用強制之方式，亦即由禮之勸善，以達匡正之功。荀子在此二者之中，似較重後者。故云：「凡用血氣志意知慮，由禮則治通，不由禮則勃亂提慢。」（〈修身篇〉）

故透過禮之約束，師長之教導，與專心致志三者，俾使意志平定血氣和平。是以，心安於禮，身正於禮，血氣亦因而治。故荀子以禮為涵養意志、思想行為之唯一法則。故荀子曰：「禮者所以正身也，師者所以正禮也，無禮何以正身，無師吾安知禮之為是也。禮然而然，則是情安禮也。師云而云，則是知若師也。情安禮，知若師，則是聖人也。」（〈修身篇〉）由是可知荀子特重禮法，師教而由外鑠之功夫，以匡正人血氣方剛之失矣。

二、論養心

荀子所云之「心」，實指吾人官能之主宰，故亦稱為「天君」，吾人之「情」則由官能而生，故稱為「天情」，至於其他形體官能，則皆稱為「天官」，官能所發生之功用，則皆稱「天功」，官能所司之職，則稱為「天職」。但此天官、天功、天職、天情，莫不受「心」之統轄；故荀子云：「心居中虛以治五官，夫是之謂天君，財非其類以養其類，夫是之謂天養。」（〈天論篇〉）夫人之自然生命，固須受自然萬物之奉養，是「心」亦必須調養以順其節。故治心之道，即在順乎「天政」而不傷生；所謂「天政」，荀子以為「順其類者謂之福，逆其類者謂之禍，夫是之謂天政」（〈天論篇〉）是以所謂順其天政，即順自然運行之法則，按其道而順行而不悖逆之謂。吾人養心亦當順天理之法則，按其序而行，庶不逆矣。荀子云：「聖人清其天君，正其天官，備其天養，順其天政，養其天情，以全其天功，如是則知其所為，知其所不為矣，則天地官而萬物役矣。其行曲治，其養曲適，其生不傷，夫是之謂知天。」（同上）

由是可知荀子養生之道，有如莊子之主張，必順其自然之理，養其自然

之性，方爲知天。蓋莊子之全形、全性、全德之宗旨亦莫非與大化相契。荀子養生第一步，乃在使官能不邪用，必使五官各當簿其類，方如是乃得天官之正，並進而清吾人之心君，使心無邪欲，長守此心之大清明，如是方可使「心」司其天君之職而無失，保持其神明之天職，方能洞燭觀照。反之若「暗其天君，亂其天官，棄其天養，逆其天政，背其天情，以喪天功，夫是之謂大凶。」（同上）

　　人若昏亂一己之心，或使聲色臭味過度，不能務本節用，不能順自然之天性，則必使好惡喜怒哀樂無節，而喪其天然之功能，自必招罹大凶。

　　荀子以吾人之心譬如槃水，靜則明，動則昏。故云：「故人心譬如槃水，正錯而勿動，則湛濁在下而清明在上。則足以見鬚眉而察理矣。微風過之，湛濁動乎下，清明亂於上，則不可以得大形之正也。心亦如是矣，故導之以理，養之以清，物莫之傾，則足以定是非，決嫌疑矣，小物引之，則其正外易，其心內傾，則不足以決庶理矣。」（〈解蔽篇〉）

　　按佛法亦云：「藏識海常住，境界風所動，種種諸識浪，騰躍而轉生，非異非不異，海水起波浪，七識亦如是，心俱和合生。」（〈楞伽經〉）故佛法以此「心」乃一大藏識海，諸般境界風，諸識浪皆足以動之，夫未能收得此心，但任波瀾騰躍，終無寧日矣。故荀子以槃水喻心，似與佛法有相通之處。按養心者必導之以理，養之以清，物莫之傾方足以定是非，決嫌疑。故荀子乃發明「精一」之說，以使此心長守正，求精一之理長使此心清明，無爲無強，知危知微，故無須自忍自強，但求內在之大清明而已。荀子曰：「耳目之欲接，則敗其思，蚊蝱之聲聞，則挫其精，是以闢耳目之欲，而遠蚊蝱之聲，閑居靜思則通，思仁若是，可謂微乎……闢耳目之欲，可謂能自彊矣，未及思也，蚊蝱之聲，聞則挫其精，可謂危矣，未可謂微也，夫微者至人也，至人也，何彊何忍何危，故濁明外景，清明內景，聖人縱其欲，兼其情，而制焉者理矣，夫何彊，何忍，何危？故仁者之行道也，無爲也。聖人之行道也，無彊也，仁者之思也恭，聖人之思也樂，此治心之道也。」（〈解蔽篇〉）

　　荀子在此闡明治心之道貴得其理，順其自然之序，無彊、無忍、無危，使此心精微爲一，內外清明，以思仁爲本，荀子讚仁者之思也恭，聖人之思也樂，皆在於此心無牽掛，不爲人欲所蔽，長能達精微之境故能得其清平。

　　荀子以聖人盡情而不過，故能常與理會。故云「聖人縱欲，盡情。」王先謙訓以縱當爲「從」，聖人無縱欲之事，但從其心之所欲而不逾矩。故能不

作違理之事，自弗庸彊制之萌。聖人樂乎性命之理與天道無所不適，故能性與天通，自無往而不自得。此種內在精微與大清明之境，貴由養誠而來。故荀子曰：「君子養心莫善於誠，致誠則無它事矣，唯仁之爲守，唯義之爲行，誠心守仁則形，形則神，神則能化矣。誠心行義則理，理則明，明則能變矣，變化代興，謂之天德。」（〈不苟篇〉）荀子在此強調養心在乎守誠，誠即天德。劉台拱曰：「誠者君子所以成始而成終也，以成始則《大學》之誠其意是也，以成終則《中庸》之至誠無息是也，以言養心莫善於誠，故亦貴由慎獨始耳。」〔註1〕夫誠心行義則理，理則明。蓋凡義行必合條理，而順萬物之情，且能通乎變化，德同於天，故至誠如神，此乃荀子融和《大學》、《中庸》與莊子精神，以達神化之境，又效《易》道陰陽之理，順其序，循其常，以與大化流衍相契。此即荀子發明養心全神之義，由內外俱明，而達此心之神明，誠有得於《學》、《庸》、《易傳》之精神。故荀子曰：「公生明，偏生闇，端愨生通，詐僞生塞，誠信生神，夸誕生惑，此六生者，君子愼之，而禹桀所以分也。」（〈不苟篇〉）此亦荀子發明「誠信至」則通於神明之理。如《中庸》所云「至誠如神」，蓋矜夸妄誕者，自必貪惑於物，心爲物牽，境爲欲蔽，此心昏昧，故多陷窮塞。是以賢者愚者之判別端在此心上求。

此乃荀子論心神修養之極至，俾吾心內外清明，而生大公端愨之意志，俾使此心長得其治，而判是非方不受外境所困惑。故按荀子闡明養心之理，內先在誠俾使心境合一，而內外貫串以存「君子大心則天而道」（〈不苟篇〉）之大功夫。

三、論節欲

荀子以「欲」爲人之不可免，但主「養欲」與「心擇」而已，荀子以吾人之心對於「欲」有抑止之作用，並有主使與節制之功能，且有權衡輕重之心擇標準，故當循正心誠意之途，以「心」爲「欲」之節制。荀子在〈天論篇〉曾闡明「天養」與「天政」之理，認順其類者謂之福，逆其類者謂之禍，此即爲「天政」。故養天官、天職之正，即在乎使天官，各合其職，而勿爲「欲」所掩蔽，所沾染；其應使此心長守清淨，勿爲欲所轄制。故云：「欲不待可得，所受乎天也，求者從所可，受乎心也，所受乎天之一欲，制於所受乎心之多，固難類所受乎天也。人之所欲生甚矣，人之所惡死甚矣，然而人有從生成死

〔註1〕參王先謙《荀子集解》，卷二，〈不苟篇〉，頁28。

者，非不欲生而欲死也，不可以生而可以死也。故欲過之，而動不及，心止之也，心之所可中理，則欲雖多，奚傷於治，欲不及而動過之，心使之也，心之所可失理，則欲雖寡，奚止於亂。」（〈正名篇〉）

荀子說明人之天性有欲，以心為之節制，蓋吾人之心為一大計度，舉凡諸般大欲，皆制於此心之計度，此心原本受之於天，而純一精微，故以有欲之性，聽命於心，以達明心制欲之義。且此心與天理本相契，故心可中理，必以我中理以心，以制無常之欲，方可收制欲之功，是荀子亦重天理之天。

荀子復強調人之欲不可去，亦不可盡，故曰：「欲不可去，性之具也，雖為天子，欲不可盡，欲雖不可盡，可以近盡也，欲雖不可去，求可節也，所欲雖不可盡，求者猶近盡，欲雖不可去，所求不得，慮者欲節求也。」（〈正名篇〉）

荀子以「欲」為「情之應」，「情」為「性之質」，故「性」中實含「情、欲」。人若無欲則無以應其情。是以「欲」乃「性」中之一部分，為天性所具，但為避免其濫用「心」乃負起節制之作用。

荀子以性者成於天之自然，情者性之質體，欲又情之所應，故人必不免於有欲，但以此「心」為欲之權衡，俾知輕重禍福，俾心必以道為準衡。故云：「道者古今之正權也，離道而內自擇，則不知禍福之所託」，荀子以人之心去明「道」正權，以之為指點，方可導欲於正。

人生之所以困惑於禍福所見不清，皆因為欲所蔽而未得其權衡。是以「衡不正，則重懸於仰，而人以為輕，輕懸於俛，而人以為重，此人所以惑於輕重也。權不正，則禍託於欲，而人以為福，福託於惡，而人以為禍，此亦人所以惑於禍福也。」（〈正名篇〉）此即荀子痛言人間為欲所蔽，使輕重失調，禍福顛倒，皆因以欲為可求之故。故荀子教人「明道而內自擇」，全繫於吾人之虛壹而靜與大清明之心境中。

長使此心出於明智之判斷，使欲求無惑於輕重，禍福，則得其權衡之中。故節欲在乎養欲，養欲復貴乎養心，故荀子曰：「性傷謂之病，節遇謂之命。」（〈正名篇〉）以性乃生之所以然者，性之和所生，精合感應，不事而自然。故性之好惡、喜怒、哀樂謂之情；情然而心為之擇、謂之慮。故心擇、心慮，在治性、疏情、養欲之過程中佔極重要之位置。

人生本多困於有欲，但荀子不主張去欲與寡欲，因欲與性情相通本不能去。故云：「凡語治而待去欲者，無以道欲，而困於有欲者也。凡語治而待寡欲者，無以節欲，而困於多欲者也。」（〈正名篇〉）荀子認為凡言治欲者，必使人盡去

欲然後方為治，則是無道欲之術而反為有欲者所困，若必待人之寡欲然後治之，則是無節欲之術而反為多欲者所困。故凡能導欲、化欲者則欲自去，能節欲者欲自寡。故荀子在此亦重潛移默化之功夫，非如後世宋儒所高倡之存天理去人欲之議，蓋人欲中自可彰顯天理，若人欲盡淨，則無以見天理，是故陸子象山極力反對去欲之說。且云：「以道制欲，則樂而不厭，以欲忘道，則惑而不樂。」〔註2〕

荀子既肯定「欲」對於人生之需要，故主張：「目好色、耳好聲、口好味、心好利、骨體膚理好愉快，是皆生於人之情者也。」（〈性惡篇〉）但人欲無窮，究難追循，故除節欲之外，必加以適當之調養，以達養欲之功。故荀子修正孔子之節欲，孟子之寡欲與墨子之禁欲，以使合乎事實之需要。荀子且以養欲之唯一方法乃以禮養正，故曰：「在天者莫明於日月，在地莫明於水火，在物者莫明於珠玉，在人者莫明於禮義。」（〈天論篇〉）又云：「孰知夫禮義文理之所以養情也。」（〈禮論篇〉）由是可知，荀子極重以禮節欲之作用，且指出縱情之危機；而曰：「養生者，粥壽也，故欲養其欲而縱其情，欲養其性而危其形，欲養其樂而攻其心，欲養其名而亂其行。」（〈正名篇〉）此即指出人為物役之危機，故云：「夫是之謂以己為物役矣。」（同上）夫縱情者欲終不可養，蓋皆困於外在之物，故荀子教人勿縱欲當求如何養欲。荀子以養欲之道，莫貴乎「淡」。故云：「心平愉，則色不及傭，而可以養目，聲不及傭，而可以養耳。蔬食菜羹，而可以養口，粗布之衣，粗紃之履，而可以養體，屋室廬庾、葭稾蓐、尚机筵而可以養形。故無萬物之美，而可以養樂，無勢列之位，而可以養名，如是而加天下焉，其為天下多，其和樂少矣。夫是之謂重己役物。」（〈正名篇〉）〔註3〕

荀子在此強調平庸、平淡、平常之理，必常存此平淡之心，則必隨境而安，隨遇而樂，不慕虛華，故耳目之養、口腹之奉，觀似平庸，但知足常樂，蓋愈要求於天下之奉者，則其所得之失望亦愈多。故云：「其為天下多，其和樂少矣。」夫重己役物者，必能以己役物，不為萬物所役，是以歡愉與否，純在一己方寸之間。故荀子極重「心平愉」之修養，有若昔日佛陀所倡之「身

〔註2〕 參《陸象山先生全集》，卷二二，雜著，頁172。
〔註3〕 參《荀子集解》，卷十六，〈正名篇〉，頁287。按原注「不及傭」作所視之物不及傭作之人亦可養目解，實不確焉。梁啓雄氏《荀子約注》，以「傭」與「庸」相通，作平素解，當以梁說為是。

口意，三業清淨」之謂。但欲在外當常使此心不染，則非荀子之本意，荀子主張：「除其害者以持養之，使目非是無欲見也，使耳非是無欲聞也，使口非是無欲言也，使心非是無欲慮也，及至其致好之也，目好之五色，耳好之五聲，口好之五味，心利之有天下。」（〈勸學篇〉）此顯見荀子不主張去除外在可欲之對象，亦不主張封閉吾人所欲之器官，主要在持養此心之清明，以至好學樂道之心達到致極之時，自然而然便收到不爲欲所縶之地步。則彼目好色、耳好聲、口好味、心好利，便自然而昇華，絕不含一絲勉強之意。此即荀子養正去邪之主張，而無一不由治氣養心做起。

然荀子之治氣、養心、節欲，乃化性起僞之步驟，透過「君師」，「禮法」，外在之教化，以配合一己內在養心持正之工夫，俾化私欲，而就公善，以達變化氣質之地步，是故荀子極重後天之教育以及禮樂薰陶之重要。

按孟子所重者乃天人上下之相通，而荀子所重者乃內外心物之相通，此乃二者極大之分別。荀子不重先天之理性乃重後天之修爲與改造，故倡以人制天，以事證理，以理證人，以達事理圓融之境。觀其主要關鍵，端在一「誠」字，故云：「善之爲道者，不誠則不獨，不獨則不形，不形則雖作於心，見於色，出於言，民猶若未從也；不誠則不能化萬物，聖人爲知矣，不誠則不能化萬民。夫誠者，君子之所守也，而政事之本也；唯所居以其類至，操之則得之，舍之則失之，操而得之則輕，輕則獨行，獨行而不舍，則濟矣。濟而材盡，長遷而不反其初，則化矣。」（〈不苟篇〉）是荀子言誠，亦不亞於孟子。

按君子所居貴正，故必止於至誠。以天地以至誠故能化萬物，人亦必至誠，始能收化己化人之效，故荀子在此發明順天道之自然而愼其獨，使吾心長順自然之律令，一切按常道、常則以求其取捨，則外邪自不能入，而能長守此心之清明俾導欲於正。

第二節　樂與教化

荀子師法孔子，極重樂化之教，以之爲陶冶心性，導人向善之工具。故謂：「夫樂者，樂也，人情之所必不免也。故人不能無樂，樂則必發於聲音，形於動靜，而人之道，聲音動靜，性術之變盡是矣。」（〈樂論篇〉）察墨子非樂，以樂爲繁文褥節，無補於政教與民生實用，復以樂奢侈淫逸，亂人心志，無利於生產耕稼，且奪民衣食以附樂。墨子一派特重躬行、操作，以實績利益爲準，

對於人文措施難免有所輕忽之處，故其非樂思想與先儒不合，尤與六藝之教相違，故荀子特駁之不無理由。荀子曰：「樂者，聖人之所樂也，而可以善民心，其感人深，其移風易俗，故先王導之以禮樂，而民和睦。」（同上）

　　按墨子反對樂之理由，莫非基於功利之立場，以之無補於民生，然按儒家之思想，乃主以樂化民。夫詩教、樂教之本意皆在敦化民情移風易俗，以收潛移默化之功，且儒家尤以樂教牽涉一國之國運，入其國觀其樂，而可知其文教之盛衰，故荀子特倡「樂者，審一以定和者也，比物以飾節者也。」〔註4〕荀子更以樂爲培養社會風氣敦睦人心之大本，故云「故樂者，天下之大齊，中和之紀也。」（〈樂論篇〉）

　　但樂之爲聲，亦可流爲淫靡放蕩，邪僻乖張，不但於教化無益，有時反使人心志動蕩，神志散佚。故荀子曰：「夫聲樂之入人也深，其化人也速，故先王謹爲之文，樂中平則民和而不流，樂肅莊，則民齊而不亂……凡姦聲感人而逆氣應之，逆氣成象而亂生焉。正聲感人而順氣應之，順氣感象而治生焉。唱和有應，善惡相象，故君子慎其所去就也。」（〈樂論篇〉）

　　夫樂自有其道，不得其道自亂，墨子所非者，但見其非道之處，自非公允之論。蓋人生貴有境界，而樂中亦自有其境，蓋至樂感人於無形，故曰：「君子以鐘鼓道志，以琴瑟樂心，動以干戚，飾以羽旄，從以磬管，故其清明象天，其廣大象地，其俯仰周旋，有似於四時，故樂行而志清，禮脩而行成，耳目聰明，血氣和平，移風易俗，天下皆寧，美善相樂，故曰：樂者樂也，君子樂得其道，小人樂得其欲，以道制欲，則樂而不亂，以欲忘道，則惑於不樂。故樂者，所以道樂也。金石絲竹，所以道德也。」（〈樂論〉）

　　按荀子之見由音樂可知一國之盛衰，凡樂燕樂邪僻，或充斥殺伐之聲，是皆亂世與淫世，聞其聲而知「道」之不行，人心凌遲，社會萎靡。故荀子形容亂世之徵曰：「其服組，其容婦，其俗淫，其志利，其行雜，其聲樂險，其文章匿而采……賤禮義而貴勇力，貧則爲盜，富者爲賊，治世反是也。」（同上）〔註5〕

〔註4〕孫希旦，《禮記集解》曰：「一者，謂中聲之所止也。」《左傳》云：「先王之樂，所以節百事也，故有五節，遲速本末以相及，中聲以降，五降之後，不容彈矣。」蓋五聲下不踰宮，高不過羽，若下踰於宮，高過於羽，皆非所和也，故審中聲者，所以定和也。亦即「定一」之謂。（見《禮記集解》，卷三十八）

〔註5〕孫希旦《禮記集解》乃以「其服組」者，「組」謂華麗也。《晏子春秋‧諫下篇》曰：「聖人之服，中侻而不駔，今君之服駔華，不可以導眾。」蓋古「組」，

衡荀子斯言而窺之今日正可謂不幸而言中，察當今樂之效用日趨淫靡放蕩，不但未收教化之功，反導人心入於萎靡，此蓋荀子於當日即已提出樂教之重要，其所言之主旨實與昔日季札觀樂之旨趣有相契之處。

第三節　進德知愚與榮辱之大分

一、進德知愚之方

荀子極重修身之道，以遷善爲修身之大本，與實踐力行之方。荀子曰：「見善修然必以自存也，見不善愀然必以自省也。善在身，介然必以自好也，不善在身，菑然必以自惡也。」（〈修身篇〉）此即以「善」爲修飾自整之功夫，俾存於身而須臾不可離，念念以善爲本，見不善必深自省察，以爲憂懼，如惡惡疾然必去而後快。

荀子更重明辨，擇術之交，以見賢思齊，故必擇師友直諫者以爲借鑑，是以云：「故非我而當者，吾師也。是我而當者，吾友也。諂諛我者，吾賊也。故君子隆師而親友，以致惡其賊，好善無厭，受諫而能誡，雖欲無進，得乎哉。」（同上）荀子更進而提出若干修身立德之標準，藉爲行爲之參考，故列舉若干美德與缺憾，欲人趨善於避惡，故云：「以善先人者，謂之教，以善和人者謂之順。以不善先人者謂之諂，以不善和人者謂之諛。是是非非謂之知，非是是非謂之愚。傷良曰讒，害良曰賊。是謂是，非謂非，曰直。竊貨曰盜，匿行曰詐，易言曰誕，趣舍無定，謂之無常，保利棄義，謂之至賊。」（同上）

以上列舉教、順、諂、諛、知、愚、讒、賊、直、盜、詐、誕、無常、至賊之分別，欲人遷善而避惡，以作爲道德上之規範。此外，荀子另就見聞程度之深淺提出若干分類之標準，而謂：「多聞曰博，少聞曰淺。多見曰閑，少見曰陋。難進曰偍（偍作提，弛緩之意），易忘曰漏，少而理曰治，多而亂曰耗。」（〈修身篇〉）此博、淺、閑、陋、偍、漏、治、耗，乃按人德性之深淺，與治事遷善之方法而定，以作爲吾人立德之準據，其目的莫非欲人臻於至善之境。荀子更諄諄告誡，士君子不爲貧窮怠乎道，蓋身勞而心安爲之，利少而義多爲之，良農不爲水旱不耕，良賈不爲折閱不市，此殆爲修身立己之道，其目的莫非達到「體恭敬而心忠信，術禮義而情愛人。」（〈修身篇〉）

「駔」二字相通而混用。「其容婦」者，「容」指姚冶，奇衣婦飾之謂。「其聲樂險」，「險」字乃作「邪」字解。（參梁叔任，《荀子約注》頁285。）

　　按立德之目的在存養君子之操守，故荀子極重君子之德，以之爲立身處世之基本準則，蓋荀子同本孔門義利之辨，繼述其志。故云：「君子之求利也略，其遠害也早，其僻辱也懼，其行道理也勇。」（同上）蓋荀子不重貧富之別，但以得道與否爲準不以身家財貨而論人。荀子更重平素喜怒哀樂之間，俾各得其適；而曰：「君子貧窮而志廣，富貴而體恭，安燕而血氣不惰，勞倦而容貌不枯，怒不過奪，喜不過予，君子貧窮而志廣，隆仁也。富貴而體恭，殺勢也。安燕而血氣不惰，柬理也。勞倦而容貌不枯，好交也。怒不過奪，喜不過予，是法勝私也。」（同上）以上所述乃就富貴貧賤，喜怒哀樂之間，而得其常守之道，使平素各得其宜之謂。

　　人貴自省有自知之明，故唐太宗曾云：「以史爲鑑，可以知成敗，以銅爲鑑可以正衣冠，以人爲鑑可以知得失也。」（《貞觀政要》）荀子以憍泄者，人之殃也，故對存養之道，首在知愚，即洞鑑一己之愚行，俾有所匡正之謂。

　　荀子曰：「快快而亡者怒也，察察而殘者忮也，博而窮者訾也，清之而俞濁者口也。」（〈榮辱篇〉）〔註6〕此喻人貴敦厚寬仁，若肆其快意，恣怒傷人，則終必自亡。蓋少頃之怒，必喪終身之軀，故存養深者，必不易啓怒也。人固當有明察之智，但若以察察爲明，亦流於殘苛，而見忮於人，終必自殘。且凡言辭辯博，而好毀訾人者，終必自傷。又其人外託於情，而陰以行其鄙，則爲言不由衷，近於曲意媚世，亦即孟子所云：「同乎流俗，合乎污世，居之似忠信，行之似廉潔，眾皆悅之，自以爲是，而不可與入堯舜之道，故曰德之賊也。」（〈盡心下〉）此乃孔孟荀三子所共同體驗之感言。

　　荀子極重自處之道，在日常行爲間見其端倪，乃云：「豢之而俞瘠者交也，辯而不說者爭也，直立而不見知者勝也，廉而不見貴者劌也，勇而不見憚者貪也，信而不見敬者，好剽行也，此小人之所務，而君子之所不爲也。」（〈榮辱篇〉）〔註7〕夫以利交者，利盡則絕，故曰豢養之而愈瘠也，此言小人之交矣。又好與人爭而不能委曲以饒人者必敗，凡秉性太過剛直，必不見容於人，

〔註6〕劉師培《荀子補釋》曰：「口」當作「句」，《說文》曰：「句，曲也」，凡從「句」之字，均有「曲義」。又「清之而俞濁者」蓋其人外託於清，而陰以行其鄙，荀子謂之「句」。（見《荀子補釋》，頁8，藝文書局版。）

〔註7〕梁啓雄（叔任）《荀子約注》，以「交」字在此猶「驕」也，特引《詩經》曰：「匪交匪舒」，王引之曰：「交讀曰姣」，《廣雅》云：「姣，侮也。」故以「交」含有侮與驕解，此言人欲養其尊榮，結果反適得其反，皆由驕傲使然，此種解釋與楊倞注及王先謙集解皆不同，可供參考。

乃由好勝人故。又刻己太過，不合中道，則必廉而傷人，如此則人亦不貴之。此外，勇而無謀，毫無顧忌，一意孤行，則亦為利祿鬬狠之輩。又太過自信，則流於專斷，亦有所失於人，此皆小人之道，君子必知其愚，而切戒之。

荀子以「仁義德行，常安之術也，然而未必不危也。汙僈突盜之術也，然而未必不安也，故君子道其常，而小人道其怪。」（〈榮辱篇〉）蓋世有行仁義而危者，如孔子拘於匡，厄於陳蔡是。亦有行盜而安者，如盜跖、莊橋之流是。但君子守道之常經，不以一時之窮通而易其志，小人則乘一時之利便，未始不安，然終則自食其厄，故君子守其常道不以一時之利害而斤斤計較。

二、榮辱之大分

人生在世，貴辨榮辱之大分，故荀子曰：「先義而後利者榮，先利而後義者辱。榮者常通，辱者常窮，通者常制人，窮者常制於人，是榮辱之大分也。」又云：「材慤者常安利，蕩悍者常危害，安利者常樂易，危害者常憂險。」（〈榮辱篇〉）〔註8〕故榮辱之分，非天所降，乃人之自取，皆由於未能盡己之故。

人輒見利而忽害，故凡動必陷，自取其辱，故荀子教人慎去就之間，而勿輕舉妄動。故云：「凡人之患，偏傷之也，見其可欲也，則不慮其可惡也者。見其可利也，則不顧其可害也者，是以動則必陷，為則必辱，是偏傷之患也。」（〈不苟篇〉）此乃荀子教人見其可欲必前後慮其可惡，見其可利則必前後慮其可害，必兼權之孰計之，然後定其欲惡之取捨，方如是始不致失陷，亦即當全面估計其問題之所在，而勿作偏面之估計。

觀乎人莫不求榮而避辱，但荀子亦陳明侮辱之至理，蓋人皆以見侮為辱，故鬬也。知見侮之為不辱，則不鬬矣。然侮與不侮乃決之於惡與不惡也，非在侮本身。故荀子曰：「直以欺人，則不仁，不仁不知，辱莫大焉。」（〈正論篇〉）此殆說明不仁、不智方為大辱，故荀子以榮辱為人之大分不可不辨。但榮辱之間，人多混淆難明，荀子乃詳予剖析俾人人有所遵循。

荀子認為有義榮者，有勢榮者，有義辱者，有勢辱者，此中不可不察。茲析之如下：

（一）義榮：所謂義榮，荀子以「志意脩，德行厚，知慮明，是榮之由

〔註8〕按材慤者之「材」字，乃「朴」字之誤，乃指樸質之人常安和樂利，而慓悍之人，必自取憂危。（見王先謙《荀子集解》，頁36。）汪中曰：材疑當作朴字之誤，朴慤與蕩悍，安利與危害、樂易與幽險、壽長與夭折皆相對文，王念孫曰：《大戴禮記》，〈王言篇〉，以樸、朴、璞相通也。（同上）

中出者也，夫是之謂義榮。」（〈正論篇〉）此種榮譽，不在乎外在之事功，乃純出乎一己德性之光輝，爲一己人格之顯露，由中而發，可以感人至深，此乃德性之榮譽，爲榮中最高者，亦即立德之榮。

（二）勢榮：「爵則尊，貢祿厚，形勢勝，上爲天子諸侯，下爲卿相士大夫，是榮之從外至者也，夫是之謂勢榮。」（同上）此所云之勢榮，即以高官厚祿，地位權勢，與外在之事功，而得之榮譽，非由一己之德性所顯發者，荀子頗輕之，此非聖人之徒所當求者。蓋荀子以仲尼之門，無道桓文之事者，故棄之如鄙屣，蓋功名利祿，卿相尊位，固可顯赫於一時，但終非修德安仁，其得之亦必失之，故不足爲榮也。

（三）義辱：「流淫汙僈，犯分亂理，驕暴貪利，是辱之由中出者也，夫是之謂義辱。」（同上）此所云之義辱即指一己之行爲犯分亂理，不合禮義之中，違背人倫之道，與聖人之教訓，而自招恥辱，是一己德性之欠缺，與人格之污點，故當引爲極恥大辱，此種辱乃一己不能修德安仁所自招，荀子認爲乃辱中最甚者，故君子忌之。

（四）勢辱：「詈侮捽搏，捶笞臏腳，斬斷枯磔，藉靡舌纆，是辱之由外至者也，夫是之謂勢辱。」（同上）此所云之勢辱，純由外在之形勢所加者，如遭人之陷害，或受敵人逼迫致身受苛刑，如孫子之臏腳，史遷之腐刑，文王之囚於羑里，皆係外力所加之辱，而非本身人格或德性有所虧欠所致，故荀子認此無傷於君子之爲君子。

以上乃荀子陳明榮辱之兩端，「故君子可以有勢辱，而不可以有義辱。小人可以有勢榮，而不可以有義榮。有勢辱無害爲堯，有勢榮無害爲桀。義榮、勢榮，惟君子然後兼有之。義辱、勢辱，惟小人然後兼有之，是榮辱之分也。聖王以爲法，士大夫以爲道，官人以爲守，百姓以爲成俗，萬世不能易也。」（〈正論篇〉）

荀子在此對榮辱之大分，可曰言之甚詳，且切中大體，夫君子不好勢榮，但存義榮。有義榮而無勢榮，乃得爲聖之樂，小人則反是。君子不懼勢辱，但畏義辱，義辱乃一己之犯分亂理與失節不合禮義之中，故君子當存禮義以行。至勢辱者，尤當處亂世之中在所難免者，君子執義不懼強權，雖勢有所難免，亦必毅然受之，而無損乎其人格之尊嚴。夫匹夫受辱，拔劍而起，流血百步，對大義無所補，故君子知致曲之道，而能弘忍以待之大義。是以荀子以義榮，勢榮唯君子然後兼有之，而義辱、勢辱，亦唯小人然後兼有之，

此乃榮辱之大分，歷來聖王、士大夫莫不以此爲守，誠乃歷久不易之至理。

第四節　君子與小人之辨

　　按君子與小人之分別，在春秋戰國之際，本係社會地位之差別，小人者乃指野人，即一般農工庶民是，而君子者泛指一般之士人。孔孟所論之君子小人則已重道德意義，不重經濟與社會之差別，荀子亦循此種原則，以論君子與小人之別。惟觀《荀子》全書，論君子小人之處，散見各篇，茲謹歸納其要者論列如下：

　　（一）君子博學而日參省乎己：荀子且引《詩》曰：「嗟爾君子，無恆安息，靖共爾位，好是正直，神之聽之，介爾景福。」（《詩·小雅小明》之篇）是博學之中，以禮爲貴。故云：「學至乎禮而止矣，夫是之謂道德之極。」按學有所到自能不傲、不隱、不瞽、謹順其身，且能知己之不全、不粹而引以爲成。（《勸學篇》）

　　（二）君子貧窮而志廣，隆仁也，富貴而體恭，殺勢也：此蓋君子仁愛心切，所思者廣，務於遠大以濟物。不重權勢而平易近人，誠如《尚書》所云：「無有作好，遵王之道，無有作惡，遵王之路。」（《書·洪範》）此正君子以公義勝過私欲之謂。

　　荀子認爲君子之求利也略，其遠害也早，其避辱也懼，其行道理也勇，君子志意修則驕富貴，道義重則輕王公，內省重而外物輕，故乃曰：「君子役物，小人役於物。」（〈修身篇〉）

　　（三）君子行不貴苟難，說不貴苟察，名不貴苟傳，唯其當之爲貴，此蓋君子所行當合乎禮義，一切貴得禮義之中，故云：「然而君子不貴者，非禮義之中也。」（〈不苟篇〉）

　　君子存養深厚，寬而不慢，廉而不劌，辯而不爭，察而不激，寡立而不勝，堅疆而不暴，柔從而不流，恭敬謹慎而容，荀子更引《詩》云：「溫溫恭人，惟德之基，此之謂矣。」（《詩·大雅仰之篇》）又云：「君子能亦好，不能亦好，小人能亦醜，不能亦醜，君子能則寬容易直以開道，不能則恭敬繜絀以畏事人，小人能則倨傲僻違以驕溢人，不能則妬嫉怨誹以傾覆人，故曰君子能則人榮學焉，不能則人樂告之。小人能則人賤學焉，不能則人羞告之，是君子小人之分也。」（〈不苟篇〉）此蓋君子謙受益而小人易溢滿而自驕。

（四）「君子隆師而親友，以致惡其賊，好善無厭，受諫而能誡，小人反是，致亂而惡人之非己也，致不肖而欲人之賢己也，心如虎狼，行如禽獸，而又惡人之賊己也。」（〈修身篇〉），此說明君子好益諫之友，而小人每好阿諛諂媚之徒。

（五）君子，小人之反也：「君子大心則天而道，小心則畏義而節。」（〈不苟篇〉）又云：「知則明通而類，愚則端愨而法見由則恭而止，喜則和而理，憂則靜而理。通則文而明，窮則約而詳。」（同上）此蓋君子則天道而行，循自然之法則，不敢有所隕越，於喜憂之間皆能中理而不狂悖。通達與不遇，皆不足以易其志節。「小人則不然，大心則慢而暴，小心則淫而傾，知則攫盜而漸，愚則毒賊而亂，見由則兌而倨，見閉則怨而險，喜則輕而翾，憂則挫而懾，通則驕而偏，窮則棄而儑。」（同上）這說明小人貪利不知止而其所立心之處莫非功利，以詐欺、攫盜、幽險而不知慚，以徼幸有成則倨傲，遇得意喜樂之事則輕佻而失態，遇挫折憂慮之事則懾畏而不知所措，通達時驕氣凌人，窮困時則自暴自棄而自憂。故曰：「君子兩進，小人兩廢。」（〈不苟篇〉）此所謂君子兩進者乃知德兼修以仁術、禮義皆舉而興之，而小人兩廢者乃智德皆弛，卒馴至鮮廉寡恥之地步。

（六）君子養心莫善於誠，唯仁之為守，唯義之為行：此即君子以誠成始成終，王念孫曰：「君子非仁不守，非義不行，故曰無它事。」蓋君子致誠在乎仁義，故云：「君子誠心行義則理，理則明，明則能變化，變化代興，謂之天德。」（〈不苟篇〉）蓋至誠之心，必洞矚天地之理，效天地變化之道而隨時時適之。

（七）君子道其常，小人道其怪：君子所道者乃仁義德行常安之術，小人則道汙慢突盜，好欺誕道怪常危之術。故君子以信，亦欲人之信己。君子注錯之當，而小人注錯之過。此所謂「注錯」，王先謙認為乃作注意解，亦即君子與小人所注意者不同。（〈榮辱篇〉）

（八）君子賢而能容罷，知而能容愚，博而能容淺，粹而能容雜，夫是之謂兼術：此言君子能容、能兼，蓋其博識所然，故對疲弱不任事者，愚而好自用者，淺而好誇者，雜而不精者，皆能兼容。小人則反是，不能兼容人，而反道人之非。（〈非相篇〉）

（九）君子必辯，小人辯言險，而君子辯言仁：荀子以君子之辯乃為大義，而小人之辯不過揚己。（〈非相篇〉）

（十）「君子敬其在己者，而不慕其在天者。小人錯其在己者，而慕其在

天者。君子敬其在己，而不慕其在天者，是以日進也。小人錯其在己者，而慕其在天者，是以日退也。」（〈天論篇〉）荀子強調君子一切盡其在己者自食其力，不僥倖苟得。王先謙謂：「在天謂富貴也。」（〈天論篇注〉）即君子但問盡一己之力，至於富貴與否，則置之不問，而小人不盡其在己者，每日但望徼倖而待。但求未知之數以富貴自期，此所以君子日進而小人日退。

　　以上十點乃荀子所述君子與小人之辨中之大要者，其餘瑣節則不贅述。

第五節　儒者之氣節

　　自古以來大儒之立身處世，向以法先聖先賢與仲尼之志，以修聖人之學，操持謹嚴而自任，以大節在而自期，故荀子因之，乃云：「仲尼之門人，五尺之豎子，言羞稱乎五伯。」（〈仲尼篇〉）按五伯雖霸稱天下，但彼等去大節德行甚遠，故非荀子所樂道，而為儒者所不齒，且以之為羞。觀自古大儒皆不以權貴為志，故荀子乃倡君子無爵而貴，無祿而富，務積德於身，而處之以遵道，通則一天下，窮則獨立貴名，天不能死，地不能埋，桀跖之世不能污（〈儒效篇〉），此乃儒者持志行道所應有之操守與氣節，由此可見儒者之特立獨行，與廉潔可風之處。

　　荀子又以：「主尊貴之，則恭敬而僔，主信愛之，則謹慎而嗛。主專任之，則拘守而詳，主安近之，則慎比而不邪，主疏遠之，則全一而不倍，主損絀之，則恐懼而不怨。貴而不為夸，信而不處謙，任重而不敢專，財利至則善而不及也，必將盡辭讓之義，然後受。福事至則和而理，禍事至則靜而理。富則施廣，貧則用節，可貴可賤也，可富可貧也，可殺而不可使為姦也，是持寵處位，終身不厭之術也。雖在貧窮徒處之執，亦取象於是矣，夫是之謂吉人。」（〈仲尼篇〉）〔註9〕

　　察志修德厚者，多為世所讒，當精進不已不為窮通而易其操持，平素貴澹泊自甘不為勢屈，此乃亂世中之真君子。蓋正身之士，捨貴而為賤，捨富而為貧，捨佚而為勞而不失其所者，是乃長存大儒之宗風者。

〔註9〕按恭敬而僔之「僔」字，與「撙」字同，乃卑退之義，「嗛」與歉同，謂不足義，言不敢自滿之意，亦與「謙」字同義。（參王先謙《荀子集解》，卷三，〈仲尼篇〉，頁69。）

第六節　論勇德與法水之為性

一、論勇德之等次

西儒亞理士多德，曾撰《宜多邁倫理學》，於第六章至第九章，論勇德頗詳，亞氏以勇德貴在應付困難艱險之環境而能合乎中道，蓋勇德本以信心為準。〔註10〕

荀子以勇之為德亦嘗論述之，茲以上中下三項分述如下：

（一）上勇：「天下有中，敢直其身，先王有道，敢行其意，上不循於亂世之君，下不俗於亂世之民。仁之所在無貧窮，仁之所亡無富貴。天下知之，則欲與天下同苦樂，天下不知之，則傀然獨立天地之間而不畏，是上勇也。」（性惡篇）此蓋有道之世，則行其志，亂衰之世，則不隨世俗而浮沉，惟居仁由義，雖臨凍餒飢餓困厄之境，亦當念念居仁不以為窮。夫去仁棄義而富且貴必視之如鄙屣。天下人知遇之則與天下人共休戚甘苦，天下人不予知遇亦能特立獨行不為俗遷，此乃荀子心目中之大智大勇之士，故曰上勇。

（二）中勇：「禮恭而意儉，大齊信焉而輕貨財，賢者敢推而尚之，不肖者，敢援而廢之，是中勇也。」（〈性惡篇〉）

此言為人能莊敬中正，見賢思齊，且重義輕利，不以財貨為念，更能推崇賢能、罷黜不肖幷仗義執言之輩此乃中勇之士。

（三）下勇：「輕身而重貨，恬禍而廣解，苟免，不恤是非然不然之情，以期勝人為意，是下勇也。」（〈性惡篇〉）

此輩只知恬然苟安，重財貨而輕自身，遑論仁義之道。只知苟於患難，不以為恥，復廣自解說托詞自安，復不能辨是非曲直，但以言辭勝人為快，是乃血氣之輩匹夫之勇者。

以上荀子所言勇德之三類，乃聖賢、君子、小人之大別，荀子特崇勇者之德，當以上勇為先，中勇次之，居聖賢者當以上勇為念。

二、法水之為性

老子深讚水之為德，故曰：「上善若水，水善利萬物而不爭，處眾人之所

〔註10〕亞里士多德，《宜多邁倫理學》第六至九章，言勇德頗詳，並辨勇敢與魯莽以及懦弱之分別，更申論勇德之要素。亞氏以勇德乃應付艱危環境，使合乎中道，而有信心之謂。

惡，故幾於道。」(《老子》八章) 荀子亦有感於水之爲德，故特引孔子之言，加以申論俾欲人人效法之。

〈宥坐篇〉曰：「孔子觀於東流之水，子貢問於孔子曰：君子之所以見大水必觀焉者，是何？孔子曰：夫水，大徧與諸生，而無爲也，似德。其流也，埤下裾拘，必循其理，似義。其洸洸乎不淈盡，似道。若有決行之，其應佚若聲響，其赴百仞之谷不懼，似勇。主量必平，似法。盈不求概，似正。淖約微達，似察。以出以入，以就鮮絜，似善化。其萬折也必東，似志。是故君子見大水必觀焉。」〔註11〕

由以上荀子所述孔子言水之爲德，實與老子《道德經》所云者相互媲美，老氏有見於水性柔弱以勝剛強，故特倡上善若水之義，孔子亦深契於老氏所見，但所述尤較老子爲精益，且參乎造化之神妙，以曲盡水德之極致。茲析之如下：

（一）水具生生之德：水流善澤萬物使生命滋長，有所作爲卻不居其功，似老氏所云，上德不德之義，且無爲而爲，使萬物並生而不枯竭，蓋水之生德有之致之，故大聖若水，必生澤萬有，而不居其功。

（二）水勢流卑，必循其理：夫水勢趨下與萬物不爭，無亢高之患，誠如知謙君子，未敢自高，復似義者無不循理。誠如老子所云：「江海所以爲百谷王者，以其善下之，故能爲百谷王。」(《老子》六六章)

（三）水流潺潺，其源無窮：荀子曾云：「君子養原，原清則流清。」(〈君道篇〉) 夫水流淵遠流長，浩浩不盡，故君子必效水之源流。水流滉滉，眾流澎湃，萬脈朝宗，似道之無所不衍，以造福於群倫。

（四）水赴百仞之谷不懼，似勇：此誠如老子所云：「以天下之至柔，馳

〔註11〕　梁啓雄《荀子約注》以：「夫水徧與諸生而無爲也」，今本「徧」上衍大字，乃據王據初學記校勘者。又「其流也埤下，裾抱必循其理」，劉師培氏《荀子補釋》曰：「裾拘」，即《考工記》之倨句也。《考工記‧冶人職天》云：「已倨則不入，已句則不決。」又云：「是以句倨外博」，「戟倨中矩」。《考工記‧匠人職》曰：「凡行奠水磬折以參伍」，而澮畎諸字，古文作〈《《巛，即象磬折之形。故荀子之「裾拘」一語，與匠人所言之「磬折」同，乃水形之一倨一欹，曲相抱合之謂。(參劉氏《荀子補釋》，頁81。)
又其「洸洸乎不淈盡」，淈，讀曰屈，竭也，似道無窮也。《說文》曰：「洸作水涌光也。」「盈不求概」，楊倞注曰：「概」平斗斛之木，言水盈滿則不待概而自平，如正者，乃不假刑法之禁也。「淖約微達」，淖當爲綽，即柔弱之意。(參《荀子約注》頁390。)

騁天下之至堅。」（《老子》四十三章）又云：「天下莫柔弱於水，而攻堅強者，莫之能勝，以其無以易之，弱之勝強，柔之勝剛，天下莫不知，莫能行。」（《老子》七十八章）

荀子以水之積而決行之，必如排山倒海之勢，沛然莫之能禦，赴百仞之谷而不懼。

（五）水流盈科，注必平之：觀乎水流所至，必注平而後溢，勿庸衡準，此乃象徵水之公平而得其正，故君子之作爲必效水德之公正。

（六）水流通達，無微不入：水性雖柔弱，然浸淫一切，無微不注，君子亦當效之而無微不察。

（七）水性素潔，能淨萬物：萬物出入於水，其污自去，故水有善化、淨化之功用，荀子以君子亦當去惡就美，效水潔淨之性，且能清滌萬污，是以君子處世當有潔淨社會敦化民俗之功。

（八）水流曲折，但莫不東流：此喻君子處世雖遇百折亦必不撓，當效水性，衝決萬難，雖迂迴曲折，但終必歸宗於道，路途雖坎坷，世道雖艱險，君子亦必心志不衰，雖千里迢迢，亦當率性以赴之。

以上乃荀子深讚水之爲德，欲人效法而行，誠有得於孔子之教與老氏之說而能兼融之而見諸於日常行事之間。

第十一章　荀子之政治社會道德觀

第一節　荀子之正名與禮治之關係

　　孔子論政，立行仁與正名二要旨，其中仁道大申於孟子，而正名卻更備於荀卿。且荀子可謂集先秦禮論之大成者，然孔荀說禮，均從周道，而非另闢宗風，徵諸古籍，春秋時人之論禮，多含廣狹二義：其狹義者乃指禮之儀文形式，而廣義者，乃指一切之文物典章制度而言，故荀子所云之禮，實係典章法制之別稱。

　　觀乎《左傳・昭公五年》載：「公如晉，自郊勞至於贈賄，無失禮。晉侯謂女叔齊曰：魯侯不亦善於禮乎。對曰：魯侯焉知禮。公曰：何為，自郊勞至於贈賄，禮無違者，何故不知。對曰：是儀也，不可謂禮。禮者所以守其國，行其政令，無失其民者也。」〔註1〕又《左傳・莊公二十三年》：「公如齊觀社，非禮也，曹劌諫曰不可。夫禮所以整民也，故會以訓上下之則，制財用之節，朝以正班爵之義，帥長幼之序，征伐以討其不然。」〔註2〕

　　由以上所引《左傳》之義觀之，可知禮在春秋戰國時，並非徒為儀文，實乃治國正民之典章制度。儒者固亦嫻悉儀節，然觀《儀禮》、《禮記》所載可知，孔子本身即為知書達禮之大儒，墨子非儒，以儒者為繁飾禮樂以淫人，

〔註1〕《左傳會箋》云：昭公名稠，襄公子，母齊歸。以周景王四年即位，在位凡二十五年，遜於齊，在外八年，凡三十三年，薨於乾侯。昭公即位當年如晉，即往見之意。

〔註2〕按《左傳・莊公二十三年》所載，亦見諸《國語》卷四，〈魯語上〉，惟文小異。整民作正民解。

但孔子厥在擴大禮之範圍，並加深其意義，遂成正民治國之要術，故曰：「禮云，禮云，玉帛云乎哉。」（〈陽貨篇〉）

荀子倡禮治，實係法治之先河，其禮者，乃係理天下君臣父子兄弟之倫，政經財用之制，與軍賓嘉之要署。

總言之，禮者實治法與治人之所本，故禮法間之界限本極微細，而難以驟定；蓋法亦有廣狹二義，與禮相似，狹義者專指聽訟斷獄之律例，廣義者，乃指治政整民之諸般典章制度。故就其狹義而言，禮法之區別顯然二判，然就廣義言之，則二者實有相同之處，蓋宗周之前，封建宗法之社會未廢，其關係重人，故制度尚禮，其冠婚喪祭，鄉射飲酒，朝會聘亨之種種儀文，皆足以維繫社會秩序之安定。及宗法社會既衰，重人之關係漸泯，而從地從事之關係頓興，故為政者無法按昔日親族倫理之制度而為措施，必以廣義之禮與法度以施政整民，故言禮者並非純儒，法家早期亦即禮之宗徒，然尚未陷入申商之底奧。

荀子既崇禮重制，故必趨於尊君之途，蓋乏君主集權之威勢，則法無以推行，然荀子認為君主雖可專權而不可獨治，故人主必將有便嬖左右足信者，藉為窺遠收眾之門戶牖嚮。易言之，即以卿相輔佐之，藉為治者之「基杖」。故云：「人主不可以獨也，卿相輔佐，人主之基杖也」，「故人主必將有足使喻志決疑於遠方者。」〔註3〕以便內佐國政而外使於四鄰諸侯。

然禮治之始，首貴正名，荀子曰：「王者之制名，名定而實辨，道行而志通，則慎率民而一焉。故析辭擅作名以亂正名，使民疑惑，人多辨訟，則謂之大姦，其罪猶為符節度量之罪也。故其民莫敢託為奇辭以亂正名，故其民愨，愨則易使，易使則公。其民莫敢託為奇辭以亂正名，故其壹於道法，而謹於循令矣。如是則其迹長矣，迹長功成，治之極也，是謹於守名約之功也。」又曰：「夫民易一以道，而不可與共故，故明君臨之以勢，道之以道，申之以命，章之以論，禁之以刑，故其民之化道也如神，辨勢惡用矣哉。」（〈正名〉）

荀子正名之法其原出於仲尼，然孔子以仁愛為政治之本，故為政在乎仁術。荀子正名則以性惡與禮治相連，略失仲尼溫厚之旨，及至李斯受之以相始皇，遂發為「辨黑白而定一尊」之政策矣。

然荀子雖極言治法卻實重治人，其內容悉歸之三代聖王以為矩範，孔子

〔註3〕參《荀子・君道篇》，荀子將人材分為三等，一為官人使吏之材，二為士大夫官師之材，三為卿相輔佐之才。

自謂從周，又斥生今之世而反古之道，但荀子卻承其意，而發爲法後王之說。蓋孟子衞道，不惜以學說攻學說，至於荀子則爲人君立正名禁惑之法，不啻爲始皇禁絕言論開其先河，荀子之存心雖未必如是，但其操術則難免流於此效果。

第二節　王霸之辨與道術

荀子之時正當霸主稱雄日亟，國際社會叱咤風雲之際，人君世主，莫不稱霸擅權，魚肉人民；荀子固尊崇君主，以之爲推行禮治與教化之本，但其心目中卻甚重王霸之辨，以及道術與治術之關係。易言之，亦即以道術引導治術，大凡治術違反道術者，當爲荀子所不取。故荀子之基本立場，即是「用國者，義立而王，信立而霸，權謀立而亡。」（〈王霸篇〉）按荀子雖推重君主之地位，但其心目中之君主，乃爲一代之聖哲而能推行教化者，故爲開明之聖王與哲君。乃曰：「君者舟也，庶人者水也，水則載舟，水則覆舟，此之謂也。故君人者欲安，則莫若平政愛民矣。欲榮，則莫若隆禮敬士矣。欲立功名，則莫若尚賢使能矣。是君人者之大節也，三節者當，則其餘莫不當矣，三節者不當，則其餘雖曲當，猶將無益也。」（〈王制篇〉）

荀子繼云：「故修禮者王，爲政者彊，取民者安，聚斂者亡，故王者富民，霸者富士，僅存之國，富大夫，亡國富筐篋，實府庫。筐篋已富，府庫已實，而百姓貧，夫是之謂上溢而下漏，入不可以守，出不可以戰，則傾覆滅亡，可立而待也。」（〈王制篇〉）

荀子對王霸之辨，其說辭雖未必盡同於孟子，但孟荀二子固同出乎孔子，故其主旨則有相契之處。孔孟重君主之道德而不重其權勢，至於申商則重君主之權勢，而不求其道德；荀子乃兼重之集成而並美。惟荀子所重之權勢，乃聖王之權勢，亦王道之極者，固非昔日時君世主之威權，蓋荀卿當時極目所見者，齊則威、宣、湣三王。燕則子喩，楚則頃襄，趙則孝成，秦則昭襄，凡此諸君，固無一可爲荀子心目中治人理想之依據。及至秦漢以後，曲學之儒，竊荀子尊君之義，附以治人之說，阿君之好，極盡推崇之能事，流風所播，遂至庸昏淫暴之主，層出不窮，不僅操天下之大鼎，且亦擅竊重華之名號，以實亂名，貽害匪淺，此則非荀子所能逆料，亦其立說之初所未曾細予考慮處。是以荀子重君之說，不若孔孟之重君王之德而不重其權柄。然荀子

所倡王霸之辨，正亦其聖王之治之基礎。

荀子以君王有三等，王者貴得人心，乃居一切之上，其次為得其國，其下則專得疆土而已，故云：「王奪之人，霸奪之與，彊奪之地。」〔註4〕蓋得人心者，則王天下，諸侯莫不咸服稱臣，而奪人國者，則與諸侯相匹，至奪人地者，則天下莫不敵之矣。故云：「奪之人者臣諸侯，奪之與者友諸侯，奪之地者敵諸侯。臣諸侯者王，友諸侯者霸，敵諸侯者危。」（〈王制篇〉）蓋得乎人之疆土者，必失其人心，而成眾矢之的。故荀子乃言「王者之人」，「王者之制」，「王者之論」與「王者之法」以明王道之極致，茲分述之如下：

（一）王者之人：「飾動以禮義，聽斷以類，明振毫末，舉措應變而不窮，夫是之謂有原，是王者之人也。」（〈王制篇〉）此所謂王者之人，實指王者本身對人之關係，其動作必以禮義自飾，凡聽斷之事，必得其善類，不苟細微之辨，一切舉措必使合乎中道，方如是乃得為政之本。

（二）王者之制：「道不過三代，法不貳後王，道過三代謂之蕩，法貳後王謂之不雅。」（同上）此即荀子尊後王之論，以法古久遠難信，故不如法今之有效，此外，王者於各種制用，則宜效古制之長，不宜擅自變更，是又略帶崇古之色彩。

（三）王者之論：「無德不貴，無能不官，無功不賞，無罪不罰，朝無幸位，民無幸生，尚賢使能，而等位不遺，析愿禁悍，而刑罰不過。」（〈王制篇〉）此所謂王者之論，王先謙作「王者之倫」，即作王者之倫等解，亦即王者所應具之胸次，器識與倫等，必使百姓曉然於其大公無私之精神。

（四）王者之法：「等賦、政事、財萬物，所以養萬民也。田野什一，關市幾而不征，山林澤梁，以時禁發而不稅，相地而衰政，理道之遠近而致貢，通流財物粟米，無有滯留，使相歸移也。」（〈王制篇〉）此言王者必取之於民，用之於民，稅賦捐徵，皆為民用而發，必以其時而理，不可苛求與橫征暴斂。

以上所云王者對人之關係，政制之措施，施政之法則，與賦稅之公允與否，皆為施政之要道，與疆國之本，乃為政者所不可忽之處，故荀子特論之頗為綦詳。

另於〈王霸篇〉，荀子言王霸之根本分辨處頗詳，荀子更諄諄告誡，行一不義，殺一無辜，而得天下，仁者不為，此殆與當今只求目的，不擇手段之說法，大違其旨趣。荀子尤特從史例中舉例說明，有關義立、信立、謀立、三者之關

〔註4〕楊倞注曰：王奪之人，此「人」字指賢人而言，「與」字指國。

係如下：

（一）以國齊義，一日而白，湯武是也，湯以亳，武王以鄗，皆百里之地也，天下爲一，諸侯爲臣，通達之屬，莫不從服，無它故焉，以濟義矣，是所謂義立而王也。

（二）以國齊信：德雖未至也，義雖未濟也，然而天下之理略奏矣，刑賞已諾信乎天下矣，臣下曉然，皆知其可要也。政令已陳，雖覩利敗，不欺其民，約結已定，雖覩利敗，不欺其與，如是則兵勁城固，敵國畏之，國一綦明，與國信之，雖在僻陋之國，威動天下，五伯是也。是所謂信立而霸也。

（三）以國齊謀，挈國以呼功利，不務張其義，齊其信，唯利之求，內則不憚詐其民，而求小利焉，外則不憚詐其與，而求大利焉。內不脩正其所以有，然常欲人之有，如是則臣下百姓莫不以詐心待其上矣，上詐其下，下詐其上，則是上下析也，如是，則敵國輕之，與國疑之，權謀日行，而國不免危削，綦之而亡。（〈王霸篇〉）

以上三者，可謂乃「義立」、「信立」，與「謀立」所不同之結果，「故道王者之法，與王者之人爲之，則亦王。道霸者之法，與霸者之人爲之，則亦霸。道亡國之法，與亡國之人爲之，則亦亡，三者明主之所以謹擇也。而仁人之所以務白也。」（〈王霸篇〉）由是可見，荀子不僅重人道，亦重群道，以政治道德乃爲群道之要，故荀子於〈天霸篇〉中闡之甚詳，對治道之借鑑頗有價值。

第三節 統馭道德與任人之道

國家之強弱，在乎治理之是否得當，故爲政在人，是以荀子以有亂君而無亂國，有治人，無治法。蓋治法必因應時代之需要，而作適時之變革，而未可墨守成規。故天下無常法而法亦不能獨立自存。荀子謂：「法不能獨立，類不能自行，得其人則存，失其人則亡。法者，治之端也，君子者，法之原也，故有君子，則法雖省，足以徧矣。無君子，則法雖具，失先後之施，不能應事之變，足以亂矣。不知法之義，而正法之數者，雖博，臨事必亂，故明主急得其人，而闇主急得其勢。急得其人，則身佚而國治，功大而名美上可以王，下可以霸。不急得其人而急得其勢，則身勞而國亂，功廢而名辱，社稷必危。故君人者，勞於索之，而休於使之。」（〈君道篇〉）

　　由是可知荀子實重治人，不重治法，尤不重其勢，殆與後來法家如李斯、韓非、申商等大異其趣。荀子究不失為儒者之宗風，乃本孔子之雅教以論為政與得民之道者。

　　按古代民少事簡，法令典章，自必省約，而當今民廣事繁，凡百事務，皆必本乎法而施行，故致法令益行滋章。惟法之為治不在眾寡，端在得要，且徒法不足以自行，是以治人實有甚於治法者。荀子雖主禮治，而發展為以後之法治，但其根本精神，厥在乎治人之本身，是以對統馭者之道德與道術，尤為關切。總觀荀子以治者得人為正，得勢為下，蓋得人自必得勢，而得勢卻未必可得人。故荀子認為統馭之德首在「索人」非在「使人」，所謂索人，即力求天下之賢者以任之，使參贊天下之大政；而使人者，但知役人，使天下人，而不知作培育舉荐之功，是愈欲使人，而天下人心愈離。茲斟酌荀子有關統馭之諸德，分述如下：

　　（一）為政勿好權謀：荀子以「上好權謀，則臣下百吏必皆誕詐之人，乘是而後欺。」（〈君道篇〉）蓋天下最大之權術乃不用權術，此正荀子本乎孔子至誠之說之精神感召。

　　（二）為政勿好貪利：「上好貪利，則臣下百吏乘是而後豐取刻與，以無度取於民。」（同上）蓋為政者，必取之於民，悉用之於民，若是，則民樂供賦。否則必流為苛征暴歛，而致民用不足。此殆與孟子薄賦稅、節用度，輕利而好義，有異曲同工之處。

　　（三）為政者必致忠信：「君子者，治之原也。官人守數，君子養原，原清則流清，原濁則流濁，故上好禮義，尚賢使能，無貪利之心，則下亦將綦辭讓，致忠信，而謹於臣子矣。」（同上）按儒家論政與為人不可分，立政之道亦不外忠信篤敬，蓋忠信乃為政之本，夫民無信不立，故為政必以大信昭示天下使民共同欽仰。

　　（四）為政應大公無私：「請問為人君，曰：以禮分施，均徧而不偏。」（同上）此亦即效天無私覆，地無私載，日月無私照之大義，亦即《尚書·洪範篇》中所云之，無偏無陂，王道蕩蕩之理。故荀子曰：「明主有私人以金石珠玉，無私人以官職事業，是何也，曰：本不利於所私也。」（同上）

　　（五）為政者在乎先修其身：「請問為國，曰聞修身，未嘗聞為國也。君者儀也，儀正而景正。君者槃也，槃圓而水圓，君者，盂也，盂方而水方。」（同上）此亦即孔子所云：「政者正也，子帥以正，孰敢不正。」（〈顏淵篇〉）

之大義矣。荀子以「君者，民之原也，原清則流清，原濁則流濁。」（〈君道篇〉）故爲政必在自清。按楚莊王好細腰，故朝有餓人，故曰：聞修身，未嘗聞爲國也。

（六）爲政貴能群人：「君者何也，曰，能群也，能群也者何也，曰善養生養人者也。」（〈君道篇〉）荀子以君如牧人，牧人必善牧其群，善養其群，則貴辨治道，有所設施舉指。故云：「善生養人者人親之，善班治人者人安之，善顯設人者人樂之，善藩飾人者人榮之。四統者俱，而天下歸之，夫是之謂能群。不能生養人者，人不親也。不能班治人者，人不安也。不能顯設人者，人不樂也。不能藩飾人者，人不榮也。四統者亡，而天下去之，夫是之謂匹夫。故曰，道存則國存，道亡則國亡。」（同上）蓋國者乃人心之積，故荀子特重以上所云之四統之功效，四統俱亡，則天下必隨之而俱去，蓋四統乃立國之要道，道存則國存，道亡則國亡。

此所云之以生養人，乃首在解決人民日用之生活。善班治人，乃在政治清明，大公無私。蓋「公生明，偏生闇，端愨生通，詐僞生塞，誠信生神，夸誕生惑。」（〈不苟篇〉）善顯設人者，乃在量能而分職，量力而施爲，皆使人載其事而各得其所宜。所謂善藩飾人者，乃指藉禮樂教化以導民，俾使人人能遵循其法則而生活。

（七）爲政貴任賢使能，賞罰嚴明：「至道大形，隆禮至法則國有常。尚賢使能則民知方。纂論公察則民不疑。賞克罰偷則民不怠。公道達而私門塞矣，公義明而私事息矣。如是則德厚者進而佞說者止。貪利者退而廉節者起。」（〈君道篇〉）

以上皆係統馭者所必具之政治道德，苟能遵行，則其國必隆否則必亡。此外荀子亦重臣下之操守，蓋百官之職，乃在佐人君而治其國，實攸關一國政風之得失自不可不愼，因而荀子乃將臣下分爲四類，俾使人主明察而愼用之。

荀子將人臣分爲態臣、纂臣、功臣、聖臣四種，謹簡述如下：

（一）態臣：即善以姿態見寵於人君，而其人之本質未必有可善之處，荀子以此等人「內不足使一民，外不足使距難，百姓不親，諸侯不信，然而巧敏佞說，善取寵乎上。」（〈臣道篇〉）此正爲態臣之寫照。

（二）纂臣：此種臣對國計民生，無所獻替，但知取譽竊位以自肥，擅權而自專，一切所行莫不假公濟私，故云：「上不忠乎君，下善取譽乎民，不

卹公道通義，朋黨比周，以環主圖私爲務。」（同上）此即篡臣之樣態。

（三）功臣：此所云之功臣，非必開疆闢土，有赫赫之功，但於守成之時，能匡正補過，有益社稷，使國本因之鞏固，民生因而樂利之謂。故云：「內足使以一民，外足使以距難，民親之，士信之，上忠乎君，下愛百姓而不倦。」（同上）

（四）聖臣：此乃荀子所極力推崇並對政教大有裨益者，荀子以聖臣者，「上則能尊君，下則能愛民，政令教化，刑下如影，應卒遇變，齊給如響，推類接譽，以待無方，曲成制象。」（〈臣道篇〉）此所云聖臣，非必爲聖人，但指其能忠上勤政而愛民，崇法而務實，如影之從形，凡遇百事變，能應付裕如而不遲疑，且不因循而有果斷力，能疾如響之應聲，且能隨時制宜，把握機先善爲處理，而無疏失之謂。

所謂任臣之道，亦即荀子所云之材人，即王者因人之材器而使之之道。荀子以「取人之道，參之以禮，用人之道，禁之以等，日月積久，校之以功，故卑不得以臨尊，輕不得以懸重，愚不得以謀知。」（〈君道篇〉）所謂卑不臨尊，乃指道德、勞績、官階之等第而言，非謂上品無寒門官祿必世及。蓋荀子亦主張打破門閥，專任賢能之文官制度。故曰：「雖王公士大夫之子孫，不能屬於禮義，則歸之庶人。雖庶人之子孫也，積文學身行，能屬於禮義，則歸之卿相士大夫。」（同上）此恰與世祿之制相反，用意至明，蓋荀子以材取人之原則，即貴在公而無私。

第四節　政治道德與聖王思想

荀子論政首重禮義，與孔孟精神有一脈相承之處，蓋爲政在德，不在鼎，故荀子重治人究不重治法。荀子之政治理想，以禮治爲主，法治爲末，以人爲本，故接近申商者乃其皮毛，而符合孔孟者乃其神髓之所在。

荀子尊君，表面上觀之似與法家有相似之處，但其根本精神，則大爲迥異。蓋法家傾向於以君主爲政治之主體，荀子則不廢孟子民貴之大義。荀子所持尊君之理由，其說亦異於西哲霍布斯（Thomas Hobbes, 1588～1679）所倡之尊君之說，霍布斯認爲：心有欲惡，物有攝拒，均爲動之正反二式；「欲」之動象爲樂，「惡」之動象爲苦，避苦趨樂乃人之性，但人之能力相若，故欲望相等，不能共享，遂大爭競敵對，殘殺之事生，以相報復，故人乃立君立

約而守之，以避苦趨樂也。〔註5〕

　　荀子雖以君王有重要職分，欲以安民，故必假以權力，始克有濟，故云：「人之生不能無群，群而無分，則爭，爭則亂，亂則窮矣，故無分者，人之大害也。有分者，天下之本利也，而人君者所以管分之樞要也。」（〈富國篇〉）

　　然荀子思想中之君主，乃一高貴威嚴之公僕，而非廣土眾民之領主，若其一旦不能克盡天職則尊嚴喪失，可廢可誅，故荀子嘗云：「天之生民，非爲君也，天之立君以爲民也。故古者列地建國，非以貴諸侯而已，列官職，差爵祿，非以尊大夫而已。」（〈大略篇〉）又謂：「臣或弒其君，下或殺其上，粥其城，倍其節，而不死其事者，無他故焉，人主自取之。」（〈富國篇〉）又謂：「天下歸之之謂王，天下去之之謂亡，故桀紂無天下，而湯武不弒君。」（〈正論篇〉）按荀子在此所論者，實與孟子「誅一夫紂」之說有同義之處，可證荀子亦不失爲儒家中之泰斗。

　　荀子又於〈王制篇〉論君王之制頗爲切要，如：「馬駭輿，則君子不安輿，庶人駭政，則君子不安位。馬駭輿，則莫若靜之，庶人駭政，則莫若惠之，選賢良，舉篤敬，興孝弟，收孤寡，補貧窮，如是則庶人安政矣。庶人安政，然後君子安位。」（〈王制篇〉）又論暴君曰：「百姓賊之如尪，惡之如鬼，日欲伺間而相與投藉之，去逐之。」（〈王霸篇〉）

　　由是可知荀子所尊者乃賢人政治，或聖王思想，不過欲以君長之禮義與威權，匡正人性之偏險。若君道或缺，則必暴亂迭起，故立政必以修身爲主，故非聖王，自不足以爲政。故察荀子之尊君思想，實非提倡君權至上，乃以君上爲教化之聖王，故云「君者善群也」（〈王制篇〉）又云：「百姓之力待之而後功，百姓之群待之而後和，百姓之財待之而後聚，百姓之勢待之而後安，百姓之壽待之而後長。」（〈富國篇〉）「今當試去君上之勢，無禮義之化，去法政之治，無刑罰之禁，倚而觀天下民人之相與也，若是，則夫彊者害弱而奪之，眾者暴寡而譁之，天下之悖亂而相亡，不待頃矣。」（〈性惡篇〉）由是可知荀子尊君之目的，有別霍布斯之思想，不僅在乎維持社會之共存與全民之繁榮，更在乎執行教育之功能。

〔註5〕霍布斯（Thomas, Hobbes 1588～1679）爲十七世紀英國哲學家，嘗遊法國，與笛卡爾爲友，歸國後從事著作。氏嘗著《倫理學》，以人類太初狀態充滿戰爭，生活不寧，於是乃共立君主以治理之，並授君主以實權，藉資治理也。

　　按荀子之意見，政治組織有待聖王以產生，政治生活亦端賴聖王而維持，故治亂繫於一人，而尊榮殊於萬眾，且君主之職務乃監督全國行政之措施，故必有德者居之，但其職權方面，自賦有莫大之權力，否則必窒礙而難行，後人以荀子之尊君思想，爲專制政體之代言人，是乃厚誣之者。

　　尅言之，荀子心目中之君主，實乃一代之聖君，執教化禮樂之樞要，爲亦君亦師之聖者，固非暴戾專制之獨夫。雖然荀子極言治法，但要歸於三代聖王，孔子自謂從周，荀子亦師承其意，而發爲「法後王」之教，但孔孟心目中之理想政治，卻爲堯舜時之大公天下與大同思想，荀子心目中之賢君，不過夏禹、周公等小康世之君王。故云：「欲知上世，則審周道，欲知周道，則審其人所貴君子。」（〈非相篇〉）由是可知荀子心目中當不離周道之設施，但其政治思想仍重政治與道德倫理之合一，蓋強調爲政在人並以聖王爲最高之典範。

第三篇　孟荀道德哲學之比較研究

第十二章　孟荀心觀之比較與批判

第一節　孟荀認識方法之比較

　　孟子之認識方法重於理性之自覺，將知識之方法分爲感官與思維二種；以感官之知爲「外知」或「小體之知」，亦即耳目口鼻舌身等所得之感覺系統之感覺是。以思維之知爲「內知」或「大體之知」，爲認識之中樞系統，乃主一切意識之判斷者。有關道德意識，與善惡之判斷上，孟子顯重內知而輕外知。故云：「耳目之官不思，而蔽於物，物交物則引之而已矣。心之官則思，思則得之，不思則不得也。此天之所與我者。」（〈告子上〉）蓋人身之器官，無法思想，易爲外物所蔽，故亦只能算爲物，以此物與外物相接，自被外物所牽引，惟有心爲大體，有思維之能力，而能得天地之理，且知識與道德之成立，均取決於心理活動，故此種心理之活動，愈操練則愈有；乃曰：「孔子曰：操則存，舍則亡，出入無時，莫知其鄉，惟心之謂與。」（同上）蓋人心之活動有意識，無意識，下意識，潛意識，念念生滅，次第相續，本難捉摸，所謂操之則存，即在理性之選擇與把握，故當盡其在我，以我爲主動，則求而得其所知。孟子以感官、經驗之知來自感性，而理性之知則來自心官之悟知故與感性者不同。前者求之在外，乃純經驗之知，後者乃經思維而得，惟「百姓日用而不知」（《易繫辭上傳》第五章）只就純感官與物接觸而不用心官思其原由，是以孟子認爲此即凡眾所以爲凡眾之主因。因云：「行之而不著焉，習矣而不察焉，終身由之而不知其道者，眾也。」（〈盡心上〉）由是可知在知識之方法上，孟子乃持反經驗論之理性論的立場。

　　孟子所說之內知，實基於心體有其反省與自覺之本能，故能知善惡、辨是非，是爲之「踐形」。亦即由智之判斷與義之自覺，以別眞妄。孟子認爲道德意識乃先天所秉，勿需後天學習而得，在吾人天賦之中已有良知良能故能直覺判斷。至於知識之知則當靠後天之學習與操練；惟孟子認爲即使良知亦應培養，故極重盡心之道，否則必爲感官之欲所遮蔽而致不彰。因而，人當操持其理性反省作用，方可入聖之域，故云：「惟聖人然後可以踐形。」（〈盡心下〉）

　　在知之對象上，孟子所言多重道德之知，以吾人之大體即心知之自覺亦稱爲大知，是以擴充此心體之自覺，我心與天理便可息息相通。因而，孟子不重形器之知，乃倡存其心，養其性，所以事天，故由知性，知命，以知天，由盡心而上達則「萬物皆備於我矣，反身而誠，樂莫大焉。」（〈盡心上〉）是以孟子此說，誠乃「心即理」之先驅。

　　孟子更以人之心，能率性明誠，具有先天道德價值觀念，爲德性主體，而具仁義禮智四端之良知。故倡先天知能乃道德性而非經驗性者。蓋良心實體之本然存在，乃先天所賦，亦即肯定人生本具此道德知能，能判別道德價值之觀念，而勿待後天學習而後成。故云：「人之所不學而能者，其良能也，所不慮而知者，其良知也，孩提之童，無不知愛其親也，及其長也，無不知敬其兄也。」（〈盡心上〉）故孟子以仁義之知，乃爲最原本之良知。人人皆具此赤子之心，此即孟子所倡之良知內在說以之爲先天所具而非後天所成者，是觀孟子此種良知實體論乃開我國道德哲學人性本善論之先河。

　　至於荀子則純從心理學立場以論知性主體之知能，乃合先天理性與後天經驗相互爲一者，荀子亦重心知之功能，以心知「道」，並爲知能之源能操持一切，故心有自發自動之本能稱之爲天君。但心之動必與外物相緣而生情慮方使知能有所緣，夫智能雖生於心之動，但必精合感應，與外緣相合而生知識；是觀〈解蔽篇〉中荀子亦重心之觀察作用，以心能兼知而見萬物之全。

　　但荀子在認識論之基本立場上，乃基於感官經驗之知，必思慮與感官相合，慮積焉，智能焉然後成。故在知識能力方面，理性與經驗本不可偏廢，且應內外合一，因而吾人不僅有感官經驗之知，更有思維悟性之知，二者綜合，方爲知之全體。故在認識論上，荀子乃經驗論與理性論之合一論者。

　　關於道德意識方面，荀子則認心有知道之能力，故以吾心之知去匡正人性之偏差，是觀荀子所云之「心」，實乃知性主體。故必使此心虛靜靈明，所

謂「虛壹而靜」方可收知之效。

　　荀子將知分為四種：有耳目之知、有徵知、有兼知、有對於道之知。耳目之知來自感官，必透過心之判斷，耳目方有知覺。故心枝則無知，此所云之「枝」，即心旁落失散，亦即心不在焉之意，但心之有知，亦須憑藉耳目之官，因而知識非天生者，乃由心知透過感官所觸而得者。故緣耳而知聲，緣目而知形色，因而心有得知徵知之能，但必藉外在對象，透過感官系統與心知之判斷方能相互而生。由是觀之，人心有「徵」之作用，故曰徵知。「徵」即徵召之意，心之徵召有三種意義：其一為徵召已有之知識，予以回憶或記憶。其二，則徵集所有之感覺，予以分類，使知識按類區分而有條理與系統，此種對於類之知，亦即荀子所云之兼知。其三，徵召所具之知識，吾心加以評判以造成命題，加上推理與反省乃產生新知識。

　　此外，荀子亦以吾人之「心」能知「道」，惟此所云之「道」乃指人道與治道，但人道與治道亦有其形上之理，故荀子確認人心有知形上原則之能力，俾使此抽象之理能見諸日用倫常之間。荀子亦以「仁」為最高原則，由仁而有禮義，故荀子曰：「仁，知之極也。」（〈君道篇〉）

　　惟荀子所云之知「道」，實重後天之知識，並非承認孟子所說之先天理性與本心之作用，故必待後天經驗之學習，方能使此心日益充實。

第二節　孟荀心觀之比較與批判

　　孟荀二子均重視心之作用，孟子即心言性，荀子乃對心而言性，孟子因心善言性善，荀子卻以心為道之工宰，乃使性由惡向善之通路。故孟荀二子雖皆重心觀之重要，但彼此卻有所不同，孟子向內確定先天本心與道德心之存在，而荀子卻重向外之認識與心徵知之功能。但就天生人成而言，荀子所重誠樸篤實之心亦即「理性之心」，以之向外推廣而成人文化成之基點。惟孟子以心性不可分，性乃心之彰顯；荀子卻以心性二分，以性為生之本然，以心乃後天之意識作用，心固知道，有兼知、徵知之能力，但終究以經驗為基礎。

　　孟子確認天賦本心之存在，為識仁之心，並以此識仁之心以通達天人，且認此心具有先天理性判斷與道德反省之能力，並透過四端之發揚以擴充之，使人具有道德意識。是以孟子所云之「本心」，實即先天之道德心，亦即

動機論者。但在孟子以外，其他各子多將耳目之知與心之活動相提併論，但孟子強調心爲大體，耳目感官爲小體，且孟子確認此心具有獨立自主之能力，當此「心」一旦反省思維時，即發覺此本心之獨立自主與存在。

至於荀子則根本不承認有先天本心之存在，以心不過是意識之中樞爲認識之心與理智之心，可依之以成知識系統，表現爲「智」的知性主體，但必待感覺而後動，藉耳目之官而爲助，故此心不過是知性主體，有認識力、辨別力、回憶與反省記憶之功能，且有組織分類系統之能力，惟倘無後天經驗所提供之材料則亦無從判斷。故此心雖能知「道」，但此心究非「道」，是此心不過「認識心」而非「道德心」，心之作用必待虛壹而靜之功夫，始克見道，然此虛壹而靜之功夫，並非當下所能呈現，必待修身之努力，方克有濟。是以此心本缺乏道德意識之存在，必透過知禮義以匡正人類之行爲。

然就孟子觀之，此「心」並非純爲認識之機構，蓋人之異於禽獸者，即在賦有此道德之本心，而有道德意識與判斷之良知，非必待後天學習而後能。然在荀子所重之知而言，亦非端在知性本身，不過藉此知識心之判斷，以增進道德意識與行爲之圓滿。且道德意識究非先天所具有，乃藉後天學習禮法所積慮而成者，故人唯透過後天之學習，始能知書達禮。茲將孟荀二子論心之差異之主要論點分述如下：

（一）孟子即心言性，以心性與天道不可分，唯有心善以統性善，此心爲天賦良知之所在，四端爲其基本表現，人之道德生活，乃此良知之呈現，此心固待存養擴充以免爲欲所蔽，但此心之本體即善，故勿待學習而能。荀子則以人之性情欲爲不善之源，此生之欲即情之應，情爲性之質，故欲與性不可分，人性乏善可陳，此心並非本賦即善，不過有知道禮義之能力，而能得禮義之中以心治性與以心化性。但本性乃惡，故必待心知而匡正之。

（二）孟子以心本自天賦之仁，有先天不忍人之心，待機而後發。此不忍人之心，人人有之，不待學習而後能。荀子則以心爲思慮之官，必積習文理而爲判斷，然後始能知善去化性起僞，以治性化性，俾導吾人向善。故「善」並非先天之本然乃後天之人僞。

（三）孟子以君子所性、仁義禮智根於心，盡心知性而踐形，則形色軀體，皆此心之表現場所，而形色軀體之情欲，乃順承此心之志。故曰：「形色天性也」。（〈盡心上〉）此即言心對於自然生命之踐履，人本具有此自然之生命，皆可成爲德性心表現之場所。荀子卻以仁義禮智爲後天之僞，非根於心，

盡心未必能知性。心非善，非不善，純乃思慮之官而已，心不能直接化性起偽。心雖知「道」，必待知「道」之後，以此知「道」之心方能化性起偽。故化性非在此心，乃在禮義之中。心在化性之作用中，不過擔任認識與判斷之作用而已。

（四）孟子以心可超越所欲，可主宰並決定形色軀體自然生命之存亡。蓋所欲有甚於生者，即係此心之抉擇。如捨身取義，殺身成仁即是。又如：「一簞食，一豆羹，得之則生，弗得則死，嘑爾而與之，行道之人弗受，蹴爾而與之，乞人不屑也。」（〈告子上〉）此乃說明心超越於欲，故能為獨立判斷。且孟子不就自然之欲以言性，乃其道德理想價值所使然。荀子以心未能統性，心固能以其知而導性，但性未必循心之所慮，蓋「性」乃以「情」為質，「欲」乃「情」之應。故性之中心即欲，而心未能超越於欲，蓋欲本不可去。

（五）孟子所說之心，乃直接內觀之心，心與仁不相違，在道德修養歷程中心皆自主。荀子所說之心乃間接外觀之心，非在自己道德修養之歷程中直觀自性，乃透過客觀所對，或禮義之法，以對治一己之性。故心在一己道德修養歷程之外，必透過「道」為媒介，始可糾正性。按孔孟俱由仁義出，而荀子卻自禮法入，尤重「智」之彰顯與「知性主體」之功用。

（六）孟子以此心無不全備，故云：「萬物皆備於我矣，反身而誠，樂莫大焉。」（〈盡心上〉）荀子則以此心不全備，應力求其精一，方能識人心之危與道心之微，然後方能克人心之危以達道心之微，以求同於聖人之用心。〔註1〕

（七）孟子以此心「當下即善」，心與道不相離，道之呈現即在吾心中，故吾當下所表現之心即德性心。荀子以此心之「發心為善」，乃係「向道之心」，心有中理處與道相合後方可為善。孟子以心即道，荀子以心不過向道而非道，道乃外在之禮義文理，待習而後知。孟子以此心與宇宙之全德契合，頓下呈現處即直見道體，而顯自性。荀子則否，必以此心向道，積慮而後始可見道，故此心並非道體本身。

（八）孟子即心言性，以心性相契不能分立，但荀子之中心思想卻重心而不重性，故乃言心而非言性。以「心」欲善、知善，然後去導性、化性，故「心性」為二。「性」為生之本然，心為積慮能識之所，心乃受情之支配，

―――――――――――――――

〔註1〕荀子以心如槃水易受干擾，故必精於道者兼物物，壹於道以贊稽物，壹於道則正也。（〈解蔽篇〉）

故云：「性之好惡喜怒哀樂謂之情，情然而心爲之擇，謂之慮。心慮而能爲之動，謂之僞。」（〈正名篇〉）因此，荀子所說之「心」，實乃「情」之反射，必先有情爲其對象，然後心方爲之擇，謂之慮，是以此心必待「情」而後動，而非孟子所說之本心。

（九）孟子以心爲大體，乃大體之知，超越感官而存在，且不待感官經驗而生道德意識。至於知識判斷，則有待感官之資料做爲助緣。荀子則以此「心」乃耳目感官之中樞主宰，心固有徵知、兼知之能，但捨小體之知，則無法作綜合判斷，故理性與經驗不能分立。

（十）孟子以此本心即誠，由自明誠，以達自誠明，心與仁誠天道相合而爲一。荀子以此「心」乃起僞之天君，必以「道」爲正權，「離道而內自擇，則不知禍福之所託。」（〈正名篇〉）荀子固亦重誠，但誠乃致誠存養之功夫，故云：「君子養心莫善於誠，致誠無它事矣。」（〈不苟篇〉）故荀子乃重以誠養心，是此心本未誠，故在修爲上必以致誠爲涵養之功夫。至於孟子則以「本心即誠」，但須藉培養以擴充之。是觀孟荀二子對明誠之差別，可知其說之差異。

察以上所列十項，雖未必儘述孟荀二子論心之差異，但在主要精神上，已可涵蓋無遺，雖未盡詳但亦不失其主旨。

第十三章　孟荀天道性命思想之
比較與批判

第一節　孟荀天道思想之比較與批判

　　孔子天道、天命思想可謂直承夏商周三代祀天、敬天、畏天之觀點，本
乎《尚書》疾敬德，敬歷年，永保厥命之思想，而畏天之威，于時保之。對
高高在上之昊天上帝，赫赫上帝，時存戰兢謹慎之態度，端肅其心而不敢稍
違。是孔子心目中之天，乃有位格有意志之大主宰，而天命者實上天之教命
與命哲，亦即上天對人之道德命令。雖然孔子答季路問事鬼神，曾謂：「未能
事人，焉能事鬼。」（〈先進篇〉）對樊遲問知，則云：「務民之義，敬鬼神而
遠之，可謂知矣。」（〈雍也篇〉）由以上諸語表面觀之，孔子似不重鬼神之義，
蓋鬼神之事究非夫子人文教化中所重要者，故可置而不論，但衡《論語》中
及儒經之一般思想，恒對昊天上帝存敬慎之精神。蓋當孔子之時，社會已有
多神崇拜之趨向，天帝統一諸鬼神之局面，至春秋戰國時已漸式微，而各地
方神祇之崇拜正方興未艾，且對人鬼均有祭祀之事。孔子對此多神崇拜之傾
向與人鬼祭祀之現象，則不持可否，故云敬而遠之，乃將之置於教化問題之
外，存而不論。至對於皇天上帝，則始終存虔信篤敬之心，至對於天命則以
畏慎之態度處之。且孔子順從周道，其本身復為宋後，故並未盡棄殷人尊神
之教與天命之說。〔註1〕

―――――――――――――

〔註 1〕《論語‧述而》第七及〈子罕〉第九，〈憲問〉十四，皆以道之將興或將廢命

－249－

但古代宗教性之天，至孔子時已逐漸式微，且自孔子之後已漸將天命天道思想予以義理化，俾作爲道德力量之根源，以道德之超越性，代替宗教之敬肅態度。迄孔子踐仁思想，與下學上達之人格修養，遂以道德之超越性與天命觀念互相融合，而著重人之內在道德生命之流露。

孟子秉承師說，且直受子思《中庸》學派一脈相承之思想，將《尙書》中之天命，化爲吾人內在之德命，由疾敬德、敬歷年、永保厥命，轉化爲吾身之自貽哲命，是天命並非高高在上爲外在之命令，乃係吾良知之道德命令，是以「天命之謂性」之思想，乃將外在之天命，化爲吾人之性分，而天命不僅是上天之教命與命哲，更係一己之德命與自覺。惟孟子對《尙書》與《詩經》中所云之昊天上帝，仍然堅信不疑。

綜觀孟子所說之「天」，實含四種含義，孟子確認主宰天與意志天，但其本身卻重義理天，但間亦將之視爲命運之天，此殆指形勢之莫可奈何而非人力之所能挽回者，亦即所謂莫之爲而爲，莫之致而至者。惟孟子亦以天爲自然之運行，天有其自身之法則與客觀之存在條件，乃人類生活所需仰求者，如天油然作雲，沛然下雨，即是天之自然運行。

惟察孟子整個思想中，極重天人相與之觀念，必將一己之小宇宙（小我）與大宇宙合一，以求宇宙大化之生命與我相契，是以君子所存者神，所過者化，上下與天地同流，即此種思想之最佳說明。孟子極重聖者氣象，所謂聖者氣象，即是達到同天境界，與宇宙合德之謂，透過盡心知性而知天之途徑，使天人不相違而契合爲一。

此種盡心、盡性之態度，實即自反、自覺之生命歷程，與衷誠之體驗，由識仁、體仁、踐仁開其端，而與天道之生生之仁相互合德。蓋仁即生生之德，天道之流行，莫非彰顯此生生之德，亦即藏諸仁，顯諸用。孔子以「性」與天道上下貫通，天道之目的即在顯仁，故孟子更進而發揮之，透過孔子踐仁之思想，使天道之仁，成爲一己之德命，藉個人之盡心知性，以知天道之作爲。是以孟子所說之「天」乃轉化宗教性之祀天、敬天，而爲一己德命之樂天與事天。並以義理乃天之所授而存在吾心，以彰吾人之德行者。是以孟子乃將外在之天命，化爲自我之道德生命，藉著靈明自覺，以體證此種道德生命之成長與完成。蓋「天」固極崇高爲可敬畏之客體，但「性」卻係吾人

也。〈季氏篇〉則云君子畏天命。又《禮記・表記》云：「周人尊禮尚施，事鬼神而遠之。」據此，則孔子敬鬼神而遠之，乃從周也。

內在生命之實體，透過吾人主體性之自覺、自反、自顯，使天道與吾心契合，此亦即天命與性之貫通與融和，亦仁德在自我實現中所達到之最高體會。

因而，孔子所說之「天生德於予」，實係孔子透過踐仁而後對天道之信心遙契與道德之使命感。此種道德使命感，並非獨善其身，實乃兼善天下，而欲與天下蒼生共守此「仁」，蓋捨「仁」而外，別無所謂天道。故云：「我欲仁，斯仁至矣。」性與天道之貫通合一，實際上，即仁之自我實現所達到之最高境界，亦即天德在我生命中之完成。故孔子所感到之自我生命與天命之連結，實即其一己踐仁之果效，使自家性分與天命之仁合而為一，故其畏天命，實即一己內在人格世界中無限之道德要求與責任感而已。

孟子更進而本乎《中庸》天命之謂性之思想，以「誠」為天道之實體，由孔子之踐仁，而達明誠之境，以誠與明為完成仁德之最佳途徑，以仁乃天道之本體，而誠乃其作用之呈露。是以透過極高明之廣大精微，尊德性之存養省察，道中庸之人倫實踐，以盡天、盡性、盡人，俾達致中和，天地位焉，萬物育焉之最高鵠的。

按「天命之謂性」，此中實隱含極重大之意義，即言人人皆來自「天」之最高價值實體與統會，亦即來自同一價值根源，故人人皆秉承同質之價值，是以人人間之道德生命，本應澈底平等，不但天人一體，共融會於此仁誠之中，殆因後天明誠、踐仁之功夫，未益求進，遂悉為人欲所蔽故隱而不彰。故孟子所著重之天道思想，乃率性之謂道，修道之謂教之上迴向功夫。夫天命之仁向下落，落入吾心，為吾人之德命，吾人亟應由外向內收，由下向上提，以上契於天道之本誠。故天命者，實生生之仁之道德境界之自我完成，因而，孟子所重之天道觀，乃由宗教性之對上敬畏，轉化為道德性、義理性之自我實現，故由敬天、畏天，而轉為樂天、事天，以培養一己完美之人格。惟孟子對於有位格有主宰有意志之天，始終未予否認，且仍持謹慎之態度，但卻重其義理之法則。

至於荀子則一本其自然天道觀，而倡天人分職說，以天人殊途，各不相涉，故惟聖人為不求知天，蓋天乃渺茫難測，造化無窮，非人所盡能知悉，且人之所知貴有符驗，有所徵實，否則必徒託空言，是以聖人所求知之「天」，乃天之垂象，與天之文，亦即自然天之運行規則與現象。因而荀子對中國古代神道設教之說，悉持存疑之態度，以天象之不時，天災地變之疊起，莫非自然之現象，怪之可也而畏之則非，故荀子對《左傳》中所云之天人感應說，

則持不置可否之態度，蓋荀子所重之「天」乃純任大化之流衍而已。

《左傳·僖公二十三年》載「楚成王論晉重耳出亡，則謂：天將興之，誰能廢之。」王孫滿對楚子問鼎謂：「周德雖衰，天命未改。」（見《左傳·宣公三年》）此皆信國之興亡，乃由天命之例。又如士文伯對晉侯問日食曰：「國無政，不用善，則自取謫於日月之災。」（見《左傳·昭公七年》）又宋潛公答魯侯弔大水曰：「孤實不敬，天降之災。」（見《左傳·莊公十一年》）此皆斷言天災生於惡政之例。又如內史過對周惠王問有神降於莘曰：「國之將興，明神降之，監其德也。將亡，神又降之，觀其惡也。故有得神以興，亦有得神以亡。」（見《左傳·莊公三十二年》，同見《國語》卷一，〈周語上〉，惟文小異）此皆指鬼神兆應盛衰之顯例。〔註2〕

但春秋戰國之際，破除此種相應之思想者，間亦有之，如鄭子產即不信神之福善禍淫，以當時預言家裨竈李星兆火之言為不實。故謂：「天道遠，人道邇，非所及也，何以知之。」（見《左傳·昭公十八年》）

迄至荀子可謂乃戰國時期最為破斥天道人事相關之說者，故辨天災地變與政治人事無關，乃倡「明於天人之分，則可謂至人矣。」（〈天論篇〉）荀子以天不過為自然之現象與運行之法則，天固有其功用，但卻無為而自然，且其運行自有其常道、常則，但卻不含意志與目的，天職對人並無指示作用，吾人亦不能由其現象中找尋任何道德要求，蓋道德之要求，純乃後天人為之教化所致。此種無為之天，不能獨厚於堯舜之時，而薄於桀紂之際，故人間一切之休咎禍福悉由自招，於天無涉。苟能盡人事之當，則天何從稼禍於人，故云怨天無益。是觀荀子〈天論篇〉思想之趨勢，可謂乃重自然論與人為思想者。以列星隨旋，日月遞炤，四時代御，陰陽大化，風雨博施，皆無為而自成，無為而自化；萬物各得其和以生，各得其養以成。因而荀子以聖人不求知不可測之天，所求知者，乃順天道，天則之常，與萬物自然生成之理，就吾人所記識於天者，乃見垂象之文，可知其徵候，故知其所為，知其所不

〔註2〕 《左傳》、《國語》二書所載異兆符瑞之事，不勝枚舉，要皆為君王登龍或失敗之憑據。兩漢之下尤篤信此術，如文帝以日食下詔罪己（見《漢書》卷四〈文帝紀〉），哀帝則以天變策免丞相（《漢書》卷八一〈孔光傳〉），董仲舒更以天人相與誡武帝（《漢書》卷五六〈董仲舒傳〉），王莽則陳符命以篡漢祚。（《漢書》卷九九，〈王莽傳〉）班彪以天命論警隗囂。（同書卷一百上）又公孫述則稱圖讖以據蜀（《後漢書》卷四三，〈公孫述傳〉），此後，魏晉六朝之篡竊，無不假口天運以為文飾，不僅上古敬畏天命之真義全失，且多竊天命以假一己之私。

為，任天地、役萬物，見其象之可以期者，而把握之駕馭之，見其所不宜者，則避之。一切順守其自然之理，明其常道、常數，得其常體，然後制天之所命而用之，望時而待之，應時而使之，使不失萬物之情。

　　尅實而言，荀子此所持之天道思想，乃重人而不重天，誠如荀子所云：「錯人而思天，則失萬物之情」（〈天論篇〉），且天之一切變化，如日月之有蝕，風雨之不時，怪星之黨見，星墜木鳴，是天地之變，陰陽之化；可怪之，而不足畏也，且如祈雨，卜筮以求大事，君子以為文，百姓以為神，荀子認為以為文則吉，以為神則凶。〔註3〕故荀子對於藉卜筮以決大事，尤力斥其非，故云「善為易者不占」（〈大略篇〉）

　　荀子之天道思想既為純任自然，故與人之道德生命毫無關係，是以荀子不以天道與人之性命相貫串，只以人力而駕馭自然，重其制用而已，故乃偏於功用實質，而不重精合感應，純以道德為後天之積善全盡，與先天本無涉。

　　荀子之天道思想既排斥有意志之天命，對我國古代政治思想與實際情況實得失參半，且有助長君主專制氣燄之趨向。蓋我國春秋以前，人主莫不以受天命而柄政，其君權之運用，一方面受天之監臨，一方面受民意之向背，故自有其限度，且復憚於天意之與奪，鬼神之賞罰，卜筮之吉凶，此外復受貴族世卿、大臣巨室之分權，故人君大有忌憚者在，未敢擅作威福，歷代暴君皆不旋踵而滅，此殆天意人意所共趨。《左傳》、《國語》二書所載異兆符瑞不勝枚舉，要皆君王登龍或失敗之憑據，迄兩漢陰陽之說大興，人咸篤信異兆、符瑞、讖諱，此中真偽參半，且後世更有假天命，異兆之說以篡竊權柄者，故不復存上古畏天之威之思想，天命思想遂流為遂其僭弒暴淫荼毒之護符。荀子於戰國之際，獨排天命，破災異，對當時迷信之氣氛大有掃除之功效，此乃其貢獻；但亦因此使古人限君之重要主張一一被破斥殆盡，且復乏君民共守之制，是荀子乃純以禮代之，然禮者忠信之薄，失仁失義而後興者，無怪乎乃流入法家之尊君擅權與任法苛刑之趨勢。

　　吾人衡中國傳統之天道觀，乃持有意志、有位格之上帝思想；此殆見乎《詩》、《書》、《左傳》、《國語》，班班可考，殆為不可否認之事實，今若以天

─────────────

〔註3〕荀子認歲旱而作求雨之禱，日月有食，則鳴鼓敲鑼以救之，或臨大疑以卜筮決大事，此皆人間之順人意以文飾政事而已。在明察君子視之，殆為文飾而無害，若以果係神祇作威作福：而畏之，且因而淫祀而求福，則大凶也。蓋因此反坐待天意而誤人事之功也。（參〈天論篇〉楊倞注，王先謙《荀子集解》。）

道純任自然，則敬畏之理頓失，一切天道報應之說亦不能成立矣。然觀孔孟之尊天，與重天道思想，固不在乎神道設教以愚黔首，其目的端在使人有崇高之道德心靈，與宇宙之全德相通，俾增進人類道德生命之擴展與存養。

　　孟子所言之盡心，知性而知天，其主旨乃在乎藉道德意識之自我覺醒，使個人生命提升其境界，以與天德相配，並與宇宙之至誠精神相契合。是孔孟之言天，並無陰陽五行家之意義，亦未云災異示警之說。孟子所重之知天，並非藉卜筮之法，以占吉凶而知禍福，亦端非在於明自然之天則，蓋孟子所云之知天，實係一己人格之昇華而與天道之至誠相匹配，悉在主體性之體證與覺顯，是惟誠乃可幾與道也。

　　荀子竟一味將天道客觀化，視之爲純自然之運行，不含任何道德使命與意義〔註4〕；因而使人天之源頭中斷，擡頭三尺，極目所見，莫非自然之日月星辰、雷電雲霧，不含任何意志，對上天亦無道德責任，而禮義之存在，亦非出自個人內在生命之覺悟，純係藉君主權力之教化與後天之人爲中完成。因而，人之內在道德生命中缺乏根源，缺乏爲善之動力，僅有畏刑罰而萌遷善之意，因而人們所遵循者，莫非禮法之律例，純由外鑠而加諸人心，欲人以禮爲學之極，是其純任人德而缺天德，重人爲而輕所本，則其所云之起僞功夫，缺乏形上之力量，人之良知深處亦缺乏安頓。故綜論孟荀二子之天道思想，吾人寧取孟子而不採荀子。無怪荀子之學，自秦漢後即不見其興盛，迨清儒而始復爲提倡。察孟子之學，獨開中國心性論之大統，信有以也，即其義理之天道，內貫吾心，以誠爲吾人內在之動力有以致之。

第二節　孟荀性命思想之比較與批判

　　儒家思想中言性命與天道之理，尤以《中庸》、《易傳》二書極盡道德形上學之至理，且以性命與天道爲不可分。孔子除言天命天道思想外，亦嘗言

〔註4〕荀子〈天論篇〉云：「從天而頌之，孰與制天命而用之。」是荀子認爲與其歌頌天之盛德，不如制天之所命之萬有，而善加利用之。此所云制天命，乃制天之所命，即指制天然所賦與萬物之性能，而善加以利導之謂，非謂制有意志有主宰之天命。楊倞注爲：「頌者，美盛德也。從天而美其盛德，豈如制裁天之所命，而我用之。謂若曲者爲輪，直者爲楠，任材而用也。」梁啓雄，《荀子約注》〈天論篇〉曰：「按《詩》，維天之命箋曰：命猶道也。」此言，與其順從天道而頌揚之，豈如制裁天道而利用之，此所云之利用天道，即指利用天所賦之自然萬物之性能，而善爲駕馭之矣。

命，是凡《論語》上單稱一「命」字者，即恒指命運而言，俾與天命一辭相對照，至於孟子雖承孔子之天命思想，但於其著作中，僅用「天道」與「天」之名辭，固未直接使用天命二字。故《孟子》書中凡單獨用「命」字者乃指命運之天，或指形勢所莫可奈何，與人事之無法倖免者而言。一方面指性分有定之意，另方面則含「莫之致而至」，所無可逃避之際遇。所謂性分有定者，乃人之德命可藉立命而達之，至於莫可奈何之形勢，則惟有存君子居易以俟命盡人事以待之。

　　大別觀之，孟子稟承孔子之思想，深信命運之存在，乃人力所莫可奈何者，孟子嘗言雖有智慧不如乘勢，雖有鎡基不如待時，故承認宇宙之中，實有非人之能力所盡能作爲者，但孟子並非一宿命論者，其知命、立命、正命，而事天乃理性之自覺與反省，使人審度天道之當然，俾發揮一己內在之德業。至對於外在之吉凶禍福則不甚重視，故有別於陰陽五行家之思想。

　　至於荀子思想自表面觀之，雖云知命，事實上卻與墨子同一觀點，而隱含非命之意味，蓋荀子心目中之「命」，殆不過人生之節遇而已。墨子固倡同天明鬼，但實亦摒棄命運之說。

　　然而吾人欲徹底明瞭孟子對命運之態度，則宜先考察孔子對「命」所持之看法，蓋孔子每對天命、天道存畏敬之心，且更獨負道德使命之承當精神，故恒有積極進取之心。至對於「命」之思想，則採取保守而不爭辨其有無之態度，但順其變，而持任運俟命之立場。故《中庸》云：「君子居易以俟命，小人行險以徼倖。」孔子嘗云：「不知命，無以爲君子。」（《論語・堯曰》）蓋生死、禍福、富貴、貧賤、利害等，皆非人所能預期，此中皆半由人爲，半由時會。是以知命君子對此些事項皆應持自然樂觀曠達之心胸，不爲所羈，庶免有損吾人之志氣。蓋此些事乃屬可遇不可求者，縱力求之，亦未必有所得，是以當勿存希冀繾綣之心，以免枉費心機，但從吾之所好順其勢可矣。至於遇不遇，得不得，壽夭禍福，當不可攖於心，是以知命君子，但問盡其在我，克己復禮，求仁得仁，此乃君子當下之務，至於外在之亨通窮塞，則非人之所可問者。

　　孔子對於成敗，得失、死生、禍福，恒存一曠達之心態，對人生無可奈何之事，但問盡之在我，故曰：「道之將行也與，命也。道之將廢也與，命也，公伯寮其如命何。」（〈憲問篇〉）又司馬牛憂曰：「人皆有兄弟，我獨亡。子夏曰：商聞之矣，死生有命，富貴在天。」（〈顏淵篇〉）又伯牛有疾，子問之，

自牖執其手曰：「亡之，命矣夫。」（〈雍也〉）

孟子有鑒如斯，乃承孔子命運之思想，但求盡其在我，至於個人之利害得失，則悉置之度外。蓋孟子言「命」，恒與「性」相連而言，以「命」與「性分」，彼此休戚相關。夫性自內出，人當實現時可居於支配與主動之地位。至於命則由外至，則非人所能逆料。且孟子所重之「命」乃仁義禮智之德命，並不著重外在際遇之運命。故仁義禮智之德命，孟子寧稱之爲「性」而不謂「命」，耳目口鼻之欲，孟子寧稱之爲「命」而不謂之「性」。

按孟子言命輒將之分爲內在之命，與外在之命二種，內在之命，孟子不以「命」視之，乃稱之爲性，蓋性分有定，求則得之，捨則失之，是求有益於得，乃求之在我者，故性分既自存於我身，可任我之自由發揮，人人自可得以自主，故孟子對此內在之德命不稱之爲命而反稱之爲性，蓋性可求，而命不可求。至於「求之有道，得之有命，是求無益於得也。」（〈盡心上〉）此乃求之在外，其所欲未能操之在己，故孟子寧稱之謂命，不謂之性。察孟子之性命觀，乃以性爲內在之德命，可由一己之努力而達到，至於命乃外在之制限，並非人之欲所可一一遂願，由此觀之孟子實乃重性而不重命。

按當孟子之時，人恒將「命」與「性」相混，孟子則認爲實現仁義禮智等乃天命之德可盡其在我，亦可力求之且求之必得，因爲仁義禮知乃人所當具之「性」。且必透過實踐而成之，孟子有意將命與性釐定清楚，以性分內之事君子不謂之命；至於人性分以外之事君子則不謂之爲性。

蓋外在之際遇本非我性分中事亦可期而不可求，諸如一般所云之壽夭禍福通達休咎，孟子則以理智之態度處之，不若陰陽五行家之純持宿命之觀。孟子對外在莫可奈何之趨勢，有時亦以命運視之但卻以俟命之態度去處理之，蓋耕耘可盡其在我而收穫則聽之於天。

至於荀子則不以性命相關，認爲「命」悉爲人生外在之節遇，故特云：「節遇謂之命」。（〈正名篇〉）楊倞注云：「節者時也，即當時所遇謂之命。」若是而言，則「命」悉爲外在之偶然率與倖遇而已。蓋荀子之天道觀本即爲任陰陽大化之自然觀，是以在命運思想方面亦否定宿命觀，以吉凶禍福悉由人爲，與天無涉，故君子敬其在己，不慕在天，而小人卻不敬在己，而慕其在天。荀子以聖人之知天乃求順乎天道循乎天則，法天垂象之文，見其可徵之兆，而明其幾微之處以知有所趨避，守其常以應其變，更貴能制天所命之萬有而爲我用，故乃爲積極開創之人生觀，惟荀子此種思想究過於自信，太偏重於

人爲與日進之功，而竟忽略了人間「莫之致而至」之偶然。察莊孟二子皆承認在人生中有非人力所能左右之時，莊子對之則存任天達觀之態度，在《南華經》中多處可見此「若命」之思想。如云：「知其不可奈何，而安之若命，德之至也。」（〈人間世〉）又云：「知不可奈何，而安之若命，唯有德者能之。」（〈德充符〉）此外，莊子更以知命則可不顧慮成敗禍福，仍能坦然、夷然，面對之，而使窮通得失之念，不往來於胸中。故特引仲尼曰：「死生存亡，窮達貧富，賢與不肖、毀譽、飢渴、寒暑，是事之變，命之行也，日夜相代乎前，而知不能規乎其始者也。」（〈德充符〉）且「命」之假定性，在《莊子‧外篇》更表之頗詳。如云：「莫知其所終，若之何其無命也，莫知其所始，若之何其有命也。」（〈寓言篇〉）然「命」之有無，究難確定，實際上乃對不能解釋之事，姑認其爲命而已。如〈秋水篇〉云：「知窮之有命，知通之有時，臨大難而不懼者，聖人之勇也。」又在〈達生篇〉中云：「達命之情者，不務知之所無，奈何。」故儒道二家對所謂「命」者，在意義與所持之看法上頗有相通之處，但在儒家究重人爲，而道家則根本上不贊成人爲，而講任天、安命，故云：「達大命者隨，達小命者遭。」（〈列禦寇〉）此即云凡大命者本乎造化之原，而小命者純就氣數之感。隨者，則聽其在我，而遭者，則限於所遇，此蓋勉人研求大道，解心去睫，洞澈本根，庶不致困役於世途。

按莊子此種精神實與孟子有相通之處，蓋孟子對外界之莫可奈何之際遇，則存俟命之精神，欲人以淡然之態度處之，勸人勿太熱中於期遇。至於荀子則對命運持奮進之看法，以人定勝天俾能戡天役物。故對成敗得失，咸認係一己之過失，當怨之在己，不可怨之在天。復以禍福窮通乃人謀之不臧，非天之所使然。然此在孔孟二子視之，固未必果爲人謀之不臧，間亦有形勢勝於人者，是乃非人力所盡能挽回者。

按孟子不見遇於魯侯，蓋受臧倉之讒，孟子卻以其不遇魯侯，乃天也，是亦存任運之思想而淡然視之，不縈迴於懷而自艾自怨。察荀子亦不見用於當時，雖二仕於楚，但終亦爲人所讒，此豈命數有定乎？按自古聖賢皆多落拓，惟因其不見重於世，方有千古道德文章之成就。觀《荀子》一書曾云：「當是時也，知者不得慮，能者不得治，賢者不得使，故君上蔽而無覩，賢人距而不受，然則孫卿懷將聖之心，蒙佯狂之色，視天下以愚……觀其善行，孔子弗過，世不詳察，云非聖人，奈何。天下不治，孫卿不遇時也。德若堯舜，世少知之，方術不用，爲人所疑……嗚呼、賢哉，宜爲帝王。天地不知，善

桀紂，殺賢良，比干剖心，孔子拘匡，接輿避世，箕子佯狂，田常爲亂，闔閭擅強，爲惡得福，善者有殃……」（〈堯問篇〉）是由以上所陳觀之，荀子所言極悲壯感慨，然而荀子復何自恃以人定勝天乎？

綜觀上述孟荀二子有關命運之態度，實覺彼等皆有其不易之常理在，夫孟子重性不重命，對外在之際遇，但教吾人存曠達之心以應之，而荀子卻教吾人盡人事，弗爲節遇所困。然莫之致而至者命也，自非吾人之所可預期。孟子以「存其心，養其性，所以事天也，殀壽不貳，修身以俟之，所以立命也。」（〈盡心上〉）蓋心性本天所授，故存心養性乃所以事天。至於殀壽禍福自非人力所盡能左右，故對之不必多存疑慮，惟修身養生以俟之所以立命矣。此外，一己自不爲非分之事，俾防意外之災，以保吾性命之全。故孟子乃教人順受其正以得其正命，庶幾不死於非命也。

至於荀子則不欲立於消極俟命之態度，觀之以節遇爲命，雖亦承認有莫之致而至之意，但以當盡人事以制之。故云：「望時而待之，孰與應時而使之。」（〈天論篇〉）此乃荀子不欲坐待其變而欲積極有所作爲，是以荀子以人力之僞爲性命之關鍵所在。

總言之，孟子對性命思想所持之看法乃承孔子敬天之思想，而化爲樂天、事天之精神，以發揮道德生命之自我價值，與內在人格世界之圓滿長成；至對於外在之際遇，則存順受其正，以俟命處之。觀乎荀子則不崇天命，對於外在之際遇則力持奮發之精神與態度，以求自力勝過艱困之處境。

按我國古代對「命」之思想，由來已久，但多指上天對人之德命而言，固不重人生之遭際。《易‧大有卦》、〈象傳〉云：「火在天上、大有，君子以遏惡揚善，順天休命。」〈困卦象傳〉曰：「澤无水，困，君子以致命遂志。」《易繫辭傳》云：「樂天知命故不憂。」（《繫辭上第四章》）是皆勸人順受性命之理，但盡人事而聽其自然也。是觀孟荀二子皆有得於我國之古訓，惟二人所秉受之方向間有不同，但以儒家學說言之，孟子乃獨重內在之德，猶得乎夫子存仁傳道之精神。至於荀子則重開物成務，打破外在環境之困局，而以自力挺進之，以排除萬難。但不論得時與否二子皆重在道德生命之憶養，此本乃大儒所具有之精神。

第十四章　孟荀人性論之比較與批判

第一節　孟荀人性論基本觀點之比較

　　孟子之人性論乃本盡其心者知其性也，故以心性乃天之所與我者。因而心與性有密切之關係，而此心之本賦即善，故其所彰顯之性自無不善，孟子復以此心性與天道之誠相連結，而作爲其形上原理與根據，以奠定其道德形上學之基礎。

　　荀子以天乃自然之運行，並無道德意志，故不自德性之思路以言性，乃循「生之所以然者謂之性」（〈正名篇〉），故性乃屬於天之生成者，亦即天之自然所賦，且以情爲性之質，故情外無性。夫天既有其常則、常體，並無主宰與道德使命，故性中乃原始之朴質而不具道德原理。道德者，實乃人類後天人爲之規範，與化性起僞之工夫，而非先天而就者，故孟荀二子在人性論基本出發點上因而不同。

　　一言以蔽之，孟子即心而言性，因心善言性善，其主旨在強調先天道德心，並以之作爲人獸分別之基礎。荀子卻對心而言性，以性乃天生之朴質，爲欲所蔽故乃惡，必待心知道，積善全盡而後有以匡正之。是其主旨不在強調惡，乃在勸人趨善。不過孟子自積極面肯定善之本性與價值，而荀子乃從消極面以言化性起僞，惟其共同主旨皆在趨善，並以「善」作爲人生終極之鵠的與目標。因而就終極目標而言，孟荀二子並無所差異，其根本皆強調道德之理想價值。孟子以性善，必力求其更善，荀子以人性惡，故必去惡而從善，是以二人在人性論之基本觀點上雖有差異，但其終局目標則皆欲趨於至

善。

孟子認天道無不善，而人生即具此先天之良知，有知善為善之能力，透過四端本心之發揮，以呈現此善性善行，故「善」乃人先天之所具，透過明誠之功夫，即可發現，自勿待後天之教化與學習而後成。此先天道德意識，乃天命之內貫，俾使人自反自覺，然後率性以與天命之德相合。故孟子在在強調此道德意識之先天性、動機性，是其善端者乃吾人道德生命之萌芽，為善與德行之基礎。因而孟子之性善說，實乃指人本具此善端之謂，人既具善端，故安得不有善性與善行？

至於惡之存在，乃因泯滅此「善端」而未將善予以擴充與存養之故。故順耳目口鼻小體之欲，以摧殘其善端者，實乃未善用一己為善之才能。易言之，善端亦即為善之才能，應多予培養始克發揚之。故孟子之論養心、養性、求放心、存夜氣，皆為培養性善之資俾使善端益行擴大。

至於荀子則純由後天經驗論，與行為之結果以論性，不承認人具有此善端，與先天道德意識以及先天之善動機。按性乃天之就，不過具有天然之情欲而已，且認善乃後天人為學習與努力之成果。故順人之性欲而不得必爭，爭則辭讓亡，故人實具有惡端，而善者實不過善行，而非善性也。且荀子所說之惡端，乃在五官之欲上表現之，故荀子之言性非指「本體之性」，乃以天賦感官之傾向為性。故云：「性者，本始材朴也。」故必待後天之文理隆盛，與起偽之功夫，如枸木必待檃栝烝矯然後直，故若缺乏後天起偽之功夫，則性不能自美是以人性必然趨惡。且吾人行為中之善與本性並無不可分之關係，善與性既無必然之關連性，故人之行善恰與其自然官能之欲望相違。人之能行善不過因吾人之心能知「道」然後才能糾正一己之過失以遷善。

至於孟子論性，以人之心性本不可分，故由先天良心處立論，而荀子則由人之官能欲望如耳目五官所發生之欲望為性，以「情」為「性」之質，以「性」者「欲」之顯，故荀子純以「欲」為人性之中心，蓋此「情」為「性」之質，「欲」為「情」之應，故「情」外無性，是以此心與性不相統心乃性外之知覺心不過藉以糾正性行者。

由以上之比較觀之，吾人可知孟荀在論性之基本觀點上，彼此相互懸殊，即其立足點亦不同，惟就主旨上而言，二人皆同本孔門，以仁義為本，以善為人生最高之歸趨，是其所同者乃人生歸趨之方向同為善，但在人性趨善之過程中，卻各有其不同之看法。

第二節　孟荀人性論中心問題與批判

一、孟子性善說之問題與批判

　　孟子以前之言性者，悉皆以生言性，然孟子何以獨排眾論，必倡即心而言性，此蓋人既有耳目口鼻之欲，以同於禽獸，則人與禽獸自有其共同性，即同有耳目口鼻食色之欲。孟子之所以必不以耳目口鼻之欲爲性，蓋因其乃求之在外，爲生之欲望。夫求之在外者，自非吾人一己之能力所能完成，故當非一己之性分內事。孟子必以仁義禮智之心爲人之特性者，自因仁義禮智之心，乃天命吾之性分中所當行，以別於禽獸者，且可求之在內，勿待外力而後成。就生而謂性言之，則本乎人禽所同然，是以孟子言性，乃特就人之所以爲人之獨特處立論，俾有以別於草木禽獸者。孟子承認人與禽獸之別幾希，皆具有生性之欲望與渴求，求之不得必爭，故孟子憬然於人之爲人所以別於禽獸草木者，即此仁義禮智之善端，且人獨負有上天所賦之道德使命，故有率性向上回歸天道之能力，此亦即人所應具之道德本心。

　　禽獸本無反省之能力，亦不能自反，人之可貴處即在有此自反之心，此心即先天之良知亦即義之所在，而此良知即善之根苗，故若順此善端而發展其性自善。孟子以人亦有食色之性，此食色之性必在大體之知之統率下去行動，方可免於亂。

　　人之耳目口鼻之欲，多受限於外在之因素，非吾人眞性之所在，必以內在仁義禮智之心方爲人之眞性，亦惟此方得稱之爲人。是以孟子乃提出即心言性之說，以反對之前所有即生言性之說者，此乃孟子之獨具隻眼處，亦《中庸》學說發展之必然結果。孟子以仁義禮智根於心，爲君子之所性，此方寸既善則性何得不善。吾人若不明孟子此番心意，則難把握其性善說之根源與目的。

　　但孟子即心言性，何不云即心言心？必云即心言性者，究當在何義上以立論；吾人細加探討，乃知孟子原乃就心之發展處以言性，即以本心善端之生發與擴展處以言性，亦即直接就惻隱、羞惡、辭讓、是非四端之發軔處以言性，此心有感於孺子之將入井，而頓下萌發不忍人之心；有感於羞恥之事，而頓下生發羞惡之心，是以此良知之呈現乃由天命道德意識之自發，不待教而然不待習而發。是此心之自發與推展自可顯出人性之本善。

　　但察歷代來多有非難孟子之說者，認人既有惻隱等之善端，則人間實際

上所表現者何竟如此之惡劣，是否凡人其心之仁義微於聖人乎？抑仁義之心尚有差等？若果有差等則聖人仁義之心豈能爲標準，如漢儒董仲舒即以孟子言性乃下比於禽獸，若上比於聖人，則人性猶有所未善〔註1〕，故董子乃因之而倡性三品說。

若人果如孟子所云有惻隱、羞惡之心，則何因食色之欲之隔閡，彼此爭奪而失卻其原有之惻隱羞惡之心以致腆面而無恥？故荀子即評孟子所云之四端，既非完成又易喪失，如不加擴充即等虛無，故云：「孟子曰：『今人之性善，將皆失喪其性故也。』曰：若是則過矣，今人之性，生而離其朴，離其資，必失而喪之，然則人之性惡明矣。所謂性善者使夫資朴之於美，心意之於善，若夫可以見之明不離目，可以聽之聰不離耳。」（〈性惡篇〉）荀子在此認爲若性爲善必不可須臾離，恰如目不離明耳不離聰，自無待培養與擴充，必恒久如是且不易喪失，然後方可謂之善，今善既微弱不彰，復有待擴充，是乃性未善之確證也。故荀子以善有待學習，至於惡則不待事而自然也。

是觀荀子立論之主旨，認「性分」果爲「善」，則「善」當不可離性，既有離性之事實，則性自非善，然荀子此說亦有其牽強處，如日月本明，雲霧、日月食皆可使之失明，自不可因雲霧之障蔽，而言日月本不明也。

另就心善之擴展而言，縱至小至微，乃自外觀其尚未擴大充實之謂；但心善之程度，究不能由外觀所可衡量，亦不能以「量化」加以說明，蓋心之善否，乃由其幾微處而言，未可就頓下所呈現之範圍而逕自論斷。夫芝蘭落入溷中，必掩其馨芳之氣，豈可說芝蘭本不芬芳。荀子以性之爲善，必如明不離目，聰不離耳，何嘗云：芬芳當不離花木乎？又如水性本潔，流汙可使之濁，自不得謂水性本濁，是以荀子之辨難實未必得當。

按孟子早已有見如斯，故云：「苟得其養，無物不長，苟失其養，無物不消，孔子曰：操則存，舍則亡，出入無時，莫知其鄉，惟心之謂與。」（〈告子上〉）是以孟子極重存養之功夫，如玉不琢不成器，非玉之性不善，殆因其未琢故。孟子正因此乃倡心之存養與擴充，以盡心、知性而知天，是以「養」與「存」未可分離，蓋「養」可培植微小之根苗，縱有芝蘭之性質，亦有待養而成之，否則自必遭受環境之摧折。

〔註1〕參董仲舒，《春秋繁露》〈深察名號篇〉。董子以性爲自然之資，故不能斷爲善惡，故駁孟子之說，以善必爲至善，則與聖人之善同，不能有凡人之善，或聖人之善。

　　孟子本身即重環境對人之影響，故云：「今夫麰麥，播種而耕之，其地同，樹之時又同，浡然而生，至於日至之時，皆熟矣。雖有不同，則地有肥磽雨露之養，人事之不齊也。」（〈告子上〉）由麰麥之比喻，是可知環境影響之重大。就人性方面而言，經濟環境之優劣，文教之興衰，皆可變遷人性之傾向，故孟子以「飽食暖衣而無教，則近於禽獸。」（〈滕文公上〉）

　　由上述可知，心善必須經歷踐形之功夫，蓋心德猶如種子，潛滋默長，必待培育灌溉而後成。荀子在此乃反證「惡」勿待培養，善既待培養而後存，故以人性為非善。然此又何不能反證，善固待培養，而本性乃善耶？

　　孟子所說之盡心，誠必落實於踐形之功夫，蓋能踐形者方可盡心，惟踐形始可將官能所潛伏之能力，或善之本性發揮盡致。且孟子所強調人禽之辨亦端在彰顯人類此種道德之自覺心。蓋唯人能之，生物則無此能力。此乃孟子不即生言性之最大理由處，人貴由內在道德性而見其主體性，且由此而提昇其一己之道德生命俾與天地之精神同流。

　　是以孟子盡心踐形過程之終極，乃期達到人人道德平等之境地，以達無限價值平等之世界，且與宇宙之全相契合，此乃孟子人性論之真正目的所在，亦即孟子人性論之起點與終點，是乃透過踐形始可使道德之理想價值在客觀世界中實現，而非徒為道德理想主義之觀念系統。

　　然復有責難孟子者，以人既具有善之本心，非獨賢者有是心，然人何致失其本心？孟子則以此乃過於追逐耳目口鼻感官之欲所致；故云；「魚我所欲也，熊掌亦我所欲也，二者不可得兼，舍魚而取熊掌者也。生亦我所欲也，義亦我所欲也，二者不可得兼，舍生而取義者也。生亦我所欲，所欲有甚於生者，故不為苟得也。死亦我所惡，所惡有甚於死者，故患有所不辟也……是故所欲有甚於生者，所惡有甚於死者，非獨賢者有是心也，人皆有之，賢者能勿喪耳。……萬鍾則不辨禮義而受之，萬鍾於我何加焉。」（〈告子上〉）是以孟子教人就禮義之分與欲之執著處，貴有明辨之能力，俾使此心勿陷溺於所欲。

　　但最堪注意者，孟子在此強調本心可失，未必可喪，夫一切罪惡行為，固必有心之認知計慮以支持其惡行，是以一般言者，遂認罪惡乃由此本心而發；然按孟子本義，確認罪惡固有待心之活動，但此僅屬乎心知之一面，乃為思慮計較所然，更佐以耳目口鼻之欲，以煽動之，此時作主者，實知慮之心對生理機能欲望之反應，而非本心所使然，蓋心之知性活動，必待官能之

作用而後發，而本心之仁義禮智四端，則勿須藉耳目口鼻官能而助長。人有此本善之道德心，固因一時之貪欲思慮而受蒙蔽以爲惡，此乃本心之受蔽而非喪也，且本心究不能爲惡，如罪惡犯行滔天之人，其良知亦有未泯之時，間或當其見劇中惡人作孽之時，猶能發不平之鳴，此殆其本心所使然。

故衡孟子因心善而言性善，乃得孔門教化之正傳，且獨能以即心言性，涵蓋歷來即生言性之說，反觀荀子非難孟子之處，正亦可用以反詰荀子本身。

二、荀子性惡說之問題與批判

荀子言性，乃本其天道觀之思路一脈相承而來，以天純任自然，無意志，故亦乏道德命令，此顯係受道家之影響所致。荀子以性爲天生所就，無爲而自然，不若孟子之本於義理之天，以言性善之具有道德形上學上之意義。

然按《莊子》〈外篇〉、〈雜篇〉中雖多以陰陽之大化以言天，但在〈內篇〉中「天」頗有情意化之趨向，雖未如儒家之重視主宰天，但在冥冥中確認有造化之力量，以道爲具體之代表，且在莊子體系中，尤重天人關係，此在荀子體系中則均付闕如。故荀子誠未得道家之精髓處。荀子既以天爲純任自然，天人不相涉，故性者，實天之就，不可學，不可事，而在人者爲之性。可學而能，可事而成之在人者，謂之僞，是性僞之分也。是按此定義析之，性即生而就者，故不可更改。然事實上，荀子所謂之性，實含兩方面之意義，一即官能之能力，一爲官能所生之欲望。

荀子之言性惡，其所持之理由厥有多端，一即由官能欲望所生之流弊以言性惡。二以行爲中之善與本性並無必然不可分之關係。即善與性無必然之關連，且人之行善乃與其自然之欲望相違。三爲人欲爲善，正足以證明人之本性爲惡。四爲枸木必待檃栝，繩墨乃爲不直，故禮義之興，正爲性惡之根據。五以聖王禮法之所以立，乃爲人性之不善，人性若善，則何庸師法教化。故云：「故性善，則去聖王，息禮義矣。性惡，則與聖王，貴禮義矣。」（〈性惡篇〉）是以荀子純由人行爲之果效以證明人性爲惡之根由。

又荀子以孟子所云之性善，無辨合符驗，坐而言之，起而不可設，張而不可施行，故亦恒就行爲之果效以爲批判。故總觀孟荀二子，一爲動機派、一爲行爲派，二者立場自有不同。然吾人就荀子本身所論列性惡之理由而觀之，乃覺其自身之立論，亦有牽強附會處，茲臚列如下：

（一）荀子所說之性惡，多就官能之欲望方面而言，故云：「夫好利而欲

得者，此人之情性也。」（〈性惡篇〉）但「好利欲得」之為欲，未必以之即可證明性之必為惡，必欲而有所不當方可謂之惡。

　　（二）荀子以人之欲向善，正足以證明人之本不善，蓋「苟無之中者，必求於外。」（〈性惡篇〉）但此為何不能反證，人本善故更欲向善？蓋善惡本身本無止境。善者，更可益求為善，未必可證以為善乃由於本不善也。荀子在此更不憚煩而提其例證謂：「薄願厚、惡願美、狹願廣、貧願富、賤願貴。」又云：「富而不願財，貴而不願勢，苟有之中者，必不及於外。」此顯為不當之類比推理，荀子在此誠有失察之處，按富者更可求富，貴者必更求其得勢。是以善者，亦可更求為善，豈可因求為善即可證其本為惡也？正如求富之人未必皆為窮人，而富人更欲富上加富人，是荀子於此立說似難免有牽強附會處。

　　（三）荀子以「善」可與性分離，正證明人性非善。他認為人性苟盡善，則社會上何有作姦犯科之人？但荀子若以人性為惡，則「惡」亦未嘗不可與性分離，蓋荀子倡「性惡」，究非基督教所云之「原罪」，故惡與性分並無必然聯結之關係；是若善可與性分離，則惡何嘗不能分離？

　　（四）若云人性本惡，則聖人與凡人秉性相同，若是，則荀子之說必有極大困難處。蓋荀子曾謂：「凡人之性者，堯舜之與桀跖其性一也。君子之與小人，其性一也。」（〈性惡篇〉）是若聖人與凡人，君子與小人，其性同出於「惡」，則化性起偽之功夫，果由何來？荀子則以聖王之興，君王之立，乃所以化民起偽者，今若聖人本身性同凡人，則亦何「聖」之有？若果皆同出於「惡」，則己之不正焉能正人？

　　荀子復云：「檃栝之生，為枸木也，繩墨之起，為不直也，立君上，明禮義，為性惡也。」（〈性惡篇〉）然察木匠不按規矩不能成方圓，今正人者，本身亦性惡，何啻盲者引盲乎？荀子為此乃改說道：「聖人者，道之極也。」（〈禮論篇〉）然則已與前述凡聖同性之旨趣前後矛盾，荀子何得自圓其說以大人之心本來清明而未受蔽惑，故能定禮法以正人，此何啻言聖人其性亦惡，但因其心清明故能匡正人性之惡？如此說辭似難稱允當。

　　（五）荀子以人心知「道」，故必待心知為向善之通路，但另方面復須藉「道」以保證心知之正確性。故云：「心也者，道之工宰也，道者，古今之正權也。」（〈正名篇〉）是按荀子本意，性既為生之就，而心乃識善之通路，必明乎「道」，然後始可予以糾正；但所糾正者，乃人之行為，而非本性自體，

是化性起偽之功夫其所糾正者僅及於行爲之果效，而未及本性，則所有之善行並非由本性所自發，必待禮義之正理平治始有可能，若如是則人之行善必缺乏內在之動力，而每次行善皆須待外鑠之功，則其道德能力亦殊堪憂慮。

（六）荀子以善爲偽，所謂「偽」者，即指人爲而言，若云爲善乃出乎人爲故稱之爲偽，則爲惡亦莫非出諸人爲，則惡亦爲偽。豈能以惡爲天成，而善乃出乎人爲，是此亦難免有牽強之處矣。

（七）荀子極重師禮法與教化，俾引導人向善，但教化果否改變人性，如何能使人有善行；若肯定人性爲惡則必如人不能改變禽獸之性，而又欲禽獸有仁義之行，是何啻緣木以求魚？荀子在此以人有「心」之知，故可導人向善，然荀子所云之心乃重「認識心」而非「道德心」，此「知識心」固可使人知惡，但未必可使人生出向善之動力，以及向善之動機。是以「心」能知「道」與「爲善」之間，未必有動機與結果間之連帶關係。因爲知道道德學說之人，未必即具有爲德之動力。

（八）荀子以人性本惡故欲遷善；但人未必因其性惡，便不再繼續爲惡，蓋爲惡之每下愈況乃司空慣見之事實，何能證以因「惡」之故故必萌遷善之心？孟子以人有羞恥之心故恥於爲惡之事，是肯定人有內在遷善之意志力，與向善之意識心。今荀子所重之「心」乃爲「認識心」，且復否認人有先天所賦之本心與良知。且認爲其知「惡」之心，必待「道」之對照，然荀子所說之道乃人爲之道，亦人後天所道之學說與所制定之禮法去使人遷善則其內在之動力何在？此正荀子所未察者。譬如群豕雖對鏡觀照而知其污，但知污爲一事，去污復爲一事，不能以群豕之知污，即證其必能去污。

（九）荀子以禮義爲偽，非生於人之性，禮義法度是生於聖人之偽，偽起而生禮義，禮義生而制法度，然禮義既非人性之本然，則欲以聖王所制之禮義以正人之性，是純乃出於外鑠之功，宛如農人強欲苦樹以結甜果，雖日日灌漑施肥惡能得乎？孟子以仁義禮智乃人之四端，人人本具有此先天道德意識心，故有行善之能力。今荀子遽予否認則何能以外在之禮義，作爲匡正人內在人性之惡？

以上所陳九項，乃略舉荀子性惡說中推證之難處，以明其學說體系中似有欠周延之處，且荀子對孟子之學說亦缺乏同情與善意之了解，是其抨擊孟子之處未能盡當，且更未得孟子立論之精神，此殆荀子未親領受孟子之說而逕由傳聞而得者，此蓋當荀子之時，《孟子》一書尚未成篇，故荀子未能深研

孟子立說之初衷有以致之。

　　吾人於孟荀二子之間，勿庸以孟駁荀，或以荀責孟，此則皆失其旨趣。然荀子立說之動機，實有鑒於戰國末世，目覩人間種種慘事，故以行為果效與現象而立說。二子人性論固有差異，但皆本孔門仁義之統是亦其所同，孟子倡寡欲，荀子倡節欲，是二子對欲皆存有戒心。惟察荀子之言性惡，究乃指人自然之天賦與傾向，並非「本體之性」之一成不可改者。

　　總括荀子人性論之大勢，不外由官能之欲望，與官能之能力二方面以探討人性；但荀子所言，卻重由官能之欲方面著手，以言人性為惡，必待心知、心慮、知禮義之中而後方收匡正之功，故其整個體系，皆建立在客觀行為之果效上從未觸及人性問題之心靈核心，是其體系中缺乏道德形上之根基，而必倡以禮義文理為匡正之媒介，是其經驗論性格所必然之結果。

　　至於孔孟言人性本不離天道，乃承認人性之中可與天命相通，是乃循《詩》、《書》、《中庸》、《易傳》之系統，以天地萬物與人本為一體，故盡己、盡人、盡物之性而參贊天地之化育，而與天人合一；至於荀子則倡天人分途，彼此不相涉，是其立論上根本缺乏道德內在之動力，不無缺失。

　　總括而言之，孔孟由踐仁之精神境界上達天命，乃人性之昇華與超越面，使人性向上與神性契合，以成內聖外王之境界；而荀子卻以禮為規約，以防人禽之別，在性分中缺乏為善之動力，只憑認識心為匡正之方，顯覺缺乏形上之根源，故其規約與安排，勢必落入禮法之強制性與權力之系統中，以強力勉強人間之秩序，似覺外鑠之成分多而自覺之成分少。故循荀子之路線，最後必走入崇法尚勢之社會而尊君則為其所必然之趨勢。

　　唐君毅先生謂：「荀子以人之現實為不理想，故欲轉化之使更趨於理想，乃倡人性為惡。是以荀子所認識者，實較孟子為深切，蓋既欲轉化之，即不以之為善，而當以之為惡，性惡之論，亦即在此義上，為不能不立矣。」〔註 2〕是按唐先生意見，荀子倡性惡之說，非徒憑空立論，乃在道德理想價值之相對下，遂顯出人性之惡，並非純基於經驗界之事實。但觀荀子究竟乃從人生之負面立說，似從消極方面以圖人性之長進；而孟子乃從人性之積極面以確立人類道德

〔註 2〕參唐君毅先生著《哲學原論‧原性篇》，頁 52。唐氏以「荀子之論證人性為惡，皆從人性與人之禮義之善，所結成之對較對反之關係中看出者……故前者為善，後者即為不善，而為惡。此乃人在道德文化理想之情形中，對此理想之實現，必待於人對於其現實生命之狀態能有所轉化之義。」

理想之價值，本乎《易傳》繼之者善也，成之者性也之傳統，而以誠性存存入道之門，乃欲人性不斷止於至善之境。故二子立論雖有差異，但其終極結果皆欲達到道德理想價值之臻善境，而以入聖爲人生價值之最高統會。

孟子嘗於生活體驗中，發現「心」之獨立自主活動，且以「心」爲道德主體之存在，並以「心」作爲建立性善說之根源，且與天道之誠息息相通，以己之自明誠，與天道之自誠明相契無間，故有極深厚之道德形上根源與道德原動力。

觀之荀子僅從人之「所受以生」之「性」而立論，是乃一素朴之現實而已；察孟子乃本乎孔子踐仁之思想而以心善言性善，乃透過一己道德生活中深切之體證，以「良知」與「道德本心」之自覺自反，而爲人性說奠下了不朽之根基，否則一切道德理想價值自必落空，而不過爲徒託空言而已。

三、我國傳統人性論路向之總結

按我國傳統言性之說，可大別分爲三條思路，即「以生言性」，「以氣言性」，與「以德言性」之三大範疇，但在學說之發展上厥有多端，派別林立。大別言之，最早者皆以生言性，孔孟則將之轉化爲以德言性，迄漢儒以後多轉爲以氣言性，迄宋儒復將氣質之性與義理之性相互并論，而益趨複雜。

茲謹簡述如下：

（一）本乎傳統天命天道之觀點，由命到性，以人之道德生命爲上天之所賦，此「命」亦即教命，命哲之「命」，更透過孔子之踐仁思想，與《中庸》天命之謂性之思路，以人之性本受之於上天之德命，故無不善。且更透過孔子對傳統宗教之態度，對天之敬畏，及性與天道之融合，而將天、天命，從位格神之性格，轉化爲義理法則性之性格，且復透過孟子所本孔子之仁智觀念以言「即心見性」，以當下體證「性」即是「仁」，而仁之先天性與無限超越性即是天道，且彼此上下相互貫通。以天道之仁誠進入吾人生命之中而爲人之本性，使人有崇高之道德生活標準，此亦即本乎孔子「天生德於予」之大氣概與大抱負而來之使命與生活。在此系統中，性與天道貫通爲一，仁即自我實現中所達到之生活境界，而與天之生生之德相互契合，亦即如孔子所言：「我欲仁，斯仁至矣。」（〈述而篇〉）是以此「仁」，實主體性之自我覺顯，與道德生命內貫之自然要求，而不復爲天之所命。此派實上承原始天命之說，下及孔子、曾子與子思之《中庸》思想而下達孟子之一脈相承系統；且由孟

子總其大成，將原始之天命觀轉化爲一己之「義命」。由上天之教命、命哲，轉而爲一己之自貽哲命。由赫赫上天轉而爲我內在義理之天，因而道德生活非出於畏天之威，乃出乎吾一己德命、義命之自然流露，與性分中之自然要求，是以由敬天、畏天，轉而爲樂天、事天。此蓋天命由上向下落，由外向內收，落入個體心中，而成爲人一己之心性，亦即爲人之所以爲人之處，然後由此心之善端之發揚與實踐，以體證人性之本善。且更透過盡心、盡性向外擴展之功夫，使此心、此性上契於天道，以肯定道德生命之崇高價值。是以此派所肯定之「心」，乃道德主宰性之心，而非單純地「認識心」與「意識心」。

易言之，此「心」即「仁心」，生命所貴者即此仁心之呈露，此心乃天命所賦，而成爲人之性，與天道之「生生之仁」相契合，因而此「心」實富道德形上學之意義而非單係知識之心。

（二）其二，乃本《易傳》以陰陽太極之思想以言天，更進而以陰陽思想以言性。此派對爾後人性之觀點，亦有莫大之影響，該派以「性」，「命」相連辭，以乾元爲萬物資始，以說明萬物生育之源頭，故〈乾卦〉所云之「元」，實即宇宙生生之大本，爲上天大生之德之表徵，乃統天之生生，萬物之流形，並使彼此「各正性命，保合太和」，而成一大中和系統。

《易繫辭傳》所云之「一陰一陽之謂道」，即〈乾卦・象傳〉所云之「乾道變化」，此乾道即生生不息之天道，一陰、一陽乃天道變化之盈虛消息與歷程。天道即透過一陰、一陽，一長、一消之過程生生萬有。故「繼之者善也」，乃繼此一陰一陽生生不息之大化，在此生生不息之繼續中，乃顯諸仁，藏諸用。蓋宇宙之大化純乃「生生之仁」之顯露，「生生之仁」具體呈現於萬物之生命中，而爲「成之者性也」。亦即「善」實現於萬物之中，而成爲萬物所受之性。此「性」乃泛指萬物所受之本體而言，然惟人類對此有自覺而已。此「善」實與天道乾元同體爲乾元之德，由其向外發展，以至無窮，故唯人類方能「成性存存」而入「道義之門」，百姓雖日用而不知，但莫不本此大原則，以維繫個體與群體間生活之和諧。

按《易傳》此種思路，與《中庸》學說相爲表裏，皆以「善」爲宇宙人生之終極，故《易傳》思想亦合併於儒家言性之思路中，並非獨成一派。清易學大家惠棟，即極力提倡《中庸》之說與《易傳》相契合（參惠棟《惠氏易學》），誠乃有得之見。

（三）其三，乃就自然生命以言性，即所謂「生之謂性」，此系統上自告子、荀子即生以言性，以迄漢時之董仲舒、王充之言氣性，而發展至劉劭《人物志》之言才性，〔註3〕皆係同一系統。

按漢儒言性，多本陰陽氣化並綜合生之謂性以言性之善惡，此中之代表人物當推董仲舒與王充二氏。董子以孔子「惟上智與下愚不移」之說爲根據，以駁孟荀二子之人性論，認孟子所云之性善乃對禽獸而言，以之與聖人相比性猶未善，故斥孟子爲下比而非上比，乃云：「聖人之性，不可以名性，斗筲之性，亦不可以名性，性者中民之性也。米出禾中，而禾未可全爲米也。善出性中，而性未可全爲善也。繭有絲，而繭非絲也。卵有雛，而卵非雛也。故謂性未盡善。」（〈深察名號篇〉）董子以「生之謂性」，性即生、生即性，故其中善性亦有，貪性亦有，正如天本含陰陽故人性亦含有善惡，遂乃將人性分爲三品。〔註4〕

至於王充言性，則純以氣稟之才性爲定，由其稟賦之厚薄以爲定論，故王氏之言人性有善惡，乃純由陰陽二氣秉賦厚薄所使然，且以人智之高下，如同播種於九州之田土，因其肥瘠高下自有差別。王氏更以孟子所云之性善說乃指中人以上之性。荀子所云之性惡說，乃指中人以下之性。楊子性善惡交混說，乃指中人之性。故王充之人性論，實係氣質之才性說，純由陰陽二氣相交秉賦於人者而立論。〔註5〕

按漢儒言性，不循孟荀二子之思路，亦不隨《中庸》「天命之謂性」之系統，亦與《易傳》善性存存之說不相合，乃循生之謂性之傳統摻以陰陽氣化

〔註3〕按《人物志》爲書名，乃魏時劉劭所撰，其書主在辨論人才，以外見之符驗，內藏之器，分別流形，研析疑似，都凡三卷。劉子論性，以性乃「質」之意，以性與「才」本是同一。不過性從體言，才從用言而已。按劉劭著書原意乃以選舉仕宦爲目標含有實用義，非純爲人性論學術性之探討。其友傅嘏，則將才性之同異離合，賦予純粹之哲學義。

〔註4〕參董仲舒，《春秋繁露》，〈深察名號篇〉。按董子乃就「生」與「質」以言性，故性乃先天所成之「自然之資」，至性之善否乃因人而異，董子否定孟子之說曰：「孟子下質於禽獸之所爲，故曰性已善，若上質於聖人之則未善，故曰性未善。」其立論標準似較孟子爲高，但實未得孟子之眞義。

〔註5〕王充思想以宇宙本體爲氣，由氣而生陰陽，再由陰陽而生萬物，人之本性隨氣稟之不同，而有上中下之差等，即善，善惡混，與惡三等。其《論衡·率性篇》云：「論人之性，實有善有惡，其善者固自善矣，其惡者故可教告率勉，使之爲善，善則養育勸率，無令近惡，惡則輔保禁防，令漸於善，天道有眞僞，眞者固自與天相應，僞者人加知巧，亦與眞者無以異也。」

之說，而著重其氣質之性。以人所稟受之氣質有剛柔、清濁、厚薄故有差別，是按其說自與孟荀二子大相逕庭。

（四）至宋儒言性，乃將《中庸》與《孟子》以及《易傳》加以大綜合，蓋宋儒特重變化氣質，以天地所秉之氣爲本然之性。故宋儒實統括「即生言性」、「以氣言性」、與「即理言性」之大統會之思路。朱子即本乎伊川之思想，以「性」即「理」，乃將人性二判，分爲「氣質之性」與「義理之性」，以開理氣心性論之先河。

然至陸象山，則本乎尊德性，先立乎其大者，故特重心性本體義，與開悟本心之功夫。因而宋儒言性，可大別分爲程朱、陸王二大系統。茲因體大精微非本文所涉茲不贅述。

大別言之，孟子重道德主宰心之思路，在我國思想史上扮演極重要之角色。在中國人性論思想上，始終存著主觀性原理與客觀性路向二大系統；孟子一路以迄陸王可謂開我國心學主觀思維之大系，而程朱一派則繼承太極無極之思路，而重客觀性原理。至於「即生言性」一路，固爲原始極自然之思想，但在中國思想史上，究不佔重要之位置。至於以氣說性，乃本「生之謂性」、與「陰陽氣化」二說之推衍，在學術史上亦缺顯赫之地位。

按周子講無極而太極，張子講太和之氣，程朱論理氣，進而申論其道德觀與人性論，皆落入客觀性之系統，故在主體性之證悟上似嫌不足，是乃引起陸王一派之不滿，因而發展爲重視主體性體驗之思路，是以陸王一派較能遙契孟子之心性說，以孟子之仁心、道心，即宇宙之心，而得孟子「盡心、知性、知天」之思路。至於程朱一派則重理氣二元之說以闡明其客觀原理。但剋實而論，道德之實踐，客觀性原理，自須透過主觀方面之心證，故二者實難偏廢，此中尤以「心覺」至爲重要，故程朱陸王四大派乃孟荀二子之後在人性論方面極重要之巨擘。

第十五章　孟荀道德精神與修養論之比較

第一節　孟荀道德精神之形上探討與比較

一、孟荀道德精神之形上探討

　　按《論語》、《孟子》、《荀子》三書在篇章之結構上，皆以堯舜之事爲末章。〔註1〕此可謂同本孔門儒教相承之大義，按孔子嘗云：「周監于二代，郁郁乎文哉，吾從周。」（〈八佾〉）又云：「吾其爲東周乎。」（〈陽貨〉）一般論者遂咸以孔子心目中乃以周室之典章制度爲法。事實上，孔子此言殆不過盛讚周室所保存之古代文獻，較宋杞爲足徵。〔註2〕且稱讚周公在維護文物、典章、制度，以及制禮作樂方面之貢獻。至對於政治理想與人生境界，孔子則仍以堯舜爲法，蓋效其公天下與大同之理想，至於禹湯文武周公者，在孔子心目中殆不過家天下與小康之世而已，自不足以作爲法乎上之標準。〔註3〕

〔註1〕《論語》以〈堯曰〉爲末篇，《孟子》則以〈盡心〉爲終局，《荀子》則以〈堯問〉爲終篇，均推崇古聖大賢。

〔註2〕《論語·八佾》曰：「子曰，夏禮吾能言之，杞不足徵也。殷禮吾能言之，宋不足徵也。」是皆言夏殷去當時已遠，故文獻不足徵也。

〔註3〕見《禮記·禮運篇》，孔子貶禹湯文武周公爲家天下，且以之爲小康世，以別於堯舜之天下爲公與大同世。〈禮運篇〉云：「今大道既隱，天下爲家，各親其親，各子其子，貨力爲己，大人世及以爲禮，城郭溝池以爲固，禮義以爲紀，以正君臣，以篤父子，以睦兄弟，以和夫婦，以設制度，以立田里，以賢勇知，以功爲己，故謀用是作，而兵由此起，禹湯文武成王周公，由此其選也。此六君子者，未有不謹於禮者也……形仁講讓，示民有常，如有不由此者，在勢者去，眾以爲殃，是謂小康。」

-273-

　　孟荀二子固同承於孔子，但二人所秉承之精神各有異趣，且其人生立論亦頗有差異。易言之，孟子乃繼統孔子之大同之境界，以開導誠明自覺之行教方式。至荀子所推崇者，乃孔子心目中所認之小康世而已。俾藉禮樂教化以融化人性中之缺點，但二人之道德境界，皆同本於孔子六藝之學之精神，惟孟子重於《詩》、《書》之傳統，而荀子則重乎禮義之規範。

　　按孔子之道德哲學乃將古代敬天、畏天之思想，與祭祀鬼神之宗教儀式，導向爲敬德、崇仁之內在人格世界，而確認人生之目的乃在敦仁行義，而兼善天下，且更提高人類生存之層面，向上提昇以與天命相互契合。孟子本此思想，更進而求與宇宙之全德相契，化外在之天命，爲吾一己內在之德命。化主宰天爲吾一己之義理天，是已超出疾敬德，永保厥命之思想，已達自貽哲命之道德價值與自我覺悟與完成之思路。

　　是以，孔孟所嚮往之人生，皆係層層向上超昇之人格道德世界，亦即生命本質之向上超越擴展之精神無限領域，是二子皆不以客觀世界之功利發展爲人生之目標；但儒家所重者究不在來世之憧憬與期求，乃在今生中完成人格圓滿之道德世界，並以之推行於現實世間，作爲入世事業之基礎。因而，儒家並非避世者，而是充滿大儒之救世精神，其所循之途徑乃在天道人道相互合一下去促進人文化成。

　　孔子更以「仁」作爲人格內在發展之原動力，故將禮置於內心之仁之規範下，而曰：「人而不仁，如禮何，人而不仁如樂何。」（〈八佾〉）是以孔孟所重者，本非今世中功名之大成就，而是將現實世界點化爲道德人格境界，而層層向上提升。另方面亦欲以一己之人格，投射於現實世界，以求濟世匡時。因而孔子所欲發展者，乃先由一己之方寸做起，孟子統其緒，而由自誠明之性，自明誠之教，以發展爲一己人格之光輝。按性者乃本天命之所秉，不思而得，從容中道，故「自明誠」之功夫乃有待後天之努力，孔子一生之言行，即在體證此道，至「五十」始言知天命。孔子且引《詩》曰：「嘉樂君子，憲憲令德，宜民宜人，受祿於天，保佑命之，自天申之。」（《詩·大雅》，〈假樂篇〉）孔子因云：「故大德者必受命」。〔註4〕孟子復繼承孔子所開拓之精神世界，以高度自覺、自反與內在之體證，以向外實踐與擴展俾建立道德

　　　――――――――――――

〔註4〕參《中庸》曰：「故大德者，必受命」，朱注曰：「受命者，受天命爲天子也」，按朱注在此殊有失原義。按此乃云大德之人，能秉承天命所賦之德性，而益增其生命之光輝。

上圓滿之人格。故並非徒為道德理想之主義者或為可望不可即之企盼者。孟子曰：「可欲之謂善，有諸己之謂信，充實之為美，充實而有光輝之為大，大而化之之謂聖，聖而不可知之之謂神。」（〈盡心下〉）

　　由此可知，孟子所說之道德精神貴由集義、尚志、養氣開始，然後向外向上開拓，以達至大至剛之精神世界，與內在人格之圓滿境界。且孟子所嚮往者乃堯舜「性仁義」，「仁義行」之人格，而非湯武之「身仁義」，「行仁義」之功夫，因而乃斥五霸為「假仁義」之虛妄者。

　　吾人衡觀孔孟每言及道德生命時，必與生命歷程相互表裏，因道德乃生命歷程之表現，又觀其每言及生命之時必與宇宙相提并論，此蓋宇宙乃生生不息之生命系統，彼此間相互旁通統貫與和融。且宇宙乃生元之表現與拓展，亦生生之仁之化澤，並非純任機械系統之運行，是以「善」乃宇宙生生之目的，故方東美先生曰：「一切善性在宇宙間，均有其客觀根據，吾人所際之環境，乃廣大悉備之生命領域，所處之宇宙，乃渾浩周徧之價值場所。」〔註5〕觀乎孟子者即肯定此宇宙與人生實為一大價值系統，亦即一大生命系統。是以孟子就先天言，乃以人之秉賦與善性渾然同體；以後天言則以吾人之德業與善性又浩然同流。宇宙既為普遍生命遷化不已，流衍無窮生生之仁之歷程，輔育善化以貫注人類，使人類上與天同相互和諧天人相契，以達萬彙祝照，人物均調，處處呈現價值之樞紐。使人覺察此中昭明之善性本乃天賦，惟湏靠人為以完成之，此亦即所謂體仁繼仁，集義生善之境界，不僅獨善其身，且能兼善天下，仁民愛物，而體造化天心之仁德。故此種道德境界乃孔孟人格精神之發揚，亦乃人人道德生活之根源。

　　更有進者，孔孟每言道德必追原天道，且深持率性以受中之精神。孟子深知人若離開生命源頭與價值，則宇宙一切必蹈於虛空不實，如撇開生命之善性，則人類亦必趨於虛妄。

　　孔孟以道德生命之本質，乃上配天德，以天道至德之善，為吾人生命行動之原動力，扼要言之，道德乃生命之本質，亦即生命價值之具體表現，故先儒不將生命只看作盲目之本能衝動，故必慎重選擇高尚理想，以作為人生奮發努力之目標以求境界之層層高昇。是以生命之意義，並非僅為生存；而生活之目的，亦非僅為功利，乃在發揚生命之光輝以增進群體生命之價值，

〔註 5〕參方東美著，英文本《中國人生哲學》第五章。馮滬祥中譯，見民 68 年 2 月
　　　　17 日，《青年戰士報》，〈中西文化〉版。

使天人、人我、人物彼此和協，以達至善之境。此境之達到，端在個人道德生命之圓滿達成，因而孟子主張知性即知天，而其步驟即循盡己之性、盡人之性、盡物之性，然後參贊天地之化育，而與天地同參，此正《易傳》與《中庸》二書之精神共同合契處。正如溥博淵泉，而時出之，溥博如天，淵泉如淵，以養成其高明博厚之人生態度。故觀孟子由仁義內在而道性善，乃其精神表現之第一步，以浩然之氣配道義，以至大至剛乃集義所生，而為其精神之頂峰，更以萬物皆備於我，反身而誠，樂莫大焉。君子所存者神，所過者化，上下與天地同流，此乃其精神主體之最高顯露，亦即孟學之精髓所在。

詳察孟子之道德精神，可曰皆以天道之生生以闡揚仁義禮智，蓋拋開天道之大原，任何道德評價皆將失其依據，是以孟子對孔子所說之：「無為而物成，是天道也，已成而明，是天道也。」〔註6〕亦深為相契。蓋天道雖云無為而自生，大仁而不仁，上德不德者，然天下莫不蒙其仁澤；夫造物天心，有大美而不言，必待生生之歷程中以顯諸仁而藏諸用。

此外孟子之道德精神亦可謂有得於孔子之忠恕之道。所謂「忠恕」，實如孔子答哀公問所云之「知忠必知中，知中必知恕，知恕必知外，知外必知德。」（《大戴·禮記》〈小辨〉）又說：「內思畢心曰知中，中以應實曰知恕，內恕外度曰知外，外內參意曰知德。」（同上）此所云之「知忠」，與「知中」之「中」字與《易經》「大中以正」，「君子黃中通理正位居體」。（《坤卦·文言傳》）「保合太和，各正性命」。（《易乾卦·象傳》）以及「剛中而應，大亨以正，天之道也。」（《易臨卦·象傳》）之「中」字皆彼此相通。又與《左傳》「民受天地之中以生」之「中」字取義相同，皆指中道、中和而言。此「中」字至《中庸》更作「中者天下之大本也」。《中庸》中所云之「天地位、萬物育」可曰即與此「大中以正」，以及「內思畢心曰知中」之精神彼此相互通貫。

按《荀子》一書，亦屢言「中」之理，如「《詩》者中聲之所止也」（〈勸學篇〉）「樂之中和也」（同上）「中得人和」（〈富國篇〉）「心居中虛以治五官」（〈天論篇〉）「中則正，中而正」（〈宥坐篇〉），「中則可從」（〈天論篇〉）「天下有中敢直其身」（〈性惡篇〉），「中和之紀也」（〈樂論篇〉），而最後乃以禮義

〔註6〕參《禮記》魯哀公問天道，孔子所答。見《禮記集解》卷十二，〈哀公曰〉第二十七，頁1158。文史哲出版社印行。「公曰：敢問君子何貴乎天道也，孔子對曰：貴其不已，如日月東西相從而不已也，是天道也，不閉其久，是天道也，無為而物成，是天道也，已成而明，是天道也。」

之中爲其道德哲學之大本，是觀孔孟荀三子皆莫不重「中」之作用。

至於「恕」字，乃從「如」從「心」乃探求天地生物之「心」而「如如」之，故中以應實謂之「如如」方爲「恕」，亦即孔孟所素常主張之誠於中形於外之精神契合。

《中庸》所云之「天地位焉，萬物育焉」，即靠此「大中以正」之普遍生命精神之發揚。由此可知「內思畢心曰知中」乃儒家道德哲學之大本，亦即直透天心、人心之至理大則；而「恕」者正是個別心靈滲入宇宙大化生生之仁之「如心」，化小我爲大我以與大道合一，更旁通萬物之生命以建立一種上下與天地同流之完滿境界。故恕者乃「如人之心」、「如天地之心」，最後與天地之本如相契，以達「如如」之境。是以「恕」者，實乃化洽一己之生命而與宇宙大道之生生之德，相互契合之謂。

對孔孟二子而言，整個宇宙乃普遍生命之流衍，其目的乃在完成實現生命歷程中之至善、至仁之崇高價值。故天道或天命，乃係普遍生命之本原，亦即一切道德價值創造之根本來源，大道之流行，即在表現天地緜延賡續之生生之仁，並顯示於人如何安身立命，安頓一己之心靈，以完成生命價值之途。故在大道之光照下，在仁德和煦之籠罩中，吾人所處之世界，實乃一「大中以正」之圓融整體，以及一大中和系統，人類賴此中和以生，並參贊大道之妙，而與天地共體生生之仁之契機，如是方爲人類道德生活提供一共同之基礎。若此體系遭受破壞，則人間天地皆同蒙其塵，而落入極度悲慘之形爲物役之競爭世界之中。

是以吾人放眼現實世界，人生難免昧於私利，器宇狹窄，且常違忠道、恕道之流行；故必以「恕」道，匡正人之氣宇，使能恢宏廣大，轉爲同情他人之生命。正如孟子所言必生惻隱之心，由此發端而擴充之，以生宇宙大悲情，效人飢己飢，人溺己溺之精神，使天人、物我皆同沐於生生之大德中，而達穆穆雍雍之和祥世界，此乃孟子所本於孔儒之道德境界者。

易言之，《易經》中所云之「无妄」，《中庸》中所云之「至誠」，《大學》所云之「明德」，皆不外藏心以恕，正心以誠，以透澈發揮此忠恕之一貫思想。若能眞正體會忠恕精神，以提昇生命價值，融合身心內外以實現仁德，此誠乃儒家之最勝義。

明乎此，方知儒家道德形上精神與價值之所在，透過己立、立人，己達達人之功夫，參天地，贊化育，同人我，使個體生命，投入大宇宙之存在，

擴大其器宇與胸次，方知孟子上下與天地同流之眞義所在。蓋大宇宙不立，自我便無基礎，生命更覺茫然，生活頓現枯寂，明乎此，方能知孟子所云之與「宇宙之全」相互契合之勝義，及天人物我，內外無隔閡之生命境界。

　　故孟子所云之：「君子深造之以道，欲其自得之也，自得之，則居之安，居之安，則資之深，資之深，則取之左右逢其源。故君子欲其自得之也。」（〈離婁下〉）是以孟子極重在同情感召之中，透過相互薰陶之歷程，以培養共同之道德生命，俾使人人樂與人共爲善，廓然大公，與善同體，方能化此世界免於暴戾乖謬之浩劫。以一心而同萬善，亦即忠恕一貫之道之施行，以及道德生命中之精微所在。

　　然察儒家中荀學一系，雖不言天命，雖常以自然言天道，但其所本孔門致中和，與禮義之中之教化，亦有彼此相契之處。荀子以大儒必知通統類，以聖人爲道管，倡導心正形全，仁人在上，如荀子云：「誠心守仁則形，形則神，神則能化，誠心行義則理，理則明，明則能變，變化代興，謂之天德。」（〈不苟篇〉）又云：「萬物各得其和以生，各得其養以成，不見其事而見其功，夫是之謂神，皆知其所以成；莫知其形，夫是之謂天。」（〈天論篇〉），荀子雖不由天命方面去探討天道，但乃就天之功用方面以見其功，其所主之性惡說，雖首見疵於韓愈，終見訾議於宋儒，但其優入聖域，施仁行義之風，亦堪與孟子竝稱。夫孟子言性善，欲人盡性而樂於善。荀卿言性惡，欲人化性而勉於善，立言雖殊，其教人以善則一。宋儒言性，雖主孟氏，然必分義理與氣質爲二，則已兼取孟荀二義，且宋儒變化氣質之說，實隱含荀子化性之論。夫孟荀二子取義不同，殆因學統與時勢迥異所致，然二子救弊扶衰，其心則一，且同崇聖人師法仲尼。惟荀子重禮樂教化以正天下，更以聖人爲備道全美者，爲懸天下之權稱，與孟子有異曲同工之處，雖云同門而異戶，然皆明儒行之效。夫性雖善，不能廢教，性即惡，必假人爲之修正；其崇仁，好義，同聖之心則先後一如。

　　按〈成相篇〉云：「君子誠之好以待，處之敦固，有深藏之能遠思；思乃精，志之榮，好而壹之神以成。精神相反，一而不貳爲聖人。」其立論莫非專一、主敬、愼慮、立誠之大涵養，且效堯禹重義輕利，暨道古聖賢之方，俾推德崇仁，更本「大參天地，德厚堯禹」，「精微乎毫毛，而大盈乎大宇」，以及「大參乎天，精微而無利」之精神。（同見〈賦篇〉），此即荀子所倡由精微恢宏之至理，以達愼微而致遠大之道德生命之表現。

荀子更倡「託地而游宇，友風而子雨……廣大精神，請歸之雲雲。」（〈賦篇〉）是亦可見其偉大滂礡之道德精神，與恢宏開闊之生命氣宇，是亦本儒家上參天地之化育，而體天道無涯之思想，是其無形中有同於莊子提升其精神於太虛之勝義，然以之比於孔孟天人合德之思想時，自有其不同處，自不可不辨。

二、孟荀道德精神之比較

按孔孟荀三子可比擬於希臘三大聖哲，孔子可比擬於蘇格拉底，以其博大涵容，高明睿哲。孟子可比擬於柏拉圖，以其崇尚理想，以達天道之化境，亦乃高明之大哲。至荀子則可比擬於亞里士多德，以其崇尚經驗為基礎，篤實沈博，同富道德理想價值以智德相互合一，是三子者誠多相類之處。

孟子距孔子百有餘年，時天下方務於合縱連衡，以攻伐為尚，以智巧權術為賢，而孟軻獨述唐虞三代之德，是以所入者不合，然時君世主愈尚縱橫捭闔，窮兵黷武，則愈顯孟子之如寥天一鶴，與眾之不同精神與磊落之風格。蓋自孔子以還，歷顏、曾、思三子，正值儒家傳統式微之際，孟子獨能砥柱中流，力挽狂瀾，成為孔子之後儒家第一鉅子，而為後儒立萬世不拔之根基。

至於荀卿當推先秦儒家最後一位鉅子，蓋其去孔子益遠，而當戰國之末季，世益亂人心愈行敗壞，而荀子亦獨能傳承諸經，立孔門之宗風，其功不在孟下。

要言之，孟子之道德精神，乃本乎曾思之崇仁、明誠、重義，而荀子之道德精神，卻本乎子游子夏之博文、崇禮。

孟子得乎孔子「道之以德」之路線，而荀子之傳承卻重乎「齊之以禮」之途徑。孟子所傳者重乎孔子之「道」，荀子所傳者乃儒之「學」與「經術」，是乃約禮與博文之分野。按孔孟亦重禮之修養，但禮貴乎內心之誠，以存仁為本，故人而不仁，如禮何。是以不重外在之禮法，乃源自內心之明誠與主動之啟發，而荀子卻重文理隆盛，以隆禮為學之大本，無形中乃轉化為外在行為之制裁，逐漸與法家之教化相契，此固孟荀道德精神異同之一。

孟子所重者，貴於居仁由義，故仁義禮智根於心，因而著重「所性」與「盡心」，以培養內在道德之生命光輝，使之充塞於天地，故重乎內在精神境界之提升。荀子則以仁義禮智基於教，著重「所教」與「所化」，因而崇禮重法，貴乎外在之匡正。孟子重乎「性仁義」，「仁義行」，而荀子卻為「身仁義」，

與「行仁義」，是境界有所差別。前者重乎靈明自覺，後者卻重乎禮義之規範與他律，是乃孟荀二子道德精神異同之二。

孟子道性善，以人本具四端之本德，故必存心養性，修身以俟，更集義尚志，以養浩然之氣，俾至大至剛，以達聖德之全，故所存者神，所過者化，上下與天地同流，以成道德上偉大之人格。更以天道與人道不二，義理存乎吾心，仁爲心之本體，此心可與天道相契，與人人之心相證，以萬物皆備於我，天人合德，具全於我心。荀子則本經驗論之性格，不涉神祕信仰，對天則持客觀之存在義，不言天人合德，故君子敬其在己，而不慕在天，重天人之分，天生人成之說，使人利用天行積善全盡，此正孟荀道德精神異同之三。

孟子爲道德動機論者，重主觀之體驗與主體性之自顯，以道德價值乃先天之基準，荀子則爲行爲果效派，重客觀之教化，以道德價值乃後天之人文化成與先天無關，此乃孟荀道德精神異同之四。

孟子本乎《易傳》、《中庸》之思想，以「善」乃天道之仁德所流衍，爲萬物之所同崇，善乃人之成性。荀子則以「善」乃人爲，爲聖人之僞，乃後天之學習，與人之本質無關，此乃孟荀道德精神異同之五。

孟子荀子皆重仁誠，但孟子實證人心之仁與善，故敦《詩》、《書》而立仁觀，正是向深處悟，向高處提，建立人間相契相和之社會，亦即提供人類向上發展之無窮希望。荀子則隆禮義而殺詩書，乃是向廣處推展，向外擴充，以禮爲法之大分，類之綱紀，更以「禮」爲人禽分別之標準，此與孔孟以「仁」爲人禽之大別者不同。孔孟透過仁德，以上契於天道，以誠明上配天命，故兼融天人物我之理想。荀子則重禮之化約貴由個體始，以仁非人之本心，故仁德未在荀子道德精神中生根，是其所崇之「禮」，乃經驗界中之規範，而否定道德主體自發自動自顯之向上超越精神，此乃孟荀道德精神異同之六。

孟子所言之「心」乃道德意識心、良知心，亦即仁心，此心兼賅物我，通貫天人，含融萬有，爲全德之出發點，乃導向道德生命之原動力。荀子所言之「心」乃知識覺察心、分別心，爲「智」之泉源，可導人明禮崇義，但未必使人爲善，故荀子以心可中理，亦可不中理，故「心」之主宰性，對於道德行爲而言，並非可信賴。蓋荀子以心之主宰性，乃由認識能力而來，是以心之主宰性，未必皆有當。故荀子曰：「聖人知心術之患」（〈解蔽篇〉），蓋心術乃心向外之通路，心術之患，正指心之認識力未必可信賴，故荀子必以「道」爲心之觀照，使人知其一己之行污，但此道乃後天人爲之觀照，事實

上，不過是禮義之化約；以之化性起偽，且是荀子以「心」既非「道德本心」，不過是認識心，有知善之能力，卻未必有行善之動力，是此乃孟荀道德精神異同之七。

孟子之道德思想有先天理想主義之傾向，重主觀之體證，荀子道德思想乃重後天行為主義，在乎客觀之修為。孟子道德思想有天德之內貫，以先天之義理為基準。荀子道德思想則缺乏天德之觀照，純以後天聖王之立法為準繩。孟子以人之行善為必然；荀子則以人之行善乃出乎相對，故非經教化則盲然不知，是以前者出乎內發，而後者乃在乎外鑠。此乃孟荀道德精神異同之八。

孟子不以宇宙純為物質世界，而乃將之點化為精神價值之領域，以生命之目的乃在顯諸仁，彰德性，人即秉此「仁」而成性，故與天地精神不可分。荀子重戡天役物，制天命而用之，有功利主義之趨向，以人性物性不相通，天人相乖離，導致人類精神上無根、無源之隔離，純以人為之禮法為精神之歸宿。其所云固無論如何崇高全備，終必導致人群心靈之分崩離析，而無法在生命中融合通貫，勢必墮入強制性之權力集中，而使社會缺乏和諧之內在力量。且荀子所說之「天」與「性」，正係孔孟與宋明理學諸大師所云之「非天」、「非性」，殆不過人欲之私，與自然之現象而已。察孔孟之學可說我性即天，天即我，我心與天本無分割，我性與天本相融。荀子所說之天則偏重客觀化，而缺乏義理性，復缺乏道家莊子之情意化。庶難免使人生走向偏枯而缺乏憧憬，且使人生趨於規約化，唯禮法是尊；最後終導致向現實看齊，以當世之禮法為念，不復有崇高之精神境域。此正乃孟荀道德精神異同之九。

孟子之道德生命重乎內聖，荀子卻重乎外王，前者重乎所性之超凡入聖，逐日高昇，以宇宙為人生之境。後者則重乎當世之事功，日修其德業，去其所不善，以人間為外王之場所，此乃孟荀道德精神異同之十。

以上十點，略舉孟荀道德精神之差異處，雖云未備，但亦契其精神之所在。按歷來宗孟尊荀所見不同，本文亦不欲作主觀性之評估與偏好，但就二子精神之所趨而為分析，以供參考而已。

雖云孟荀二子皆遠宗孔子，二人人格皆磊落光明，存養深厚，同生於戰國末季，同崇孔子為立說之本，但二子所道，究有不同，孟由仁入、荀由禮出，要皆欲人超善而達人生之目的。

又觀孟子尊王道而賤霸業，答齊宣王，齊桓公，晉文公所問，直謂：「仲

尼之徒，無道桓文之事者。」（〈梁惠王上〉）答公孫丑則卑管晏之功。荀子之論王霸，亦持同樣之看法，故云：「仲尼之門人，五尺之豎子，言羞稱乎五伯。」（〈仲尼篇〉）孟子論湯放桀、武王伐紂之事，則云：「聞誅一夫紂矣，未聞弒君也。」（〈梁惠王下〉）荀子對湯武征誅事亦云：「桀紂無天下，而湯武不弒君。」此誠孟荀二子同本孔門政治道德理想之所同處，惟孟子基於民本主義，而發「民貴君輕」之說，荀子則本乎崇禮明分之主張，而有尊君卑民之理論（見〈正論篇〉），此又孟荀二子所異之處。

按老子云：「故失道而後德，失德而後仁，失仁而後義，失義而後禮，夫禮者，忠信之薄，而亂之首。」（《老子·三十八章》）若禮果為忠信之薄，亂之首，則失禮然後法自為必然之事實與必行之趨勢。且荀子生當亂世，目睹仁義蕩然，人之所性每況愈下，毋怪荀子必主以外力逕予修矯，此殆時勢之不得不然，且荀子以人性為未善，而欲導之向善，是亦不失為一道德理想價值之提倡者。孟子重乎踐形，荀子重乎修為，其主要方法乃透過節、養、禮、法，以求其善。夫孟子之大貢獻，乃在徹底顯發人類之道德心，提高人生之精神價值。荀子之大貢獻，卻在使儒家之倫理與經術得到客觀化之發展，並顯發認識心之重要。不過荀子思想過於停頓在經驗現象上，而缺少形上學之深度，故以其經驗論之基礎，對道德哲學而言，稍嫌不夠。

總括上述所言，對於孟荀道德哲學精神之特質可得結論如下：

按我國秦漢以後至宋明清之儒家哲學，多崇孟子學說，以《易傳》與《中庸》為我國心性論之主流，故其精神多重主體性一面，尤以陸王二家為甚。荀子素重客觀，不重主體性之自顯，是荀子之思路，正以客觀系統所代表之向外擴展之精神，以求「天生人成」，因而荀子之思路不由主體入，純由客觀之禮義出，故其言「性」、「天」之意義與孔孟大異其趣，孔孟一系重「心」、「性」、「天」彼此相通，以天為本以對治人之私欲。荀子則不然，由客觀之禮義出，故其價值標準不在主體之心，乃在以客觀之禮義實現其道德價值。就孔孟而言，禮義乃由人性分中所出，貴在一己之體證。荀子卻以禮義乃由「人之積習以成」，由人之天君（智心）以辨，故純出人為而與性分無關。荀子更以惟聖人為不求知天，其所求知之天不過天之垂象與法則。因此，荀子體系中缺乏形上之天道根源，割斷人天之關係，一切不過自然，此亦正說明人之命運，全要人一己負責，難免頓使人有陷入無邊孤單之感覺，此乃其不全之處。

第二節　孟荀道德修養論之比較

　　孟子以人之道德本務在倫理方面貴乎盡人、盡倫，以孝悌而盡人道。在自然方面在乎透過盡性、盡天，以仁義而上配天道。在社會道德方面，則貴在盡分、盡職，以忠信而達群道之全。其修養之最高鵠的莫非止於至善。

　　孟子修證論之大本，卻在心體性用，以養氣、集義爲中心。透過反身而誠與持志，以養吾人之明覺。透過淨心與寡欲，以養吾人內在之定力。透過求放心，以明吾人之心體與良知。更透過動心忍性，擇善固執，以見心體與仁誠。由居仁，由義，不傷心，不動心，以達天德人德之契合，此可謂孟子學說之大系。

　　易言之，孟子在修養論上首重「存心」，人貴長存純良無僞之「赤子之心」，故孟子云：「所謂大人者，不失其赤子之心也。」（〈離婁下〉）又云：「君子所以異於人者，以其存心也，君子以仁存心，以禮存心。」（同上）存心之道，在不失天賦之本心與四端，易言之，存心即在存仁。

　　其次在乎養心與寡欲：孟子云：「養其小者爲小人，養其大者爲大人。」（〈告子上〉）所謂養其大者，即在養此「心」之大體，養心之法，莫貴乎寡欲，故云：「養心莫善於寡欲，其爲人也寡欲，雖有不存焉者寡矣。其爲人也多欲，雖有存焉者，寡矣。」（〈盡心下〉）

　　孟子所言存心養性，在消極方面乃求不失其心，在積極方面則求不動心以收回散失之心，使良心長住。其主要精神乃在於使此心不爲外境所動，而仁心長存。

　　其三，孟子所云之修養在乎養性，以培養性體之全，性體以「仁」，「誠」爲其眞體。養性在乎執中，但執中無權，猶執一也。養心在乎養身，養身在乎養性，養性在乎集義，尙志、與養氣。夫居移氣、養移體。此所云之養氣，即在善養浩養之氣，使此氣充沛於吾體，然後養吾之志。使持其志勿暴其氣。按人有生繫於一氣，在心主於志，故養志與養氣相互表裏，是以「養志」不可不先「養氣」。

　　其四，孟子修證論之最高點厥在「心證天理」，而達同天至樂之境界。即仁者渾然與物同體，使上下與天地同流，以達天人相契無間之和融境界。

　　至荀子之修養論，則以「化性」爲中心，透過教與化，以明法度，以知禮義，並以養欲，與化性起僞爲主。其有關之修爲思想略述如下：

　　其一，特重對血氣意志之持養，以存善爲務，荀子說：「見善，修然必有

以自存也，見不善，愀然必以自省也，善在身，介然必以自好也，不善在身，菑然必以自惡也。」（〈修身篇〉）又云：「凡用血氣志意思慮，由禮則治通，不由禮，則勃亂提僈。」（〈修身篇〉）

此乃有關治氣之方法，荀子亦以禮治之，故云：「血氣剛強則柔之以調和。知慮漸深，則一之以易良。勇膽猛戾，則輔之以道順。齊給便利，則節之以動止。狹隘褊小，則廓之以廣大。卑濕重遲貪利，則抗之以高志。庸眾駑散則刼之以師友。怠慢僄弃，則炤之以禍災。愚款端慤，則合之以禮樂，通之以思索。凡治氣養心之術，莫徑由禮，莫要得師，莫神一好。」（〈修身篇〉）

由是可知，荀子之修養論，重在禮法之規束，師尊之教訓，與專心致志三者，即可使心氣向善。故荀子不重由心性自覺說起，蓋重心安於禮，身正於禮，以禮治心。。

其二，荀子以養善於誠；故云：「君子養心莫善於誠，致誠則無它事矣，唯仁之爲守，唯義之爲行，誠心守仁則形，形則神，神則能化矣，誠心行義則理，理則明，明則能變矣，變化代興，謂之天德。」（〈不苟篇〉）荀子在此實乃純任自然之變化，即爲養心而神全之義，由內而外，由神而明，故養心之理，在乎「誠」，外在於禮。荀子所云之天德，不含天道神秘義，乃指天理之自然，亦即順自然之理以養心之謂。

其三，荀子修養論在乎養欲與心擇，養欲之道首在節欲，天性有欲，心爲之節制，心對於欲有抑止、主使與節制之功能，更有權衡輕重之心擇作用。養欲之目的，在使此心保持大清明，更在重己役物，不以己役於物也。

總觀孟荀二子論修養之道，孟子重內在之自我涵養，與人生境界之提升，故以自覺、自反爲主。荀子則悉重外在之約束，當由師、禮、法三途，多用外在人爲之力量，以配合養心之知悟，以化除私欲，成就公善；故不返初動之衷，不見本原，不求天人上下通，只求內外通，此正荀子不同於孟子處。

第三節　孟荀聖境與理想人格之比較

孟子之人格論，將人分爲三種層次，以低級人格者爲俗人、庶人、小人與鄉原。所謂俗人，即缺乏人生自覺之輩，只有名利感而無道德感，庶人則爲一般平民，地位低卑，但品德未必低劣。小人與鄉原則爲假冒爲善，虛仁僞義之輩。

　　中常人格則爲善人、善士、志士，更提升爲君子、大人、大丈夫（其義已見前篇，茲不贅），至於最高人格者爲仁人、賢人與聖人。賢人寓於仁人，最高則爲聖人，在孟子心目中惟堯舜爲性仁義之聖者，此外則爲孔子乃聖之時者。孟子以「聖人人倫之至也。」（〈離婁上〉）乃能盡心知性而知天之人。

　　荀子所云之聖人則爲「積善者全盡之謂聖人，聖人者人之積也。」（〈儒效篇〉）又云：「聖也者，盡倫者也。」（〈解蔽篇〉）按前者乃就德行而言，後者乃就修爲而言。進一步則云：「盡善挾治之謂神，萬物莫足以傾之謂固，神固之謂聖人。」（〈儒效篇〉）此則指修爲而有成就而言。荀子亦以聖人爲道德境界中之全人，故荀子心目中之聖人，乃「仁且智」之仁智合一者。

　　在荀子觀之理想之人格均成於教育，而非出自先天資賦，此與孟子之說迥異，蓋純以德業學行之全粹爲人格分類之標準。荀子以知有四類，即「聖人之知，士君子之知，小人之知，與役夫之知。」（〈性惡篇〉）論言辯則有「小人之辯，士君子之辯，與聖人之辯。」（〈非相篇〉）論儒則云「有俗人者，有雅儒者，有大儒者。」（〈儒效篇〉）至於人格方面則以五儀爲標準，「有庸人、有士、有君子、有賢人、有大聖。」（〈哀公問篇〉）依荀子觀之「其義則始乎爲士，終乎爲聖人。」（〈勸學篇〉）以士爲起點，以聖人爲最高理想。是以，綜觀孟荀二子論聖境界，孟子重內在之涵養，荀子則重外在之積善全盡，此殆又二子顯然之差異處。

第十六章　孟荀政治社會道德觀之比較

第一節　孟荀政治道德觀之比較

　　孟子首倡民族大義，極富反夷狄之民族意識，此蓋我國大一統時，夷狄多皆賓服，㲪大一統分裂時，夷狄勢力則為之擴張，為患國土。因而，孟子主張「惟仁者為能以大事小」（〈梁惠王下〉），故勢孤時貴能忍耐，勢強得人心時，貴為一統之工作。在政治道德上孟子重人道主義之政治與仁政，故倡「以不忍人之心，行不忍人之政」（〈公孫丑〉），乃以孔子仁之倫理觀推行於政治，由仁心、仁體之不朽，而推展為社會之不朽。

　　孟子在政治上極言王道精神，以仁政得人心，故曰：「仁者無敵。」就人而言，孟子極重賢人政治，故云「尊賢育才，以彰有德。」（〈告子下〉）更反對暴君政體，以「天子不仁，不保四海，諸侯不仁，不保社稷，卿大夫不仁，不保宗廟，士庶人不仁，不保四體。」（〈離婁上〉）

　　故在政治上重貴德尊士，賢者在位，能者在職。以「天下有道，小德役大德，小賢役大賢，天下無道，小役大，弱役強。」（〈離婁上〉）由是可知孟子之尊賢思想與尚德之政治觀。

　　孟子既提倡王道政治特反對霸道，更嚴斥霸政，以霸道乃假仁義之名以亂實。故孟子對五霸斥之為假仁義，是以孟子之政治思想重在保民、養民、與教民，俾與民同樂以仁政為先。

　　荀子之政治道德觀在根本處與孟子相同，均重王道而賤霸業，且亦重政治道德而輕權術，荀子且重聖王思想；以聖為「道德」之極，故云：「聖也者，

盡倫者也，王也者，盡制者也，兩盡者，是以爲天下極矣。」（〈解蔽篇〉）荀子以王道含於聖人之內，故稱聖王，因曰：「故天子唯其人，天下者至重也，非至彊莫之能任。至大也，非至辨莫之能分。至眾也，非至明莫之能和。此三至者，非聖人莫之能盡，故非聖人莫之能王。」（〈正論篇〉）又云：「以德兼人者王」。（〈議兵篇〉）

荀子在政治道德上乃由「法先王」而到「法後王」之轉折，蓋荀子所指之聖王，顯乃指三代以前之德治與禮治之聖王。因三代以前之政治，多係盡倫、盡制之兩盡者，乃爲王道之治。故荀子言「法先王」：「儒者法先王，降禮義。」又云：「法先王，統禮義。」（〈儒效篇〉）更曰：「法先王，順禮義。」（〈非相篇〉）此乃在堅持「盡倫」之義而言。對戰國時期諸子，如惠施鄧析等名家之徒，則斥之爲以名亂法，以名亂實，而不法效先王，故斥其爲「不法先王，不是禮義。」至對子思、孟子之儒，則指其法先王而不知後王之序，故斥其曰「略法先王而不知統」（〈非十二子篇〉），由是可知，荀子對古聖、後聖之說皆嚮往繫之。

惟在盡制方面而言，荀子則效後王，因五帝之聖統，渺茫難知，故當以後王之制爲法，故云：「王者之制，道不過三代，法不貳後王。道過三代謂之蕩，法貳後王，謂之不雅。」（〈王制篇〉）此所指之後王，實乃指三代之主而言。

按聖與盡倫在堯舜時代可見，至湯武時已是弔民伐罪之局，以攻伐代禪讓，故已去聖與盡倫之時已遠。周公制禮作樂，只是盡制之王，故荀子不得已乃法後王。因曰：「法後王，統禮義，一制度。」（〈儒效篇〉）是以荀子不遵古，乃曰：「天地者，今日是也。百王之道，後王是也。」（同上）是其乃爲非古是今之法家開闢了門徑。

另在政治道德上，荀子與孟子乃同本孔儒思想，以仁政爲先，是皆重王道而賤霸權，崇聖賢而輕權謀。惟孟子重民爲貴，君爲輕。荀子則有尊君之傾向，惟荀子心目中之君，實乃本乎春秋聖王之思想，而非指當世之人君，故不可逕以專制政體之代言人稱之。蓋荀子隱約中亦重民本，如曰：「天之立君，以爲民也。」（〈大略篇〉）故「君人者，欲安則莫若平政愛民矣。」（〈王制篇〉）更曰：「君者治辨之主也，文理之原也，情貌之盡也，相率而致隆之，不亦可乎。」（〈禮論篇〉）是可知荀子思想亦係反對暴君與霸主之政制者。

又荀子亦本孔子之說，以政者爲正，故云：「故上者，下之本也，上宣明

則下治辨矣，上端誠則下愿愨矣，上公正則下易直矣。」（〈正論篇〉）且「慶賞刑罰，欲必以信。」（〈議兵篇〉）是以政治道德，亦重公、明、正、直、信、義。

惟就孟荀二者相較而言，孟子乃重仁政與民本思想，而荀子卻重禮法，而開以後崇法尊權之政治局面。

第二節　孟荀社會道德觀之比較

孟子在社會經濟道德方面首重養民與富民，以充實人民之物質生活，使之不虞匱乏。故云：「聖人治天下，使有菽粟如水火，菽粟如水火，而民焉有不仁者乎。」（〈盡心上〉）此蓋欲教之化之，必先養之育之。在經濟方面，孟子重均產主義，以達經濟生活上之平等與公義之要求。此外應授田、增產、制產；故在民富後，尚應倡節用、薄斂，以減輕人民之負擔。另對於省勞力，使民以時，務使勿傷農耕，均乃孟子以富民為養民之唯一途徑，蓋民富而後必教之，富貴而無養則必如禽獸。

在社會道德方面，乃倡彼此互助，出入相友，守望相助，疾病相扶持。對於生老病死更應撫恤，故云：「惟救死而恐不贍」。孟子反對官僚主義之好貨貪婪，對百姓之無告者力倡救濟，使免於流離失所，以發揚社會之同情心，本於「人飢己飢，人溺己溺」之態度彼此相恤，此皆本其仁道思想而發揮之社會道德觀。

又觀荀子之社會道德思想與孟子略同，均主節用、輕稅、省徭、致富。故云：「安以靜兵息民，慈愛百姓，辟田野，實倉廩，便備用，⋯⋯是以厭然畜積修飾而物用之足也。」（〈王制篇〉）又云：「不富無以養民情，不教無以理民性。」（〈大略篇〉）是其先倡富而後教此則與孔孟二子相同。

至於為政方面務在「使百姓無凍餒之患，則是聖君，賢相之事也。」（〈大略篇〉）此可說與孟子正合符節，此外對於均富、開源、節流方面，彼此所見皆略同茲不贅。

總言之，二子之政治社會道德觀，皆有得於孔子之論政主張，是同出於孔門故所見不差。孟子有得於貴民思想，以務民之道為先。荀子則重教化，故以聖君賢主為本，其立論雖有尊君之趨向，但終在化民與導民，以收聖德之功。

結　論

一、孟荀道德哲學平議

　　孟子者，儒家之亞聖，其道性善，言必稱堯舜，念念不忘先聖先賢之德業，崇大同之世，盛德之紀，誠千古之聖傑，亂世之眞君子也。氏懷王佐之才，有撥亂反正，治平宇內，以實現天下爲公之理想。然魯平公因信嬖人臧倉之讒言，遂罷好賢之心，孟子遂不得行其道，未展治平之功，乃退與弟子公孫丑、萬章之徒，繼孔子之旨，述先聖之道，著書立說，垂教後世。當時世益亂，莫可有爲，且處士橫議，異端並起，孟子乃以承續道統自任，闢邪說，距詖行，侃侃然以天道自勉，代聖人立言，俾匡正人心。其爲人也，理正而辭嚴，雄辯大略，心地光明磊落，氣概萬千，尤重養浩然正氣，俾存心養性，以明仁義禮智四端於心。復發舒仁誠以人道天道相契，此心明鑒仁德，兼眩萬物，故云萬物皆備於我，天人合一之說，由是可見。且更欲與宇宙之全德相合，以顯聖德之全，獨發揮道德理想價值之抱負，上承孔子之業，下開儒家之道統，以其所學濟世，立仁義之方，樹千古聖賢之楷模，立志寬宏博大，且能見諸行事之深切著明，而流傳萬世，彰顯於宋明性理之學，蔚爲我國道德哲學之精薈，尤以陸王二子獨得孟子之心傳，更開心學之大系。

　　觀乎孟子道德思想，以心涵攝四德，上與天道相契，本質皆善，且持先天良知說，使人居仁由義，念念以仁德爲懷，與人樂爲善。其倡存心養性所以事天，盡心，知性所以知天。並以義理內蘊，仁德全備，更效赤子之心，永存無邪，使此心不動，以完成道德上偉大之人格。最後以所過者化，所存者神上下與天地同流，以達參贊天地，沛乎塞蒼冥之境界，可謂立天人之至德者。

觀孟子更念念不忘爲民木鐸，本乎孔子「天生德於予」之信念，以立德、立言自期，歷述前聖之道，效孔子祖述堯舜憲章文武之跡，以開千秋之道業，且獨懷憂患意識，以五百年必有王者興，俾拯民救世，撥亂反正，爲文化奠定千古不朽之基業。

至於荀子相去孟子四十有餘年，當戰國末期，世愈亂不可爲治，殺伐之聲不絕於耳，而荀子能本往聖之心，以對心言性，以心有徵知，可與禮義之道合一，俾匡正性惡之行。荀子雖以自然爲天，不涉神秘信仰，且獨持客觀存在義，重經驗與實徵，以天道有常，惟人之作爲自招其禍福。更本天行實用義，以人力勝乎天然，進而畜之以爲民用，以人能制天，故應持積極之思想俾達天生人成之境。

荀子重乎禮樂教化，以禮義匡正人性之不逮，故以禮義之中爲道之大本，以之陶冶人性，改變惡行。

夫孟子氣象恢宏，富形上之幽思，與理想價值之色彩。荀子則重實徵符驗，條理細密，分析精闢，但不重形上幽思，惟重事功。故云：「經緯天地，而材官萬物，制割大理而宇宙裏。」（〈解蔽篇〉）荀子固亦重道德理想價值者，惟更重行爲之果效，而不重動機之初衷。且荀子樸實無華，躬行不懈，學者苟不得其當，則易流於庸常平凡，而缺崇高意境。總觀孟荀二子皆本孔子之仁說，明誠主敬，恢宏聖學，建立道德之懿範，惟一主內發，一由外鑠，總以時過境遷，爲德不同，故行誼有差本不可同日而語。

漢武帝時，司馬遷作〈孟子荀卿列傳〉，雖語焉不詳，但史遷於傳首則云：「余讀孟子書至梁惠王問何以利吾國，未嘗不廢書三嘆也。曰：嗟乎，利誠亂之始也，夫子罕言利者，常防其原也。故曰：放於利而行多怨，自天子至庶人，好利之弊，何以異哉。」由是可知史遷推崇孟子仁義之說躍然於紙上。

東漢末趙岐在其〈孟子題辭〉中，更大爲推崇孟子曰：「孟子生有淑質，夙喪其父，幼被慈母三遷之教，長師孔子之孫子思，治儒術之道，通《五經》，尤長於《詩》、《書》」，趙氏更同情孟子，乃曰：「孟子閔悼堯舜禹湯文武周公之業，將遂湮微，正途壅底，仁義荒怠，佞僞馳騁，紅紫亂朱，於是則慕仲尼，周流憂世，遂以儒道遊於諸候，思濟斯民。」是趙氏對孟子推崇備至，尤以《孟子》一書「包羅天地，揆叙萬類，仁義道德，性命禍福，粲然靡所不載。」

唐時韓愈更著《宗孟論》曰：「孔子傳之孟軻，軻之死不得其傳焉。」（〈原道篇〉）韓子復曰：「揚子雲曰：古者楊墨塞路，孟子辭而闢之，廓如也。夫

楊墨行正道廢，孟子雖賢聖不得位，空言無施，雖切何補。然幸賴孟子之言，使而今之學者尚知宗孔氏，崇仁義，貴王賤霸之辨。其大經大法，雖皆亡滅而不存，然向無孟氏，則皆服左袵而言侏離矣。」故韓愈氏亦嘗推崇孟子，以其功本不在夏禹之下。

兩宋理學家宗孟者益多，古文家蘇軾亦尊韓，曾推崇孟子謂：「孟子曰：吾善養吾浩然之氣，是氣也，寓於尋常之中，而塞乎天地之間……」，是蘇子亦特崇孟子養氣之說。

洛學邵雍、二程，關學張載，尤欣賞孟子開兩宋心性哲學之端，如程明道曾云：「顏子合下完其只是小，要漸漸恢廓，孟子合下大，只是未粹，索學以充之。」（《二程語錄》）大程子更云：「孟子有功於道，為萬世之師，其才雄，只見雄才便是不及孔子處，須學顏子，便入聖人氣象。」此蓋大程子尤好顏子、子思之學。小程子伊川則云：「孟子有功於聖門，不可勝言，仲尼只說一個仁字，孟子開口便說仁義。仲尼只說一個志，孟子便說許多養氣出來，只此二字，其功甚多。」又云：「孟子大有功於世，以其言性善也。」伊川且認「孟子性善、養氣之論，皆前聖所未發」。但伊川亦批評孟子英氣太盛，故曰：「孟子有些英氣，才有英氣便有圭角，英氣甚害事。如顏子便渾厚不同，顏子去聖人只毫髮間，孟子大賢，亞聖之次也。」（見朱子〈孟子序說〉引）

至於楊龜山學宗孟子更云：「《孟子》一書只是要正人心，教人存心養性，收其放心。至論仁義禮智，則以惻隱羞惡辭讓是非之心為之端，論邪說之害，則曰生於心，害於其政……千變萬化，只說從心上來，人能正心，則事無足為者矣」。（此條亦見〈孟子序說〉引）

至南宋，朱熹作《論孟集義》，《孟子要旨》，《四書集注》，不獨宗孟，且合四書以俱言，至陸子象山，乃擴充孟子四教之說，傳於明儒王陽明，則孟子學說益為發揚光大。

明儒王陽明之學乃本諸《大學》之誠意、正心與孟子之「良知」說，以發揮「心即理」之主張，更進而倡致良知與知行合一之說。

尅實而言，孟子之學乃得「仁智之全」，本乎仁之系統，攝智歸仁，使仁以統智，故以仁為體為中心，而重主體性之覺顯，掌握生命之意義，而向上提昇，以充實人精神生活之內涵。且孟子更立「宇宙之全德」，使人存聖者氣象俾與此「全」相契，透過踐形之功夫，以達此至高之境，乃開拓我國道德哲學之根基，其功自不下於孔子。

　　至於荀子之學，歷來雖毀譽參半，由其主性惡以禮爲法，迎合戰國功利思想，故後世實貶多而譽少，史遷《史記》雖以孟荀同傳，但已明言孟子爲「序《詩》、《書》，述仲尼之意」，而對荀子則謂「荀卿嫉濁世之政，亡國亂君相屬，不遂大道，而營巫祝，信機祥，鄙儒小拘，如莊周等，又滑稽亂俗，於是推儒墨道德之行事興壞，列著數萬言而卒。」（〈孟子荀卿列傳〉）由是可知荀子思想中實含有批評墨道之成份。

　　至唐時韓愈反之最烈，其讀《孟子》曾評曰：「聖人之道不傳於世，周之衰，好事者各以其說干時君，紛紛籍籍相亂，《六經》與百家之說錯雜，其存而醇者，孟軻氏而止耳，揚雄氏而止耳，及得荀氏書，於是又知有荀氏者也，考其辭，時若不粹，更其歸，與孔子異者鮮矣，抑猶在軻雄之間乎？孔子刪《詩》、《書》，筆削《春秋》，合於道者著之，雜於道者黜去之，故《詩》、《書》、《春秋》無疵，余欲削荀氏不合者，附於聖人之籍，亦孔子之志與？孟氏醇乎醇者也，荀與揚，大醇而小疵。」（《韓文公全集》）

　　案韓愈之論，雖未詆荀，卻以荀揚相爲竝提，不與孟子同列。惟郝懿行氏駁之曰：「近讀孫卿書而樂之，其學醇乎醇，其文如孟子，明白宣暢，微爲縣富，益令人入而不能出，頗怪韓退之謂爲大醇小疵，推尋韓愈，豈以孟道性善，荀道性惡……性善性惡，非有異趣，性雖善，不能廢教，性即惡必假人爲，孟荀之恉，本無不合，惟其持論，各執一篇，準以聖言性相近，即兼善惡而言，習相遠乃從學染而分，後儒不知此義，妄相毀詆。」（郝懿行著《荀子補注》）

　　迄宋，蘇軾亦過荀卿，其論曰：「昔者嘗怪李斯師荀卿，既而焚滅其書，盡變古先聖王之法，於其師之道，不啻若寇讎，及今觀荀卿之書，然後知李斯之所以事秦者，皆出於荀卿，而不足怪也，荀卿書，喜爲異說而不讓，敢爲高論而不顧者也。其言愚人之所驚，小人之所喜也……意其爲人，必也剛愎不遜，而自許太過，彼李斯者又特甚者耳……」（《蘇東坡全集》）

　　案蘇軾之訾議，將李斯之過，加於荀卿，是亦過甚，故謝墉爲之辯曰：「愚竊嘗讀其全書，而知荀子之學之醇正，文之博達，自四子而下，洵足冠冕群儒，非一切名法諸家所可同類共觀也。……荀子在戰國時，不爲遊說之習，鄙蘇張之縱橫，……其人品之高，豈在孟子下，顧以嫉濁世之政，而有〈性惡〉一篇，且詰孟子性善之說而反之，於是，宋儒乃交口攻之矣。」（謝墉，〈荀子箋釋序〉）

　　觀之以上諸家評論，多未就學說立論，乃多就行誼爲說，誠如錢大昕氏

所云：「孟言性善，欲人之盡性，而樂於善。荀言性惡，欲人之化性而勉於善，立言雖殊，其教人以善則一也。宋儒言性，雖主孟氏，然必分義理與氣質而二之，則已兼取孟荀二義，至其教人，以變化氣質為先，實暗用荀子化性之說。」（王先謙《荀子集解・考證上》，錢大昕跋）

按清儒多為荀子辯護，不若宋儒之攻擊，有清一代學者，自乾嘉以下，多對荀子持同情之態度，如前述謝墉之〈荀子箋釋序〉，錢大昕之〈荀子跋〉，郝懿行之〈論孫卿書〉，汪中之《荀卿子通論》，王先謙之《荀子集解》，俞樾之《荀子平議》，皆表示寬容之意見，此殆秦漢、唐宋、元明以後，荀子所受讚譽最多之時。

總之荀子思想之重點在言禮制，即言文化之統類，或人文世界之結構。是孟子重禮樂之原，不重其表，而荀子但重禮樂制度之實效，不問人內心居仁由義之本原。且孔孟之學俱由仁出，而荀子則自禮法入，荀子復強調天生人成，而重人文化成，缺乏形上之層面，且荀子心能為「認識心」、「理智心」可成知識系統，故特彰「智」而未必「仁智合一」。荀子復以知性主體出現，以理解型態成立思維體系，故乏孟子之「道德主體」之自顯力。總言之，荀學「隆禮義而殺詩書」，自學術源流言，無取於唐虞禹湯王道之德治，其隆禮悉以周制為準，故張君權而與孟子之傳《詩》、《書》系統正相反。其天生人成說，固有助於人類戡天役物，但過於現實主義，對人生理想則缺乏幫助，使人反有枯寂之感，循荀子路綫可能對自然科學有所助益，但其缺乏形上學抽象原理之探討，是亦無助於科學理論者。

按我國儒道二家道德哲學之精神觀之，均以天道為人道之本。人道必上契於天道，愈與天道相契者為貴，亦愈神聖。老子以德必有得於「道」，孔孟則上溯於天命與天道。是道德果如荀子所言全憑後天之修養與人為，則恐心力有所未逮，故必天賦先有仁識，人之道德生命始有根基方可順性而行，此乃堯舜性仁義之方。若以道德純為後天之人為，善亦聖人之偽，全靠積善全盡，與禮法之儀文約束，總非自本性所發，是難以期其久遠。

但就另一端言之，人生自有大覺小覺，上知下愚之別，若全無外在之教化，與強力約束，則中知以下之人，亦難自反、自省，故孟荀二子各有其貢獻，吾人自不必效唐宋以來黜荀而尊孟之傳統。

且二子同宗孔門，以「聖」為人生最高之目標，亦同倡仁誠，故亦有相合相契之處。觀乎二子同處亂世，同罹讒毀而不喪志，是獨能繼統千秋聖業

而始終不渝，誠亦有得大儒之精神。按君子之學非爲通也，爲窮而不困，憂而意不衰，知禍福終始而不惑。此正孟荀二子之共同寫照於千載百歲後是猶值吾人所景仰。

二、孟荀道德哲學之流傳與開展及對後世之影響

孟子學說以《中庸》、《易傳》爲本，直承子思之傳統。其所傳者乃《詩》、《書》之系統，反對功利主義，直傳弟子有公孫丑、萬章、樂正子克、屋廬連、公都子、彭更、咸丘蒙、陳代、徐辟、告不害等人，但軻死不得其傳，迄後代如趙岐、班固等學者，皆心契孟子。惟王充曾著〈刺孟〉說，對孟子之抨擊，可曰未得其要領。

唐之韓愈特崇孟子，其〈原道篇〉直以孟子乃承孔子之正統，遂使孟學復起。迄宋儒洛學二程，俱推崇孟子，大程崇《中庸》，小程崇《大學》與《孟子》，其說又爲朱子所採而著《四書集注》。迄陸象山乃直承孟子心學正傳，直開心學之大系，王陽明繼之於後，而倡致良知之說。且姚江學派尤使孟學奇峰突起大放異彩，而爲心學創新紀元。

按孟子書自從趙岐以下，歷魏晉六朝唐宋，皆傳述不絕，宋明後纂疏尤多，名家輩出，如北宋之孫奭，南宋之趙順孫、眞德秀、張栻、蔡節、朱熹，元時之胡炳文、金履祥等皆其著者。清人有戴震、焦循，皆注孟之大家，近人有康有爲之《孟子微》，皆各有獨見處。

至於荀子說禮，乃近乎法，其所影響者正是後世之法家，其直傳弟子有李斯、韓非。至於荀子因係傳經系統，故影響漢代之經學，因而，荀子於經學之流傳，功不在禹下。漢後迄唐宋元明儒家諸子多抨擊荀子，皆以其未得孔門心傳，惟待清儒出始予荀子以客觀評價，而使荀學復爲國人所重視。

迄近世西洋邏輯傳入我國，國人研究荀學中之名學原理及其思考方法者頗多，對近代名學思想頗有貢獻。

三、孟荀道德哲學在當代之價值

按我國先聖垂訓，素以尊德性、道問學並重，故爲學與做人決不偏廢。國人咸以我國之文化重在精神價值，但不知我國亦重格物致知，此殆爲孔門之遺訓。英人李約瑟（Joseph Needham）嘗著《中國之科學與文明》一書，備讚我國古代之科技文明與道想境界。是國人不單重精神文化，實亦未嘗廢物

質文明。

　　但儒道二家向以精神文化指點物質文明，俾使中庸之道勿過與不及。按中國聖賢向主知行合一，使思想與生活融成一片，故中國哲人言宇宙究竟，皆不離人生而出發，蓋以「有法」世界與「有情」世界相互並重，決不重此輕彼而有所偏頗。

　　觀乎西方哲人，自希臘蘇格拉底出，亦自自然哲學轉而探究人生。柏拉圖、亞理士多德輩皆重其道德精神價值，亞氏且有《倫理學》之著。迄中世以降，士林哲學更重道德精神價值，且與宗教相連繫，使歐洲社會立於不墮之境。近代來德國大哲康德，更有道德哲學之著，是中聖西聖其心本一也。

　　近人有言，西方乃物質文明，我國乃精神文明；此殆爲不察之言。夫西方社會亦有其所以維繫存亡之道厥爲宗教，以宗教倫理爲生活之規範。我國自古即沐浴於《詩》、《書》、《禮》、《樂》之中，以禮義之教，爲人倫社會之常典，千百載來能維繫於不墮者，誠乃儒道二家思想之啓發。

　　孟子曰：「君子深造之以道，欲其自得之也，自得之，則居之安，居之安，則資之深，資之深，則取之左右逢其源，故君子欲其自得之也。」（《孟子·離婁下》）荀子曰：「君子之學也，入乎耳，箸乎心，布乎四體，形於動靜，端而言，蝡而動，一可以爲法則……君子之學也以美其身。」（《荀子·勸學篇》）。故爲學在乎自得並美其身，易言之，亦即以變化氣質爲重。

　　蓋中國哲人向重道德修養之方，以涵養爲致知之道，故莊子嘗曰：「且有眞人而後有眞知」（《莊子·大宗師》），荀子更重心知道，且持虛壹而靜之功夫，以達仁德之聖境。至於孟子不僅重內在存養與持志養氣之功夫，更重聖境界之提高與充實，及氣概之培養，以宇宙與我本爲一體，故天道、人道本密不可分。且中國哲人，不離天以言人，亦不離人以言天。使我與非我，內與外之分別完全消弭，融爲一片。故爲學之目的不端在愛智，亦重在聞道。使德性與學問日益并進，由君子人爲基點，以達博大眞人與聖人之境。

　　歷代以來，我國取士皆以道德文章並重，誠所謂君子先器識而後文藝，故不端以技爲尚。且我國文化趣向，向以道術指導方術，以窮理即盡性，崇德即致知，故特重主體性之反省與自覺，由聞道而樂道，以達生命悅樂之境。且中國道德哲學，特重平生之實踐，不重來世之企求，以當下之覺顯處，即生命智慧之成果，故孟荀二家皆重入世之實踐，而不欲遁世、隱世、避世而爲隱君子。雖有時而窮，亦能獨善其身，而無所殞越。

　　觀我國文化雖無西方宗教之形式，但儒家透過敬天祭祖之祀奉，使民德歸厚，報恩崇本，是無疑乃中國人之宗教生活。

　　儒家透過人文教化，上與天道相契，故並非平面之道德教條，是亦具宇宙深度之道德生命，孟子之聖境即此種大化流衍與生命歸宿之寫照。

　　二千餘年來，孔孟荀哲學已成為中國文化之共命慧，為國人道德生命之所寄，亦民族靈魂之所托，其思想已化為中華民族之靈魂，乃生活上無形之典範，且為家庭倫理與個人修持之所倚。雖自五四運動以還，反傳統之聲甚囂塵上，且有人高揭打倒孔家店，並孟荀思想一並而棄之，是無疑中華民族第二次遭罹秦火之浩刼。夫秦火所焚者，乃外在之詩書，五四運動，則欲在精神生活上與孔孟荀傳統相斷絕，是成為無根之萍，無源之水，而成為精神生活上之大空虛，不但無法緜延中華民族之文化，且欲連根拔除當代中國青年之慧根與靈覺，使成為心靈上之大飄泊者，如同沙漠中之行旅，茫無方向，更且一廂情願欲以西方當代之思想自慰，然所學者實多西方文化之末，而未得其本，馴至社會道德淪喪，精神生活貧乏至極，復以新潮學說自詡，實喪盡了中華民族之道德慧與生命力。

　　察堂堂華夏乃文化之邦，亦道德文化之首倡者，馴至當今國民廉恥心喪失殆盡，既無志氣，更缺氣概，亦乏歷史大擔當之精神，對當前吾人所面臨之歷史危機，更乏憂患意識，人多苟且偷安，逸樂奢侈，內心缺乏宗教心之安頓，更缺道德心之定力，馴至人人自私，上下交征利，是中華文化諳然無光之時。

　　吾人今日宜恢復孟子之氣概與抱負，效仁者以天下為己任之決心，有大丈夫之擔當與憂患意識，本乎志士不忘在溝壑，勇士不忘喪其元之精神，知其不可為而為之。

　　觀乎孟荀二子際茲當日仁義蕩然禮樂廢弛之世紀，尚知高聲疾呼，懷捨我其誰之抱負，觀當今之世界乃一大變動時期，以孟荀當日所面臨之危機，覬今日尤千百倍於往世。夫世道凌遲，人心詐險，非徒科技文明所可挽救，然今世界列國猶競欲以科技鬥奇爭勝，但凡以利器而興者，終必以利器而滅。

　　孟荀二子去今二千有餘年，當今社會制度變革殊異於往昔，是孟荀二子所倡之若干學說雖未必盡適於當今之世紀，但其道德慧與存養之道尤適吾人今日之法式。孟荀二子一重存養，一重禮法，皆以道德生命精神與涵養，為人生最高之鵠的，觀之西諺亦云：「人不徒靠麵包以維生」之諺語，是所欲有

甚於生者矣。

　　觀乎當今之世，競以物欲爲文明，人皆貴貨而賤德，重利而輕義，馴爲人人盡爲市井逐臭之夫，昔日孟子嘆：「庖有肥肉，廐有肥馬，民有飢色，野有餓莩。」(〈梁惠王上〉) 以貧富不均爲患，窺乎當今商業國家則人人皆庖有肥肉，廐有肥馬，出有車，食有珍饈之味，日常生活皆不虞匱乏，然所缺者乃心靈之空虛，道德之淪喪，倫常之毀滅與禮義之蕩然，馴至人人但問勢利不問仁義，人際關係猶處剃刀邊緣，是當今人類之所得者，正亦其所失。當今人類終日但聞聲色犬馬之聲，萎靡之音不絕如耳，青年男女尤乏精神素養，遑論抱負與氣概哉？

　　孟子教人識其大者，法天之仁而行仁，以人道立天道，蓋人生最大之欲望，固不端在社會經濟之滿足，亦徒非在於個人之功利，推其實乃在盡心、知性、而知天；由存心、養性以遂人倫社會之健全，此乃儒家之道德精神與宗教心相融合之處，是乃法天之高明以致博大，道其中庸以得其用，亦即融人文宗教，合天人之道，以承天心，使人德可上同於天德，人性即天命之彰顯，俾使人人復見其天地之心，效赤子之行，庶幾社會人倫可有復甦之一日。

參考書目

壹、經籍注疏類

1. 晉・王弼註：《古註十三經》，民國 53 年，臺北：新興書局影印本。

2. 清・阮元校勘：《十三經注疏》，民國 66 年 1 月，臺北：新文豐出版公司影印初版。

3. 晉・王弼注：《周易注疏》，民國 61 年 10 月，臺北：臺灣學生書局影印再版。

4. 唐・李鼎祚注，孔穎達疏：《周易集解纂疏》，民國 63 年 5 月，臺灣廣文書局影印初版。

5. 程伊川著：《易程傳》，民國 56 年 10 月，臺北：臺灣學生書局影印初版。

6. 朱熹著：《周易本義》，民國 60 年 11 月，臺北：華聯出版社影印初版。

7. 明・來知德撰：《易經來註圖解》，民國 65 年，臺北：天德學舍據清宮慈恩本影印初版。

8. 清・王夫之撰：《船山易學》，民國 63 年 12 月，臺北：河洛圖書出版社影印初版。

9. 清・焦循撰：《易學三書》，民國 59 年 10 月，臺灣：廣文書局影印初版。

10. 清・惠棟撰：《惠氏易學》，民國 66 年 1 月，臺灣：廣文書局影印初版。

11. 清・張惠言撰：《易學十書》，民國 59 年 12 月，臺灣：廣文書局影印初版。

12. 清・陳奐撰：《詩毛氏傳疏》，民國 56 年 11 月，臺灣：廣文書局影印初版。

13. 漢・鄭玄撰：《毛詩鄭箋》，《四部備要經部》，民國 58 年 5 月，臺灣：中華書局臺二版。

14. 朱熹注：《詩經集注》，民國 51 年，臺北：新陸書局初版。

15. 朱熹撰：《詩集傳》，民國 58 年 9 月，臺灣：世界書局再版。

16. 宋·王柏撰：《詩疑》，民國 58 年，臺灣：開明書店影印初版。

17. 清·王先謙：《詩三家義集疏》，民國 46 年，臺灣：世界書局影印初版。

18. 清·王夫之撰：《詩廣傳》，民國 63 年，臺北：河洛圖書出版社初版。

19. 清·姚際恒撰：《詩經通論》，民國 60 年 12 月，臺灣：廣文書局再版。

20. 漢·孔安國撰：《尚書孔傳》，民國 52 年，臺北：新興書局影印初版。

21. 唐·孔穎達撰：《尚書正義》，民國 61 年，臺北：鼎文書局影印初版。

22. 唐·孔穎達疏：《尚書注疏補正》，民國 52 年，臺灣：世界書局影印初版。

23. 宋·蔡沈撰：《書經集傳》，民國 58 年 9 月，臺灣：世界書局再版。

24. 清·抉經心室主人編：《清儒書經彙解》，民國 61 年，臺北：鼎文書局影印初版。

25. 清·孫星衍注：《尚書今古文注疏》，民國 64 年 1 月，臺灣：廣文書局三版。

26. 王國維講述，吳其昌記：《觀堂授書記》，民國 64 年，臺灣：藝文印書館影印初版。

27. 清·王夫之撰：《尚書引義》，民國 64 年 5 月，臺北：河洛圖書出版社影印初版。

28. 唐文治著：《尚書大義》，民國 59 年 10 月，臺灣：廣文書局初版。

29. 于大成主編：《尚書論文集》，《國學論文薈編》，《第一輯》，民國 66 年，臺北：木鐸出版社初版。

30. 漢·鄭玄注，唐·賈公彥疏：《周禮注疏及補正》，民國 52 年，臺灣：世界書局影印初版。

31. 元·陳澔撰：《禮記集說》，民國 58 年 9 月，臺灣世界書局再版。

32. 清·孫詒讓著：《周禮正義》，民國 56 年，臺灣：商務印書館臺一版。

33. 清·王夫之撰：《禮記章句》，民國 56 年，臺灣：廣文書局影印初版。

34. 清·抉經心室主人編：《清儒禮記彙解》，民國 61 年，臺北：鼎文書局影印初版。

35. 清·王聘珍撰：《大戴禮記解詁》，民國 51 年，臺灣：世界書局初版。

36. 清·孫希旦著：《禮記集解》，民國 65 年 10 月，臺北：文史哲出版社再版。

37. 曹昇著：《禮記選解》，民國 58 年，臺北：真善美出版社初版。

38. 清·梁履繩撰：《左傳補釋》，民國 62 年，臺北：鼎文書局影印初版。

39. 晉·杜預集解，日·竹添光鴻會箋：《左傳會箋》，民國 66 年 9 月，臺北：鳳凰出版社景印三版。

40. 左邱明撰：《國語》，民國 67 年 11 月，臺北：九思出版公司臺一版。

41. 簡朝亮撰：《孝經集注述疏》，民國 50 年，臺灣：世界書局初版。

貳、經籍考據論述類

1. 江俠菴編:《先秦經籍考》,民國 64 年,臺北:河洛圖書出版社影印初版。
2. 清‧甘鵬雲著:《經學源流考》,民國 56 年,臺北:鐘鼎文化公司影印初版。
3. 清‧江藩撰:《漢學師承記》,民國 51 年,臺灣:世界書局初版。
4. 清‧江藩撰:《宋學淵源記》,民國 51 年,臺灣:世界書局初版。
5. 清‧沈豫撰:《皇清經解提要》,民國 66 年,臺灣:廣文書局初版。
6. 清‧全祖望撰:《經史問答》,民國 60 年,臺灣:廣文書局初版。
7. 褚柏恩著:《六經道論》,民國 60 年,臺灣:開明書店初版。
8. 清‧俞樾著:《群經平議》,民國 64 年,臺北:河洛圖書出版社初版。
9. 清‧皮錫瑞著:《經學通論》,民國 62 年 9 月,臺灣:商務印書館臺二版。
10. 清‧皮錫瑞著:《經學歷史》,民 48 年,臺灣:藝文印書館影印初版。
11. 錢基博著:《經學通志》,民國 51 年,臺灣:中華書局臺一版。

參、四書注疏及論述類

1. 朱熹撰:《四書集注》,《四部備要本》,民國 62 年 3 月,臺灣:中華書局臺三版。
2. 宋‧趙順孫撰:《四書纂疏》,《通志堂叢書本》,藝文印書館版。
3. 宋‧眞德秀撰:《四書集編》,《通志堂叢書本》,藝文印書館版。
4. 日本‧安井衡會註:《四書集說》,民國 66 年 7 月,臺灣:廣文書局再版。
5. 清,郭嵩燾著:《中庸章句質疑》,民國 67 年 7 月,臺灣:廣文書局初版。
6. 梁‧皇侃疏:《論語集解義疏》,民國 66 年 7 月,臺灣:廣文書局再版。
7. 清‧劉寶楠撰:《論語正義》,民國 66 年 4 月,臺灣:世界書局六版。
8. 南宋‧張栻:《孟子說七卷》,《通志堂經解》,民國 58 年,大通書局影印本。
9. 元‧金履祥:《孟子性命章解義》,《仁山先生金文安公文集》五卷,《百部叢書集成初編》,藝文印書館版。
10. 戴震撰:《孟子字義疏證》,民國 55 年,臺灣:世界書局再版。
11. 焦循撰:《孟子正義》,民國 60 年 10 月,臺灣:世界書局三版。
12. 王恩洋著:《孟子疏義》,民國 64 年 11 月,臺北:新文豐出版社影印初版。
13. 唐迪風著:《孟子大義》,民國 65 年,臺北:臺灣學生書局初版。
14. 康有爲撰:《孟子微》,民國 57 年,臺灣:商務印書館初版。

肆、子學注疏及論述類

1. 戴震撰:《原善》,民國 55 年 3 月,臺灣:世界書局再版。

2. 唐・楊倞注：《荀子》，《四部備要本》，民國 59 年 10 月，臺灣：中華書局臺三版。

3. 清・王先謙撰：《荀子集解》，民國 67 年 10 月，臺灣：世界書局八版。

4. 梁啓雄撰：《荀子約注》，民國 51 年 4 月，臺灣：世界書局初版。

5. 嚴靈峯編：《無求備齋荀子集成》，民國 66 年，臺北：成文出版社初版。

6. 劉師培著：《荀子補釋》，民 46 年，藝文印書館初版。

7. 李滌生著：《荀子集釋》，民國 68 年，臺灣：學生書局初版。

8. 牟宗三著：《荀學大略》，民 43 年，臺北：中央文物供應社初版。

9. 晉・王弼注：《老子道德經》，民國 68 年 4 月，臺灣：廣文書局三版。

10. 明・憨山著，《老子道德經憨山解》，民國 61 年 1 月，臺北：瑠璃經房再版。

11. 楊家駱編：《老子注附老子新考述略》，《四部刊要本》，民國 47 年 10 月，臺灣：世界書局貳版。

12. 明・憨山著：《莊子內篇憨山解》，民國 61 年 1 月，臺北：瑠璃經房再版。

13. 清・陳壽昌輯，《南華眞經正義》，民國 61 年，臺北：新天地書局出版。

14. 清・郭慶藩輯：《莊子集釋》，民國 63 年 10 月，臺北：河洛圖書出版社臺景印三版。

15. 陳奇猷注：《韓非子集釋》，民國 63 年，臺北：河洛圖書出版社臺景印再版。

16. 安井衡注：《管子纂詁》，民國 65 年 3 月，臺北：河洛圖書出版社臺景印初版。

17. 清・孫詒讓撰：《墨子閒詁》，民國 65 年，臺北：河洛圖書出版社臺景印初版。

伍、史籍及論述類

1. 漢・司馬遷撰：《史記》，民國 64 年 8 月，臺北：大明王氏出版公司三版。

2. 漢・班固撰：《前漢書》，民國 64 年 8 月，臺北：大明王氏出版公司三版。

3. 劉宋・范曄撰：《後漢書》，民國 64 年 8 月，臺北：大明王氏出版公司三版。

4. 宋・司馬光撰：《資治通鑑》，民國 61 年，臺北：大光出版社景印初版。

5. 清・王夫之撰：《讀通鑑論》，民國 65 年 3 月，臺北：河洛圖書出版社臺景印初版。

6. 清・康熙御批：《歷代通鑑輯覽》，民國 63 年，臺北：天德學舍初版。

陸、歷代集著類

1. 清・蘇輿撰：《春秋繁露義證》，民國 64 年 10 月，臺北：河洛圖書出版社

臺景印再版。

2. 漢‧陸賈撰：《新語》，民 47 年 5 月，臺灣：世界書局初版。

3. 漢‧賈誼撰：《新書》，民 47 年 5 月，臺灣：世界書局初版。

4. 漢‧劉向撰：《說苑》，民國 67 年 3 月，臺灣：世界書局三版。

5. 漢‧劉向撰：《新序》，民國 67 年 3 月，臺灣：世界書局三版。

6. 魏‧王肅注：《孔子家語》，民國 58 年 7 月，臺灣：世界書局再版。

7. 北齊‧顏之推撰：《顏氏家訓》，民 47 年 5 月，臺灣：世界書局初版。

8. 隋‧王通撰：《中說》，民國 59 年 1 月，臺灣：世界書局再版。

9. 朱熹撰：《朱子全書》，民國 66 年，臺北：廣學社印書館初版。

10. 朱熹撰：《朱子語類》，民國 62 年 3 月，臺灣：商務印書館臺二版。

11. 朱熹撰：《近思錄集解》，民國 56 年 3 月，臺灣：世界書局再版。

12. 陸九淵撰：《陸象山全集》，民國 51 年，臺灣：世界書局重刊本初版。

13. 王守仁撰：《王陽明傳習錄》，民國 68 年 5 月，臺灣：廣文書局初版。

14. 王守仁撰：《王陽明全集》，民 48 年，臺灣：自力出版社初版。

15. 明‧黃宗羲撰，清‧全祖望續修：《宋元學案》，民國 64 年 3 月，臺北：河洛圖書出版社臺景印初版。

16. 明‧黃宗羲撰：《明儒學案》，民國 63 年 12 月，臺北：河洛圖書出版社臺景印初版。

柒、哲學及專門著述類

1. 章太炎著：《國故論衡》，民國 66 年 7 月，臺灣：廣文書局五版。

2. 劉師培撰：《國學發微》，民國 59 年 10 月，臺灣：廣文書局初版。

3. 日‧津田左右吉著：《儒道兩家關係論》，民 23 年，上海：商務印書館二版。

4. 羅光著：《儒家形上學》，民國 46 年 5 月，臺北：中華文化事業出版社再版。

5. 羅光著：《中國哲學思想史》，民國 64 年 8 月，臺北：先知出版社初版。

6. 蕭公權著：《中國政治思想史》，民國 65 年 7 月，臺北：華岡出版公司再版。

7. 梁啓超著：《先秦政治思想史》，民國 67 年 7 月，臺灣：中華書局臺九版。

8. 胡適著：《中國古代哲學史》，民國 64 年 3 月，臺灣：商務印書館臺二版。

9. 馮友蘭著：《中國哲學史》，公元一九七○年，香港：太平洋圖書公司再版。

10. 日‧渡邊秀方著：《中國哲學史概要》，民國 60 年，臺灣：商務印書館臺三版。

11. 方東美著：《哲學三慧》，民國 57 年 10 月，臺北：新中國出版社初版。

12. 方東美著：《中國人生哲學概要》，民國 63 年 3 月，臺北：先知出版社初版。

13. 方東美著：《生生之德》，民國 68 年 4 月，臺北：黎明文化事業公司出版。

14. 方東美講述：《中國哲學精神》，輔仁大學哲學研究所筆記。

15. 牟宗三著：《政道與治道》，民國 65 年，臺灣：廣文書店初版。

16. 牟宗三著：《中國哲學的特質》，民國 65 年 10 月，臺灣：學生書局四版。

17. 牟宗三著：《道德的理想主義》，民國 67 年 8 月，臺灣：學生書局修訂三版。

18. 牟宗三著：《心體與性體》，民國 57 年，臺北：正中書局臺再版。

19. 牟宗三著：《名家與荀子》，民國 68 年 3 月，臺北：臺灣學生書局初版。

20. 唐君毅著：《中國哲學原論》，〈原性篇〉，民國 67 年 3 月，臺北：臺灣學生書局三版。

21. 唐君毅著：《中國文化之精神價值》，民國 66 年 11 月，臺北：正中書局臺十一版。

22. 徐復觀著：《中國人性論史》，民國 64 年 1 月，臺灣：商務印書館二版。

23. 徐復觀著：《中國思想史論集》，民國 64 年 5 月，臺北：臺灣學生書局臺再版。

24. 黃公偉著：《中國哲學的統合精神》，民國 66 年，臺北：維新書局印行。

25. 李石岑著：《人生哲學》，民國 61 年，臺北：地平線出版社初版。

26. 黃公偉著：《人生哲學通義》，民國 52 年，臺灣：現代文藝出版社初版。

27. 黃公偉著：《孔孟荀哲學證義》，民國 64 年，臺北：幼獅文化事業公司初版。

28. 黃公偉著：《宋明清理學體系論史》，民國 60 年，臺北維新書局初版。

29. 黃公偉著：《中國倫理學通詮》，民國 57 年，臺北：現代文藝出版社初版。

30. 張君勱著：《新儒家思想史（上冊）》，民國 68 年 8 月，臺北市：張君勱先生獎學基金會初版。

31. 蔣伯潛著：《諸子學纂要》，民國 62 年 4 月，臺北：正中書局臺八版。

32. 吳經熊著：《哲學與文化》，民國 62 年 5 月，臺北：三民書局再版。

33. 吳康著：《孔孟荀哲學》，民國 61 年 5 月，臺灣：商務印書館二版。

34. 吳康著：《錫園哲學文集》，民國 50 年 5 月，臺灣：商務印書館初版。

35. 謝扶雅著：《倫理學新論》，民國 62 年 11 月，臺灣：商務印書館初版。

36. 日，三浦藤作著：《中國倫理學史》，民國 53 年，臺灣：商務印書館臺一版。

37. 黃建中著：《比較倫理學》，民國 63 年 3 月，臺北：正中書局臺四版。

38. 馬一浮撰：《復性書院講述》，民國 60 年 9 月，臺灣：廣文書局初版。

39. 熊十力撰：《讀經示要》，民國 61 年 7 月，臺灣：廣文書局五版。

40. 王治心編：《中國宗教思想史大綱》，民國 66 年 6 月，臺灣：中華書局臺四版。

41. 高懷民著：《大易哲學論》，民國 67 年 6 月，臺北：成文出版社初版。

42. 周予同著：《中國哲學概論》，民國 66 年 12 月，臺北：源成文化圖書供應社初版。

43. 吳康著：《宋明理學》，民國 51 年 2 月，臺北：華國出版社增訂再版。

捌、西文中譯參考書籍

1. 亞理士多德著，高思謙譯：《宜高邁倫理學》，民國 68 年 4 月，臺灣：商務印書館初版。

2. 康德著：謝扶雅譯：《康德的道德哲學》，1960 年 5 月，香港：輔僑出版社初版。

3. 馬里旦著，戴明我譯：《哲學概論》，民國 64 年 3 月，臺灣：商務印書館臺四版。

4. 威柏爾著：《西洋哲學史》，民國 63 年 11 月，臺北：水牛出版社再版。